böhlau

Ralf-Olivier Schwarz

JACQUES OFFENBACH

Ein europäisches Porträt

BÖHLAU VERLAG WIEN KÖLN WEIMAR

Bibliografische Information der Deutschen Nationalbibliothek:
Die Deutsche Nationalbibliothek verzeichnet diese Publikation in der
Deutschen Nationalbibliografie; detaillierte bibliografische Daten sind
im Internet über http://dnb.d-nb.de abrufbar.

Umschlagabbildung: Jacques Offenbach. Fotografie von Nadar (Gaspard-Félix
Tournachon), um 1858. Privatbesitz.

Korrektorat: Patricia Simon, Langerwehe
Einbandgestaltung: Michael Haderer, Wien
Satz: Michael Rauscher, Wien
Druck und Bindung: Hubert & Co., Göttingen
Gedruckt auf chlor- und säurefreiem Papier
Printed in the EU

Vandenhoeck & Ruprecht Verlage | www.vandenhoeck-ruprecht-verlage.com

ISBN 978-3-412-51295-8

Inhalt

Dank

Ohne die wertvolle Hilfe vieler befreundeter Kolleginnen und Kollegen wäre dieses Buch nie zustande gekommen. Dies gilt zunächst für Jean-Claude Yon und Peter Hawig, den vielleicht besten Kennern des offenbachschen Universums, denen nicht nur meine Arbeit, sondern die gesamte Offenbach-Forschung so viel verdankt. Ihnen gebührt der erste Dank. Wertvolle Unterstützung erhielt ich stets von Peter Ackermann, der meine Begeisterung für Offenbach überhaupt erst weckte. Laurent Fraison gewährte mir Zugang zu seiner grandiosen Sammlung. Claudia Hessel stellte immer wieder die unerwarteten, unangenehmen, wichtigen Fragen. Ihnen sei mein herzlichster Dank ausgesprochen. Zu nennen sind auch verschiedene Einrichtungen, die meine Arbeit überhaupt erst ermöglichten: zuallererst die Hochschule für Musik und Darstellende Kunst Frankfurt am Main, dann auch die Bibliothèque nationale in Paris, dort vor allem das Département de la Musique und das Département des Arts du Spectacle, das Historische Archiv der Stadt Köln, die Musik- und Theaterabteilung der Universitätsbibliothek Johann Christian Senckenberg Frankfurt am Main, die Van Pelt-Dietrich Library der University of Pennsylvania. Weiterhin habe ich Unterstützung erfahren durch die Kölner Offenbach-Gesellschaft, die Jacques-Offenbach-Gesellschaft Bad Ems und das Deutsche Historische Institut Paris. Nicht zuletzt waren es viele Kolleginnen und Kollegen, die mir wertvolle Anregungen gaben und mir etliche weiterführende Wege eröffneten: Anatol Riemer, Alexander Grün, Ulrike Schwarz, Katharina Deserno, Sarah Mauksch, Arnold Jacobshagen, Mario Kramp, Laurence Senelick, Jacobo Kaufmann, Frank Harders-Wuthenow, Jean-Christophe Keck, Albert Gier, Bettina Schmidt-Czaia, Ann Kersting-Meuleman, Wolfgang Fuhrmann, René Michaelsen, Jean-Philippe Biojout, Klaus Wolfgang Niemöller, Elisabeth Schmierer, Eri Mizukane, Ralph-Philipp Ziegler und viele mehr. Besonders schön war es, von Claude Comte-Offenbach und seiner Familie so herzlich empfangen zu werden. Einen der zauberhaftesten Momente bei der Arbeit an diesem Buch ermöglichte Michel Guët, der mir sein – und Offenbachs! – Paris noch einmal ganz anders näherbrachte. Ganz besonders danke ich natürlich dem Böhlau

Verlag und hier insbesondere Julia Beenken, Dorothee Rheker-Wunsch, Michael Rauscher und Patricia Simon, ohne deren Geduld, Umsicht und Beharrlichkeit dieses Buch noch immer nicht vorläge. Schließlich danke ich meinen drei wunderbaren Musen: meiner Ehefrau Elisabeth und meinen Töchtern Claire und Sophie. Sie hatten und haben viel Geduld mit mir und diesem Herrn Jacques Offenbach... Ihnen sei dieses Buch gewidmet.

Frankfurt am Main, im August 2018

1 Jakob Offenbach als 14jähriger. Unbekannter Künstler, Köln, um 1833.

1819–1833

Von Offenbach nach Deutz

Am 30. Oktober 1799 lässt sich »der hiesige Judenpursch Juda Eberst, 19 Jahre alt, mittlerer schmaler Statur, ein braunes Haar, grau biberner Überrock mit überzogenen Knöpfen tragend« vom Fürstlich Isenburgischen Oberamt in Offenbach am Main einen Reisepass ausstellen. Er möchte Reisen unternehmen, »um in den Synagogen zu musizieren, von hier nach Karlsruhe und weiteres«[1]. Bereits einige Monate vor der Ausstellung seines Reisepasses, im Mai 1799, ist der »Judenpursch« als »Discant-Sänger« bei der kleinen jüdischen Gemeinde im Kronberg im Taunus nachweisbar.[2] Im Juni 1800 ist er – nunmehr unter seinem später üblicheren Rufnamen Isaac – als Hilfsvorbeter an der Synagoge in Edelfingen bei Mergentheim tätig. Später führen ihn seine Reisen offenbar nicht rheinaufwärts in Richtung Karlsruhe, sondern rheinabwärts in Richtung Köln. 1802 lässt er sich in Deutz am Rhein nieder. Hier lernt er bald seine spätere Frau Mirjam »Marianne«, geb. Rindskopf, kennen und heiratet sie 1806. Im Hauptberuf als Buchbinder tätig, musiziert er weiterhin bei allen möglichen Gelegenheiten. Als 1808 ein Gesetz Napoleons auch von Juden einen offiziellen Nachnamen verlangt, gibt er einen Familiennamen an, der später Berühmtheit erlangen wird: Aus Isaac Eberst wird Isaac Offenbach.

Diese Namenswahl liegt nahe, stammt der »Judenpursch« doch aus Offenbach am Main, der damals kaum 5000 Einwohner zählenden Haupt- und Residenzstadt des Fürstentums Isenburg. Dort ist er als Sohn des als Lehrer tätigen

Schutzjuden Juda Eberstadt oder Eberst und dessen Frau Terz aufgewachsen. Anders als in der nahe gelegenen Krönungs- und Messestadt Frankfurt herrscht hier ein liberaler Geist. Angezogen durch die ausdrücklich garantierte Gewerbe- und Religionsfreiheit kommen nach Offenbach nicht nur hugenottische Flüchtlinge, die hier für einen erstaunlichen wirtschaftlichen Aufschwung sorgen, sondern auch so schillernde Gestalten wie der aus Polen stammende, zunächst zum Islam, später dann zum Katholizismus konvertierte Jude und selbsterklärte Messias Jakob Frank mit seinem Gefolge, dem der Fürst Wolfgang Ernst II. sogar sein Schloss am Main überlässt. Er selbst lebt lieber als einfacher Bürger unter Bürgern in einem schlichten Haus in der Stadt und pflegt dort seine Kontakte zu Dichtern und Schriftstellern wie etwa Johann Caspar Lavater oder Johann Heinrich Jung-Stilling.

Offensichtlich hat Isaac – trotz des frühen Todes seines Vaters 1794 – eine gründliche Ausbildung genossen, er hat das Handwerk des Buchbinders erlernt. Angetrieben von der nahen Frankfurter Buchmesse haben sich seit Anfang des 17. Jahrhunderts in Offenbach immer wieder Buchdrucker angesiedelt. Da obendrein in vielen von den Zünften dominierten Städten – wie eben Frankfurt – hebräische Druckereien verboten sind, entwickelt sich Offenbach seit 1714 zu einem bedeutenden Standort für jüdische Druckerzeugnisse aller Art. Dabei sorgt die junge Druckindustrie, gerade in Offenbach, für wegweisende Innovationen; so erfindet im Jahr 1797 ein junger Drucker namens Alois Senefelder hier das lithographische Druckverfahren.

Dass dies vor allem im Hinblick auf Musikdruck interessant ist, bemerkt ein Offenbacher Seidenfabrikant und Verleger recht schnell – Johann André, der 1774 einen der ersten Musikverlage Deutschlands gegründet hat. Sein Sohn und Nachfolger Johann Anton André wird 1799 von Wolfgang Amadeus Mozarts Witwe den musikalischen Nachlass ihres Manns erwerben, er wird ihn hierher bringen und nach und nach herausgeben – sodass Offenbach am Main über viele Jahre hinweg zu einem Wallfahrtsort für Mozartverehrer und Musikforscher werden wird. Im Übrigen ermöglicht der Zusammenbruch des höfischen Musiklebens im Gefolge der Französischen Revolution – in Mannheim, Mainz, Trier und anderswo werden die fürstlichen Orchester aufgelöst – vermögenden Musikliebhabern, sich eigene Orchester zuzulegen. So unterhält etwa der Schnupftabakfabrikant Peter Bernard in seinem unweit des Mains gelegenen Herrenhaus ein alsbald bekanntes, 20 Personen starkes Orchester, dem kein Geringerer vorsteht als der Violinvirtuose und spätere langjährige Leiter der Münchner Hofkapelle Ferdinand Fränzl. Er bringt vermutlich Musik zur Aufführung, die, wie sein eigenes Werk, in der Tradition der nunmehr ehemaligen Höfe in Mannheim oder Mainz steht, vor allem aber werden die Werke Wolfgang Amadeus Mozarts gespielt. Kurz vor 1800 hat sich Offenbach am Main zu einem kulturellen Zentrum von nicht zu unterschätzender Bedeutung entwickelt.

Ungeachtet dieses Aufschwungs ist allerdings »kaum bestreitbar, dass unter den Offenbacher Juden allgemeine Armut herrschte und man sich das tägliche Brot mit enormen Schwierigkeiten erwarb«.[3] Es verwundert also nicht, dass wenige Jahre nach dem Tod seines Vaters der junge Isaac – so anregend das Musikleben hier ist – seine Heimat zu verlassen sucht. Sein musikalisches Talent und seine schöne Tenorstimme bieten ihm die Möglichkeit, als Musiker – zunächst vor allem als Chasan, also als Vorsänger in der Synagoge – seinen Lebensunterhalt zu verdienen. Die Familientradition weiß zu berichten, dass schon Isaacs Vater Juda »der Lehrer von Rothschild in Frankfurt, dem Großvater der bekannten Rothschilds in Paris, London, Frankfurt, etc.« gewesen sei,[4] überprüfbar ist dies heute nicht mehr. Angesichts der mageren Bezahlung sind jüdische Musiker wie der junge Isaac damals

> gezwungen, fast ununterbrochen von Stadt zu Stadt, von Dorf zu Dorf zu fahren und »Gastreisen« zu unternehmen, um ihre Familien und sich selbst zu ernähren. Bei diesen Reisen begegneten sie oft den ihnen künstlerisch verwandten wandernden oder lokalen Musikern, Spielleuten oder *Lezim,* mit welchen sie bei allen möglichen Feierlichkeiten außerhalb der Synagoge zusammen auftraten.[5]

Über Isaacs Reiseverlauf haben wir kaum Quellen. Sicher sind lediglich Aufenthalte in Kronberg im Taunus und in Edelfingen am Main und, dass er um 1802 in Deutz am Rhein, gegenüber dem ungleich größeren Köln, Wurzeln schlägt. Jacobo Kaufmann vermutet, dass Isaac auf seinen Reisen seinen Lebensunterhalt als Musiker vor allem »in Kneipen, Wirtshäusern und anderen Vergnügungslokalen« verdient.[6] In Deutz jedenfalls herrscht kein Mangel an solchen Unterhaltungsstätten, die Stadt ist »schon lange für ihre Tanzlokale, Glücksspiele, Leihhäuser und als beliebter Vergnügungsort der Kölner Bevölkerung bekannt«.[7] Nicht nur deshalb ist Deutz für Isaac attraktiver als das direkt auf der gegenüberliegenden Rheinseite gelegene Köln. Anders als dort gibt es in Deutz eine große jüdische Gemeinde, in deren Synagoge Isaac ab und zu singt[8] und die damals im Übrigen von Heinrich Heines Großonkel geleitet wird.[9] Hier lernt Isaac auch seine spätere Frau kennen, Marianne Rindskopf, sie stammt aus einer »Familie, die seit Generationen auf rheinischem Boden ansässig war und dem Handel, den Geldgeschäften nachging«.[10] Isaacs Tochter Julie Grünewald erzählt 1901:

> In Deutz überragte er durch seinen Geist, Witz und Humor alle anderen jungen Männer. Er wurde in die besseren Familien eingeführt und kam so in das Haus meines Großva-

ters, Rindskopf mit Namen.[11] Nach mehreren Besuchen verliebte er sich in meine Mutter. Sie war fünf Jahre jünger als er. Sie war erst achtzehn Jahre alt, war aber sehr hübsch und hatte schon viele Bewerber. Meine Großmutter war gestorben, als die Mutter erst ein und einhalb Jahre alt war. Mein Großvater mütterlicherseits soll sehr streng gewesen sein und hat alle jungen Leute, die um meine Mutter warben, abgewiesen. Auf meinen Vater hatte er es besonders schlecht stehen, weil er ihm, wie er sagte, zu viel Musiker war; er wollte für seine Tochter einen Kaufmann, wie er selbst einer war. Dazu hatte mein Vater das wenigste Talent; er ließ sich aber nicht abschrecken, Mutter war ja auch verliebt in den ›Offenbacher‹. (So wurde er von den Deutzern genannt.) Zuweilen, wenn mein Vater in späteren Jahren von der Zeit erzählte, als er meine Mutter kennen gelernt, sagte er, so sehr auch mein Großvater gegen ihn als Schwiegersohn gewesen sei, hätte er doch gewußt, daß er sich sie erringen würde, und das hätte ihn an Deutz gefesselt.[12]

In Deutz schlägt Isaac Wurzeln. Hier eröffnet er eine Buchbinderei, hier heiratet er 1806, hier werden seine ersten Kinder geboren: Theresia (1807–1842), Ranetta (»Netta«, 1809–1881), Sara (1811–1820), Charlotte (1813–1815) und Juda (er nennt sich später Julius bzw. Jules, 1815–1880). Und hier wird aus dem »Judenpursch« Juda Eberst der Familienvater Isaac Offenbach.

Von Deutz nach Köln

Für das Jahr 1816 vermerkt die Deutzer Populationsliste kurz und knapp: »Offenbach mit einem Sohn und drei Töchtern weggezogen.« – Ziel dieses Umzugs ist Köln. Seit Kurzem ist die einstmals größte Stadt des Heiligen Römischen Reiches an das aufstrebende Königreich Preußen angegliedert. Vor allem aber hat Köln zwischen 1794 und 1815 zu Frankreich gehört und in diesen Jahren tiefgreifende kulturelle und politische Veränderungen erlebt. Innerhalb weniger Jahre führen die französischen Revolutionstruppen Hausnummern ein, lösen die jahrhundertealte Universität auf, säkularisieren Kirchen und Klöster, schaffen die Zünfte ab, führen die Gewerbefreiheit ein und gründen die erste Handelskammer auf deutschem Boden. Nicht zuletzt gewähren sie Religionsfreiheit und erteilen – im katholischen Köln! – Protestanten und Juden das Bürgerrecht.

Im Jahr 1801 – drei Jahre, nachdem sich zum ersten Mal seit über 350 Jahren ein Jude in Köln niedergelassen hatte – wird eine neue jüdische Gemeinde ins Leben gerufen, die alsbald wächst: 1808 leben hier 170 Juden, 1860 werden es schon 2300 sein. Die Gründer unterstellen ihre Gemeinde dem Cölnischen Land- und Großrabbiner in Bonn und errichten in der Glockengasse eine bescheidene Synagoge im Klarissenkloster, das kürzlich erst durch die napoleonische Verwaltung säkularisiert worden ist. Zum Synagogenkomplex gehören auch Wohn- und Wirtschaftsräume, Hof und Garten, später werden noch Schulzimmer und Wohnräume für Gemeindeangestellte sowie ein Bethaus mit Mikwe eingerichtet. Aufgrund ihrer geringen Größe kann die Gemeinde zwar lange Zeit keinen Rabbiner anstellen, immerhin aber wird man recht früh Lehrer und Vorsänger beschäftigen.[13]

Isaac Offenbach bezieht mit seiner Familie 1816 eine Wohnung am Großen Griechenmarkt. Den Lebensunterhalt verdient er als »Guitarre-, Flauto-, Violin- und Singlehrer«; noch knapp zehn Jahre später ist er laut der *Sammlung von Adressen gewerbetreibender Einwohner der Stadt Köln für das 1825* der einzige freischaffende Musiklehrer in der Stadt. Vor allem aber ist er auch *Chasan* bei der jungen Kölner jüdischen Gemeinde, auch wenn er, wie Jacobo Kaufmann vermutet,[14] bis mindestens 1828 ohne feste Anstellung ist.[15] Nichtsdestoweniger entwickelt Isaac Offenbach ein bemerkenswertes Selbstbewusstsein als Vorsänger der Synagoge, was möglicherweise an dem fehlenden Rabbiner lag. Als sich die jüdische Gemeinde neue Statuten gibt, die den Vorsänger in gewissen liturgischen Ehrenrechten beschneiden, setzt er sich mit einem langen Gutachten vehement zur Wehr. Nicht zuletzt zeigt er darin, welche große Bedeutung er seiner musikalischen Tätigkeit zumisst: »Die Amtsverrichtung eines Vorsängers besteht nicht bloß darin, der Gemeinde etwas vorzutrillern: sondern ihr Vorbeter bei Gott zu sein.«[16] Der Kantor – der, wie Isaac Offenbach, mit einer wohltönenden Stimme gesegnete Vertreter der Gläubigen vor dem Allmächtigen – ist im jüdischen Gottesdienst unerlässlich, in der traditionellen Synagoge gibt es kein Gebet, keine Lesung ohne den allgegenwärtigen Gesang.

Die synagogale Musik des 19. Jahrhunderts ist geprägt von einer Tendenz zur Assimilation an die umgebende Musikkultur. Wenn auch die Juden seit dem Mittelalter eine abgeschlossene, bewusst von der christlichen Bevölkerung getrennte Gruppe darstellten, so standen sie doch stets in regem kulturellem Austausch mit der sie umgebenden Welt. So waren etwa jüdische Spielleute während der gesamten Neuzeit keine Seltenheit bei christlichen gesellschaftlichen Anlässen[17]. Ab dem 18. Jahrhundert ist die synagogale Musik jedoch starken Veränderungen ausgesetzt. Zwar wird auch zu Isaac Offenbachs Zeit der traditionelle Gesang weiterhin gepflegt, die Melodik und die Aufführungspraxis haben sich unter dem Einfluss europäischer Musik klassisch-romantischer Prägung aber stark verändert. Seit Anfang des 18. Jahrhunderts halten allmählich Orgeln und Saiteninstrumente Einzug in den Gottesdienst, parallel dazu entwickelt sich der Gesang weiter, sodass das bis dahin übliche Vorsängerduo aus »Singer« und Bass vielerorts erweitert wird durch »weitere Sänger mit der Aufgabe, Instrumentalklang stimmlich nachzuahmen«[18] – eine sehr spezielle Praxis, die schon 1773 der Musikreisende Charles Burney für die jüdische Gemeinde Amsterdam beschrieb. Anklänge an diese Praxis finden sich etwa 100 Jahre später in vielen Passagen der Werke Jacques Offenbachs.

Charakteristisch für die neue Ausrichtung der synagogalen Musik sind vor allem die Stilmischung und -übertragung, die Anpassung an eine nichtjüdische, häufig weltlich geprägte Musiksprache. Auch Isaac Offenbachs Werke erinnern, insbesondere in ihrer klaren Dur-Moll-tonalen Harmonik, immer wieder an die Werke etwa Wolfgang Amadeus Mozarts oder Carl Maria von Webers. In seinen Kompositionen bildet sich somit zum einen seine frühe musikalische Sozialisation in Offenbach am Main recht deutlich ab, zum anderen erweist sich Isaac aber auch als ein Komponist auf der Höhe seiner Zeit, der sich mit aktuellen musikalischen Entwicklungen schöpferisch auseinanderzusetzen vermag.

Dass sich Isaac Offenbach nicht nur im Hinblick auf das Musikleben, sondern auch im Hinblick auf das Geistesleben insgesamt auf der Höhe seiner Zeit bewegt, beweist seine scharfe Argumentation im bereits erwähnten Gutachten über die neuen Statuten der Kölner Gemeinde. Vor allem aber die theologischen und pädagogischen Ausführungen in seinen beiden erhaltenen schriftstellerischen Veröffentlichungen – die Hagadah-Übersetzung von 1838 und das »Allgemeine Gebetbuch für die israelische Jugend, hebräisch und deutsch« von 1839 – zeigen, wie sehr er mit den aufklärerischen Ideen etwa eines Moses Mendelssohn vertraut ist. Für Anton Henseler – einen der frühesten Offenbach-Forscher, der bereits 1930 eine nach wie vor sehr aktuelle Biographie vorlegte – war Isaac Offenbach

> also vielseitig talentiert, ein Kenner der älteren rabbinistischen Literatur und des modernen Reformschrifttums, ein eifrig dilettierender Poet und ein Musiker von beachtlicher Begabung. Als ein Mann von scharfem Intellekt, allem Mystischen und Phantastischem abhold, mit einem verstandesklaren Spott ›wie der alte Fritz‹, aber auch ebenso eigensinnig wie starrköpfig, so lebt er noch in der Familientradition fort.[19]

Die Familie vergrößert sich weiter. Nach Isabella (1817–1891) kommt 1819 schließlich Jacob zur Welt:

> Im Jahr tausend acht hundert neunzehn den ein und zwanzigsten des Monats Juni, Morgens zehn Uhr erschien vor mit Franz Rudolf von Monschaw, Beigeordneten des Oberbürgermeisters von Köln, als Beamten des Personenstandes, Isaac Offenbach, einundvierzig Jahre alt, Standes Musiklehrer, wohnhaft zu Köln, Regierungsdepartement von Köln, welcher mir ein Kind männliches Geschlechtes vorzeigte und mir erklärte, daß das Kind den Zwanzigsten des Monats Juni Jahres tausend acht hundert neunzehn, Morgens drei Uhr, gebohren ist von ihm Isaac Offenbach und von Marianne Rindskopf,

seiner Ehefrau ohne Gewerbe, wohnhaft zu Köln auf'm Großen Griechenmarkt im Hause Nro. 1, und erklärte ferner diesem Kinde den Vornamen Jacob zu geben.
Diese Vorzeigung und Erklärung haben Statt gehab im Beisein des Arnold Schneider, neunundvierzig Jahre alt, Schuster, und des Joseph Hamacher, einundvierzig Jahre alt, Standes Bedienter bei [...] wohnhaft zu Köln, und haben vorbenannter erklärender Teil sowohl als die beiden Zeugen nach ihnen geschehener Vorlesung, gegenwärtige Urkunde mit mir unterschrieben.
Isaac Offenbach
Joseph Hamacher
Arnold Schneider Fr. R. von Monschaw[20]

Zusammen mit den nach Jacob noch geborenen Geschwistern Henriette (1821–1895), Julia, die sich später »Julie« nennen wird (1823–1907), und Michel (1825–1840) haben Marianne und Isaac Offenbach insgesamt also zehn Kinder, von denen aber zwei – Sara und Charlotte – bereits früh sterben. Angesichts des geringen Einkommens eines *Chasans* oder eines Musiklehrers lebt die Familie Offenbach in bescheidenen Verhältnissen. Das ändert sich auch nicht, als sie – wohl nicht vor 1831 – in die Dienstwohnung des *Chasans* in der Glockengasse 7 umzieht. Viel später erinnert sich Albert Wolff – ein aus Köln stammender, in Paris mit Offenbach befreundeter Journalist – an das Haus in der Glockengasse und an die Schule, die er gemeinsam mit Jacob besuchte:

Jacques' Vaterhaus war klein: Ich sehe es noch vor mir, rechts von dem Hof, wo sich meine Schule befand. Man kam durch eine kleine, niedrige Tür hinein; die blitzsaubere Küche befand sich unterhalb der Diele; überall ordentlich aufgeräumtes Kupfergeschirr; die Mutter tätig am Herd; rechts, wenn man durch die Küche ging, ein bürgerliches Zimmer, das auf die Straße ging. Der vater saß in einem großen Sessel nahe am Fenster, wenn er nicht gerade Musikstunden gab: Er sang sehr gut und spielte Violine. Herr Offenbach war schon ein Mann in fortgeschrittenem Alter; ich habe von ihm eine doppelte Erinnerung bewahrt: Wenn ich auf dem Rückweg von der Schule zu viel Lärm im Hof machte, kam er heraus und verabreichte mir ein paar Ohrfeigen; wenn ein Festtag war, verwöhnte er mich mit den landestypischen Kuchen, die niemand in der ganzen Stadt so gut backen konnte wie Mutter Offenbach.[21]

Jacob wächst also »in einer ärmlichen, aber eminent musikalischen Umgebung auf, in der es selbstverständlich ist, zum Gottesdienst wie zum Tanz aufzuspielen«.[22] Der Vater komponiert – etwa, noch in Deutz, ein leider verschollenes Singspiel *Der Schreiner in seiner Werkstatt,* das wahrscheinlich am 9. Juni 1811 anlässlich der Taufe von Napoleons Sohn uraufgeführt wird. Er lässt darüber hinaus 1838 eine musikalisch aufwendig gestaltete Hagadah – ein Ritualbuch für die häusliche Feier am Vorabend des Pessach-Festes, aus dem traditionell beim Festmahl mit der Familie gemeinsam gelesen und gesungen wird – sowie 1839 ein *Allgemeines Gebetbuch für die israelitische Jugend, hebräisch und deutsch* veröffentlichen. Die Kinder ihrerseits singen und musizieren. Wie sein Bruder Julius lernt Jacob Geige spielen, doch findet er offenbar eher Gefallen am Violoncello. Julie Grünewald berichtet:

> Der Vater gab ihm den ersten Violinunterricht, als er sechs Jahre alt war. Er lernte so schnell, daß er mit acht Jahren schon gut spielte und kleine Lieder komponierte. Als er kaum neune Jahre alt war, kam mein Vater eines Tages nach Hause und hörte Cello spielen, wusste aber nicht, wer in seiner Abwesenheit dieses Instrument spielen konnte. Da frug er meine Mutter, ob jemand gekommen wäre, der Cello spielte. Sie hatte niemanden kommen hören. – Das Musikzimmer war oben im Hause. – Daher vermutete er, daß Jakob oben sei, und rief: »Wer spielt oben Baß?« – So wurde in alten Zeiten das Cello genannt. – Natürlich war es das kleine ›Köberchen‹, wie ihn alle nannten. Er war für sein Alter klein gewachsen, klein und zart. [...] Aber, wie ich dir schon sagte, war der Großvater so erstaunt, daß er im ersten Moment nicht wusste, was er sagen sollte. Er rief das Jakobchen herunter und fragte, wer ihm das Baßspielen gelehrt habe. Da sagte er, das hätte er sich selbst gelehrt. Von der Zeit an bekam er Cellounterricht und war mit elf Jahren ein guter Spieler.[23]

Es sind gewisse Zweifel an der Glaubwürdigkeit der Erinnerung von Julie Grünewald angebracht, verfasst sie doch erst etwa 80 Jahre nach der Geburt ihres Bruders, knapp 40 Jahre nach seinen großen Erfolgen und knapp 20 Jahre nach seinem Tod ihre Erinnerungen. Wie auch immer es tatsächlich war:

> Aus den verschiedenen Berichten über die mehr oder weniger sensationelle Entdeckung des Cellotalentes Jakob Offenbachs läßt sich das eine als wesentlich herausschälen: der starke innere Drang des Knaben zu dem Instrument, das seiner seelischen Beschaffenheit irgendwie besonders entsprochen haben muß.[24]

Jacob erhält also Violoncellounterricht, zunächst bei Joseph Alexander (1772–1840).[25] Dieser hat als Violoncellist an der 1818 aufgelösten Duisburger Universität gelehrt, in Köln spielt er im Orchester der Konzertgesellschaft. Aber auch als Instrumentalpädagoge erlangt er eine gewisse Bekanntheit, wird seine *Anleitung zum Violoncellspiel* doch immerhin beim großen Musikverlag Breitkopf & Härtel in Leipzig gedruckt. Alexanders kompositorische Ideale scheinen Haydn und Mozart, aber auch Romberg gewesen zu sein: »Durch Alexander ist

Offenbach wohl zuerst in jenen Stil des 18. Jahrhunderts eingeführt worden, den er später so geschickt als ›musique du temps jadis‹ nachzuahmen und dadurch den Eindruck eines gewiegten Kenners der altfranzösischen Meister zu erwecken verstand.«[26]

Die durchaus kostspielige musikalische Ausbildung der Kinder hat einen nicht zuletzt real wirtschaftlichen Hintergrund: Isaac Offenbach gibt seinen Kindern die Fertigkeiten mit, die er selbst erlernt hat und die ihn ab seinem 16. Lebensjahr ernährt haben. Darüber hinaus können die Kinder mit ihren Fertigkeiten die wahrscheinlich wenig üppige Haushaltskasse etwas auffüllen – was sie auch tun. Ab seinem zwölften Lebensjahr tritt das Violoncello-Wunderkind Jacob in Konzerten auf,[27] vor allem aber bestreiten die Geschwister Offenbach – Isabella, Julius und Jacob – ab 1830 das musikalische Abendprogramm verschiedener Gastwirtschaften: bei Jeandre im Gymnicher Hof, bei Klütsch in der Bäckerzunft an der Wollküche, bei Welcker in der Breite Straße, in der Kaffeegesellschaft der Witwe Stittmann im Kuhberg an der Schnurgasse.

Ob Alexander ihm nicht genug Anregungen mitgeben kann oder ob es andere Gründe gibt – nach einiger Zeit wechselt Jacob jedenfalls seinen Violoncellolehrer, er geht zum noch jungen Cellisten der *Musikalischen Gesellschaft* und der Domkapelle, Bernhard Josef Breuer (1808–1877). Aus einer Kölner Musikerfamilie stammend ist dieser neben seiner Arbeit in der *Musikalischen Gesellschaft* und in der Domkapelle auch als Lehrer, Komponist und Musikalienhändler tätig. Breuer scheint Offenbach stark zu prägen – was vielleicht auch einfach daran liegt, dass der neue Lehrer einer anderen Generation als Alexander angehört: Er ist gerade einmal elf Jahre älter als Jacob.

Vor allem aber dürften die Aufführungen am Kölner Theater, das 1829 in der Comödienstraße neu errichtet wird, einen gewaltigen Eindruck auf den jungen Offenbach gemacht haben. Noch vor dem Bau des neuen Theatergebäudes hatte vor allem die Oper hier bereits einen erstaunlichen Aufschwung genommen, allein bis 1833 wurden hier Carl Maria von Webers *Freischütz,* Ludwig van Beethovens *Fidelio,* Daniel-François-Esprit Aubers *Stumme von Portici,* Giacomo Meyerbeers *Robert der Teufel,* Gioacchino Rossinis *Wilhelm Tell, Der Barbier von Sevilla* und *Die Belagerung von Korinth* gespielt, des Weiteren unter anderem Werke von François-Adrien Boieldieu, Nicolas Isouard, Gaspare Spontini oder Ferdinando Paër sowie zahlreiche Vaudevilles. Der Spielplan war insgesamt wohl stark vom Pariser Bühnengeschehen geprägt. Das Theaterorchester bestand hauptsächlich aus Musikern der Domkapelle, unter denen sich auch Offenbachs Lehrer Bernhard Breuer befand.

Einen faszinierenden Einblick in den musikalischen Alltag der Familie Offenbach in Köln bietet ein Dokument, das sich heute in einer Bibliothek im amerika-

2 Um 1830 herum legt Isaac Offenbach sein Musikalbum für den familiären Gebrauch an, das er in den nächsten Jahren nach und nach vor allem mit eigenen Kompositionen ergänzt. Darin findet sich auch das Lied »An Minna« – eines von Jacques Offenbachs ersten nachweisbaren Werken. Autograph, 1831.

nischen Philadelphia befindet.[28] Drei Töchter von Isaac und Marianne Offenbach wanderten zwischen 1844 und 1850 von Köln in die USA aus: die 1817 geborene Isabella Offenbach, verheiratete Maas, die 1821 geborene Henriette Offenbach, verheiratete Jones, sowie die 1823 geborene Julia Offenbach, verheiratete Grünewald, die auch mit ihren Erinnerungen eine der wichtigsten Quellen über die frühen Jahre Jacques Offenbachs hinterlassen hat. Vermutlich über Letztere gelangte dieses Album nach dem Tod Isaac Offenbachs nach Amerika. In den 118 Seiten mit insgesamt 56 gitarrenbegleiteten Liedern, offensichtlich für den Hausgebrauch bestimmt, offenbart sich das Bild eines stets mit Musik begleiteten und gestalteten Familienalltags heraus.

So finden sich unter den 34 von Isaac Offenbach selbst verfassten Kompositionen geistliche Lieder wie »›Schenk uns Ewiges Heil und Frieden‹ (Meine Übersetzung des Sim shalom in meinem Gebetbuch pag. 88) gedeutscht und componirt von J. Offenbach, 4 Jan 1842«, aber auch ein »Wiegenlied: ›Mein Herzens Söhnchen, schlafe ein‹, gedichtet, in Musik gesetzt und gewidmet seinem Enkel Julius in Galveston von J. Offenbach, den 29 Dec 1846«, Johann Wolfgang von Goethes »›Kennst Du das Land wo die Citronen blühn?‹, composés par Jc Offenbach« oder »›Blümleins Sprache‹ von I. M. Firnerich, Steinschrift von meinem in Gott ruhenden Sohne Michel als Andenkens im J. 1839, J. Offenbach«. Der ältere Sohn Julius Offenbach steuert zwei Gesänge bei, der jüngere – er wird schon da ausdrücklich »Jacques« geschrieben! – insgesamt sieben Lieder, darunter die 1831 entstandenen »Laß mich schlummern, Herzlein« und »An Minna: ›Träum ich ist mein Auge trübe‹«, die vielleicht ältesten erhaltenen Kompositionen des damals gerade einmal zwölfjährigen Jacques Offenbach. Ergänzt wird das Album schließlich durch Bearbeitungen von Stücken anderer Komponisten, wie etwa Wolfgang Amadeus Mozarts Terzett »Verewigt glüht hier Herz und Sinn« oder Franz Schuberts »Ständchen«. Auch Christoph Willibald Glucks »Ariette mit Violinbegleitung für die Guitarre und Violin eingerichtet von Jc Offenbach Merz 1849: ›J'ai perdu mon Euridice‹« taucht auf – Jacques Offenbach wird sich viel später an herausgehobener Stelle in seinem wahrscheinlich bekanntesten Werk, »Orphée aux Enfers« daran erinnern.

Von Jakob zu Jacques

Das erste gedruckte Werk des jungen Jakob(!) Offenbach – ein *Divertimento über Schweizerlieder für das Violoncello mit Begleitung von 2 Violinen, Viola und Bass* – ist kaum zufällig »seinem Lehrer dem Herrn Bernhard Breuer achtungsvoll gewidmet«. Es erscheint kurz vor der Abreise des gerade einmal vierzehnjährigen jungen Violoncellisten nach Paris im Jahr 1833 beim Verlag des Musikalienhändlers J. M. Busch. Noch knapp 100 Jahre nach der Entstehung des Divertimentos meint Anton Henseler, in gewissen Figuren im Soloviolonc ello Kuhreigen zu vernehmen.[29] Und in der Tat evoziert Offenbach, nicht zuletzt dank der im Titel genannten »Schweizer Lieder«, eine gerade in der ersten Hälfte des 19. Jahrhunderts überaus beliebte Schweizer *couleur locale.* Damit steht das Erstlingswerk des 14-Jährigen in der Nähe einer ganzen Reihe weiterer, mehr oder weniger berühmter »Schweizer« Kompositionen: von Joseph Weigls »Die Schweizer Familie« (1809) über Gioacchino Rossinis *Wilhelm Tell* (1829), Giacomo Meyerbeers *Le ranz des vaches* (ca. 1830) und Bernhard Rombergs *Schweizer Konzert* für Flöte und Orchester, op. 30 (17), bis hin zu Franz Liszts *Années de pèlerinage* (1848–1855).

Nach einer langsamen Einleitung im Stile einer Opernouvertüre, majestätisch punktiert, entfaltet das Violoncello *cantabile* eine langmütige Melodie in a-Moll, immer wieder unterbrochen von schnellen Sechzehnteleinwürfen *ad libitum,* bevor *andante* in A-Dur das Schweizer Lied »Steh nur auf, du Schweizerbub«[30] vorgestellt wird. Dieses wird in vier folgenden Variationen vom Soloviolon cello mit Sechzehntelfiguren umspielt, in Doppelgriffen verdoppelt, in Sextolenketten versteckt und schließlich rhapsodisch in einem a-Moll-Adagio weit ausgebreitet. Nach einer modulierenden, dynamisch interessanten Überleitung setzt in G-Dur eine ländlerartige »Jodlermelodie« als zweites Thema an; auch sie wird virtuos variiert mithilfe von Flageolettfiguren im Soloviolon cello. Dann aber wandert das Thema in die erste Violine, das Violoncello begleitet in rasenden Arpeggien und schließlich rückt sogar der gesamte Satz in einem harmonischen *coup de théâtre* nach Es-Dur. Es folgt nun ein großer, einem ausgewachsenen Opernfinale kaum nachstehender Schluss: melodische, rhythmische, dynamische Steigerungen, Echo- und Stretta-Effekte, Tuttischläge. Offenbach reiht nicht einfach nur eine Variation an die andere, wie so viele andere seiner Zeitgenossen es in ihren Werken taten. Durch einfache formale Mittel schafft er ein Erstlingswerk, das auf eine perfekte Inszenierung des Soloviolon cellisten hinausläuft. Gerade einmal vierzehnjährig setzt Offenbach bemerkenswerte Akzente; er versteht offenbar nicht nur als Komponist, sondern – wenn man davon ausgeht, dass er das Divertimento für sich selbst geschrieben hat – auch als Violoncellist sein Handwerk. Und, was sich im Nachhinein als bedeutsam herausstellen wird: Er versteht etwas von musikalischer Dramaturgie.

Es gehört zu den scheinbar unumstößlichen Gemeinplätzen des deutschen Offenbach-Bildes, dass in seinem Werk, insbesondere in den Operetten, der rheinische Frohsinn seiner Heimatstadt musiktheatralisch verwirklicht sei. Findet sich diese Vorstellung schon zu Offenbachs Lebzeiten, etwa bei Ernst Pasqué, so hat vor allem der Bonner Musikforscher und Volkskundler Anton Henseler in seiner für die deutsche Offenbach-Forschung wegweisenden Biographie ausgeführt, »die Einwirkung der Geburtsstadt, ihrer Atmosphäre, ihres Geistes auf den Begründer der modernen Operette« sei »unverkennbar«. Anders als seine jüdischen »Stammesgenossen Meyerbeer und Mendelssohn« sei er nicht »in der vornehmen Abgeschlossenheit von Berliner Bankiershäusern« aufgewachsen, sondern »in innigster Berührung mit dem rheinischen Volksleben der unteren Schichten«, wo er denn auch »die Neigung des rheinischen Volkscharakters, das Leben von der spaßhaften Seite zu nehmen und mit Witz, Spott und Satire nicht zu kargen«, kennen und schätzen gelernt habe.[31] Am nächsten liegend ist hier für Henseler zunächst der Bezug zum noch heute lebendigen Puppentheater des Kölner »Hänneschen«, in dem sich damals »unverfälschter rheinischer Volksgeist kundgab«.[32] Hier habe Offenbach bereits für sein späteres Musiktheater bedeutende Stoffe kennengelernt, etwa Genoveva von Brabant, Blaubart oder die Legenden um die olympischen Götter.

Vor allem soll der Kölner Karneval den jungen Offenbach geprägt haben. Als zügelloses, kaum zu bändigendes Volksfest bereits seit dem Mittelalter in Köln belegt, wurde die kirchlich geprägte Tradition des »Fastelovends« 1795 von den revolutionären französischen Besatzungstruppen verboten. Unter Napoleon 1804 zwar wieder erlaubt, beschränkte sich der Karneval aber jahrelang fast ausschließlich auf närrische Maskenbälle. Eine Straßenfastnacht gab es nicht bis 1823, als im nunmehr preußischen Köln das neu gegründete »Festordnende Comité« zum ersten Mal seit Langem einen Rosenmontagszug durch die Altstadt ausrichtete. Geprägt wurde dieser quasi neu erfundene Karneval nun, während des Vormärz, vor allem durch seinen kritischen, ja subversiven Charakter. Karnevalszeitungen, Almanache und andere unter der Herrschaft des Hanswursts veröffentlichte Publikationen boten ein Ventil für Hohn und Spott, für politische Satire – sodass auch prompt die preußische Obrigkeit sich immer wieder einzugreifen genötigt sah.

Ob oder gar wie der junge Jacques Offenbach, wie oftmals suggeriert wurde, am christlichen, ja katholischen Brauch des Karnevals teilgenommen hat, wissen wir nicht. Vermutlich war ihm das jüdische Purimfest vertrauter – von außen betrachtet durchaus so etwas wie ein »jüdischer Karneval«, der obendrein immer mehr oder weniger mit der christlichen Fastnacht zusammenfällt. Auch an Purim steht eine ausgelassene Freude und Heiterkeit im Mittelpunkt des Festes, Große und Kleine verkleiden sich mit farbenfrohen Kostümen und man rechnet in parodistischen Possen und in bunten Umzügen mit den Autoritäten ab, denen man sich das übrige Jahr gehorsam zu unterwerfen hat. Trotzdem wird sich auch der Sohn des jüdischen Kantors, zumal in Köln, nicht vollkommen dem Karnevalstreiben entzogen haben können – schon gar nicht, wenn man den in den Quellen geradezu greifbaren Hang des Jungen zum Musischen bedenkt.

Denn der Karneval ist, damals wie heute, geprägt von allgegenwärtigen Melodien, Liedern und Tänzen. Sitzungen, Bälle und Umzüge waren damals und sind heute eine eminent musikalisch geprägte Welt. Als Karnevalsmusiker aus der ersten Hälfte des 19. Jahrhunderts bekannt ist heute vor allem noch Carl Leibl: Kölner Domkapellmeister, aber eben auch Komponist des wahrscheinlich beliebtesten Karnevalsschlagers überhaupt, des *O-jerum-Walzers*. Daneben fanden aber auch eine ganze Reihe weiterer Musiker im Karneval ein großes Betätigungsfeld – nicht zuletzt eben Offenbachs Violoncellolehrer Bernhard Breuer. Die Karnevalsgesellschaft der »Krähwinkler«, in der er sich musikalisch etwa mit Liedern wie *De fünf Exklamatiöncher* einbrachte, war bekannt für ihre Divertissementchen, also »musikalisch-deklamatorisch-mimisch-plastische« Aufführungen mit reichlich parodistischem Einschlag[33]. So parodierte *Das Musikfest in Krähwinkel* schon 1827 das erst wenige Jahre zuvor ins Leben gerufene Niederrheinische Musikfest. Anton Henseler verweist darauf, dass solche damals zur Aufführung gekommenen Karnevalsscherze eng verwandt sind mit der Gattung der Krähwinkliaden, wie sie August von Kotzebue Anfang des 19. Jahrhunderts geschaffen hatte und wie sie danach vor allem im Wien des Vormärz weiterentwickelt wurde. Wie im dortigen Volkstheater wurde auch im Divertissementchen in Köln der Text mit Melodien versehen, die entweder aus dem damals gängigen Opernrepertoire entstammten oder schlichtweg als Karnevals- oder Volkslieder geläufig waren. Dies ermöglichte es dem Publikum vermutlich auch, wie es etwa für das zeitgleich in Frankreich die Bühnen dominierende Vaudeville belegt ist, am Bühnengeschehen singend teilzunehmen – totales Theater *avant la lettre*. Einen solchen Karnevalsschwank verfasste Bernhard Breuer etwa für die Weiberfastnacht 1832. Darin kommen nicht »op Kölsch« gesungene Opernarien zum Klingen, sondern es werden alte kölnische Karnevals- und Volkslieder zu einem bunten musikalischen Strauß zusammengestellt. Nur wenige Monate vor der Abreise der jungen Brüder Offenbach nach Frankreich heißt dieser Schwank ausgerechnet: *Die Kölner in Paris.*[34]

Dieser Titel hat, aus heutiger Sicht, geradezu prophetische Züge. Es muss Isaac Offenbach 1833 klar gewesen sein, dass seine musikalisch so begabten Söhne ihre Ausbildung außerhalb Kölns weiterverfolgen müssen, wie es etwa die Söhne des befreundeten Geigers Anton Lüttgen in Paris bereits tun. Im Übrigen genießen Juden wie Offenbach gerade in Paris eine größere auch künstlerische und berufliche Freiheit als im preußischen Köln. So haben sie dort, unter 800.00 Parisern, eine paradoxerweise viel größere Chance, sich musikalisch bekannt zu machen als hier, unter gerade einmal 65.000 Kölnern. Gleichwohl fällt die Entscheidung, die jungen Söhne nach Paris zu schicken, nicht einfach. Am 9. Oktober 1833 wird ein Abschiedskonzert der Brüder Offenbach angekündigt:

> Konzert-Anzeige. Heute den 9. Oktober werden Unterzeichnete, welche zu ihrer Ausbildung nach Paris zu reisen gesonnen sind, von mehreren verehrten Dilettanten sowohl als vom städtischen Orchester gütigst unterstützt, ein Abschids-Konzert im Saal des Herrn Horst zu geben sich beehren, und bitten einkunstliebendes Publikum um gefälligen Zuspruch. Gebrüder Offenbach.[35]

Vermutlich am 5. November 1833 wird schließlich die Reise nach Paris angetreten. Der Abschied fällt besonders der Mutter sehr schwer:

> Der Tag der Abreise kam, ich werde denselben nie vergessen – ich war damals neun Jahre alt. Es war ein wahrer Trauertag für uns alle, aber ganz besonders für meine arme Mutter, die nach der Abreise ihrer Lieben so vom Schmerze hingerissen war, daß sie nicht wußte, was sie tat. Sie wollte allein sein und ging in unser gutes Zimmer, wo ein Ofen brannte. Sie legte ihren Arm auf die heiße Ofenplatte, hielt sich die Hände vor die Augen und weinte. Ich ging ins Zimmer, suchte meine Mutter und das war ein Glück, denn wenn ich nicht hineingekommen wäre, hätte sie sich sicher den Arm verbrannt. Vor Schmerz schien sie keine Empfindung gehabt zu haben. Ich schrie: »Mutter du verbrennst dich ja.« Da kam sie wieder zu sich und nahm den Arm herunter. Alles das meine ich heute noch vor mir zu sehen.[36]

3 Jacques Offenbach. Stich von Hermann Raunheim, um 1839.

1833–1844

»Hauptstadt des 19. Jahrhunderts«

> Paris ist nicht bloß die Hauptstadt von Frankreich, sondern der ganzen zivilisierten Welt, und ist ein Sammelplatz ihrer geistigen Notabilitäten. Versammelt ist hier alles, was groß ist durch Liebe oder Haß, durch Fühlen oder Denken, durch Müssen oder Können, durch Glück oder Unglück, durch Zukunft oder Vergangenheit. Betrachtet man den Verein von berühmten oder ausgezeichneten Männern, die hier zusammentreffen, so hält man Paris für ein Pantheon der Lebenden. Eine neue Kunst, eine neue Religion, ein neues Leben wird hier geschaffen, und lustig tummeln sich hier die Schöpfer einer neuen Welt. Die Gewalthaber gebärden sich kleinlich, aber das Volk ist groß und fühlt seine schauerlich erhabene Bestimmung.[37]

Heinrich Heine übertreibt nicht, als er diese Zeilen schreibt. Die Strahlkraft der französischen Metropole an der Seine ist im gesamten 19. Jahrhundert enorm. Hier sind die Vorstellungen von Freiheit, Gleichheit, Brüderlichkeit geboren worden, die die alte Welt der Kaiser und Könige von Gottes Gnaden hinweggefegt haben. Hier sind aus Untertanen die »Citoyens« geworden, die mit einem kleinen korsischen General an ihrer Spitze in einem Handstreich den ganzen Kontinent überrannt haben. Hier entzündet sich stets von neuem der revolutionäre Funke, der immer wieder auf das übrige Europa überspringt – 1789, 1830 oder 1848.

Als »Hauptstadt des 19. Jahrhunderts« (Walter Benjamin) ist die Stadt an der Seine ein Schaufenster der Moderne. Hier werden die Grundlagen gelegt für den wirtschaftlichen und wissenschaftlichen Aufschwung, hier werden Erfindungen und Entdeckungen der Welt eröffnet: Eisenbahn und Fotografie, Elektrizität und Radioaktivität, Gasbeleuchtung und Lebendimpfung. Industrialisierung und Urbanisierung lassen die Städte ins scheinbar Unermessliche anwachsen, in Paris wird 1846 die Millionengrenze überschritten. Auch in künstlerischer Hinsicht ist Paris der Nabel der Welt. Auf der Bühne durchbricht Victor Hugo ab 1830 die künstlerischen Schranken des klassischen Theaters, während Honoré de Balzac und Stendhal das Genre des Romans neu erfinden. Ein Maler wie Eugène Delacroix lässt den Kanon der hergebrachten Formen hinter sich – die von ihm so ausdrucksstark und eindrucksvoll in Szene gesetzte Freiheit führt das Volk an.

Wie ein Sog zieht Paris alle an. Diese Sogwirkung betrifft dabei nicht nur Frankreich – dieses war schon im Ancien Régime zentralistisch auf die Hauptstadt ausgerichtet –, viel eher erreicht sie vor allem jene Länder in Europa, in denen die Restauration nach 1815 die revolutionären liberalen Entwicklungen großflächig zurückdreht. Hiervon ist vor allem auch Deutschland betroffen, wo sich nach dem Wiener Kongress ohnehin nicht nur die liberale Frage stellt, sondern auch die nationale Frage ungelöst ist. »Deutschland« gibt es nicht, sondern einen einigermaßen zahnlosen Deutschen Bund mit über 30 Duodezfürsten, die mal mehr, mal weniger autokratisch über ihr zunehmend verarmendes Volk regieren. Die Jahre vor März 1848, die Jahre des Vormärz', sind geprägt von einer starken deutschen Emigrationsbewegung – nicht nur in die »neue Welt« auf dem amerikanischen Kontinent, sondern oftmals in das freiere, gleichere, brüderlichere Frankreich, und hier insbesondere nach Paris. Tatsächlich stellen die deutschen Migranten über mehrere Jahrzehnte des 19. Jahrhunderts die größte ausländische Gruppe in Paris dar, um 1848 sollen über 80.000 Deutsche an der Seine gelebt und gearbeitet haben. Die überwältigende Mehrzahl der deutschen Migranten ist dabei als Handwerker, Tagelöhner, ungelernte Arbeiter oder Dienstmädchen in der französischen Hauptstadt tätig. Und natürlich finden in diesen Zeiten der politischen Restauration natürlich auch viele politisch unliebsame Intellektuelle den Weg in die die französische Hauptstadt – wie etwa Heinrich Heine oder Karl Marx.

Vor allem aber für die Musikwelt ist die Millionenstadt an der Seine im 19. Jahrhundert ein Kristallisationspunkt von Musikkarrieren – hier finden sie ihren Anfang, hier finden sie ihre Vollendung. Wer auch immer musikalisch etwas werden will, dessen Weg wird früher oder später über Paris führen: die Italiener Gioacchino Rossini, Vincenzo Bellini, Gaetano Donizetti, die Deutschen Giacomo Meyerbeer, Richard Wagner, Felix Mendelssohn Bartholdy und natürlich die Franzosen Daniel-Esprit Auber, Adolphe Adam, Fromental Halévy. Paris ist der Dreh- und Angelpunkt der Musik. Für einen jungen, aufstrebenden Musiker aus Köln ist Paris aber vor allem auch räumlich schon viel näher als andere Metropolen, wie etwa Wien, oder andere Städte, die zu dieser Zeit gerne Metropolen wären. Berlin etwa, die Hauptstadt des seit wenigen Jahren ja erst am Rhein verankerten und in Köln nach wie vor unbeliebten Preußens, ist schon allein aus lokalpatriotischen, aber eben auch aus musikalischen Gründen keine wirkliche Alternative. Frankreich ist Jakob Offenbach – der allmählich zu Jacques werden wird – eben viel näher als Preußen: »Liberté, Égalité, Fraternité« gilt dort für alle, nicht zuletzt auch für die in Preußen nach wie vor als Bürger zweiter Klasse behandelten Juden.

Dem jungen Violoncellisten sind bereits andere junge Musiker aus Köln nach Paris vorausgegangen, so etwa die Söhne des mit Isaac Offenbach befreundeten langjährigen Geigers des Theaterorchester Lüttgen, seinerzeit jedem Kölner Musiker und Dilettanten wohlbekannt und eine überaus ehrenwerthe tüchtige Persönlichkeit. Er hatte vier Söhne verschiedenen Alters, die natürlich alle vier Musiker wurden und, dem Zug der Zeit folgend, nach einander nach Paris wanderten, dort ihrer Kunst zu leben und nebenbei ihr Glück zu suchen.[38]

Der Älteste, Paul, machte 1830 den Anfang, er mietete sich in der Rue des Martyrs – einer der alten Ausfallstraßen nach Norden hoch zum Montmartre – in einer kleinen Dachwohnung ein, in die dann nach und nach seine drei Brüder Hilaire, Balthasar und Heinrich sowie der spätere Sänger und Dramaturg Ernst Pasqué einzogen – und eben 1833 auch Jacques Offenbach und sein Bruder Jules. Viele Offenbach-Biographen haben diese Mansardenwohnung viele Jahre später in blumigen Erzählungen verklärt, in denen die anfangs malerische Bohemeromantik recht bald einen klassenkämpferischen Zug erhielt. Waren die jungen Musiker, laut Ernst Pasqués 1886 erschienenen Erinnerungen, noch »mit einer damals recht freundlichen Mansarde der Rue des Martyrs«[39] ganz glücklich, so teilten sich »die jungen Leute«, so Siegfried Kracauer 1937 in seiner berühmten »Gesellschaftsbiographie« zu Jacques Offenbach, »eine der zahllosen Pariser Mansardenwohnungen, in deren Höhenregionen sich seit jeher Seligkeiten mit Misere und Küchendünste mit Ruhmesträumen gemischt haben«[40]. Tatsache ist jedoch, dass das Viertel um die noch heute sehenswerte, klassizistische Kirche Notre-Dame-de-Lorette herum und am Montmartre damals zu den gehobenen, ja geradezu teuren Wohngegenden gehörte. In dasselbe Haus, in dem sich 1833 die Wohngemeinschaft junger Kölner Musiker befand, zog wenige Jahre später der bekannte Dichter Heinrich Heine ein. Im Übrigen befand und befindet sich die Rue des Martyrs in unmittelbarer Nähe der »Nouvelle Athènes«, eines wenige Jahre zuvor entstandenen klassizistischen Viertels, in dem sich sehr bald viele Künstler ansiedelten – etwa die Maler Eugène Delacroix, Théodore Géricault und

Gustave Moreau, die Schriftsteller George Sand und Heinrich Heine, der Komponist Frédéric Chopin oder die Tänzerin Marie Taglioni, um nur einige zu nennen. Später hatten hier die Impressionisten Edgar Degas und Pierre-Auguste Renoir ihre Ateliers, ebenso der berühmte Fotograf Nadar, wurde die Straße Schauplatz des Geschehens in Werken von Gustave Flaubert, Guy de Maupassant oder auch Émile Zola. Und nicht zuletzt ließ sich Ende der 1850er-Jahre die Familie Halévy – mit der Offenbach zeitlebens verbunden war – ganz in der Nähe ihr Stadtpalais errichten, das Hôtel Halévy. Auch wenn die Legende einen mühsamen sozialen Aufstieg suggeriert, der seinen Ausgang in einer schäbigen Dachkammer nähme: Jacques Offenbach war in Paris von Anfang an in dem reichen künstlerischen Umfeld, das ihn während seiner gesamten Karriere begleiten sollte.

Kaum angekommen in Paris, sucht Isaac seinen Sohn Jacques im Konservatorium einzuschreiben. Dieses wird seit 1822 vom italienischen Komponisten Luigi Cherubini geleitet, unter seiner straffen Führung ist es zu einer weit über Frankreichs Grenzen hinaus anerkannten, berühmten musikalischen Kaderschmiede geworden. Der mittlerweile 63 Jahre alte Cherubini selbst allerdings gilt als streng, nach einigen kompositorischen Misserfolgen in den letzten Jahren aber auch geradezu als verbittert. Nichtsdestoweniger kommt es, glaubt man Julie Grünewald, zu einer denkwürdigen Aufnahmeprüfung, an deren Ende der junge Jacques Offenbach als Violoncelloschüler am Konservatorium aufgenommen sein wird.

> Nach einer beschwerlichen Reise kam mein Vater mit seinen Söhnen wohlbehalten in Paris an, und ersterer machte sich, sobald es tunlich war, auf den Weg zu Cherubini, welcher der Direktor des Konservatoriums war. Er wurde sofort vorgelassen und brachte sein Anliegen vor. Da sagte Cherubini: »Bedaure sehr, wir können aber keine Ausländer annehmen, unser Institut ist nur für Franzosen.« Davon hatte Vater keine Ahnung, und es war ihm in dem Augenblick, als er es erfuhr, das Schrecklichste, was ihm hatte passieren können; wußte er doch nicht, was er nun mit seinen Söhnen beginnen sollte. Er war indessen nicht der Mann, der sich gleich abweisen ließ. So sagte er zu Cherubini – Großvater konnte sehr gut Französisch sprechen –, er hätte die Reise nach Paris mit seinen Söhnen unternommen, nur um sie in der Musik ausbilden zu lassen, wenn aber die Statuten nicht erlaubten, daß sie als Ausländer Aufnahme am Konservatorium finden könnten, so bitte er um das Eine, daß er (Cherubini) sich von seinem dreizehnjährigen Sohne etwas vorspielen ließe. Das bewilligte er gerne und bat den Vater, sich am folgenden Morgen mit seinem Sohne im Konservatorium einzufinden. Zur bestimmten Zeit des folgenden Tages war Vater mit Jakob da. In dem großen Saale waren außer Cherubini noch 12 Herren, alle Professoren der Musik. Man gab dem dreizehnjährigen Jungen ein Musikstück, das er noch nie gesehen hatte, und ein Cello, und sofort setzte er sich hin und spielte. Und wie muß er gespielt haben! daß Cherubini, nachdem er

> vielleicht eine halbe Stunde gespielt hatte, selbst zu ihm ging, ihm die Hand reichte und sagte: »Vous êtes élève du Conservatoire.« – Das war noch nie am Pariser Konservatorium dagewesen. Das Glück des Vaters kann man sich denken, es war ja auch die größte Auszeichnung, die einem kleinen Jungen zuteil geworden war.[41]

Jean-Claude Yon bemerkt zu Recht, dass diese Szene rührend ist, vielleicht ja zu rührend, um wahr zu sein.[42] Auch wenn der junge Violoncellist die ehrenwerten Herren Professoren tatsächlich wohl mit seinem großen Talent überzeugt haben wird, ist er weder der erste, noch der letzte nichtfranzösische Schüler, der hier studiert. Die Satzung des Konservatoriums aus dem Jahr 1822 sieht diese Möglichkeit auch ausdrücklich vor, einzige Einschränkung gegenüber Landeskindern: Nichtfranzosen ist es verwehrt, einen Abschluss zu erlangen. Die Violoncelloklasse, für die sich Jacques Offenbach ja bewirbt, ist im Übrigen bei Weitem nicht so überlaufen wie etwa die Gesangs-, Klavier- oder Violinklassen. Und so findet sich in der Immatrikulationsliste der folgende Hinweis im Jahr 1833: »M. Offenbach, Jacob, né à Cologne, Prusse, le 21 [sic!] juin 1819, n° 1138, classe de violoncelle, élève étranger admis chez M. Vaslin, le 30 novembre.«[43]

Um seinen Söhnen ein materielles Auskommen zu sichern, nimmt Isaac Offenbach Kontakt zum Consistoire de Paris auf, der unter Napoleon eingerichteten Organisation der jüdischen Gemeinden. Da der Kantor der erst 1822 erbauten Synagoge Nazareth im Pariser Osten vor Kurzem gestorben ist und sein Nachfolger offensichtlich nicht die musikalischen Wünsche des Consistoires zu erfüllen vermag, gelingt es ihm, seinen Söhnen hier eine Anstellung zu verschaffen. Das Protokoll der Sitzung des Consistoires vom 3. Dezember 1833 notiert:

> Herr Offenbach, Vorsänger der jüdischen Gemeinde Köln und hier in Paris bereits als Vorsänger tätig gewesen, wird zur Sitzung zugelassen. Er bittet darum, seinen beiden Söhnen die Ausbildung und Leitung des Chors zu übertragen, den das Consistoire für die Gottesdienste an den Samstagen und an anderen hohen Festen wiedereinzurichten vorschlägt. Nachdem das Consistoire sich ein Urteil über das Können der Söhne Offenbach bilden konnte und zu der Überzeugung gelangt ist, dass sie sich zur vollsten Zufriedenheit dieser Aufgabe widmen werden, wird beschlossen, sie ab dem 1. Dezember für die Dauer von sechs Monaten anzustellen, bei 500 Franc Gehalt – für die Dauer dieser Anstellung, die verlängert werden kann.[44]

Vermutlich ist Isaac Offenbach, nachdem er nun seine Söhne versorgt hat, Anfang des folgenden Jahres nach Köln zurückgekehrt. Nunmehr auf sich allein gestellt, ohne väterliche Aufsicht, eröffnet sich den beiden jungen Leuten das Pariser Leben, das gerade in den 1830er-Jahren außerordentliche Höhepunkte zu bieten hat.

Es wird getanzt, es wird sehr viel getanzt in Paris. Etwa im Bal de la Grande-Chaumière im Quartier Latin, wo sich während der Julimonarchie junge Leute aus der ganzen Stadt, vor allem die Studenten aus den nahe gelegenen Hochschulen auf der Suche nach Vergnügungen treffen. Oder an den Champs-Élysées, wo das gesamte Gartengelände des Bal Mabille von 3000 Gaslampen ausgeleuchtet wird, was nicht nur eine zauberhafte Stimmung schafft, sondern auch dafür sorgt, dass dort bis zu 3000 Gäste auch abends und bis spät in die Nacht tanzen können. Oder im Jardin Turc am Boulevard du Temple, in unmittelbarer Nähe zu unzähligen Theatern und anderen Vergnügungsstätten, wo die Concerts-promenades des legendären Philippe Musard allabendlich bombastische Ausmaße annehmen. In all diesen Tanztempeln haben die großen Tänzerinnen des 19. Jahrhunderts ihren ersten großen Auftritt. Am berühmtesten unter ihnen wird vermutlich die legendäre Céleste Mogador, mit bürgerlichem Namen Céleste Veinard. Bevor sie den Grafen von Chabrillan heiraten und ihm in sein heimatliches Burgund folgen wird – wo Offenbach die nunmehrige »Gräfin von Chabrillan« etwa am 24. September 1851 in ihrem Schloss in Digoine besucht hat[45] –, macht sie um 1840 als eine der ersten großen Cancan-Tänzerinnen von sich reden. Denn es kommen auch neue Tänze auf, die – anders als zuvor – zumeist paarweise getanzt werden: neben der Quadrille und dem Cancan vor allem aber »Volkstänze« aus Osteuropa wie Polka, Mazurka oder Redowa sowie, nicht zu vergessen, auch der Walzer. Letzterer wird in Paris übrigens lange Zeit keineswegs mit Wien verbunden, gibt es doch hier vor Ort genügend berühmte Walzerkomponisten. Wer in Paris damals von »Strauss« spricht, meint in der Regel den aus Straßburg stammenden Isaac Strauss – die aus der österreichischen Walzerdynastie stammenden Komponisten dagegen nennen die Pariser später, als sie sie kennenlernen, »les Strauss de Vienne«.

Besonders berühmt, ja berüchtigt sind die prächtigen Bälle an Oper und der Opéra Comique, insbesondere im Umfeld des Karnevals: »Am leidenschaftlichsten tanzt man in der Fastenzeit, und hier finden wir auf dem großen Opernballe nicht allein den ausgelassenen *Etudiant* und *Elève de l'Ecole polytechnique,* sondern auch viele junge Leute aus den höheren Klassen im Narrencostüm.«[46] Hein-

4 Opernball in Paris, der »Bal de l'Opéra« im 1873 abgebrannten Saal in der Rue Le Peletier. Stich um 1840.

rich Heine etwa schildert drastisch, wie beim Opernball die frenetische Tanzwut geradezu ins Diabolische umschlägt:

> Hier musiziert Beelzebub mit vollem Orchester, und das freche Höllenfeuer der Gasbeleuchtung zerreißt einem die Augen. Hier ist das verlorne Tal, wovon die Amme erzählt; hier tanzen die Unholden wie bei uns in der Walpurgisnacht, und manche ist darunter, die sehr hübsch, und bei aller Verworfenheit jene Grazie, die den verteufelten Französinnen angeboren ist, nicht ganz verleugnen kann. Wenn aber gar die Galopp-Ronde erschmettert, dann erreicht der satanische Spektakel seine unsinnigste Höhe, und es ist dann, als müsse die Saaldecke platzen.[47]

Wer nicht gern tanzt, braucht sich keineswegs zu langweilen, die Boulevards halten noch unzählige weitere Vergnügungsangebote bereit: die Melodramen der Gaîté und der Folies-Dramatiques, der Cirque-Olympique mit seinen Pferdespektakeln, das Ambigu-Comique mit dem Schauspieler Frédérick Lemaître als finsterem Robert Macaire, das Petit-Lazari mit seinen Harlekinaden, das Théâtre des Funambules mit dem legendären Pantomimen Debureau und noch so viele mehr ... Am Boulevard du Temple im Pariser Osten, dem Paris der kleinen Leute, reiht sich eine Attraktion an die andere. Seiltänzer, Jongleure, Kartenspieler, Musikanten, Clowns, Tanzbären, Gaukler und viele Attraktionen mehr sorgen dafür, dass die feiernden Massen in die Bretterbuden und in die Theater gelockt werden. Hier wird im Übrigen das ganze Jahr lang allabendlich das gleiche schauerliche Spektakel gegeben, es werden mutige Helden erdolcht und ertränkt, unschuldige Kinder vergiftet und verbrannt, edle Jungfrauen verführt und entführt. Der Boulevard du Temple wird auch alsbald nur noch »Boulevard du Crime« genannt sein.

Als sich im Winter 1832 der junge Felix Mendelssohn Bartholdy für ein paar Wochen in Paris aufhält, wird auch er schnell begeistert sein von dieser so unterhaltsamen, aber auch so geistreich anregenden Welt des französischen Theaters. Dabei fällt sein Blick, wenig verwunderlich, auch besonders auf den Platz der Musik im Theater:

> Am liebsten gehe ich Abends in die kleinen Theater, weil sich in denen das ganze französische Leben und Volk abspiegelt, namentlich habe ich das *Gymnase dramatique* gern, wo man nur kleine *Vaudevilles* giebt. Es ist merkwürdig, wie jetzt in allen diesen Lustspielen eine so gründliche Bitterkeit, ein so tiefer Überdruß liegt, der mit den hübschesten Wendungen, und dem lebendigsten Spiel bemäntelt wird, aber nur desto stärker hervortritt. Die Politik spielt überall die Hauptrolle, und die hätte mir das Theater verleiden können, denn man hat *außerdem* genug davon; aber es ist eine leichtsinnige, spöttische Politik im *Gymnase,* die alle Vorfälle des Tags und alle Zeitungen benutzt, um lachen und applaudiren zu machen, und da muß man am Ende mitlachen und mitklatschen. Politik und Lüsternheit sind die beiden Hauptinteressen, um die sich alles dreht, und so viel Stücke ich noch gesehen habe, so fehlt eine Verführungsscene, und ein Ausfall auf die Minister nirgends. Schon die ganze Art des *Vaudeville,* daß gewisse conventionelle Musik zu allen Stücken am Ende der Scene eintritt, zu der die Schauspieler einige *Couplets* mit einer witzigen Pointe halb singen, halb sprechen, ist so sehr französisch; wir werden das nie lernen können und wollen, denn diese Art der Verbindung von stehendem Refrain und neuem Witz fehlt in unsrer Conversation, und unsern Ideen; es ist so effectvoll und schlagend, und so sehr prosaisch, wie ich mir nur etwas denken kann.[48]

Betrachtet man das spätere Schaffen Offenbachs, so muss diese Welt der Boulevards einer Offenbarung gleichgekommen sein. Der Boulevard du Temple befindet sich ja auch nur wenige Schritte von der Synagoge Nazareth entfernt, in der Jacques und Jules ihren musikalischen Dienst versehen. Und sehr bald auch nach seiner Ankunft in Paris muss Offenbach angefangen haben, als Violoncellist in Theaterorchestern auszuhelfen. Bereits am 26. März 1834, also kurz nach der Abreise des Vaters aus Paris, stellt die Leitung der jüdischen Gemeinde, das Consistoire, mit Unbehagen fest, dass ihr Kantor einem in ihrem Sinne zweifelhaften Nebenerwerb nachgeht:

> Der Herr Großrabbiner macht das Consistoire darauf aufmerksam, dass der für die Leitung der Chorsänger zuständige Herr Offenbach gleichzeitig in einem Theaterorchester angestellt ist und damit sich verpflichtet hat, ausnahmslos jeden Abend zu spielen. Er [der Großrabbiner] spricht sich gegen die Weiterführung des Amtes durch den jungen Mann aus, falls dieser nicht darauf verzichtet, freitags zu spielen. Er könne es nicht zulassen, dass ein Israelit ein religiöses Amt in der Synagoge wahrnehme und zugleich öffentlich das Gesetz der Religion übertrete.[49]

Schon Ende Mai wird Offenbach seine Tätigkeit in der Synagoge endgültig aufgeben – um sich dann umso mehr vermutlich seiner theatermusikalischen Leidenschaft zu verschreiben. Da diese in gewisser Weise auch wenig mit einem geordneten Studium der Musik vereinbar ist – und er dort ja ohnehin keinen offiziellen Abschluss erhalten kann –, wagt er den Schritt und verlässt das Conservatoire, von dem er sich doch so viel erhofft hatte. In den Verwaltungsunterlagen des Instituts wird trocken vermerkt: »Exmatrikuliert am 2. Dezember 1834 (ist freiwillig ausgetreten).«[50]

Es ist heute leider nicht mehr möglich, Offenbachs genauen Werdegang im Umfeld der Boulevardtheater nachzuvollziehen. Die Engagements von Theatermusikern werden zu der Zeit kaum dokumentiert, geschweige denn vertraglich geregelt. Theatermusiker verdienen im Übrigen auch leidlich wenig, die Presse spricht in diesem Zusammenhang von »dieser Art musikalischem Fegefeuer, wo mehr als ein genialer Künstler dahinvegetiert«.[51] Offenbach scheint allerdings nicht zu vegetieren, sondern eher jugendlich heiter seinen Weg zu gehen. In einem Orchestermaterial des Théâtre de l'Ambigu-Comique, einem der großen Boulevardtheater im östlichen Abschnitt der Boulevards, findet sich ein interessanter Vermerk im Orchestermaterial zu *Le Curé Mérino,* uraufgeführt am 30. Januar 1834: »Moi, Offenbach, je suis entré à l'Ambigu le ... Après 3 mois d'absence, Perré est arrivé à l'A. le 28 Xbre 1833 et en est sorti le 28 février 1834.«[52]

Offenbachs Fertigkeiten am Violoncello bringen ihn scheinbar so schnell voran, dass er bereits für das Jahr 1835 im *Almanach des spectacles* unter den Musikern der Opéra Comique aufgeführt wird. Wie lange er allerdings dort bleibt, ob es wirklich drei ganze Jahre sind, wie Martinet in seiner 1887 erschienenen Biographie anführt,[53] kann heute nicht mehr zweifelsfrei überprüft werden. In diese Zeit gehört die berühmte, wenn auch nicht belegbare Anekdote vom jugendlich übermütigen Violoncellovirtuosen Offenbach im Orchestergraben. Wenn sie sich mal wieder langweilten, hätten er selbst und sein Pultnachbar, der später ebenfalls berühmte Violoncellist Hippolyte Séligmann, sich daraus einen Spaß gemacht, abwechselnd jeweils immer eine Note ihrer gemeinsamen Stimme zu spielen. So unglaublich virtuos dies auch gewesen sein mag, es war auf jeden Fall teuer: Daraufhin verhängte Bußgelder zehrten mit Sicherheit an den knapp bemessenen 83 Francs monatlichen Gehalts.

Nichtsdestoweniger ist Offenbach nun im Zentrum der großen französischen Operntradition angekommen. Sein späteres Werk wird in vielerlei Hinsicht noch den Einfluss des Repertoires erkennen lassen, das er an der Opéra Comique en détail kennenlernt: Boieldieu, Auber, Hérold und, mittelbar auch, Rossini und Mozart. Im Übrigen wurde der einzige Kompositionsunterricht, den Jacques Offenbach, soweit wir es heute nachvollziehen können, jemals erhalten hat, ihm von Fromental Halévy erteilt, einem ebenfalls jüdischen Komponisten mit deutschen Wurzeln, dessen Opéras comiques die damaligen Spielpläne prägen. Im Jahr 1836 schreibt er an Isaac Offenbach, wie sehr er sich glücklich schätzt, dessen beide Söhne – also den älteren Jules und den jüngeren Jacques – als Schüler unterrichten zu dürfen:

> Ich komme oft mit Ihren Herren Söhnen zusammen; sie bitten mich manchmale um Ratschläge, die ich ihnen mit größtem Vergnügen gebe; insbesondere der Jüngere scheint mir für eine wahrhaft erfolgreiche Laufbahn in der Komposition bestimmt zu sein.[54]

Halévy sollte bekanntlich Recht behalten.

Im März 1837 erscheint eine recht launige Anzeige in der Musikzeitschrift *Le Ménestrel*:

> Es gibt in Paris eine ganz junge Berühmtheit, von dem die musikalische Welt traurigerweise nichts ahnt. Es ist Herr Offenbach, Walzerkomponist, der sich eigens in den Kopf gesetzt hat, Strauß und Lanner zu entthronen. Herr Offenbach komponiert regelmäßig drei Walzer vor dem Frühstück, eine Mazurka nach seinem Diner und vier Galopps zwischen den beiden Mahlzeiten. Dieser junge Wundermann bittet uns, bekannt zu geben, daß er sein weißes Taschentuch verlor, auf welches er das Manuskript eines Walzers gekritzelt hatte. Dem ehrlichen Finder eine hohe Belohnung.[55]

Die »ganz junge Berühmtheit« ist natürlich Jacques Offenbach, der damals wohl mehr schlecht als recht von wechselnden Engagements als Theatermusiker lebt. Allerdings hat der junge Musiker in der Tanzmode, die Paris in diesen Jahren erfasst, offensichtlich einen Markt erkannt.

Schon im September 1836 konnte der aufmerksame Leser im *Le Ménestrel* zum ersten Mal den Namen eines neuen Walzerkomponisten lesen:

> Wir haben dieser Tage im Jardin Turc eine Walzersuite mit dem Titel *Die Jungfrauen* [deutsch im Original] gehört, die uns einen aufstrebenden Musiker mehr in den engen

Reihen unserer Komponisten anzeigt. Diese Walzer, mit Talent instrumentiert, sind der erste Versuch des jungen Offenbach, Schüler von Herrn Halévy und Künstler an der Opéra-Comique.[56]

In den folgenden Monaten tauchen immer wieder Ankündigungen von neuen Walzerkompositionen und -aufführungen »de M. Offenback[!]« in der Presse auf.[57] Der junge Musiker macht sich 1837 offensichtlich einen Namen als Tanzkomponist, mit Werken wie dem im original deutsch betitelten Walzer *Die Jungfrauen* – im Druck dann alsbald *Les Jeunes Filles* – oder *Les Fleurs d'hiver,* aber auch mit *Les Amazones, Les Trois Grâces* oder *Brunes et Blondes.* Eine größere Bekanntheit erlangt *Rebecca,* das unter der Leitung des berühmten Tanzkapellmeister des Jardin Turc, Louis-Antoine Jullien, im Juni uraufgeführt wird und ein geteiltes Echo hervorruft – soll dieses Werk doch auf jüdischen Motiven aus dem 15. Jahrhundert fußen und eine Reihe von Melodien, die in jüdischen Gebetshäusern Verwendung finden, zu Tanzmusik verarbeiten.[58] Es ist kaum wahrscheinlich, dass Offenbach mit dieser Übernahme kultischer Melodien irgendwelche satirischen Absichten gehegt hat – aber *Rebecca* steht für die nunmehr endgültige Abkehr vom jüdischen Element in seinem Leben, von Köln – und vom Elternhaus. Offenbachs Tänze werden überall dort gespielt, wo auch im Jahr 1837 in Paris getanzt wird. Und im Spätsommer 1837 veröffentlicht der Musikverleger Janet ein Album von Tänzen mit dem schönen Titel *Paris et Vienne* und dem Untertitel »Album de quadrilles et de valses par Jullien, Musard, Tolbecque, Offenbach, [Isaac] Strauss«.

Mit noch nicht einmal 20 Jahren hat die Tanzmusik den jungen Offenbach in Paris mittlerweile einigermaßen berühmt gemacht. Im Oktober 1838 aber interessiert er sich zum ersten Mal nachweislich für das, was ihn später weltberühmt machen wird: Musiktheater. Wir wissen nach wie vor wenig über Offenbachs erste Schritte, dies gilt auch für Offenbachs erstes Bühnenwerk, *Pascal et Chambord.* Bis vor wenigen Jahren galt es noch als verloren, bekannt war lediglich das Libretto, ansonsten gab es bestenfalls einige wenige Anekdoten zum Werk. Vor einigen Jahren tauchten dann bislang unbekannte musikalische Quellen zu *Pascal et Chambord* auf, die, in quasikriminalistischer Arbeit zusammengefügt, ein einigermaßen schlüssiges Bild dieses bisher verschollenen »Erstlingswerks« Offenbachs ergaben.

Am 14. Oktober 1838 kündigt der *Ménestrel,* die große Pariser Musikzeitschrift, ein neues Stück am Théâtre du Palais-Royal an, eine »comédie mêlée de chants, en deux actes« aus der Feder der beiden Erfolgsautoren Auguste Anicet-Bourgeois und Édouard Brisebarre. Auch »le jeune Offenbach« wird ausdrücklich als Komponist genannt.[59] Die Zensur hat das Stück zwar schon im August genehmigt, trotzdem findet – nach einer scheinbar relativ schwierigen Probearbeit – die Uraufführung erst am 2. März 1839 statt, und zwar relativ geräuschlos und ohne nennenswertes Presseecho. Die Handlung des Stücks nimmt die jüngere Vergangenheit der Revolutions- bzw. der Napoleonischen Kriege zum Anlass, eine Liebesgeschichte zu entfalten. Geradezu typisch für das Vaudeville der Julimonarchie endet *Pascal et Chambord* mit der Heirat, in der alle Handlungsfäden zusammenlaufen.

Typisch für das Vaudeville ist aber auch, wie es in dem bereits zitierten Brief von Mendelssohn anklingt, »daß gewisse conventionelle Musik zu allen Stücken am Ende der Scene eintritt, zu der die Schauspieler einige *Couplets* mit einer witzigen Pointe halb singen, halb sprechen«. Überhaupt ist im 19. Jahrhundert Musik im Sprechtheater ebenso selbstverständlich präsent wie heute in Film und Fernsehen. Schauspieler spielen, singen und tanzen, begleitet vom Theaterorchester. Neben der rein »illustrierenden« Instrumentalmusik – etwa in Form von Ouvertüren oder Zwischenspielen – ist es vor allem der Gesang, der einen großen Platz einnimmt. Dabei ist die »Verbindung von stehendem Refrain und neuem Witz«, also von einer gegebenen Melodie und einem jeweils neuen, zur Handlung passenden Text, geradezu Markenzeichen des Vaudevilles. Und so wandern Hunderte, ja Tausende von melodischen Schablonen – sogenannten »Timbres«, mal eher Volkslied, mal eher beliebte Opernweise – von Stück zu Stück und von Bühne zu Bühne. Populäre Melodien können auf diese Art und Weise noch populärer werden – auch Offenbach wird Jahrzehnte später, wenn seine Melodien zu »Timbres« geworden sind, davon profitieren.

Zusätzlich zu diesen unersetzlichen Timbres werden auch immer wieder einzelne Nummern für Vaudevilles neu komponiert, oft vom Theaterkapellmeister vor Ort, zuweilen aber auch von externen Komponisten, oft jungen, kompositorisch ambitionierten Musiker, die sich mit solchen Aufträgen ihre ersten Sporen verdienen. So auch 1838 eben Jacques Offenbach mit *Pascal et Chambord.* Er scheint nur zwei der 26 Nummern in diesem Stück selbst geschrieben zu haben, ein »Air nouveau de M. Hoffenbach« und das Finale des ersten Aktes – aber diese Nummern heben sich musikalisch deutlich von den übrigen in *Pascal et Chambord* zu findenden Couplets ab. Der junge Musiker scheint höhere Ansprüche zu haben, als schiere Einlagenummern zu komponieren. Etwa sechs Wochen lang steht *Pascal et Chambord* auf dem Spielplan des Théâtre du Palais-Royal. Für den gerade einmal 20 Jahre jungen Offenbach ist es schon ein Erfolg, überhaupt an einem der bekanntesten Vaudeville-Theater in Paris seine Musik unterbringen zu können. Dass Offenbach in dieser Situation – selbst wenn er es wollte – als junger Komponist dem Stück nicht seinen Stempel so aufdrücken kann, wie er es 30 Jahre später bei seinen Meisterwerken tun wird, dürfte selbstverständlich sein. Und dass

Offenbach zunächst nicht weiter den Weg eines Theaterkomponisten verfolgt, liegt vielleicht schlicht daran, dass Offenbachs Karriere als Violoncellovirtuose eben doch leichter zu verfolgen ist. Wer Musiktheater machen will, braucht eine Bühne – und über die verfügt Offenbach nicht.

Im Frühjahr 1839 besuchen Jules und Jacques zum ersten Mal nach fünfeinhalb Jahren ihre Familie in Köln. »Als sie endlich nach so vielen Jahren ins Vaterhaus zurückkamen, waren sie fast nicht wiederzuerkennen. Sie gingen sozusagen als Kinder weg, und als junge Männer kamen sie wieder zurück.«[60] Es muss ein äußerst bewegendes Wiedersehen im kleinen Hof in der Glockengasse gewesen sein. Jacques Offenbachs Schwester Julie Grünewald weiß noch Jahrzehnte später davon zu berichten, wie Jacques' Mutter ihn zunächst nicht wiedererkannte und dann vor lauter Rührung in Ohnmacht fiel, als sie ihn seit so langer Zeit wieder umarmte. Darüber hinaus ist allerdings nicht viel bekannt über diese Reise, lediglich, dass die Brüder Offenbach am 2. Mai 1839 ein Konzert im Casinosaal in Köln geben. Im Juni des Jahres befindet sich Jacques wieder in Paris, sein Bruder Jules hingegen hat zu diesem Zeitpunkt eine Stelle als Kapellmeister an der Oper in Bordeaux angetreten. Schon wenige Monate später, im März 1840, machen sich die Geschwister Jacques und Jules erneut auf den Weg nach Köln: Ihr jüngster Bruder Michel, ebenfalls ein talentierter Violoncellist, ist mit gerade einmal 12 Jahren plötzlich verstorben. »Das Leid und die Trauer, die jetzt in unser Haus einzogen, kann keiner ermessen. Dieser Verlust brach meiner armen Mutter das Herz, sie konnte ihn nicht überwinden.«[61] Der Vater Isaac bittet seine Söhne Jacques und Jules, nach Köln zu kommen. Die folgenden Monate in der »Stille des Kölner Kantorhäuschens in der Glockengasse«[62] nutzt Jakob, um neue Konzerte vorzubereiten. Er komponiert in den Monaten bei seiner Mutter die sogenannte *Große spanische Szene,* die am 10. November 1840 uraufgeführt wird. Am 17. November 1840 schließlich stirbt die Mutter umringt von all ihren Kindern. In einem rührenden, unbeholfen schlichten Nachruf gibt Jacques Offenbach seiner Trauer Ausdruck:

Nachruf an meiner seligen Mutter.
Du bist glücklich dort oben,
Auf Erde littst Du viel,
Den Schöpfer woll'n wir loben!
Erreicht ist ja Dein Ziel.
Du bist glücklich dort oben,
Denn Du hast oft beweint
Den Sohn, den Du verloren.
Mit ihm bist Du vereint. –

Vollbracht, vollbracht ist Deine Bahn. –
Was Gott thut, das ist wohlgethan.
Von ihrem Sie nie vergessenden Sohn
Jacques Offenbach.
Cöln, den 17. Nobre 1840.[63]

Salon

Ende November schließlich reisen die Brüder nach Paris zurück. Die folgenden Monate und Jahre werden nun für Offenbach nicht von der Theaterbühne und nicht vom Tanzboden bestimmt sein – sondern vom Salon. Tatsächlich gibt es für einen jungen aufstrebenden Künstler keinen besseren Ort, um zu »netzwerken«. Und Musiker – »Salonkomponisten« – dürfen in keinem Salon fehlen, denn,

> wenn einer von ihnen auftaucht, herrscht allgemeine Freude, man begrüßt ihn, man feiert ihn, man bittet ihn, das entzückende Stück zu Gehör zu bringen, das er zuletzt komponiert hat – denn dieses neueste Stück ist immer entzückend... Der Komponist lächelt freundlich auf seine ach so bescheidene Art, er lässt sich nicht allzu sehr bitten, denn dies wäre unhöflich – und er bezaubert, ja er verzaubert sein Publikum, das stets willig ist, die obendrein inmitten von Getränken, Kuchen und Eiskrem dargebotene Musik für ausgezeichnet zu befinden.[64]

Um Eingang zu finden in die Welt der Salons, benötigt Offenbach einen Freund, der ihm die Türen öffnet. Diesen findet er in dem aus altem mecklenburgischem Uradel stammenden Friedrich von Flotow. Anders als ursprünglich für ihn vorgesehen, schlägt dieser nicht die diplomatische Laufbahn ein, sondern studiert ab 1828 Komposition und Klavier am Pariser Conservatoire. In den 1830er-Jahren kann er zwar einigen Erfolg mit kleineren Salonopern verbuchen, vor allem scheint es aber seine adelige Herkunft zu sein, die ihm den Zugang zur auserlesenen Welt der Salonmusiker deutlich erleichtert. Später schließlich wird er mit den beiden großen Opern *Alessandro Stradella* und *Martha oder der Markt zu Richmond* eine gewisse Bekanntheit erlangen, zum Teil finden sich diese Werke – beide beruhen übrigens auf französischen Vorlagen – noch heute in den Spielplänen. Vermutlich um das Jahr 1838 herum lernt Flotow seinen späteren Freund Offenbach kennen:

> Als ich ihn kennen lernte, ging es ihm sehr kümmerlich, er hatte nur einen Schüler und eine schwache Unterstützung von seinen Angehörigen. Beides war aber kaum genügend, um selbst die bescheidensten Ansprüche zu befriedigen. Mein junger Landsmann

> beklagte sich eines Tages bitter über sein hartes Loos. Auf meine Frage, ob er denn nicht versuchen wolle, gleich so vielen anderen Künstlern ein Koncert zu geben, erwiederte [sic!] er, daß er dazu nicht bekannt genug sei, und nur, wie es in unserer Künstlersprache hieß, einen oder zwei Salons habe.
> Für junge Künstler, welche in Paris Ruf und Lebensunterhalt erringen wollen, ist es ein gewöhnliches Auskunftsmittel, zu versuchen, zu den musikalischen Soiréen, die fast in jeder reichen, ja selbst nur bemittelten Familie stattfinden, Zutritt zu erlangen. Man producirt sich daselbst einige Male im Laufe des Winters, giebt beim Beginne der Fastenzeit ein Koncert und sendet jeder Familie, in deren Salon man sich hören ließ, ein Dutzend Billette zu hohem Preise, »gewöhnlich 10 Franken«, so ist es Gebrauch, und fast niemals werden dieselben ganz, oder auch nur teilweise zurückgewiesen. Mit sparsamer Eintheilung kann ein junger Künstler mit dem Überschusse seines Koncerts recht gut von einem Jahr zum anderen kommen. Auf diese angenehme und wenig zeitraubende Weise kann ein strebsamer Künstler sich in Paris leicht erhalten, und es bleibt ihm hinreichend Zeit, seine Studien fortzusetzen und sich zu vervollkommnen.
> Diesen Weg einzuschlagen, rieth ich meinem jungen Landsmann, indem ich ihm zu gleicher Zeit den Vorschlag machte, ihn überall dort einzuführen, wo ich selbst Zutritt hatte. Die nächste Soirée, zu der ich eingeladen war, fand bei der Gräfin Bertin de Vaux statt.[65]

Ab 1838 musizieren Flotow und Offenbach regelmäßig gemeinsam, etwa bei der von Flotow genannten jungen Gräfin Madeleine-Sophie Bertin de Vaux, die gerade auch in künstlerischen Kreisen sehr gut vernetzt ist. Die einflussreiche Adelige wird Offenbach in den folgenden Jahren immer wieder eine zuverlässige Unterstützerin sein.[66] Die gemeinsamen Kompositionen, die sie bei ihr aufführen, lassen sie im Jahr 1839 in zwei Sammlungen zu je sechs Stücken für Violoncello und Klavier veröffentlichen: zum einen die *Rêveries,* zum anderen die *Chants du soir.* Heute noch sind diese Stücke – heitere Modetänze einerseits, melancholisch-verträumte Melodien andererseits – unter Violoncellisten durchaus bekannt und beliebt, nach wie vor werden sie verlegt.

Offenbach weiß sich sehr effektiv als der romantische Künstler schlechthin zu inszenieren, mit langem Haar, zartem Blick und geradezu zierlicher Gestalt. Und der junge Musiker weiß seinen Charme und seine romantische Aura voll auszuspielen:

> Von einem großen Kreise älterer und jüngerer Damen umgeben, die athemlos dem Gesange seines Cellos lauschten, spielte er eine seiner schmachtenden Pièçen, als die außerordentlich magere, doch zierliche Gestalt des Virtuosen plötzlich zusammenklappte und wie von tiefer Rührung durch das eigene Spiel überwältigt, in eine malerische Ohnmacht fiel. Nun entstand ein wahrer Aufruhr unter der Damenwelt, und

das glückliche kölnische Köbesche, das diese Szene noch Vortrefflicher als sein Adagio gespielt hatte, wurde von allen Seiten umringt und zärtlich bearbeitet. Die feinsten beglacéhandschuhten Händchen und Batisttücher, die modernsten Odeurs streichelten und umfächelten seinen interessanten Künstlerkopf (es war im Jahr 1841 und trug Offenbach damals weder einen Eulenkneifer noch die gewaltigen Bartkotelettes), um den interessanten Künstler wieder dem Leben zurückzugeben. Und wäre Offenbach nicht bereits ohnmächtig gewesen, so hätte er es bei all' dieser zärtlichen Hülfe werden müssen, deßhalb fand er es für gerathen, sehr rasch wieder zu erwachen und vor allen Dingen nach frischer Luft zu verlangen. Er war der Held des Abends geworden und auf diese Weise vergrößerte und verbreitete sich sein Ruf als Virtuose immer mehr.[67]

Auch heute noch muss leider gelten, was der beste deutsche Kenner der Musik Jacques Offenbachs, Peter Hawig, schon vor 20 Jahren ernüchtert festgestellt hat: »Die Vokal- und Instrumentalmusik Offenbachs ist bis auf den heutigen Tag so gut wie überhaupt nicht erforscht. [...] Hier wartet eine riesige Forschungsarbeit.«[68] Vor allem in den 1840er-Jahren schreibt Offenbach eine große Zahl an Werken für sein Instrument und, zumeist, für seinen Gebrauch. Für Violoncello solo komponiert er kleinere Werke wie das Capriccio *Le Cor des Alpes,* vor allem aber Opernparaphrasen über die damaligen großen Namen des Musiktheaters, wie etwa über über Vincenzo Bellinis *La Somnambula* oder *Norma,* über Gioacchino Rossinis *Barbier von Sevilla* oder über Mozarts *Hochzeit des Figaro.* Heute kaum mehr bekannt sind die Werke, die Offenbach für größere kammermusikalische Besetzungen schreibt: ein Quartett für vier Violoncelli, eine Phantasie über Meyerbeers *Robert-le-Diable* für sechs Violoncelli oder eine *Grande scène espagnole* für Violoncello und Streichsextett. Beliebt sind bis heute allerdings seine Violoncello-Duos, die er 1846 in einem *Cours méthodique de duo«* in sechs zunehmenden Schwierigkeitsgraden zusammenfasst: Duos »für Anfänger«, »für Schüler« und »für Liebhaber« [des Violoncellos], und schließlich »brillante«, »schwierige« sowie »sehr schwierige« Duos, Letztere ausdrücklich »für Künstler«. Der andauernde Erfolg dieser Duos dürfte nicht zuletzt darin begründet sein, dass sie ihren pädagogischen Anspruch mit einer kompositorisch anspruchsvollen, melodisch wie harmonisch interessanten Anlage verbinden. Einen gewissen Bekanntheitsgrad haben auch die Werke erreicht, die für Offenbach am Violoncello und Friedrich von Flotow am Klavier entstanden. Einige von ihnen erschienen 1839 in zwei Sammlungen à jeweils sechs Stücken: *Rêveries und Chants du soir.* Gleichwohl muss man Peter Hawig zustimmen, wenn er scharf urteilt,

daß dieser Musik teilweise auf deutliche Mängel zu eigen sind. Den langsamen Cellostücken haftet manchmal ein Hang zum Rührseligen an, etwa *Deux âmes au ciel* (op. 25) von 1844 mit Sextparallelen und seufzendem Halbtonschritt. Und manches »à la polacca« verfällt in das gegenteilige Extrem gassenhauerischer Platitüde.[69]

Nichtsdestoweniger gehören manche dieser Salonstücke wie etwa das herrlich elegische *Les Larmes de Jacqueline* aus dem Jahr 1851 heute wieder geradezu zum Konzertrepertoire – erst recht, seitdem der tragische Tod der weltberühmten Cellistin Jacqueline Du Pré 1987 diesem Werk auch eine kaum zu überbietende melancholische Aura verschafft hat.

Schon bald nach seiner Ankunft in Paris hat Offenbach immer wieder Gesangsstücke komponiert, die etwa in der 1833 gegründeten Musikzeitschrift *Le Ménestrel* erscheinen. Diese Balladen und Romanzen tragen so bedeutungsschwangere Namen wie *Pauvre Prisonnier, C'est un Ange de plus, J'aime la rêverie, Si Jeunesse savait* oder *Rends-moi mon âme, jeune fille.* Zu Zeiten der Julimonarchie gehörten Romanzen zu den bei Weitem beliebtesten und kommerziell erfolgreichsten musikalischen Genres überhaupt. Etwa 250.000 Einzeldrucke gelangen jährlich auf den Markt, bei Mindestauflagen von 500 Stück. Für eine einzelne Romanze zahlen Verleger dem Komponisten bis zu 500 Francs, eine Sammlung von sechs Stücken aus der Feder eines bekannten Musikers kann diesem auch mal 6000 Francs einbringen. Offenbach bedient mit seiner Musik also einen sehr hungrigen, sehr einträglichen, sehr vielversprechenden Markt – nicht nur in finanzieller, sondern auch in künstlerischer Hinsicht: Ein Erfolg hier kann seine Chancen vergrößern, auch an Theatern gespielt zu werden.

Denn Offenbach weiß diesen Stücken auch einen theatralischen Gestus zu geben, sodass manch eines geradezu als kleine Salonoper gelten kann. Besonders gut erkennbar wird dies an den 1842 erschienenen sechs *Fables de La Fontaine: Le Berger et la Mer, Le Corbeau et le Renard, La Cigale et la Fourmi, La Laitière et le Pot au lait, Le Rat de ville et le Rat des champs* sowie *Le Savetier et le Financier.* Jean de La Fontaine wird damals wie heute zu den großen Dichtern des großen Zeitalters Ludwigs XIV. gezählt. Offenbachs Textwahl dürfte daher mitnichten dem Zufall geschuldet sein, kann er doch mit der Vertonung der sprachlich anspruchsvollen Fabeln beweisen, dass er, der Deutsche, gekonnt die Feinheiten der französischen Sprache und Deklamation beherrscht. Interessant sind die Fabeln aber auch, weil sie textlich eben gerade nicht die salontypischen Themen bedienen: »keine gefühligen Herz-Schmerz-Geschichten, kein Mondschein über Burgruinen«[70]. Und trotzdem gelingt es ihnen durch ihre Anlage »in plauderndem Ton, locker gefügt in ihrer Kompositionsstruktur«, nicht nur den musikalisch unterhaltenden Ansprüchen des Salons gerecht zu werden, sondern mehr noch: »Jede Fabel hat ihre thematischen Klammern, ihr gekonntes Kontrastprinzip, ihre wohlüberlegte Steigerung!« Uraufgeführt am 16. April 1842, wird den Fabeln allerdings kein besonderer Erfolg zuteil. Viel eher werden sie geradezu zerrissen. Sie seien, so ein damaliger Kritiker,

> das Erstlingswerk eines im Handwerk noch unerfahrenen Novizen, wenigstens nach diesen Proben zu urteilen, und zudem ein Werk von schlechtem oder vielmehr einem gewohnlichen, banalen Geschmack, der nichts Vornehmes, Individuelles hat. Der erste Fehler ist, daß man sich eingebildet hat, einen musikalischen Ragout von einigem Aussehen herstellen zu konnen, indem man die Fabeln La Fontaines zerrupft, zerzaust, zerstückelt. Derartige Ideen wären natürlich nie in einem franzosischen Gehirn aufgetaucht, das den Instinkt unserer Literatur besessen hätte.[71]

Aus heutiger Sicht ist diese Kritik wenig verständlich. Immerhin wird Offenbach drei dieser Fabeln später noch einmal in seinen Bühnenwerken einbauen: *La Laitière et le Pot au lait* in *La Boîte au lait* von 1876, *Le Rat de ville et le Rat des champs* in *Lischen et Fritzchen* von 1863 und *Le Savetier et le Financier* in dem fast gleichnamigen Einakter von 1856. Dort wird sich niemand mehr an diesen Salonstückchen stören, im Gegenteil.

Um von seinem Metier leben zu können, muss ein junger freischaffender Musiker wie Offenbach im Paris der Julimonarchie Konzerte veranstalten, die auch wirtschaftlich lukrativ sind. Eine Reihe von Konzertsälen, häufig Klavierbauern wie Pleyel, Gaveau oder Herz gehörend, bieten einen schönen Rahmen für solche Veranstaltungen. Insbesondere der Saal des Klavierbauers Herz, so *L'Illustration* vom 10. Juni 1843, »ist glänzend, prächtig und in jeder Hinsicht weltläufig. In diesem so reichhaltig und adrett geschmückten Raum versammelt sich jeden Winter die Elite der Pariser Gesellschaft, immer wenn ein französischer oder ausländischer Künstler seiner Beliebtheit prüfen will«.[72] Auch Offenbach wird diesen Saal gerne nutzen. Die ersten Konzerte veranstaltet Offenbach, so die zeitgenössische Presse, nach seiner Rückkehr aus Köln im Jahr 1840. Sie sind alljährlich der Anlass für Uraufführungen: am 16. April 1842 etwa im Saal des Klavierbauers Pleyel mit den *Fables de La Fontaine,* am 2. April 1843 mit der *Grande Scène espagnole* und am 26. April 1844 mit einem *Hommage à Rossini* und der *Musette.* Den Erfolg dieser Konzerte wird Offenbach bei Tourneen in der Provinz wiederholen, etwa in Le Mans im Dezember 1843, in Blois im September 1846, in Orleans im Februar 1847, in Troyes im Januar 1848, und nicht zuletzt in eine Tournee in Südfrankreich während des Sommers 1845.

Das Nützliche mit dem Angenehmen verbindend, führt eine solche Tournee den Virtuosen im Sommer 1843 auch nach Köln. Am 3. Juli wird seine baldige Ankunft in der Kölnischen Zeitung angekündigt: »Herr Jakob Offenbach, ein sehr berühmter Violoncellist wird, wie wir vernehmen, in Kurzem seine Vaterstadt Köln besuchen und derselben hoffentlich eine öffentliche Probe seines Talents geben.«[73] Diese erhoffte »Probe seines Talents« gibt es in einem Konzert am 26. August 1843.

> Es freut uns herzlich, von dem brillanten Erfolge des gestrigen vielbesuchten Conzerts berichten zu können. Unser junger Landsmann ist auf dem Wege, den er ganz entschieden betreten – wir meinen den einer correcten Behandlung des Cello –, rasch vorangeschritten. Bogenführung, Applicatur und Vortrag haben sich bei ihm zur höchsten Sicherheit und Nettigkeit durchgearbeitet; Zartheit, Gefühl und Anmuth bezeichnen jeden Strich. Die Höhen und Tiefen der Applicatur durchfliegt die linke Hand mit einer außerordentlichen Leichtigkeit, während die Rechte mit großer Ruhe und Sicherheit den flüchtigen Bogen schwingt. Keine mühevolle Anstrengung verratend, da doch die Gewalt der tiefen Saiten sowohl, als das Aufsetzen in höheren Tonlagen bei solcher Schnelligkeit der Passagen die ganze Körperkraft erfordert, weiß der Künstler sein Instrument mit bewundernswerter Ruhe zu beherrschen, und läßt es, um uns eines einzigen Wortes zu bedienen, nach seinem Willen singen, hoch oder niedrig, und jedes Mal ergreift es das Gemüt des Zuhörers durch die Macht seines Gesanges. [...] Im Hommage à Rossini, große Phantasie, componiert und vorgetragen von J. Offenbach, wurde das Alpenlied aus der Ouverture des Tell, wo das Echo mit der Flöte gegeben ist, durch Flageolett-Töne unübertrefflich wiedergegeben. Das Gebet aus Moses fanden wir auf der G-Saite auf eine großartige Weise vorgetragen. Auch machte die sehr schwierige Doppelgriff-Variation über dieses Gebet die gewünschte Wirkung. Im Finale dieser großen Phantasie, das beinahe gänzlich aus Wilhelm Tell genommen, entzückte das feurige Allegro die Zuhörer.[74]

Dieses Konzert – offensichtlich hat das Violoncellospiel des jungen Virtuosen den Kritiker beeindruckt – muss am 5. September noch einmal wiederholt werden. Am 12. September schließlich tritt Offenbach in einem Konzert gemeinsam mit Franz Liszt auf, wobei die Zeitungen Offenbachs Beteiligung für den Geschmack seiner Verwandten und Freunde geradezu übergehen. Als Antwort darauf lassen sie die Besprechung in einem Inserat zurechtrücken:

> Nachdem Herr Jacob Offenbach das von ihm componierte Gebet und Bolero vorgetragen, ward ihm ein enthusiastischer Beifall zu Teil, und trotz dem, daß wird dieses Musikstück in zwei, kurz aufeinander folgenden Concerten von ihm gehört, wurde Herr Offenbach von mehreren Notabilitäten Kölns, im Namen vieler ersucht, dasselbe zu wiederholen, was jedoch, zum Bedauern aller Anwesenden, unterblieb, da das [von Liszt und seinem Klavierpartner vorgetragene] Duo von Pixis schon begonnen und solches als Schluß des Concertes angekündigt war. Ehre, wem Ehre gebührt![75]

Auch die herrliche *Ouverture à grand orchestre* – eine bemerkenswerte romantische Komposition, die erst vor wenigen Jahren wiederentdeckt wurde – steht in Zusammenhang mit diesem Kölner Aufenthalt 1843. Die Heimat am Rhein

> hat offenbar als genius loci gewirkt und ein ganz ungewöhnliches Ergebnis gezeitigt: Niemals, auch nicht in den *Rheinnixen,* nicht in *Fantasio,* auch nicht in der Szenerie von Lutters Weinstuben von *Hoffmanns Erzählungen* war Offenbach »deutscher« als in diesem düster aufgewühlten und meisterhaft instrumentierten Satz in bester Nähe zur Romantik Webers und Schumanns.[76]

Spätestens Ende September schließlich reist Jacques Offenbach nach Paris zurück.

Im Alter von Anfang 20 hat sich Offenbach verliebt. Die Auserwählte ist eine junge Spanierin, die junge, hübsche Herminie, mit vollem Namen Marie Manuela Herminie d'Alcain. Geboren am 11. Juli 1826, ist sie die Tochter von General José Maria Xavier d'Alcain Garro, der nach der Niederlage der konservativen carlistischen Kräfte im innerspanischen Thronfolgestreit ins französische Exil gegangen und 1828 in Bordeaux gestorben ist. Seine Frau Jeanne-Marie-Céleste d'Alcain geborene Sénez hat daraufhin 1835 den Briten Michael George Mitchell geheiratet. Zu den zwei Kindern, die sie in diese zweite Ehe einbringt, Herminie und Pépito, kommen schließlich im Laufe der Jahre noch drei weitere Halbgeschwister für Herminie hinzu. Jacques lernt seine künftige Frau vermutlich 1841 bei einer Soiree im Hause Mitchell kennen. Er ist 22 Jahre, Herminie dagegen gerade einmal 15 Jahre alt.

Dem jungen Mann scheint es sehr ernst zu sein, er macht dem jungen Mädchen auf eine sehr musikalische Weise den Hof. Schon im Dezember 1841 hat er »Mlle Herminie Mitchell [!]« einen Walzer gewidmet, 1843 veröffentlicht er eine Romanze *À toi,* auf deren Vorderblatt Herminie in strahlender Jugend abgebildet ist. Doch so sympathisch der junge Mann scheinbar auch ist, so will die künftige Schwiegerfamilie ihre Tochter jedoch gut versorgt wissen. Man will sichergehen, dass der junge Cellist aus den Pariser Salons auch im harten Konzertleben bestehen kann und damit genügend Format aufweist, eine Familie zu ernähren. Die »Feuertaufe«, die seine künftige Schwiegerfamilie ihm auflegt, wird den jungen Musiker auf eine Konzertreise nach England führen. Offenbach tritt dort, unter der Obhut des mit Familie Mitchell in Paris verwandten Theaterunternehmers John Mitchell, im Her Majesty's Theatre und bei der Gesellschaft der Melodisten auf, deren Vorsitzender der Herzog von Cambridge ist. Seinem späteren Librettisten Emile Chevalet schreibt er:

> Nun, lieber Freund, wie Sie sich vorstellen können, ist nach dem Essen musiziert worden. Ich habe meine *Musette* gespielt. Sie waren außer Rand und Band und haben min-

destens fünf Minuten lang auf den Tisch gehämmert und aus vollem Hals da capo, da capo geschrien, so dass ich mich gezwungen sah, das Stück zu wiederholen.

Offenbach geht in England allem Anschein nach auf Nummer sicher, ist doch diese *Musette* geradezu ein »Schlachtross« seiner Soloabende. Die schlicht begleitete Moll-Kantilene verfehlt ihre melancholische Wirkung auch auf das englische Publikum nicht. Höhepunkt seiner Tournee ist jedoch zweifelsohne die Einladung durch Königin Victoria nach Schloss Windsor am 6. Juni 1844. Hier spielt er vor dem versammelten europäischen Hochadel: Neben Prinz Albert sind auch der Zar von Russland, der König von Bayern und viele weitere prominente Gäste anwesend.

Um seine junge Braut heiraten zu können, hat ihre katholische Familie dem künftigen Schwiegersohn den Übertritt zum Katholizismus zur Bedingung gemacht. Am 8. August 1844 schließlich wird der junge Musiker in der Notre-Dame-de-Bonne-Nouvelle getauft, Paten dabei sind die Gräfin Madeleine-Sophie Bertin de Vaux, seine Gönnerin im Salon, sowie deren Bruder, der Notar Edme Ernest Foucher. Wenige Tage später, am 13. August 1844, heiraten die jungen Leute in der Kirche der Künstler in Paris, in Saint-Roch. Das junge Ehepaar findet eine Wohnung unweit des Boulevards, zunächst in der Rue du Faubourg-Poissonière, später in der Passage Saulnier. Bald wird das junge Paar auch zu den später berühmten »Freitagen von Jacques« einladen, an denen jede Woche in einem lockeren Rahmen ausgewählte Gäste zusammenkommen, um den Abend nach dem Theater in heiterer Runde ausklingen zu lassen.

Was Herminie dem Menschen und Künstler Offenbach in der Zeit eines 36-jährigen Zusammenlebens war, hat ihr Intimus Martinet in den Worten angedeutet:

> So unzugänglich Jacques kritischen Einwendungen gegenüber schien und so selbstsicher er auch war, auf die Ratschläge seiner Frau hörte er immer. Nicht eine Seite wurde abgeliefert, die er ihr nicht zuerst vorgespielt hätte, und wenn er sich auch in den seltenen Fällen, daß sie etwas seiner unwürdig erklärte, zur Wehr setzte, so war doch am nächsten Tage eine neue Fassung geschrieben, die Madame Offenbach unterbreitet wurde.[77]

Die Eheleute scheinen, allen Widrigkeiten zum Trotz, ein harmonisches Verhältnis zueinander gehabt zu haben – und man tut gut daran, den pikanten Klatschgeschichten und Schnüffeleien nach Offenbachs Liebschaften und »Seitensprüngen« kein allzu großes Gewicht beizumessen.[78]

Offensichtlich festigt sich das Leben des jungen Künstlers, nicht nur in persönlicher und privater Hinsicht, sondern auch in professioneller. Jacques scheint allmählich zu erkennen, wo seine künstlerischen Ambitionen am stärksten sind, er möchte Musiktheater machen. Im Graben der Boulevardtheater, des Ambigu-Comique, der Opéra Comique hat er dieses französische Repertoire kennengelernt, das ihm nun in den 1840er-Jahren auf seinem/für seinen künstlerischen Weg als zu unergiebig zu sein scheint. Stilistisch zu groß geraten, inhaltlich zu lieb, musikalisch zu brav wird dieses Repertoire immer artifizieller und gestelzter. Spätestens jetzt wird das ästhetische Credo gereift sein, das Offenbach 1856 formulieren wird: zurück zu den Wurzeln, zurück zum »genre primitif et vrai«.

5 Jacques Offenbach als Violoncellist. Stich von Alexandre (Alexander) Laemlein, 1850.

1844–1855

Opernambitionen

Mit 25 Jahren ist Offenbach nun verheiratet und als Violoncellovirtuose bekannt, ja respektiert. Offensichtlich genügt ihm das aber nicht – er will Musiktheater machen. Erste Erfahrung in dieser Richtung hat er bereits 1839 mit dem Vaudeville *Pascal et Chambord* am Théâtre du Palais-Royal unternommen. Seither aber hat er keine Gelegenheit gefunden, weitere Bühnen – zumal die großen – von seinem musikdramatischen Talent zu überzeugen. In dieser Situation muss er sich eben selbst die Bühne schaffen: Er veranstaltet ›dramatische‹ Konzerte, in welchen er eigene Kompositionen, kleine komische Szenen und Opernfragmente, zur Aufführung bringt. Das erste dieser Stücke, *Le Moine bourru ou les deux Poltrons,* wird am 2. April 1843 in der Salle Herz uraufgeführt. Der erstaunlich lange Text parodiert Victor Hugos 1831 erschienenen Jahrhunderterfolg *Notre-Dame-de-Paris,* zu deutsch: *Der Glöckner von Notre-Dame.*

Im finstersten Mittelalter haben sich zwei biedere Pariser Bürger, Jehan und Pierre, draußen verspätet und müssen nun mit den vermeintlichen Gefahren der Nacht klarkommen. Dabei meinen beide im jeweils anderen den gefürchteten, verfluchten grimmigen Mönch zu erkennen, der im Schutze der Dunkelheit sein gespenstisches Unwesen treibt.

Das nach einhelliger Meinung der Presse sehr gelungene Stück ist zweifellos eine Opéra comique im Miniaturformat, in der bereits alle Zutaten der späteren Erfolge Offenbachs enthalten scheinen.

Für den Salon seiner Taufpatin, der Gräfin Bertin de Vaux, schreibt Offenbach im Februar 1846 *Citrouillard au désert,* seine erste eigentliche große musikalische Parodie. Die Vorlage dazu ist die bereits 1844 uraufgeführte »Ode-Symphonie« *Le Désert* von Félicien David. Als Saint-Simonist – also Anhänger der vom Grafen von Saint-Simon propagierten, sozialutopischen Gesellschaftsentwürfe – ist David einige Jahre zuvor gezwungen gewesen, Frankreich zu verlassen. Daraufhin hat dieser mit einigen saint-simonistischen Mitstreitern eine mehrjährige Reise durch den Vorderen Orient unternommen, aus welcher dann schließlich 1844 die genannte »Ode-Symphonie« hervorging, ein musikalisches Hauptwerk der französischen Romantik. David lässt einen Dichter auftreten, dessen Ewigkeit atmende Verse zu fernen exotischen Klängen in den unendlichen Weiten der Wüste verhallen. Offenbach dagegen versetzt den biederen, kleinkarierten Spießbürger Citrouillard in ebendiese Wüste. Angesichts der trockenen Luft und der sengenden Hitze vermisst dieser dort sehr schnell die netten Restaurants auf den Pariser Boulevards, verkriecht sich alsbald in seine Boulevardzeitungen und tröstet sich schließlich mit urfranzösischen Kinderliedern. Offenbachs musikalische Parodie ist allem Anschein nach so gelungen, dass er dieses Stück als »folie de carnaval« am 27. März 1846 sogar in der Opéra Comique dirigieren darf. Die Presse kündigt »eine musikalische Spinnerei der lustigsten Sorte [an], zu der die größten Komiker aller Pariser Theater, mit ihrem Tröten und Kostümen beitragen«[79]. Wie bereits *Le Moine bourru* nimmt Offenbachs *Citrouillard au désert* viele Elemente seiner späteren Werke voraus, vor allem die Technik des musikalischen Zitierens und Parodierens. Damit der Zuhörer diese musikdramatischen Feinheiten und kompositorischen Pointen aber auch tatsächlich goutieren kann, muss er nicht nur literarisch politisch und historisch, sondern vor allem auch musikalisch bewandert sein – muss dieser doch die angespielten Stück erkennen und einordnen können. Selbst Offenbachs kleinen Szenen sind schon damals alles andere als einfach gestrickte, schlichte Unterhaltung, sondern geistreiche, gewitzte Perlen.

Am 24. April 1846 veranstaltet Offenbach im Saal des Klavierbauers Herz sein jährliches Konzert. Das Programm besteht dieses Jahr fast ausschließlich aus selbst komponierten Werken und wird – diese Ehre wird sonst kaum jemals einem Musiker zuteil – in voller Gänze von der Musikzeitschrift *Le Ménestrel* abgedruckt.[80] Auffällig ist, dass das Violoncello weniger Raum einnimmt als die Jahre zuvor, dafür findet sich deutlich mehr Vokalmusik: drei Chöre, zwei Duos bouffes, ein Trio, eine Séguedille, eine Chanson, eine Sérénade. Im Mittelpunkt des Abends steht *Meunière et Fermière,* ein heiteres Duo bouffe auf ein ländliches Sujet. Die

Müllerin preist ihre Mühle und das Geschick ihres Müllers, die Bäuerin preist ihren Bauernhof und das Geschick ihres Bauern. Beide halten sich gegenseitig ihre Untreue vor – und geraten in einen bühnenwirksamen musikalischen Streit. *La France musicale,* die in den darauffolgenden Tagen Teile der Musik des Abends veröffentlicht, stellt fest:

> Zunächst einmal hat Herr Offenbach – wenn er mit der Ausrichtung dieses Konzerts seine Fähigkeit unter Beweis stellen wollte, Musik für die Opéra-Comique zu schreiben – sein Ziel vollkommen erreicht, denn nirgends bekommt man sangbarere, geistreichere, lebendigere und durchsichtigere Musik zu hören als bei ihm.[81]

Der Komponist scheint am Ziel, als er im Mai 1846 von der neuen Direktion der Opéra Comique ein Libretto zur Vertonung erhält. Bei diesem handelt es sich um *L'Alcôve,* eine Comédie vaudeville in einem Akt von De Forges, Leuven und Roche, die bereits am 21. November 1833, dem Jahr von Offenbachs Ankunft in Paris, uraufgeführt worden ist. In den folgenden Monaten arbeitet Offenbach an diesem Stück, ohne gleichwohl die Karriere als Violoncellist in den Salons zu vernachlässigen. Diese Vorkehrungen scheinen ihren Grund zu haben, scheint sich doch die Arbeit *L'Alcôve* als nicht besonders erfolgreich herauszustellen. Im Frühjahr 1847 jedenfalls ist die Opéra Comique mit der Probenarbeit an dem Stück, obgleich bereits fertig komponiert, noch keinen Schritt vorangekommen. Die Direktion scheint ihre Versprechen vergessen zu haben.

In dieser Situation beschließt Offenbach, das Stück in seinem jährlichen Konzert am 27. April 1847 selbst aufzuführen. Das Konzert, das dieses Jahr im hübschen kleinen Saal Moreau-Sainti stattfindet, und das darin uraufgeführte Werk werden zu einem Erfolg:

> Mit seinem Libretto und seiner Partitur bewaffnet hat Offenbach fast ein Jahr lang voll Vertrauen und Hoffnung an die Pforten der Opéra-Comique angeklopft, und unbarmherziger noch als die Pforten der Unterwelt für Orpheus [!] blieben sie ihm verschlossen. Ein anderer würde entmutigt gewesen sein, aber Offenbach weiß: vouloir c'est pouvoir ... Die eleganteste Gesellschaft von Paris füllte dichtgedrängt den hübschen Saal in der Rue de la Tour d'Auvergne, um dieser denkwürdigen Aufführung beizuwohnen. Um es gleich zu sagen: der Erfolg hat die Anstrengungen und die Beharrlichkeit Offenbachs gekrönt. Jeder wiederholte beim Hinausgehen die hübschen Motive seiner Oper und fragte sich, durch welch unbegreifliche Umstände man ihn auf der Schwelle eines so vielen mittelmäßigen Adepten geöffneten Tempels vergeblich harren lässt.[82]

Angesichts der Unmöglichkeit, seine Stücke an der Opéra Comique zur Aufführung zu bringen, dürfte Offenbach in diesem Jahr 1847 ein weiteres Ereignis besonders aufgefallen sein. Am 15. November kommt es zur vielbeachteten Neueröffnung eines Theaters in Paris, der vom Komponisten Adolphe Adam geleiteten Opéra national, in der nicht nur Opéras comiques gespielt werden dürfen, sondern vor allem junge Komponisten ihre Werke zur Aufführung bringen sollen. Die Bühne befindet sich, kaum zufällig, inmitten der kleineren Theater am Boulevard du Temple, sodass inmitten der Boulevardtheater nun auch der hehren Kunst der Oper Raum gegeben wird. Offenbach begreift seine Chance und spricht bereits Monate vor der Eröffnung des neuen Hauses bei Adam vor. Dieser lässt sich auf den jungen Musiker ein und beauftragt ihn mit der Vertonung eines Librettos von Jules-Henri Vernoy de Saint-Georges, des neben Eugène Scribe vielleicht bekanntesten Librettisten in Paris: *La Duchesse d'Albe*. Mit Stücken wie diesem versucht Adam ein Genre zu etablieren, das sich zwischen der großen mehraktigen Oper und dem eher kleineren einaktigen Unterhaltungstheater mit Musik bewegt, das sich also an Werken wie Mozarts *Don Giovanni* und Webers *Freischütz* orientieren könnte.

Doch auch über Adams Opéra national waltet kein guter Stern. Die für September 1847 geplante Eröffnung muss auf den 15. November verschoben werden. Anders als angekündigt wird Offenbachs Stück keineswegs »in den ersten vierzehn Tagen nach Eröffnung des Theaters«[83] gespielt, stattdessen gibt Offenbach – er weiß offensichtlich die Presse bei Laune zu halten – eine private Soiree bei sich zu Hause, bei der Ausschnitte aus der neuen Oper aufgeführt werden.[84] Ende des Jahres 1847 wird Offenbachs Stück, glaubt man den Zeitungen, in Adams Opéra national wieder fleißig geprobt. In den darauffolgenden Wochen allerdings gerät die französische Hauptstadt in eine politische Krise, die zu den revolutionären Umwälzungen des Jahres 1848 in ganz Europa führen wird. Zusehends enttäuscht von der Politik des »Bürgerkönigs« Louis-Philippe haben sich spätestens nach der wirtschaftlichen Krise der Jahre 1846 und 1847 sowohl Bürgertum wie auch die Arbeiterschaft vom Regime abgewendet. Anfang 1848 sind weite Teile des Pariser Volkes arbeitslos, verarmt und verelendet. Alle Warnungen in den Wind schlagend lässt der König trotzdem die Versammlungen der Opposition verbieten. Am 22. Februar schließlich kippt die Stimmung, es kommt zu Unruhen, bei denen es schließlich auch Tote zu beklagen gibt. Am 24. Februar schließlich muss Louis-Philippe abdanken, er geht ins englische Exil, während am Hôtel de Ville die Republik ausgerufen wird. Inmitten dieser Wirren kann ein normaler Theaterbetrieb nicht aufrechterhalten werden, auch Adams Opéra national stellt seinen Betrieb vorläufig ein. Die Proben von Offenbachs *La Duchesse d'Albe* sind ins Leere gelaufen, das Stück wird nicht gespielt werden – bis heute.

Offenbach ist, soweit wir wissen, zeitlebens recht apolitisch gewesen. Nichtsdestoweniger dürfte er wenig Sympathie für die revolutionären Unruhen gehabt haben, und zwar aus recht pragmatischen Gründen. Wenn das gesellschaftliche Leben zusammenbricht, bricht auch das musikalische Leben zusammen – was für Musiker und andere Künstler das Ende ihrer abendlichen Auftrittsmöglichkeiten in Theatern, in Salons und anderswo und damit schlicht das Ende ihrer Einnahmequellen bedeutet. An spannender Unterhaltung dürfte es in diesen unruhigen Tagen auch nicht gefehlt haben, auf der Straße, in Cafés, überall – in solchen Zeiten wird immer leidenschaftlich diskutiert, sodass der abendliche Theaterbesuch in den Hintergrund tritt. Die Bühnen passen sich möglichst dem neuen Zeitgeist an, es werden bissige politische Satiren gespielt und bislang verbotene revolutionäre Lieder gesungen. Offenbach reiht sich ein und schreibt einen »chant républicain« *Le peuple souverain*.

Dennoch kehren die glanzvollen Tage vorerst nicht zurück, trotz zum Teil verzweifelt klingender Aufrufe in Musikzeitschriften wie dem renommierten *Le Ménestrel*:

> Künstler, nehmt eure Soireen wieder auf! Virtuosen, setzte der Unterbrechung der Konzerte und musikalischen Matineen ein Ende! Und Sie, Mesdames, eröffnen Sie wieder Ihre Salons! Lasst Bälle und nächtliche Feste wieder glanzvoll auferstehen! Ihr alle, die ihr von der Musik und der Großherzigkeit lebt – überlasst anderen die Aufgabe, das politische Haus wieder zu errichten![85]

Doch eben die, die sich sonst in Salons für Virtuosen und ihre Kunst zu begeistern vermögen, sind eben auch die, die es sich leisten können, in diesen gefährlichen Zeiten der Stadt den Rücken zu kehren. Angesichts dieser fehlenden Existenzgrundlagen sieht Offenbach wohl keine andere Möglichkeit, als vermutlich Mitte März gemeinsam mit seiner Frau Herminie und seiner gerade einmal zweijährigen Tochter Berthe die französische Hauptstadt zu verlassen, um zu seinem Vater nach Köln zurückzukehren.

Wenn die Sache ein Gutes hat, dann, dass er so endlich seinem Vater seine Frau und seine Tochter vorstellen kann – dazu hatte sich bis zu diesem Zeitpunkt noch keine Gelegenheit ergeben. Die Zeit hat auch offensichtlich die Wunden geheilt, die der Übertritt seines Sohnes zum Christentum beim ehemaligen Synagogenkantor Isaac Offenbach geschlagen hatte. Die junge Familie bezieht eine kleine Wohnung, in der sie unter einfachsten Bedingungen lebt. Offenbach dürfte sich im Übrigen auch gefreut haben, den Kontakt zu seinen Geschwistern wieder aufnehmen zu können, insbesondere zu seiner Lieblingsschwester Ranetta, die seit einigen Jahren schon mit ihrem Mann Moses Falk in der Schildergasse 23 ein Kurzwarengeschäft betreibt.

Allerdings findet die junge Familie alsbald die revolutionären Verhältnisse, vor denen sie aus Paris geflohen war, in Köln in ähnlicher Weise wieder. Anfang März, einen Tag nach der Weiberfastnacht, kommt es zu größeren Unruhen, die im sogenannten »Kölner Fenstersturz« gipfeln: Aus Furcht vor einer aufgebrachten Menschenmenge stürzen sich die einzigen zwei noch im Rathaus befindlichen Ratsherren, von Panik ergriffen, aus einem Fenster. Vom einst französischen, nun preußischen Köln gehen in diesen unruhigen Zeiten starke revolutionäre Impulse aus, nicht zuletzt auch in Richtung der Frankfurter Paulskirche. Am 20. März gründet sich eine Bürgerwehr, für die Offenbach auf einen Text des aus Dresden stammenden Buchhändlers Sternau auch ein *Bürgerwehrlied* schreibt. Dieses wird am 15. Mai vom Bürger- und Landwehr-Gesang-Verein und vom National-Bürgergarde-Musik-Chor in Deutz im Garten des Herrn Rener uraufgeführt. Es folgen alsbald weitere Lieder – sentimentale Romanzen wie *Bleib' bei mir,* das später in ganz Deutschland eine gewisse Verbreitung erfahren wird, aber auch sehr vom politischen Zeitgeist geprägte Kompositionen wie etwa *Das deutsche Vaterland* und *Der deutsche Knabe:* »Wohl mancher uns'rer Väter fiel / Als Held im blut'gen Waffenspiel, / Kurz ist das Leben, lang der Lohn./ Ich bin der Väter würd'ger Sohn! / [...] / Wer nicht für Freiheit sterben kann, / Das ist kein Mann, kein deutscher Mann!«[86]

Über den Sommer versucht Offenbach offensichtlich, als konzertierender Musiker Fuß zu fassen. Im Juni und Juli organisiert er mehrere musikalische Matineen im Gelben Salon des Casinos, Eintrittskarten sind beim Kurzwarenhändler Falk, Offenbachs Schwager, und beim Musikalienhändler Breuer, Offenbachs ehemaligem Violoncellolehrer, zu erhalten. Auf dem Programm stehen vor allem Stücke aus Offenbachs eigener Feder: Virtuoses fürs Violoncello, Lieder und Kammermusik. Allerdings berichtet die Kölner Presse davon mit keiner Silbe – was für Offenbach nicht nur eine Enttäuschung gewesen sein muss, sondern ihm auch die begrenzten Möglichkeiten des Kölner Musiklebens verdeutlicht haben wird.

Die vom 14. bis 16. August 1848 stattfindende 600-Jahr-Feier des Kölner Domes verschafft ihm kurz danach jedoch eine ungleich größere Bühne. Als unvollendeter gotischer Torso am Rhein verkörpert der Dom damals geradezu das unvollendete Deutschland und die Hoffnung auf nationale Einheit, zumal seit 1842 die die Bauarbeiten an ihm nach gut 280 Jahren wiederaufgenommen wurden. Die nun absehbare Vollendung seiner baulichen Einheit lässt entsprechend auch auf eine Vollendung der nationalen Einheit Deutschlands hoffen. Am 14. August findet im Großen Saal des Casinos eine Matinee statt, der die angereisten Ehrengäste beiwohnen, unter ihnen der Reichsverweser Erzherzog Johann von Österreich und der Präsident des Paulskirchenparlamentes Heinrich von Gagern. Neben dem im selben Jahr gegründeten Kölner Männer-Gesang-Verein tritt auch die mit Offenbach befreundete Sängerin Sophie Schloss auf, die Ehefrau von Offenbachs Jugendfreund Michael Schloss, die mit Aufführungen von Liedern Robert Schumanns und Felix Mendelssohn Bartholdys bekannt geworden ist. Das Konzert wird in jeder Hinsicht ein großer Erfolg, der Kölner Männer-Gesang-Verein bedankt sich einige Tage darauf, am 25. August, mit einem Ständchen vor Offenbachs Wohnung. Tags darauf schließlich nimmt Offenbach an einem Konzert der Philharmonischen Gesellschaft teil.

Doch diese Erfolge sind allesamt nur von kurzer Dauer. Im Laufe des Septembers kommt es wieder zu Unruhen, die dazu führen, dass die gerade gegründete Bürgerwehr wieder aufgelöst wird – und Offenbachs Lieder nicht mehr gesungen werden. Zwar verschafft ihm sein Freund Heinrich Dorn – der damalige Kapellmeister des Kölner Städtischen Orchesters – zwei durchaus hochkarätige Auftritte mit der von ihm geleiteten Musikalischen Gesellschaft, am 24. Oktober und am 14. November, auch bei den Feierlichkeiten zu Ehren des 25-jährigen Dienstjubiläums des Kölner Bürgermeisters Adolf Steinberger am 8. November sorgt Offenbach für die musikalische Umrahmung. Doch in der lokalen Presse wird schon über seine erneute Übersiedlung nach Paris spekuliert.

Zunächst scheint Offenbach aber noch andere Pläne zu haben. Zum einen veröffentlicht er einige seiner Lieder in zwei Sammelbänden, die sein Freund, der Musikverleger Michael Schloss herausgibt. Zum anderen arbeitet er offensichtlich schon länger an einem größeren Projekt: Offenbach will hier eine Oper aus seiner Feder zur Aufführung bringen. Heinrich Dorn, der Freund aus Jugendtagen, wird sich später daran erinnern, wie Offenbach stolz und »jungfräulich errötend«[87] zugleich ihm sein Autograph von *La Duchesse d'Albe* vorlegte – vermutlich wollte er dieses bereits für die Opéra Comique fertiggestellte Stück hier spielen lassen. Daraus wird zwar nichts, aber Offenbach gibt nicht auf. Er arbeitet seinen kleinen Einakter *L'Alcôve* um – und tatsächlich kommt er am 9. Januar 1849 im Kölner Theater in der Komödienstraße zur Aufführung. Der erste Teil des Abends wird, wie schon so oft, vom Männer-Gesang-Verein und Offenbach selbst am Violoncello bestritten. Der zweite Teil hingegen ist ganz der »Oper« gewidmet, die nun unter dem Namen *Marielle* firmiert. Doch der erhoffte Erfolg bleibt erneut aus, die Presse würdigt den Abend mit so gut wie keiner einzigen Zeile. Einzige Ausnahme ist die republikanische Zeitung *Der Wächter am Rhein,* die Rezension fällt allerdings nicht wirklich zufriedenstellend aus:

> Die Operette [!] gab von Seiten des Komponisten Talent zu erkennen, ohne deshalb im Allgemeinen Beifall zu ernten. Zum größten Teile trägt wohl das Buch die Schuld. [...]

> Was nun den Komponisten betrifft, so will es uns scheinen, als wenn er mehr Talent zu tragischen Compositionen als zu komischen habe, obgleich ein burleskes Kartoflellied gelungen war. Die Musik war für eine komische Oper viel zu pretentiös und nahm zu häufig den Anlauf zum Feierlichen, und zwar an Stellen, wo es nicht recht passen wollte. Namentlich in der Instrumentation gab sich dabei der Rococo-Styl zu erkennen, wie wir ihn in den Bravourkonzerten der Virtuosen zu finden gewohnt sind. Ein Fehler, der sich beim Übergange aus der einen Kunstfertigkeit in die andere leicht erklären läßt, den aber der Componist, will er ferner für die Bühne wirken, durchaus ablegen muß. [...] Die Musik soll die dramatische Wirkung kräftigen, nicht aber ihr widerstehen. – Dieser Mängel ungeachtet hat die Oper recht schöne Stellen. [...] Wir wünschen dem Componisten Glück zu den Fähigkeiten, die er entfaltet hat, die sich namentlich in der Ouverture, wo er selbständiger dastand, zu erkennen gaben, empfehlen ihm aber an, dieselbe[n] bald an einem besseren Stoffe weiter zu entfalten, den Erstlingsversuch aber als solchen zu betrachten und nicht daraufhin draußen den gefährlichen Versuch zu wagen, sich einen Ruf zu verschaffen. – Obgleich die Vorstellung nicht überall klappte, wie dies selten bei ersten Vorstellungen der Fall ist, so hatte man doch im Allgemeinen Fleiß auf den Erstlingsversuch verwendet, was leider von den Schauspielern und Sängern in ähnlichen Fällen meist nicht geschieht und darum doppelt anerkannt werden muß. [...] Das Orchester, sowie die Chöre waren nicht überall fest.[88]

Spätestens nach diesem Premierenabend – dem übrigens die gesamte Familie des Komponisten einschließlich seines Vaters beigewohnt hat – dürfte Offenbach nur noch wenig in Köln gehalten haben. Am 22. Januar widmet er noch ein neu komponiertes Lied der offensichtlich nach wie vor sehr geschätzten Sophie Schloss, dann aber muss er die erneute Übersiedlung in Angriff genommen haben. Am 11. Februar 1849 verkündet die Musikzeitschrift *Le Ménestrel:* »M. Jacques Offenbach, das Original schlechthin unter den Violoncellisten, der Komponist so vieler hübscher Melodien und einer ausgezeichneten kleinen Opéra comique, ist zurück in Paris, wo er den Winter verbringen wird.« Am gleichen Tag vermerkt auch die *Revue et Gazette musicale de Paris* Offenbachs Rückkehr »nach einer künstlerischen Tournee, bei der er als Virtuose wie auch als Komponist aufgetreten ist«. Außerdem habe er »glänzende Konzerte in Köln, Hamburg und Düsseldorf« gegeben und mit *Marielle* am Kölner Theater einen »vollen Erfolg« gefeiert.[89] Offenbach verstand sich scheinbar schon recht früh auf eine gute Pressearbeit.

Der unvorhergesehene Sieg der französischen Revolutionäre hat eine Reihe von Problemen mit sich gebracht. Unter ihnen war keiner ernsthaft darauf vorbereitet, die Macht zu übernehmen. Die Ausrufung der Republik unter dem Druck der Straße am 26. Februar 1848 hat die große Mehrheit der Abgeordneten überrascht, die sich lieber in einer konstitutionellen Monarchie eingefunden hätte. Denn sowohl die reichen Großbürger als auch die kleinen Händler und Kaufleute haben letztlich Angst vor der revolutionären Arbeiterschaft, die die Straße beherrscht. Als die linken Arbeiterparteien die Parlamentswahlen im April 1848 verlieren, kommt es im Juni zu Arbeiteraufständen, die vom Militär aber sehr schnell und sehr effektiv niedergeschlagen werden. Nach mehreren Tagen bürgerkriegsähnlicher Zustände in Paris findet der Aufstand am 26. Juni sein Ende, 12.000 Arbeiter werden festgenommen. Im September wird ein bis dahin quasi Unbekannter, Louis-Napoléon Bonaparte, Neffe des ehemaligen Kaisers Napoleon, zum Abgeordneten von Paris gewählt – und zwar dank der Stimmen der Arbeiter, denen seine sozialpolitischen Vorstellungen gefallen. Am 10. Dezember schließlich bestimmt eine überwältigende Mehrheit der Franzosen eben diesen Abenteurer zum Präsidenten der Republik.

Kaum zurück in Paris zieht Offenbach Anfang Februar 1848 mit Herminie und der gemeinsamen Tochter Berthe erneut in die Wohnung im Passage Saulnier. Schnell nimmt er seine Konzertaktivitäten wieder auf, allein im Februar musiziert er bei mindestens zwei Soireen, die die Ehefrau des neuen Innenministers Léon Faucher und die sehr vermögende Prinzessin Belgiojoso ausrichten, darüber hinaus tritt er in einem Konzert im Théâtre-Italien auf. Bald wird er auch gebeten, am 8. März 1849 beim Ball des Staatspräsidenten zu spielen. Sein Auftritt dort mit dem selbst komponierten *Boléro* beschert ihm geradezu frenetischen Beifall, sodass selbst Staatspräsident Louis-Napoléon Bonaparte ihm öffentlich für die Darbietung dankt. Ähnlich glanzvoll geht es für ihn weiter im April, bei Auftritten in Soireen beim Klavierbauer Érard, beim Klavierbauer Herz oder im Salle Sainte-Cécile.

Offenbachs Erfolg ruft alsbald auch die Neider auf den Plan, unter denen sich nicht wenige an einem Bild abarbeiten, das wie Pech am Violoncellisten Offenbach hängt: dem des »Jettatore«. Wie einst der Teufelsgeiger Paganini werfe auch dieser dämonisch aufspielende Musikant am Violoncello einen schlechten Schatten, bringe Unheil und sei überhaupt von teuflischen Mächten besessen. War dieses Bild für Offenbach vor nicht allzu langer Zeit noch die Möglichkeit, von sich reden zu machen, wird ihm dieses Image nun scheinbar mehr und mehr zum Problem – Offenbachs Neider jedenfalls, wie etwa der Journalist Fiorentino, lassen keine Gelegenheit aus, ihn in diesem Sinne als »Schreckgespenst der Theaterdirektoren« wenig vorteilhaft zu zeichnen.[90]

Darüber hinaus aber kommen Offenbachs übrige musikalische Vorhaben, insbesondere die musiktheatralischen, nur äußerst schleppend voran. An der Opéra Comique konkretisiert sich nichts in Bezug auf eventuelle Produktionen. Die zweite Hälfte des Jahres 1849 ist bedrückend perspektivlos, scheinbar gar nichts bewegt sich. Angesichts dieser trüben gesellschaftlichen Situation – die im Üb-

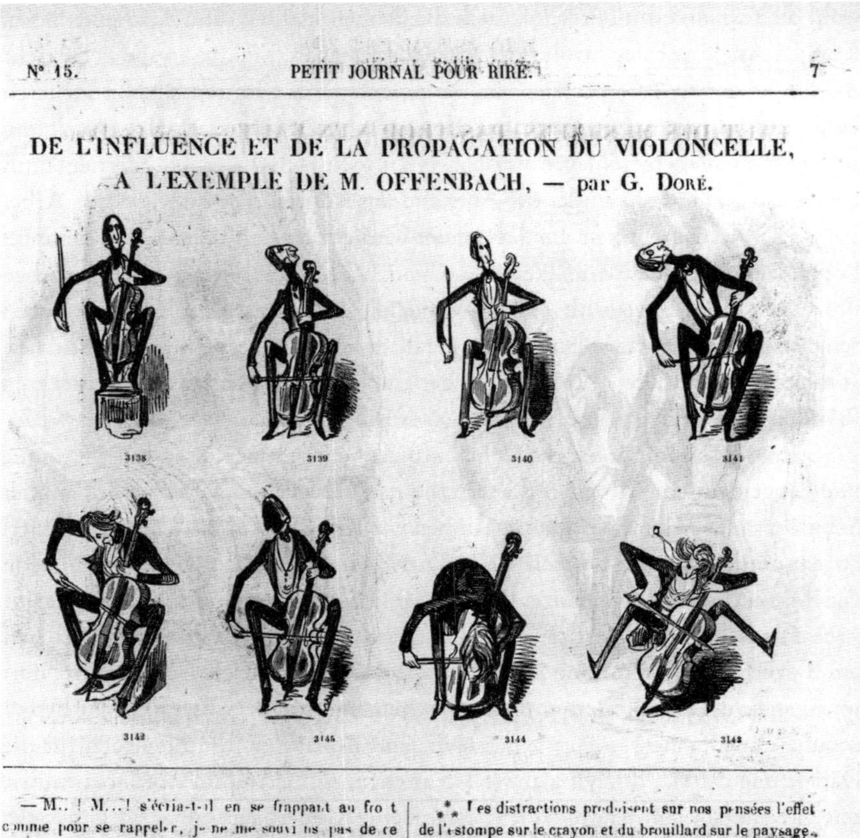

Nº 15. PETIT JOURNAL POUR RIRE. 7

DE L'INFLUENCE ET DE LA PROPAGATION DU VIOLONCELLE,
A L'EXEMPLE DE M. OFFENBACH, — par G. Doré.

3138 3139 3140 3141

3142 3145 3144 3143

— M.. ! M...! s'écria-t-il en se frappant au front comme pour se rappeler, je ne me souviens pas de ce nom là! Que diable peut-il donc me vouloir?... Ah! bon! j'y suis maintenant, ajoute M. Du... en apercevant la croix marquée au crayon au coin de la carte : c'est bientôt la fête du roi, et ce monsieur me rappelle que je lui ai promis de le faire décorer .. Il fait bien d'y penser! Pour moi, je ne m'en souvenais pas.

Trois jours après le 1er mai, M... lisait au *Moniteur* sa promotion au grade de chevalier de la Légion d'honneur.

H. MURGER.

SONGERIES.

⁂ La conversation est une république qui périt dès qu'elle tolère l'anarchie ou qu'elle accepte un dictateur.

⁂ La fierté est comme le *ruban rouge*, et ne doit décorer que la place du cœur, partout ailleurs elle est un ridicule ou un scandale.

⁂ Les distractions produisent sur nos pensées l'effet de l'estompe sur le crayon et du brouillard sur le paysage.

⁂ Les pédants qui proscrivent la plaisanterie sont-ils autre chose que des boiteux qui proscrivent la danse? Les bons mots ne feraient aucun tort aux bonnes raisons en se rangeant de leur côté.

⁂ Personne ne parle jamais tant et si bien de la générosité que les gens qui n'ont rien à donner, et de la résignation que ceux qui n'ont rien à souffrir.

⁂ L'homme qui ne possède que la finesse d'esprit sans y joindre la finesse de caractère, ressemble au porteur d'une lanterne qui l'éblouit plus qu'elle ne l'éclaire et ne l'empêche nullement de faire de fréquents faux pas; au contraire, l'homme qui, sans avoir de finesse d'esprit, est doué de la finesse de caractère, marche dans l'ombre d'un pied sûr, et fait son chemin en dépit des ténèbres.

⁂ L'ambition est au mérite ce que le vent est au navire, c'est elle qui le pousse, et c'est elle qui lui fait faire naufrage.

⁂ Il est des fleurs dont la culture agrandit les corolles et multiplie les pétales, en même temps qu'elle

6 Offenbachs als »jettatore«, als geradezu teuflischer Virtuose auf dem Violoncello. Karikatur von Gustave Doré, in *Petit journal pour rire* 1856.

rigen auch in einer geradezu langweiligen Theatersaison ihren Ausdruck findet – nehmen die Eheleute Offenbach ihre bereits vor ihrem Weggang nach Köln eingeführte Gewohnheit auf, freitagabends bei sich zu Hause zu empfangen. Dies ist der Musikzeitschrift *Le Ménestrel* immerhin einige Zeilen wert:

> Herr Jacques Offenbach, der früher bereits reizende Kunstsoireen veranstaltete, hat ebendiese zur größten Zufriedenheit des elegantesten Pariser Publikums wieder aufgenommen. Es ist ja bekannt, dass dieser romantische Violoncellist dessen Lieblingskomponist ist. Bei seiner ersten Soiree, die letzten Samstag [also am 29. Dezember 1849] stattfand, hat Herr Jacques Offenbach mehrere Vokalkompositionen zu Gehör gebracht, darunter ein gewisser Bolero, der von Bussine vorgetragen wurde und einen äußerst reizvollen Eindruck machte. Sich in einem Bolero innovativ zu zeigen, ist heutzutage keine einfache Sache, aber Herr Offenbach würde auch das Unmögliche wagen.[91]

Auch das neue Jahr 1850 beginnt zunächst, wie das alte geendet hat, mit Konzerten – und mit den Soireen bei Offenbach zu Hause. Die sich so fortsetzende Reihe der Konzerte wird aber jäh unterbrochen von einer schrecklichen Nachricht: Am Abend des 26. April 1850 ist Isaac Offenbach in Köln gestorben, umgeben von Jacques Schwester Netta und dem aus Paris kurz zuvor angereisten Bruder Jules. Schon am 7. März hat Isaac die Jüdische Gemeinde gebeten, eine Krankheitsvertretung für ihn einzustellen – einige Wochen später stirbt er an einem Magengeschwür. Am 1. Mai erscheint die Todesanzeige in der *Kölnischen Zeitung,* Isaac wird schließlich auf dem jüdischen Friedhof in Deutz beerdigt – wo sein Grab heute noch steht. Weder Jules noch Netta haben Jacques über den Gesundheitszustand ihres Vaters in Kenntnis gesetzt, entsprechend verbittert klagt Jacques in einem Brief vom 8. Mai an seine Schwester Netta:

> Ich kann euer Stillschweigen unmöglich mir explezieren. Durch die Zeitung mußte ich das unglückliche Fall welchen uns trifft erfahren, das heihst ich wollte Samstag, da ich gar keine Nachricht von Euch hatte, nach Köln abreisen, da entschloß sich Braunheim und die traurige Nachricht mitzuteilen, welche er schon heute einige Tage wußte. Ich setze nichts hinzu und erwarte endlich Mitteilung von euch.[92]

Jacques' Schmerz über den Verlust seines Vaters muss enorm gewesen sein – weshalb seine Geschwister ihm bestimmt auch die schmerzliche Reise an das Totenbett ersparen wollten. Bis an sein eigenes Lebensende wird das Bild des Vaters in Jacques Offenbachs Arbeitszimmer hängen.

Offenbachs Leben verändert sich in vielerlei Hinsicht grundlegend in diesen Monaten – nicht nur durch den Tod des Vaters. Vermutlich ist es auch die tiefe Trauer, die erklärt, warum die Nachrichten zu Jacques Offenbach im Sommer 1850 in der Presse nur spärlich zu finden sind. Vielleicht ja in der Hoffnung, seiner alten, nunmehr noch etwas mehr verlorenen Heimat Köln verbunden zu bleiben, bringt sich Offenbach in einem Brief an den befreundeten Kölner Musikverleger Michael Schloss im Juni als Musikkorrespondent in Paris ins Spiel – aus dem Vorhaben scheint jedoch später nichts zu werden. Stattdessen unternimmt Offenbach eine Konzertreise, die ihn Anfang September aus Paris hinaus an die Loire nach Blois führt. Am 25. September gibt Offenbach ein Hauskonzert ganz in der Nähe, im Schloss von Villelouët, bei einer mit dem Pianisten Stephen Heller befreundeten Adelsfamilie. Tags darauf kommt es durch unglückliche Umstände zu einem Unfall, bei dem sich eine 24-jährige Freundin der Familie so schwer verbrennt, dass sie wenige Tage später stirbt. Offenbach, der Erste Hilfe geleistet hat, wird selbst schwer an der rechten Hand verletzt. Wenige Tage vor diesem Vorfall, am 16. September, hat Offenbachs Frau Herminie eine Tochter – Minna Sophie Blanche Marie, genannt Mimi – zur Welt gebracht. Mutter und Kind sind wohlauf, all diesen unglücklichen Umständen des Vaters zum Trotz.

Zurückgekehrt nach Paris unterschreibt Offenbach am 30. September schließlich einen Vertrag, der der Karriere des Violoncellisten einen neuen, gewaltigen Schwung verleiht. Schon am 6. März des Jahres war Offenbach beim Innenministerium vorstellig geworden mit der Bitte, ihm die musikalische Leitung des Orchesters der altehrwürdigen Comédie-Française zu übertragen, die sich seit Kurzem unter der Leitung des Publizisten Arsène Houssaye befindet:

> Der ausgezeichnete Schriftsteller, den Sie in die Leitung der Comédie-Française berufen haben und der durch seine glückliche und umsichtige Verwaltung schon jetzt Ihre Entscheidung für ihn als eine gelungene bestätigt hat, hat die Dringlichkeit erkannt, das Orchester dieses Theaters zu erneuern. Um ihn bei dieser Aufgabe unterstützen zu können, gedenkt er, mir diese Neuordnung der Musik zu übertragen und mich zum Kapellmeister des Théâtre-Français[93] zu ernennen – wenn es mir gelänge, sehr geehrter Herr Minister, Ihre Aufmerksamkeit auf meinen Namen zu lenken und mir einen Beweis Ihres aufgeklärten und freundlichen Wohlwollens, das Sie echten Künstlern ja nie verwehrt haben, zukommen zu lassen.[94]

Nachdem dieser Brief zunächst ohne Antwort geblieben war, hat Offenbach am 15. April mit einem zweiten Brief noch einmal nachgehakt, bevor am 1. Juni das Ministerium die Anfrage unkommentiert an den neuen Intendanten Arsène Houssaye weiterleitet. Dieser lässt die Angelegenheit offensichtlich einige Zeit ruhen, bevor der Vertrag schließlich Ende September unterschriftsreif ist. Die Vertragsbedingungen entsprechen dem damals Üblichen. Offenbach erhält zwar die gewaltige Summe von 15.000 Francs jährlich, muss damit aber den gesamten wirtschaftlichen Betrieb des Orchesters bestreiten – also nicht nur 20 Musiker bezahlen, sondern auch alle notwendige musikalische Infrastruktur zur Verfügung stellen, als ständiger Dirigent bereitstehen sowie nicht zuletzt für ein abwechslungsreiches, tagesaktuelles musikalisches Repertoire sorgen. Auch wenn er weiterhin eigenen musikalischen Tätigkeiten außerhalb des Theaters nachgehen darf, so ist seine künstlerische Freiheit doch durch diese Klauseln stark beeinträchtigt. Zugleich aber gibt der Vertrag ihm eine gewisse Sicherheit, wird er doch mit Wirkung vom 15. Oktober 1850 für die Dauer von drei Jahren geschlossen. Auch gewinnt er nun eine neue Bekanntheit, bietet die musikalische Leitung der Comédie-Française doch eine hervorragende Ausgangsposition, um sich in dieser für Offenbach schon immer faszinierenden Pariser Theaterwelt zu vernetzen.

Innerhalb des neuen Hauses ist Offenbachs Ausgangsposition allerdings nicht so günstig. Schon der Intendant Arsène Houssaye hatte bei seinem Amtsantritt nach den revolutionären Wirren, im November 1849, nicht wenig Mühe gehabt, das von der charismatischen Schauspielerin Rachel angeführte Ensemble hinter sich zu versammeln. Seine Ankündigung, die seit Langem bereits darniederliegende Musik neu aufzustellen und die musikalisch-künstlerische Leitung des Hauses ausgerechnet Offenbach zu übertragen, sorgt zunächst für großen Ärger im Haus. Allerdings scheint Offenbach einen gewaltigen Trumpf im Ärmel zu haben: seinen Charme. Traditionell sind die Schauspielerinnen am Théâtre-Français sehr einflussreich, sind sie doch häufig auch die Mätressen einflussreicher Politiker. Offenbach weiß dies – und braucht sich nicht in interne Machtkämpfe hineinzubegeben, wenn er die Liebhaberin eines Ministers oder gar eines Präsidenten auf seiner Seite weiß. Oder gar die Liebhaberin eines Kaisers – denn am 2. Dezember 1851 hat Präsident Louis-Napoléon Bonaparte die nach den Wirren des Jahres 1848 konservativ geprägte Nationalversammlung aufgelöst und führende Oppositionspolitiker verhaften lassen. In den folgenden Tagen ist es zwar zu blutigen Aufständen gekommen, vor allem außerhalb von Paris, die Napoléon allerdings innerhalb weniger Tage niederschlagen konnte. Am 2. Dezember 1852 schließlich – nach einer propagandistisch stark gelenkten Volksabstimmung – ruft er sich schließlich zum Kaiser der Franzosen aus.

In diesen turbulenten Zeiten kommt es auch am Théâtre-Français zu Umbrüchen, Offenbachs musikalische Einflussnahme macht sich dort bald bemerkbar. Er sorgt dafür, dass das neueste Stück von Eugène Scribe, *Les Contes de la Reine de*

Navarre, das seit einigen Wochen großen Zulauf erfährt, musikalisch aufgewertet wird – unter anderem mit Franz Schuberts *Ständchen* als Zwischenaktsmusik. Das macht Eindruck beim Publikum und lässt recht schnell erkennen, dass nach dem Willen des neuen Kapellmeisters die Musik an Frankreichs herausgehobenster Sprechtheaterbühne künftig eine größere Rolle spielen soll:

> Seit der berühmte Violoncellist die [musikalische] Leitung übernommen hat, ist geradezu eine Revolution am Théâtre-Français im Gange. Das Publikum bleibt während der Pausen im Saal, es hört zu, und zwar gerne, bei den hübschen, perfekt dargebotenen Stücken von Lully, von Rameau und von modernen Komponisten.[95]

Zu letzteren »modernen Komponisten« gehört nicht zuletzt auch Offenbach selbst, der in den ersten Wochen seiner Tätigkeit am Théâtre-Français auch eigene Kompositionen zu vielen – heute weitgehend vergessenen – Stücken beisteuert. Vor allem seine Bühnenmusik zu *Valéria,* einem schaurigen Drama von Auguste Maquet und Jules Lacroix, wird zu einem Erfolg, auch wegen der »Strophes de Lycisca«, die er darin für +, die damals wohl berühmteste französische Schauspielerin, einfügt. Auch wenn sie allem Anschein nach wenig von Musik versteht, hat Offenbach aber in ihr, die wie er jüdische Wurzeln hat, eine mächtige Fürsprecherin für seine künstlerischen Ambitionen gefunden.[96] Noch viele weitere Bühnenmusiken wird Offenbach in den folgenden Jahren für die Comédie-Française schreiben – gleichwohl sieht er sich in einer künstlerischen Sackgasse angekommen:

> Ich sah, dass ich vergeblich gegen dieses Vorurteil ankämpfte, wonach es am Théâtre-Français vor allem eine unmögliche Musik und ein entsetzliches Orchester brauchte; vor allem kümmerte dies nicht die Gesellschafter [Schauspieler]. Zwar hatte ich erreicht, dass abends erst mit dem Erklingen der Glocke der Vorhang aufging, wie es eben selbst in den kleineren Theatern üblich war, und trotzdem stießen wir dafür jeden Abend auf unüberwindliche Hindernisse. Wenn sie erst einmal auf der Bühne waren, wollten die Gesellschafter nicht mehr warten; der Bühneninspizient hingegen weigerte sich, angesichts ausdrücklicher Anweisungen von M. Houssaye, den Vorhang aufgehen zu lassen – und so gab es immer wieder aufs Neue Ärger, Klagen und Gezerre.[97]

Angesichts dieser unbefriedigenden Situation sucht Offenbach nach anderen Wegen, künstlerisch auf sich aufmerksam zu machen. Anfang 1853 veröffentlicht er ein Album Les *Voix mystérieuses* mit Romanzen und Liedern für den Salon. Die Kritik ist begeistert. Offenbach habe kongenial die Verse von bekannten zeitgenössischen Dichtern wie Alfred de Musset, Théophile Gautier oder Jules Barbier vertont, insbesondere seine melodische Erfindungskunst wird hervorgehoben – und die Tatsache, dass das Album der kunstsinnigen Prinzessin Mathilde Bonaparte gewidmet sei. Das Album wird alsbald auch tatsächlich in diversen Salons gespielt werden – nicht zuletzt bei der Soiree, die Offenbach im Januar 1853 bei sich zu Hause veranstaltet und zu der er nicht nur Abgeordnete und Minister, sondern auch befreundete Maler und Journalisten empfängt, ganz abgesehen natürlich von seinen musikalischen Freunden. Schon wenige Wochen danach, im März 1853, lädt der Sänger Roger zu einem karnevalesken Kostümabend ein, bei dem Offenbach als Violoncellist zum Tanz aufspielt. Vor allem aber veranstaltet Offenbach in der Salle Herz am 7. Mai sein jährliches Konzert, bei dem nicht nur, im ersten Teil, die üblichen virtuosen Kompositionen gespielt werden, sondern auch eine kleine Opéra comique aus seiner eigenen kompositorischen Werkstatt zur Uraufführung gebracht wird. Für *Le Trésor à Mathurin,* ein kleines »tableau villageois«, hat sich Offenbach die Mitwirkung bekannter Sängerinnen und Sänger der Opéra Comique, des Théâtre-Lyrique und des Théâtre-Français gesichert, er selbst dirigiert das kleine Orchester. Die Presse ist begeistert von den sieben musikalischen Nummern:

> Schon lange versucht M. Jacques Offenbach uns zu beweisen, dass er mehr ist als lediglich ein Violoncellist, mehr als ein Meister der Komödie. Man ahnte es bereits; aber die Prüfung vergangenen Samstag abend hat nun endgültig Klarheit geschaffen. [...] *Le Trésor à Mathurin* wurde begeistert aufgenommen und M. Jacques Offenbach hat, nach Meinung aller Anwesenden, erfolgreich diese Opernprüfung bestanden, die er selbst – in einem Konzertsaal – herbeigeführt hatte. Wir glauben, dass ihn nunmehr nichts mehr davon abhalten wird, sich an die Bühne der Opéra-Comique heranzuwagen, wenn denn das Glück und die Theaterleitung ihm wohl gesonnen sind, d. h. wenn es also Gott gefällt... und [dem Direktor der Opéra-Comique] M. Perrin auch gefällt. M. Perrin war im Konzert anwesend.[98]

Am 8. Juni 1853 verlängert Offenbach seinen Vertrag mit dem Théâtre-Français, ungeachtet aller Schwierigkeiten, die er dort hat. Diesen stehen für ihn ja auch gewisse Annehmlichkeiten gegenüber, kann er hier doch immer wieder auch eine Öffentlichkeit für seine musikalischen Ambitionen herstellen und wertvolle Kontakte knüpfen und pflegen.

Den Sommer 1853 verbringt Offenbach bei seiner Schwester Netta in Köln – allein, ohne Herminie, und auch ohne Konzertpläne am Rhein. Offensichtlich sucht Offenbach die Ruhe, vielleicht will er ja auch eine schöpferische Pause einlegen. Jedenfalls scheint der Aufenthalt einigermaßen unterhaltsam gewesen zu sein:

Dem lieben Moses bin ich besonders sehr dankbar, für mich so manche Abende gewacht zu haben; Was muß er froh sein, jetzt so recht gemütlich des Abends sich zu legen mit dem Bewußtsein, nicht nachts ohne Unterhose nicht gewärtig zu sein, das Haus aufzumachen.

Die Flecken auf dem Brief bittet der Komponist im Übrigen zu entschuldigen, seine kleine Tochter Mariechen habe unbemerkt damit gespielt. Schließlich dankt auch die treusorgende Ehefrau, Herminie, ihrer lieben Schwägerin für alles, was sie für »cet affreux Jacques« getan habe, sie freue sich schon »le charmant Cologne« zu besuchen.[99] Vor allem war der Aufenthalt in der alten Heimat wohl auch recht produktiv. Ab Mitte September verkündet die Presse, dass am Théâtre des Variétés eine kleine einaktige Opéra comique geprobt wird, deren Musik von Offenbach stamme. Dieses Stück auf einen Text von Léon Battu und Jules Moinaux wird *Pépito* sein.

In dem kleinen spanischen Dorf Elizondo wird die schöne Wirtin Manuelita umworben von ihrem Nachbarn Vertigo – dem »Faktotum des Kantons«, der zugleich Wirt, Barbier, Musiker, Apotheker, Postmann, Zahnarzt und noch vieles mehr ist... Manuelita aber hält ihrem in den Krieg gezogenen Verlobten Pépito die Treue. Als auch Miguel – ein Freund aus Kindheitstagen, der ebenso in den Krieg gezogen ist – zurückkommt und ihr den Hof macht, weist sie ihn zurück. Schließlich erfährt sie auf Umwegen, dass Pépito sie in der Fremde vergessen hat und einzig Miguel sie wirklich liebt.

Die Uraufführung am 28. Oktober 1853 gerät zu einem vielversprechenden Erfolg, sodass sich schnell auch ein Verleger findet, um den Klavierauszug zu drucken. Tatsächlich ist die Musik sehr gelungen, mit einerseits ausgelassenen buffonesken und andererseits lyrisch sentimentalen Passagen. Überhaupt hat Offenbach ein Stück geschaffen, das über die schlichte musikalische Einrichtung eines Vaudevilles – wie am Théâtre des Variétés üblich – deutlich hinausgeht. Das bleibt auch den Behörden nicht verborgen. Am 3. Dezember meldet das Staatsministerium an das Innenministerium:

Ich bin darüber in Kenntnis gesetzt worden, dass derzeit an den Variétés unter der Bezeichnung »Pépito› pièce mêlée de chant« ein musiktheatralisches Werk gespielt wird, das vollständig aus neu komponierter Musik besteht. Damit entfernt es sich vom Genre, das diesem Vaudevilletheater zugeordnet ist, und greift obendrein auf die Zuständigkeit der Opéra-Comique über.[100]

Das Stück muss denn auch alsbald abgesetzt werden, Erfolg hin oder her.

Es verwundert angesichts solcher Schwierigkeiten nicht, dass sich Offenbach in einer künstlerischen Sackgasse zu fühlen scheint. Ein Brief an seine Schwester Netta vom 9. Mai 1854 lässt Offenbachs Alltag viel trüber und grauer erscheinen, als ihn die andauernden Erfolgsmeldungen in den Zeitungen erahnen lassen.

Liebe Netta,
Dein liebes Schreiben vom 7 May habe ich richtig erhalten, und mit wahrer Freude die glückliche Ankunft Julchens [Offenbachs jüngerer, nach Texas ausgewanderter Schwester] erfahren, obschon es mich sehr gewundert hat von ihrer Zurückkunft zu hören. Ich habe Dir bereits voriges Jahr confidentiellement einen Brief über meine Verhältnisse geschrieben, als ich erfuhr, daß Julchen schon um diese Zeit vor hatte wieder zurück zu kommen, Du hast die adressierten Briefe geradewegs nach Galveston [Texas, damals Wohnort Julie Offenbachs] geschickt – Julchen wie Du mir damals schriebst war sehr darüber aufgebracht, weil ich die wahre Wahrheit sagte – leider hat meine Lage seit dieser Zeit sich nicht verbessert; ich würde fast sagen, daß sie sich verschlimmert hat, denn ich bin nun um ein halbes Jahr älter, und die goldene Zukunft die ich mir träumte rückt nicht heran, und mit jedem Tag vergeht eine partielle von der Hoffnung. glaube, liebe Netta, daß ich nichts sage um meine Lage zu verschlimmern, um daß Julchen vielleicht die Lust vergehen soll, hierher zu kommen, leider ist es nicht so – ich schreibe Dir heute wie voriges Jahr, wie immer, was wahr ist – Julchens hierherkommen ist nicht möglich, das Leben hier steigt von Tag zu Tage, das Geld wird rahrer, der Luxus vergrößert sich – ich, in der Position in der ich hier bin, kann ich, wenn ich eine Schwester bei mir habe, nicht wie ein Küchenmädchen gehen lassen, oder sogar anständig, aber ordinaire, in ihrer Kleidung sein, in meiner Position ist ein gewisser Luxus nöthig, der in anderer Lage nicht nöthig ist – es würde mir sogar nicht möglich sein, für meinen aufzubringen, hätte meine Frau, nicht einen so herrlichen Bruder [Pepito], der Ihr alle Jahre so sehr viele Geschenke in aller Art ihr macht, meine Frau hat mit drei Soireetoiletten diesen Winter nicht genug, und ich war obligirt ihr ein Kleid zu kaufen, dieses Kleid hat mir 250 fr Einkauf und 85 fr machenlohn gekostet. ich schreibe Dir dieses um Dir nur einen Begrief zu geben was das kostet hier. Mein appartement ist auch nicht derart eine personne beständig bei mich mehr zu haben, ich bezahle jetzt 1100 fr und habe seit 6 Monaten die Schwester meiner Frau bei mir, ihr Bruder bezahlt für ihre Kost an meine Frau alle Monat 150 Franken und dennoch bin ich froh daß Sie am anfang künftigen Winters wieder zurück nach Marseille soll. übrigens wird dieses Schreiben alles überflüssig sein, wenn ich Dir sagen werde, daß mein projet welches ich seit Jahren im Kopf habe nach Amerika auf einige Jahren zu gehen wahrscheinlich Anfang September realisieren werde. alsdann wird meine Frau mit Kinder nach Marseille zu ihrem Vater und ich meine Meublen in einige Zimmer stellen, um daß wenn ich je sollte wieder nach Europa kommen, woran ich zweifele, sie wieder finden werden, um nicht neue zu

kaufen – Du siehst also, liebe Netta, wie wenig möglich es ist daß Julchen herkömmt, wir ziehen in 8 bis 14 Tagen höchstens weg aufs Land, wir werden anfang octobre wieder hierher kommen, sollte meine Reise nach Amerika sich früher machen, so werden wir schon im August zurück – ich werde alsdann meine Frau u. Kinder nach Marseille erst bringen, mit dem Concert geben ist es sehr schwer, die saison ist zu avancirt, und dann wäre auch dieses nicht der Fall, die Concerten diesen Winter haben nichts beigebracht. ich welcher jedes Jahr fast das beste Concert gebe, ist auch nicht am besten gegangen – die Leute sparen ihr Geld und wollen nicht ins Concert gehn – Personnen die mir früher 10 bis 12 Billeten haben genommen, haben mir dieses Jahr blos 2 abgenommen. Der verfluchte Krieg[101] ist daran schuld. übrigens alle reiche Leute sind seit 14 Tagen schon weg, besonders seit einigen Tage, da die Cholera recht auch jetzt hier ist[102], läuft alles, was nur Beine, Zeit u. Geld hat – ich verstehe nicht, daß Julchen da sie so genau unsere Umstände kennt, zurückgekommen ist, ohne wenigstens einige 1000 Thl. mitzubringen… glaube mir, daß es wirklich einen großen Entschluß ist nach Amerika zu gehen und mich von meiner lieben Familie zu trennen, aber es muß so sein… […] adieu liebe Netta… .küsse Deinen lieben Mann und glaube an Dein Dich liebenden Bruder
Jacques Offenbach
mardi soir 9 mai 54[103]

Mit Mitte 30 tritt Offenbach nach wie vor auf der Stelle, er hofft scheinbar vergebens auf eine »goldene Zukunft«. Stattdessen wird das Leben stets teurer, während er mehr und mehr Schwierigkeiten hat, mit seiner Musik seinen Lebensunterhalt zu bestreiten. Auch wenn Offenbach in dem Brief vielleicht bewusst überzeichnet – er sträubt sich sichtlich gegen den Besuch seiner aus Amerika zurückgekehrten Schwester Julie –, ist seine Niedergeschlagenheit hier doch geradezu mit Händen greifbar. Die von ihm angesprochenen Pläne, nach Amerika auszuwandern, klingen im Übrigen auch recht konkret und dürften auch ernst gemeint sein. Schließlich hatten drei seiner Geschwister, unter ihnen eben seine Schwester Julie, diesen Schritt gewagt und sich im texanischen Galveston niedergelassen. Der Brief jedenfalls lässt vermuten, dass die Familie Offenbach schwierige Wochen in diesem Sommer 1854 durchmacht. Umso sehnlicher dürfte der Wunsch nach Erholung sein. Und in der Tat verbringt Offenbach mit seiner Familie den Sommer zum ersten Mal in Étretat in der Normandie, einer bis dahin wenig bekannten Sommerfrische. Seit Anfang der 1850er-Jahre werden hier erste Villen und touristische Einrichtungen erbaut, die scheinbar vor allem Musiker aus dem Umfeld der Pariser Oper anziehen. Im Übrigen scheint Offenbach eingeladen worden zu sein, ein Wohltätigkeitskonzert zu geben. Wie dem auch sei – Étretat wird nach dem Erfolg von *Orphée aux Enfers* zu Offenbachs zweiter (oder: dritter?) Heimat werden.

7 Offenbach. Fotografie von Nadar (Gaspard-Félix Tournachon), um 1850.

1855–1860

Champs-Élysées

Im Dezember 1848 war Louis-Napoléon Bonaparte in einer freien Wahl zum Präsidenten der französischen Republik gewählt worden. Als in seinen und vieler Augen legitimer Anwärter auf den Kaiserthron seines Onkels Napoleon I. ergriff er im Staatsstreich vom 2. Dezember 1851 die Macht und setzte – zunächst als »Prince-président«, ab Dezember 1852 dann als »Napoléon III., Kaiser der Franzosen« – ein autoritäres Herrschaftssystem durch. Gleichwohl stellte Napoléon III. das nach den Wirren von 1848 abgeschaffte, allgemeine Wahlrecht wieder her und ließ sich seine Politik in regelmäßigen Abständen per Volksentscheid billigen, wobei er sich stets auf die revolutionären Prinzipien von 1789 berief. Wirksam stellte ihn die offizielle Propaganda als Mann des Volkes dar, als große Führerpersönlichkeit, die allein die Souveränität des Volkes verkörperte. In diesem System war es dem gewählten Parlament, dem Corps législatif, kaum möglich, einen legitimen Machtanspruch zu erheben, geschweige denn die Politik des Kaisers wirksam zu kontrollieren.

Obgleich das Zweite Kaiserreich somit politisch zunächst als Rückschritt erschien, brachte es doch gesellschaftlich und ökonomisch einen gewaltigen Modernisierungsschub. Ganz in der Tradition des Saint-Simonismus investierte der Staat überall, nicht nur in die neuerdings flächendeckend ausgebauten öffentlichen und kostenlosen Schulen. Mit tatkräftiger Unterstützung der Regierung erlebten in den Jahren nach 1852 viele Banken und Unternehmen einen sagenhaften, nie dagewesenen Aufstieg, Handel und Industrie blühten auf. Besonders deutlich wird dieser enorme wirtschaftliche Aufschwung im spektakulären Ausbau des Eisenbahnwesens: In den Jahren zwischen 1851 und 1870 verfünffachte sich die Länge des französischen Eisenbahnnetzes.

Insbesondere Paris wird unter Napoléon III. nach und nach zur grandiosen Bühne ausgebaut, auf der unablässig das prächtige Spektakel der »fête impériale« gegeben wird.[104] Im Mittelpunkt steht dabei der kaiserliche Hof in den Tuilerien, in denen alle möglichen gesellschaftlichen Anlässe – Empfänge, Bälle, Theateraufführungen, Konzerte und vieles mehr – unaufhörlich aufeinanderfolgen. Solche höfischen Festlichkeiten, seien sie eher öffentlicher oder eher privater Natur, finden ihre Verlängerung in der glänzenden Unterhaltung der Stadt. Dem glamourösen, sprichwörtlichen »Pariser Leben« – das im Zweiten Kaiserreich im Übrigen durchaus große Massen erreicht – steht aber das soziale, wirtschaftliche und nicht zuletzt auch gesundheitliche Elend des einfachen Volkes gegenüber. Zwar erhebt der Kaiser den Anspruch, ebendieses Leid zu lindern, ja zu beseitigen. Tatsächlich aber kann er es sich doch politisch kaum leisten, den Rückhalt der alten sozialen und wirtschaftlichen Eliten zu verlieren, die sein Regime gerade in seiner Anfangsphase gestützt haben. Und so wird die »fête impériale« mehr und mehr zum permanenten Spektakel, zu einem Stück, in dem zwar alle gesellschaftlichen Gruppen immer wieder auftreten dürfen, in dem aber der Kaiser stets Regie führt.[105] Auf diese Weise werden alle repräsentiert und integriert, während die kaiserliche Macht zugleich, in einem zuweilen geradezu barocken, absolutistischen Gestus, inszeniert und legitimiert wird.

Vor diesem Hintergrund ist die »fête impériale« keineswegs ein Selbstzweck. Viel wurde, vor allem nach dem Untergang des Kaiserreichs, über den ach so verwerflichen Hang des Monarchen zum Vergnügen geschrieben. Louis-Napoléon Bonaparte war aufgewachsen im Bewusstsein, der legitime Sachwalter des grandiosen napoleonischen Erbes zu sein. Gleichwohl musste er in seiner Kindheit und Jugend Exil, Gefangenschaft, Verbannung und Haft erleben – und die Demütigungen der gekrönten Häupter Europas, die ihn, den Spross des korsischen Soldaten, als Emporkömmling betrachteten. Die »fête impériale« verfolgte also auch den Zweck, das Regime außenpolitisch abzusichern:

> Indem Napoleon die Vertreter der alten Monarchien dazu einlud, am Prunk seines prachtvollen Hofs und am Glanz seiner erneuerten Hauptstadt teilzuhaben, wollte er Europas Herrscherhäusern demonstrieren, dass Frankreich wieder eine Großmacht geworden war – und dass es dies dem Kaiserreich verdankte.[106]

Nicht nur Paris veränderte sich: Mit dem Abriss ganzer Viertel und der Umsiedlung gerade bescheidenerer Schichten veränderte sich auch die gesamte Gesellschaft. Schon während der Julimonarchie büßten die adeligen Salons des Faubourg Saint-Germain einen Großteil ihres Glanzes und ihres Einflusses ein. Emporkömmlinge und Neureiche wie der Halbbruder des Kaisers, Auguste Herzog von Morny, oder der jüdische Bankier Achille Fould gaben nunmehr in Politik und Wirtschaft den Ton an. Wie am kaiserlichen Hofe wurden überall prächtige Empfänge oder prunkvolle Kostümbälle gegeben, deren berühmteste und beliebteste wahrscheinlich die des mit Offenbach befreundeten Herausgebers des *Figaro,* Arsène Houssaye, waren. Zum Pflichtprogramm eines jeden, der im Paris des Zweiten Kaiserreichs etwas erreichen wollte, gehörte aber auch ein Besuch beim Herzog von Morny, dem Halbbruder des Kaisers, der als Vorsitzender des Corps législatif im edlen Hôtel de Lassay residierte und dort seine illustren Gäste zu Empfängen und Kostümbällen in prunkvollen Salons empfing.

Überhaupt werden Kostümbälle geradezu zum Markenzeichen dieses Kaiserreichs.[107] Gewiss hatte es diese auch schon vorher gegeben, nicht zuletzt während des Karnevals, wenn überall in der Hauptstadt Maskenbälle gegeben werden – am bekanntesten war der legendäre Opernball. Nun allerdings nahm das kaiserliche Ehepaar wie selbstverständlich daran teil – und es war Kaiserin Eugénie, die ab 1856 die Mode der Kostümbälle im Tuilerienpalast einführte. Noch heute existiert eine unglaublich hohe Zahl an Fotografien, die die Kaiserin in unterschiedlichsten Kostümen zeigen:

> Mal sah man die Kaiserin als venezianischen Dogaressa, mal als Jagdgöttin Diana, mal als Marquise am Hof Ludwigs XV., mal als bukolische Schäferin, mal als ägyptische Prinzessin, vor allem aber eben als Marie-Antoinette in einem Kostüm, das dem von Mme Vigée-Lebrun 1787 gemalten aufs Haar glich.[108]

Der fast schon abergläubischen Verehrung, die die schöne, modebewusste Kaiserin ihrer 1792 hingerichteten Vorgängerin auf dem französischen Thron entgegenbrachte, mag auch das Gemälde verpflichtet sein, das sie 1854 Franz-Xaver Winterhalter von sich malen ließ. In einer herrlich ausladenden, goldgelben »robe à l'anglaise« mit eng geschnürtem, perlenbesetztem Korsett und zarten Rüschen an den Ärmeln, blickt die im Profil abgebildete Kaiserin in die idyllische Weite des kaiserlichen Parks von Saint-Cloud. Das adrett frisierte Haar der Kaiserin ist weiß gepudert und versehen mit einer Aigrette, einem Kopfschmuck, wie ihn auch Marie-Antoinette gerne trug. Das Gemälde atmet deutlich mehr eine nostalgische Sehnsucht, als das Sujet es erwarten ließe – immerhin erkannten die Zeitgenossen hier klar die Anspielung auf die letzte absolutistische Königin Frankreichs, deren Leben, auch über den Umweg bukolischer Schäferspielchen, 1792 auf dem Schafott ein tragisches Ende fand. Was auch immer die Kaiserin bewegt haben mag – ihre in Winterhalters Gemälde dokumentierte Nostalgie wird erstaunliche Parallelen finden in Offenbachs Musik.

* * *

> Da ich mich permanent mit der Unmöglichkeit konfrontiert sah, mich aufführen zu lassen, kam mir in dieser Zeit die Idee, selbst ein Musiktheater zu gründen. Ich sagte mir, dass die Opéra comique nicht mehr in der Opéra-Comique zuhause war, dass die wirkliche Buffo-Musik, die lustige, geistvolle, also die Musik, die lebt, nach und nach in Vergessenheit geriet. Die Komponisten, die für die Opéra-Comique arbeiteten, machten kleine Grand Opéras. Ich sah, dass man da etwas für die jungen Musiker machen konnte, die sich, wie ich, vor der Tür des Théâtre-Lyrique zu Tode warteten.[109]

In der Tat wird in den ersten Jahren des Zweiten Kaiserreichs ein geradezu kanonisches Opernrepertoire gepflegt, das in weiten Teilen aus vor 1850 entstandenen Werken besteht. Heute kennt kaum jemand mehr die »grands opéras« von Boieldieu, Auber, Halévy, Donizetti oder Meyerbeer – damals beherrschen sie die Spielpläne der Opéra und der Opéra Comique.[110] Ein möglicher Weg, solche künstlerischen Sackgassen zu umgehen wie diejenige, in der sich Offenbach zu Anfang des Jahres 1855 befindet, ist die Eröffnung eines eigenen Theaters.

Diesen Weg hat ein Jahr zuvor bereits ein gewisser Florimond Ronger, genannt Hervé, eingeschlagen. Halbwaise väterlicherseits, Halbspanier mütterlicherseits, Kompositionsschüler von Daniel-François-Esprit Auber am Konservatorium, verdient er früh seinen Lebensunterhalt als Organist – an der Kirche von Bicêtre, am Stadtrand von Paris, in unmittelbarer Nähe des berühmt-berüchtigten Irrenhauses. Gemeinsam mit dem befreundeten Schauspieler und Sänger Joseph Kelm schreibt er Musik für kleine einaktige Stücke, wie etwa das heute verschollene *L'Ours et le Pacha* nach einer Vorlage von Eugène Scribe, die er in besagtem Irrenhaus zur Aufführung bringt – Schauspieler und Musiker sind die Patienten, Pfleger und Ärzte des Irrenhauses. Das »tableau grotesque« *Don Quichotte et Sancho Pança* wird schließlich zum Karrieresprung. Auf einer kleinen Bühne in Montmartre, das damals noch vor den Toren der Hauptstadt lag, aufgeführt, gerät es zum Kassenschlager, sodass der Theaterunternehmer und Komponist Adolphe Adam es schließlich mit großem Erfolg 1848 auf seiner Bühne des Théâtre national übernimmt.

Hervé bleibt zunächst weiter Kirchenmusiker im Hauptberuf, daneben aber nimmt seine parallele Tätigkeit als Theaterkapellmeister immer größeren Raum ein. Am Théâtre du Palais-Royal leitet er ab Ende 1849 zu etlichen Stücken die Musik – und nicht zuletzt komponiert er eine »grande pièce« in fünf Akten *Les folies dramatiques*, die 1853 ein großer Erfolg wird. Clou dieses Stückes ist *Gar-*

gouillada, eine »parodie du genre italien«, in der explizit etwa Rossinis Ouvertüre zum *Barbier von Sevilla* ins Lächerliche gezogen wird. Die groteske komische Wirkung des Stücks geht in weiten Teilen vom buffonesk absurden Text aus, die Musik dagegen wirkt aus heutiger Sicht zuweilen recht banal, ja plakativ – Hervés Schaffen steht noch direkt in der Tradition der bis dahin üblichen Einlagennummern zu Vaudevilles. Gleichwohl hat Hervé damit etwas unverwechselbar Neues geschaffen, er hat eine Marke etabliert. Nach dem Titel einer seiner eigenen »bouffonneries musicales« wird er in Paris auch alsbald mit dem kuriosen, wenn auch nicht sehr schmeichelhaften Spitznamen des *compositeur toqué* versehen, des »verrückten Komponisten«. Entscheidend aber wird für Hervé gewesen sein, dass er aufgrund des Erfolgs von *Gargouillada* – dieses wird im März 1853 sogar als Gastspiel in der kaiserlichen Residenz, den Tuilerien, gegeben – Ende 1853 vom Herzog von Morny die Erlaubnis erhält, sein eigenes Theater zu betreiben. Am 8. Februar 1854 schließlich eröffnen die Folies-Concertantes am Boulevard du Temple, mitten im volkstümlichen Vergnügungsviertel im Pariser Osten.

Hier wird noch am 26. Juni 1855 *Oyayaye ou la Reines des îles* uraufgeführt, eine einaktige »anthropophagie musicale«, also eine »musikalische Menschenfresserei«. Der Text ist von Jules Moinaux, der bereits an *Pépito* mitgewirkt hat, die Musik dagegen erstaunlicherweise von Jacques Offenbach – wenige Tage nur vor der Eröffnung seines eigenen Theaters! Es ist heute unklar, wie es zu dieser eigenartigen Situation kommen konnte – zu einem Zeitpunkt, an dem Offenbach bestimmt genug andere Dinge zu tun hatte, als sich selbst Konkurrenz zu machen. Vermutlich gab es vertragliche Verpflichtungen aus einer Zeit, in der Offenbach noch keine Erlaubnis zur Eröffnung seines eigenen Theaters erhalten hatte. Wie dem auch sei, das Stück weist deutliche autobiographische Bezüge zu Offenbachs geschilderter Situation um den Jahreswechsel 1854/55 auf.

> Held des Stücks ist Râcle-à-Mort (»Kratz-zu-Tode«), ein Bassist im Orchester des Théâtre du Ambigu-Comique. Nachdem er eingeschlafen war, anstatt ein Solo zu spielen, beschließt er nun, sein Glück in Amerika zu probieren. Als er aber von Menschenfressern in Ozeanien gefangen genommen wird, muss er deren Königin Oyayaye unterhalten. Dabei hat die Königin nur im Sinn, den Bassisten zu verspeisen! Râcle-à-Mort hat nur eine Möglichkeit, der Gefahr zu entgehen: eine »Trötenpolka«, die die Königin und ihre Leute zum Tanzen bringt und dem Bassisten Zeit gibt, sich in seinem flugs zum Boot umfunktionierten Instrument auf hohe See zu retten.

Tatsächlich besteht das Stück aus nur vier musikalischen Nummern, darunter aber so extravagante wie die Vertonung einer Wäschereirechnung »im italienischen Stil«. Trotz des relativen Erfolges wird das Stück aber nie gedruckt werden.

* * *

Spätestens seit den 1840er-Jahren sind die Champs-Élysées zum Treffpunkt »à la mode« geworden. Hier befinden sich viele bekannte Cafés wie etwa das Alcazar und das Café des Ambassadeurs – und nicht zuletzt auch der berühmte Bal Mabille, den Offenbach in den 1830er-Jahren gut gekannt haben muss. Ganz in der Nähe des ebenfalls dort befindlichen Panoramas und des Cirque d'été wird bereits 1842 der Bau eines kleinen Theaters projektiert, der allerdings erst 1848 tatsächlich in Angriff genommen wird. Einige Jahre wird der Zauberkünstler Lacaze in dem 300 Zuschauer fassenden Raum seine Stücke zum Besten geben. 1852 dann erhält der Theaterdirektor Marc Rohée die behördliche Genehmigung, hier eine Sommerspielstätte unter dem Namen »Spectacle-Concert des Champs-Élysées« einzurichten; gespielt werden dürfen Pantomimen, Schaustellereien, Tänze und Chansonnetten mit jeweils bis zu zwei Darstellern.[111] Es ist keineswegs, wie von Siegfried Kracauer so anschaulich beschrieben, »zwischen zwei Bäumen versteckt, in den Champs Élysées ein winziger Holzbau«, eine »Bude, die schon seit längerer Zeit leerstand«[112], die Offenbach zu den Bouffes-Parisiens machen wird. Und man kann zu Recht die Frage aufwerfen, ob die Behörden nicht Offenbach 1855 die Spielerlaubnis nur deshalb erteilten, weil ebendort bereits vorher eine solche bestand.[113]

Am 24. Februar 1855 erbittet Offenbach in einem Brief an den Staatsminister Fould die Erlaubnis, dieses Theater an den Champs-Élysées bespielen zu dürfen. Dazu will er eine neue Art von Musiktheater schaffen, wohl wissend, dass dies die einzige Chance ist, diese Erlaubnis zu erhalten:

> Ich beabsichtige vor allem das Genre der italienischen Fantoccini, angepasst an den Geschmack des französischen Publikums, in Paris einzuführen und eine vollständig neue und einzigartige Art der Belustigung anzubieten. Diese soll derart gestaltet sein, dass sie sowohl dem gebildeteren wie auch dem breiten Publikum gefällt.[114]

Diesen Antrag erneuert Offenbach am 10. Mai, wobei er ihn präzisiert:

> Ich habe die Ehre, Eure Exzellenz zu bitten, mir die Erlaubnis zu erteilen, im Saal Lacaze an den Champs-Élysées ein Theater zu betreiben. Hier sollen ein- und mehraktige Harlekinaden und Pantomimen, kleine Opern mit gesprochenen Dialogen und zwei bis drei Darstellern, kleine einaktige Vaudevilles, Schwänke im Stil der italienischen Fantoccini, Tänze, Ballets, Chansonnetten, Tableaux vivants mit Darstellungen der schönsten Werke der Kunstgeschichte etc. aufgeführt werden.[115]

Zwischenzeitlich hat er sich mit den Eigentümern des Theaters geeinigt, sodass man annehmen darf, dass er in den Wochen zuvor zumindest mündliche Zusagen erhalten haben muss seitens der zuständigen staatlichen Stellen. Eine große Unterstützung scheint er in diesen entscheidenden Wochen auch vom Journalisten Hippolyte de Villemessant erhalten zu haben. Dieser hat kurz zuvor, am 2. April 1854, den *Figaro* gegründet, eine »neue, zutiefst pariserische, lebendige Zeitung«[116]. Villemessant ist sehr gut vernetzt in der »vie parisienne« – und er ist ehrgeizig wie Offenbach. Der Zeitungsunternehmer und der Theaterunternehmer, beide ausgestattet mit einem hervorragenden Sinn für den Boulevard, scheinen sich auf Anhieb verstanden zu haben. Villemessants *Figaro* wird in den nächsten Jahren »so etwas wie das offizielle Organ der Bouffes-Parisiens«[117] sein.

Die Behörden erteilen Offenbach schließlich am 22. Mai 1855 eine Erlaubnis, die ausdrücklich bereits frühere Theaterneugründungen wie die von Hervé etwa als Präzedenzfälle nennt. Hier nun darf Offenbach sein Theater betreiben. Der Ort kann zu diesem Zeitpunkt kaum besser gewählt sein, befindet sich das Theater doch unmittelbar gegenüber dem Haupteingang der Weltausstellung. Bereits 1851 war die Idee einer friedlichen internationalen Gegenüberstellung, die Handel, Industrie und Bildende Künste vereint, in der »Great Exhibition« in London erprobt worden. Nun folgt das französische Kaiserreich mit der »Exposition universelle«. »Eine Darbietung der gesamten menschlichen Arbeit, ein Wettbewerb aller zivilisierten Völker, eine Vision des Kosmos im gegenwärtigen Stadium seiner Entwicklung – diese Schau mußte eitel Freude und Glanz verbreiten und die Nation in Ekstase versetzen.«[118] Zwischen dem 15. Mai und 31. Oktober 1855 werden fünf Millionen Gäste die Weltausstellung besuchen – fünf Millionen potenzielle Theaterbesucher für die Bouffes-Parisiens. Schon allein deshalb muss Offenbach für eine gründliche Instandsetzung seines Theatergebäudes sorgen. Dazu beauftragt er Jakob Ignaz Hittorff, der wie er aus Köln stammt und vor allem einer der renommiertesten Stadtplaner und Architekten im Paris des 19. Jahrhunderts überhaupt ist. Hittorf restaurierte bereits 1824 die Salle Favart, bevor er 1828 das Théâtre du Ambigu-Comique, 1841 den Cirque d'Été und 1851 den Cirque d'Hiver errichtete. Vor allem aber zeichnete Hittorf verantwortlich für eine Reihe städtebaulich bedeutender Vorhaben der Julimonarchie und des Zweiten Kaiserreichs, wie etwa die »Königsachse« von der Place de la Concorde über die Champs-Élysées und die Place de l'Étoile am Arc de Triomphe bis zum Bois de Boulogne.

Am 5. Juli 1855 hebt sich der Vorhang der Bouffes-Parisiens schließlich zum ersten Mal. Gegeben werden am Eröffnungsabend vier Stücke: ein Eröffnungsprolog *Entrez, messieurs, mesdames!*, die Opéra comique *Une nuit blanche* mit einem mitreißenden Trinklied in der Mitte, die »bouffonnerie musicale« *Les Deux Aveugles* auf einen Text von Jules Moinaux sowie ein pantomimisches Ballett *Arlequin barbier*, das Rossinis *Barbier von Sevilla* parodiert.

Mit dem kleinen Eröffnungsprolog tritt zum ersten Mal ein Autor in Erscheinung, der Offenbachs gesamtes Musiktheater, ja vielleicht das gesamte Musiktheater des 19. Jahrhunderts wesentlich prägen wird: Ludovic Halévy. Dieser stammt aus einer – ursprünglich aus dem fränkischen Fürth stammenden – jüdischen Familie, die im Laufe des 19. und 20. Jahrhunderts in Paris eine bemerkenswerte Reihe von Schriftstellern, Komponisten, Wissenschaftlern und Politikern hervorbringt und die, wie selbstverständlich, sehr schnell eine bedeutende Rolle im kulturellen und geistigen Leben Frankreichs einnimmt – über Generationen hinweg. Ludovics Vater ist der Schriftsteller und Übersetzer Léon Halévy, der vor allem mit Werken zur griechischen Antike hervorgetreten ist. Sein Onkel, der Musiker Fromental Halévy, gehört zu den bekanntesten und wohl auch erfolgreichsten Opernkomponisten des 19. Jahrhunderts in Paris. Ludovic Halévys Mutter Alexandrine Le Bas stammt aus einer angesehenen Pariser Architektenfamilie, ihr Vater ist der Erbauer der Kirche Notre-Dame-de-Lorette. Ludovic selbst heiratet 1868 Louise Bréguet aus der bekannten calvinistischen Uhrmacherfamilie Bréguet. Ludovics Kinder Élie und Daniel werden – vor allem Letzterer – Bekanntheit erlangen als Philosophen, Historiker und Schriftsteller. Ludovics Nichte Geneviève wird später den jungen Komponisten Georges Bizet heiraten, zu dessen berühmtestem Werk *Carmen* Ludovic das Libretto verfassen wird. Bis heute treten Mitglieder der Familie Halévy und Nachkommen Ludovics immer wieder im politischen und kulturellen Leben Frankreichs hervor.

Ludovic Halévy, geboren 1834, tritt mit 18 Jahren in den Staatsdienst ein. Nach den großen Erfolgen, die er vor allem gemeinsam mit Offenbach und seinem Kolibrettisten Henri Meilhac in den 1860er-Jahren feiert, verlässt er das Ministerium 1867 und ist ab diesem Zeitpunkt freischaffend tätig. Ab 1884 Mitglied der Académie française, verfasst er neben Libretti für Offenbach vor allem auch zahlreiche Werke für das Sprechtheater und populäre Erzählungen – alles mit einem sehr feinen Sinn für die nicht immer so ideale Wirklichkeit und auch gerne mit einem satirischen, meist aber sympathischen, ja geradezu empathischen Unterton. Um 1854 herum lernt er Jacques Offenbach kennen. An Offenbachs Todestag, dem

5. Oktober 1880, erinnert sich Halévy in seinem Tagebuch an die erste Begegnung mit Offenbach:

> Ich war im Staatsministerium. Ein wenig, ein kleines wenig, kannte ich Offenbach. Da geht meine Tür auf; er war da.
> – Sie werden mir, sagt er, einen Eröffnungsprolog für ein kleines Theater an den Champs-Élysées machen.
> – Ich?
> – Ja, Sie; Duponchel [der ehemalige Leiter der Oper] hat mir gesagt, Sie würden das sehr gut hinbekommen.
> Ich hatte Duponchel, dem ehemaligen Leiter des Vaudeville [sic!], kleine Vaudeville-Versuche gezeigt. In zwei, drei Morgen schrieb ich *Entrez, Messieurs, Mesdames,* was am 5. Juli 1855 der Eröffnungsprolog der Bouffes wurde. Ich war 21 Jahre alt. Das war der Beginn meiner Zusammenarbeit mit Offenbach und der Beginn meines Theaterlebens.[119]

In einem *Entrez, messieurs, mesdames!,* in dem die am Boulevard beliebten Theaterfiguren Bilboqut und Polichinelle sowie »la Fantaisie« antreten, wird dem Zuschauer erläutert, was er an den neuen Bouffes-Parisiens zu erwarten haben wird: Unterhaltung in der Tradition der Commedia dell'Arte wie auch des französischen Boulevards, dies jedoch unter völlig neuen Vorzeichen. Das zweite Stück des Abends, *Une nuit blanche,* ist für sich genommen eine fein ziselierte durchaus brillante Opéra comique. Gegenüber der ausgelassenen Komik von *Les Deux Aveugles* jedoch kann es kaum hervortreten – was, im Nachhinein betrachtet, langfristige Folgen auf die Ausrichtung des offenbachschen Musiktheaters hat. Es wird das dritte Stück des Abends sein, *Les Deux Aveugles,* das den Erfolg der Bouffes-Parisiens begründet. Dieses »Gebilde von photographischer Dichte«[120] hat Offenbach mit lediglich vier Musiknummern, aber einer erstaunlich großen Ouvertüre versehen.

> Die beiden »Blinden« Patachon und Giraffier teilen sich widerwillig eine Brücke in Paris, an der sie im musikalischen Wettstreit um die Passanten stehen. Als sie sich gegenseitig (und dem Publikum) herzerfrischende Räuberpistolen über ihr Leben erzählt haben, zeigt sich, dass beide sich gegenseitig betrügen und überhaupt nicht blind sind. Besser noch: Sie kennen sich bereits, denn vor Kurzem standen beide schon einmal auf dem Pont Saint-Michel, wo Patachon nur noch ein Bein und Giraffier nur noch einen Arm hatte. Es kommt zum Streit, aber als ein Passant auftaucht, brüllen die Streithähne doch aus voller Kehle gemeinsam ihren Boléro – Vorhang.

Michael Klügl hat deutlich gezeigt, wie präzis Offenbach bei seinen Einaktern den musikalisch-dramaturgischen Effekt konstruiert. Musikalisch-dramaturgisch beruht *Les Deux Aveugles* »gleichsam auf drei architektonischen Pfeilern, die zu Beginn (in der Ouvertüre), in der Mitte (als Gesangsnummer) und zum Schluß (im Finale) dem Stück klare Konturen verleihen: dem Boléro«.[121] Dieser gibt als »Erfolgsnummer« dem Stück sein Gepräge – und beschert dem Theater einen Besucheransturm. Für das vierte Stück des Abends schließlich, *Arlequin barbier,* hat Offenbach Rossinis *Barbier von Sevilla* als Vorlage genommen, um daraus eine parodistisch-pantomimische Szene zu ziehen. Die Musik ist leider nicht erhalten, aber Offenbach verfolgt hier allem Anschein nach sein erklärtes Ziel, »das Genre der italienischen Fantoccini, angepasst an den Geschmack des französischen Publikums, in Paris einzuführen«.

Einen wesentlichen Anteil am Erfolg des Abends haben die beiden Schauspieler, Pradeau und Berthelier, die den beiden Blinden von Anfang an ihren Stempel aufdrücken. Als im August ein neues Stück das Repertoire ergänzen soll, gesellt sich eine Sängerin und Schauspielerin zu ihnen, die für Offenbachs weiteren Weg eine ähnlich große Bedeutung erhalten wird wie etwa Ludovic Halévy: Hortense Schneider.[122] Geboren 1833 in Bordeaux, wie Offenbach mit deutschen Wurzeln, wächst Hortense zwar in einfachen Verhältnissen auf, in denen aber Musik wertgeschätzt wird. Ein Opernbesuch von Fromental Halévys *La Juive* ist für die berufliche Zukunft des jungen Mädchens prägend. Mit gerade einmal 15 Jahren erhält sie ein erstes Engagement an der kleinen städtischen Bühne im südfranzösischen Agen, an der sie ihr Bühnenhandwerk von der Pike auf erlernt – Komödien, Opéra comique, Grand Opéra, Vaudeville, die gesamte Bandbreite des französischen Musiktheaters im 19. Jahrhundert. Als eines Abends, kurz vor Vorstellungsbeginn, das Theater abbrennt und damit alle Schauspieler und Sänger von heute auf morgen ihre Arbeit verlieren, nutzt Schneider im Frühjahr 1855 diese Gelegenheit und geht nach Paris. Hier lernt sie zunächst Berthelier kennen, mit dem sie damals wohl mehr als nur eine kollegiale Freundschaft verbindet, dieser bringt sie schließlich in Kontakt mit Offenbach. Am 31. August 1855 debütiert Hortense Schneider in Offenbachs Bouffes-Parisiens an den Champs-Élysées mit der Rolle der Reinette in *Le Violoneux*. Die Kritiken sind voll des Lobes, die Rezensenten sind begeistert von ihrem Witz und ihrem Esprit – und nicht zuletzt sei Hortense »hübsch wie ein Engel…«[123]. Ein Rezensent meint, es sei unmöglich, einen Juwel zu finden, der besser zum »Schmuckkästchen der Bouffes« passe:

> Wir wissen nicht, ob wir eher Herrn Offenbach unsere Glückwünsche und unseren Dank dafür aussprechen sollen, den *Violoneux* geschaffen zu haben, oder doch eher dafür, diese hinreißende Darstellerin gefunden zu haben.[124]

Ein Dorf in der Bretagne. Um Pierre den Militärdienst zu ersparen, schlägt ihm die kesse Reinette vor, ihren Onkel, den gespenstischen alten Dorfgeiger Mathieu, um das notwendige Geld zu bitten, den jungen Mann davon freizukaufen. Doch dieser fürchtet den alten Dorfgeiger – dessen Lied auch tatsächlich Pierre »verzaubert«. In einer gespenstisch dunklen Szene schließlich bricht Pierre den gespenstischen Zauber, indem er die Geige zertrümmert. In dem zerbrochenen Instrument dann entdecken Pierre, Mathieu und Reinette einen Brief, der dem Dorfgeiger ein reiches Erbe zusagt. Pierre muss nicht zum Militär und die jungen Leute können glücklich heiraten.

Mit der »légende bretonne« *Le Violoneux* erleben die Bouffes-Parisiens ihren zweiten großen Erfolg. Anders als in den *Deux Aveugles* kommen hier in *Le Violoneux* sowohl dramaturgisch wie auch musikalisch mehrere unterschiedliche Motive zum Tragen. Zum einen ist dies die aus Pariser Sicht exotische Welt tumber bretonischer Bauern, die in stur stampfenden Bauerntänzen und altertümlichen Bordunquinten zu erkennen ist. Zum anderen ist dies die vermeintlich bukolische ländliche Kulisse mit ihren zuweilen eben doch sehr bedrohlichen Zügen, wie sie etwa in Pierres schaurigem Melodram von der Begegnung mit Matthieu im Wald greifbar werden. Vor diesem ambivalenten Hintergrund gewinnen sowohl die scheinbar gespenstische Figur des Matthieu als auch die scheinbar unbefangene Figur der Reinette an Kontur und Tiefe.

Offenbachs Theater erlebt bis zum Ende der Weltausstellung am 15. November einen großartigen Publikumserfolg. Dieser soll natürlich weitergeführt werden – wofür die Bouffes-Parisiens für die Wintersaison umziehen müssten an einen zentraleren, näher am Boulevard gelegenen Ort. Schon im September schlägt Offenbach dem Ministerium die Übernahme des Théâtre des Jeunes Élèves des Theaterunternehmers Comte vor, gelegen am Passage Choiseul, in unmittelbarer Nähe zum Théâtre du Palais-Royal und unweit der Opéra Comique. Das Ministerium lässt sich mit seiner Entscheidung Zeit bis zum 21. Oktober. Immerhin erhält Offenbach einen positiven Bescheid auf seinen Antrag hin; obendrein darf er nunmehr musikalische Einakter mit bis zu vier Darstellern auf die Bühne bringen und davon bis zu zwei aus seiner Feder pro Abend. Die letzten Vorstellungen in den Bouffes-Parisiens am Carré Marigny bis zum 6. Dezember 1855 sind, wie zu erwarten, wirtschaftlich wenig einträglich. Am 29. Dezember eröffnen die »neuen« Bouffes-Parisiens, Passage Choiseul, in einem prächtig renovierten Saal und mit einem neuen Stück, *Ba-ta-clan*. Der Erfolg stellt sich sofort ein, er ist überwältigend.

China, in den Gärten des kaiserlichen Palastes, in dem Kaiser Fé-ni-han mit einer Gruppe von Verschwörern zu kämpfen hat. Der kaiserliche Höfling Ke-ki-ka-ko und die kaiserliche

Hofdame Fé-An-Nich-Ton bemerken zufällig, dass sie von Chinesen verschleppte Franzosen sind – den Vicomte Alfred de Cérisy verrät die Lektüre einer französischen Zeitung, die Sängerin Virginie Durand verrät die Lektüre eines französischen Groschenromans. Beide schwelgen schnell in ihren Erinnerungen an Paris und das schöne Leben dort – die Maison dorée, den Bal Mabille, die Oper – und beschließen daraufhin, gemeinsam zu fliehen. Nun stellt sich aber heraus, dass auch Kaiser Fé-ni-han eigentlich Anastase Nourisson heißt und irgendwie aus der französischen Provinz kommend hier in China gelandet ist – und selbst der Anführer der Verschwörer, Ko-ko-ri-ko, stammt aus der Pariser Rue Mouffetard. Anders als die anderen Franzosen denkt er allerdings nicht daran, nach Frankreich zurückzukehren, sondern viel eher will er den Thron! Und so sorgt er für eine schnelle, reibungslose Flucht seiner Landsleute: Sie steigen einfach in die Postkutsche, die sie geradewegs bis an die Pariser Stadtgrenze bringt.

Es mag paradox klingen – aber kaum jemals werden bei Offenbach die Freuden und Vergnügungen von Paris besser gefeiert als in dieser ungeniert ins Groteske überdrehten, fantastisch-exotischen »Chinoiserie musicale«. Der Text stammt von Ludovic Halévy, der hier sein erstes Meisterwerk liefert. Wenige Wochen nach dem Ende der Weltausstellung trifft *Ba-ta-clan* voll ins Schwarze. Von den »echt chinesischen«, absurd zungenbrecherischen Tonsilben »Ma xa la chap a la xa« und »Ri bi xi mi did sis si fi li« über die große Staatsaktion im ausladenden Stile des italienischen Belcanto »Morto, morto! Poignardato! Étranglato! Déchirato!« bis hin zum herrlich pathetischen Chor-»Hosanna«, das im großen Finale ständig die lästig bissige Revoluzzerfanfare des *Ba-ta-clan* im Nacken sitzen hat – der gesamte Saal wird zu Lachstürmen hingerissen:

> Von der ersten Note an bis zur letzten hat »Bataclan« [sic!] in der Ausführung durch Pradeau, Berthelier, Guyot und Mlle Dalmont uns zum Lachen gebracht – mit Ausnahme einer dreiminütigen Pause, während der Mlle Dalmont, im Sinne eines Kontrastes, mit viel Anmut und Ausdruck eine charmante Romanze sang, begleitet von einem sehr zart in der Tiefe singenden Violoncello. Offenbach ist bekanntlich Violoncellist – und er erinnert sich stets im passenden Augenblick daran.[125]

Die Rezension macht noch einmal deutlich, dass in *Ba-ta-clan* wie überhaupt bei Offenbach die buffoneske Verzerrung der musikalischen Karikatur immer auch »der lyrischen Ruhepunkte« bedarf, um ihre volle Wirkung entfalten zu können. Diese findet in *Ba-ta-clan* in der französischen Hauptstadt Paris ihren Fluchtpunkt – und zwar im wörtlichen Sinne mit der Postkutsche nach Frankreich als auch im übertragenen Sinne in einer Dramaturgie, in deren Zentrum die Verherrlichung von Paris steht, der »Metropole der Lebenslust«[126]:

Sautons! Valsons! Dansons! Polkons, mes amours!
Sautons! Valsons! Dansons! Polkons pour toujours!

»Le genre primitif et vrai«

Als Offenbach im Frühjahr 1855 sein Antragsschreiben an die Behörden formuliert, gibt er an, italienische und französische Komödientraditionen zusammenführen und so »eine vollständig neue und einzigartige Art der Belustigung anbieten« zu wollen.[127] Worin genau diese »neue und einzigartige Art der Belustigung« bestehen soll, zeigt sich im Spielplan der Bouffes-Parisiens zunächst aber nicht – enthält dieser doch gleichermaßen »opéras-comiques«, »bouffonneries musicales«, »ballets bouffons« oder »pantomimes«. Im Juli 1856, ein Jahr nach der Eröffnung seiner Bouffes-Parisiens, wird Offenbach allerdings konkreter. Gleich in drei Zeitungen – am 15. Juli im *Figaro*, am 20. Juli in der *Revue et Gazette musicale de Paris* und am 27. Juli im *Le Ménestrel* – lässt er einen langen Text abdrucken, mit dem er einen »Wettbewerb für eine einaktige Operette« ausschreibt. Das preisgekrönte Werk soll im darauffolgenden Jahr an den Bouffes-Parisiens gespielt werden.

Den Hintergrund seines Vorhabens erläutert Offenbach in einem längeren historischen Abriss. Zunächst beschreibt er das populäre Musiktheater im Umfeld der Jahrmärkte des ausgehenden Ancien Régime. Dort habe sich die Opéra comique, »eine ausgesprochen französische Schöpfung«[128], entwickelt als »ein Werk lustigen, unterhaltenden und amüsanten Charakters. So haben es wenigstens die Meister gehalten, die ihre berühmten Begründer wurden.«[129] Hier finde man auch schon »keimhaft alle Eigenschaften, die für das Genre charakteristisch sind und sich später unter bedeutenderen Meistern glänzend entfalteten. Einfachheit in der Melodik und Feinheit der Instrumentation sind die besonderen Verdienste, durch die sich diese einfachen Werke auszeichnen.«[130] Um 1800 herum dann habe sich »unter dem Einfluss neuer politischer und künstlerischer Ideen das Genre unter Preisgabe seiner eigentlichen Natur allmählich verändert und verbreitert. [...] Man trug eine souveräne Verachtung der *kleinen Musik* zur Schau.«[131] Stattdessen habe die »Mode der *großen Musik*, tyrannisch wie alle Moden«[132], die künstlerische Ausgewogenheit des Genres beendet: »Das Libretto und die Musik hörten auf wie zwei Brüder auf einem *ungeteilten* Erbe zu leben. Dieses gewann allmählich die Oberhand über jene.«[133] Schon bei Hérold schließlich habe sich um 1830 eine grundlegende Veränderung angekündigt, die spätestens bei Auber, Halévy, Adam und Thomas vollzogen worden sei: der »Übergang von der Opéra-comique und ihren leichten Allüren zu den düsteren Effekten des musikalischen Dramas«[134]. Offenbach fasst zusammen:

> Die Entwicklung der Opéra-comique von ihrem Ursprung bis zu unseren Tagen ist klar zu verfolgen. Zuerst ein kleiner Bach zwischen grünen Ufern, breitet sie sich in ihrem weiteren Lauf mehr und mehr aus, um schließlich ein breiter Fluss zu werden, der seine imposanten Wogen in seinem mächtigen Bett dahinrollt.
> Ist eine solche Veränderung ein Fortschritt? Worin liegt ihre Ursache? Wem ist sie zuzuschreiben? Was wird daraus entstehen? Schwierige Fragen, die einer tieferen Untersuchung wert wären und nicht in dieser kurzen Skizze beantwortet werden können.
> Wir beschränken uns darauf zu sagen, dass ein Fortschritt, wenn ein solcher wirklich vorliegt, zweifellos nicht innerhalb des Genres selbst stattgefunden hat, das fast von der französischen Bühne verschwunden ist.
> Die Ursache liegt hauptsächlich in den *Textbüchern,* die sich, anstatt heiter, lebhaft, graziös zu bleiben, in Opernlibretti verwandelt, ihre Farben verdunkelt, ihren Rahmen gesprengt und die dramatische Handlung verwirrt haben. Das Übel ist weniger groß für jene Meister, deren reiches und anpassungsfähiges Genie nach Bedarf die Grazie und Feinheit wiederzufinden vermag. Aber die Klippe ist gefährlich für die jungen Leute, die am Anfang ihrer Laufbahn stehen. Ihre Kraft erschlafft und ermüdet bei der Bewältigung hochtrabender Sujets. Sie verlieren bei diesen verfrühten Versuchen die Frische ihrer ersten Einfälle, und so scheitern sie oft in einer Laufbahn, in der sie sich Ruhm und Erfolg erträumten.[135]

Nicht nur befinde sich also das Genre der Opéra comique insgesamt in einer künstlerischen Sackgasse, auch dem künstlerischen Nachwuchs seien in dieser Situation die Hände gebunden. »Das Konservatorium, diese große Schule der Tradition, vermittelt zwar die Regeln der Kunst, aber nicht die Inspiration, die diese allein belebt. Sie entspringt aus der Seele, nicht aus dem Unterricht.« Es sei also Aufgabe gerade der kleineren Theater, »die Kunst zu ermutigen und ihre Erneuerung zu unterstützen«. Offenbach zieht daraus für seine Bühne die Konsequenz:

> Das Theater der Bouffes-Parisiens will versuchen, das einfache und wahre Genre wiederherzustellen. Sein Name allein schon legt ihm diese Verpflichtung auf. Es hat sich bisher befleißigt, diesem Grundsatz treu zu bleiben, glaubt aber, es bei diesen Bemühungen nicht bewenden lassen zu dürfen. Ohne irgendwelche Anmaßung, ganz indem es innerhalb seiner bescheidenen und begrenzten Sphäre bleibt, hofft es dennoch, der Kunst und den Künstlern große Dienste erweisen zu können. Durch musikalische Modelle, welche die frühere komische Oper wiedererwecken, durch die *Farce,* [...] hat es seinen Erfolg errungen: Nicht nur will es hierbei beharren, sondern es will auch in die-

ser unerschöpflichen Ader der alten französischen Heiterkeit weiter schürfen. Es hat keinen anderen Ehrgeiz als denjenigen, sich kurz zu fassen, und wenn man darüber einen Augenblick nachdenkt, so ist dies kein geringer Ehrgeiz. In einer Oper, die kaum eine dreiviertel Stunde dauert, die nur vier Personen auf die Bühne bringen kann und nur ein Orchester von höchstens 30 Musikern zur Verfügung hat, muss man Ideen und Melodien *aus barer Münze* haben. Bedenken Sie noch, dass es bei diesem kärglichen Orchester – mit dem sich jedoch Mozart und Cimarosa begnügt haben – sehr schwierig ist, Fehler und Unerfahrenheit zu verbergen, die mit einem Orchester von 80 Musikern vertuscht werden können.

Wir sind weit entfernt von dem Gedanken, die Kunst zurückzuschrauben, die Wissenschaft zu verleugnen. Eine Rückkehr zur Vergangenheit ist für uns nicht das letzte Wort des Fortschritts, aber wenn zugegeben wird, dass das von den Bouffes-Parisiens gepflegte Genre nur die *erste Stufe* des Genres sei, so folgt daraus immer noch, dass diese erste Stufe wenigstens existieren muss, damit ein Aufstieg möglich sei! Die gegenwärtige Ausdehnung der komischen Oper ermüdet schnell eine junge Kraft; man muss ein erfahrener Meister sein, um drei Akte mit Musik anzufüllen, ohne zu straucheln, und das bringt man mit seltenen Ausnahmen nur auf der Höhe der Entwicklung des Talents fertig.

Um dieser vorzeitigen Erschöpfung der jungen Kräfte entgegenzuwirken und um der französischen Bühne würdige Künstler zuzuführen, lade ich die jungen Komponisten zu einem kleinen musikalischen Turnier ein, dessen Bedingungen weiter unten angeführt sind. Das Theater, das ich ihnen öffne, verlangt nur drei Dinge von ihnen: Geschicklichkeit, Kenntnisse und Einfälle.[136]

Offenbachs Ausführungen können verstanden werden als ein Manifest, das die künstlerischen Ziele und das ästhetische Credo der noch jungen und in der französischen Musiktheaterlandschaft nach wie vor legitimationsbedürftigen Bouffes-Parisiens umreißt. Es spricht aus ihnen gewiss »eine starke Abneigung gegen alles Ernste, Düstere, Geschraubte, Hochtrabende, ja in gewissem Sinne auch gegen alles Romantische«[137]. Zugleich aber spricht aus ihnen doch auch eine nostalgische Sehnsucht nach dem vermeintlich »ursprünglichen und wahrhaftigen Genre«, dem »genre primitif et vrai«, das sich nahtlos einfügt in die nostalgische Sehnsucht des Zweiten Kaiserreiches nach dem Ancien Régime. Die als Marie-Antoinette verkleidete Kaiserin Eugénie könnte geradewegs einer offenbachschen Opéra comique entsprungen sein.

Es mag kein Zufall sein, dass am 20. Mai 1856, nur zwei Monate vor der Ausschreibung des Operettenwettbewerbs, ein bis dahin in Frankreich kaum beachtetes Werk Wolfgang Amadeus Mozarts an den Bouffes-Parisiens zur Aufführung kommt. Zum Notenmaterial des 1786 in Schloss Schönbrunn uraufgeführten

Schauspieldirektors – Offenbach hat es eigens aus Wien kommen lassen – verfassen Ludovic Halévy und Léon Battu ein neues Libretto. Das Vorhaben reiht sich ein in die in ganz Europa begangenen Feierlichkeiten zum 100. Geburtstag des Salzburger Komponisten. Damit landet Offenbach einen Coup: Ausgerechnet das kleinste Musiktheater der Hauptstadt lässt die Franzosen Mozart entdecken. Der Erfolg von *L'Imprésario* ist vorprogrammiert – nicht nur wird der Einakter bis Ende des Jahres immer wieder auf dem Spielplan stehen, er verschafft den Bouffes-Parisiens auch eine künstlerische Respektabilität, die sie bis dahin nicht hatten. Die Zeitungen berichten vom offenbachschen Mozart noch vor allen anderen Opern:

> Ehre, wem Ehre gebührt! In diesem Falle Mozart, dem wir zunächst huldigen müssen, Wolfgang-Amadée Mozart, der Autor von ›Don Juan‹ [›Don Giovanni‹], von dem die Bouffes-Parisiens kürzlich ein Werk gegeben haben, das Paris noch nicht kannte«[138]

Jacques Offenbach hat das Stück unter der musikalischen Leitung seines Bruder Jules Offenbach sehr sorgfältig erarbeiten lassen. »Kurzum: *L'Imprésario* gibt ein sehr positives Bild der Bouffes-Parisiens ab, weit entfernt von den Exzessen, die man ihnen zuweilen vorwirft. Offenbach hat den Beinamen des ›kleinen Mozart der Champs-Élysées‹, den ihm Rossini verliehen hat, wohl verdient.«[139]

Offenbachs nostalgische Hinwendung zur Musik des 18. Jahrhunderts – Anton Henseler spricht zu Recht vom »Rousseauischen Zug der Offenbachzeit«[140] – ist in vielen seiner frühen Einakter greifbar. Heute finden sich diese reizenden, heiteren, häufig in einem malerisch ländlichen Milieu angesiedelten Sittengemälde leider nur noch sehr vereinzelt auf Spielplänen wieder.

La Rose de St. Flour, uraufgeführt am 12. Juni 1856, auf ein Libretto von Michel Carré und Charles Nuitter ist als eines der ersten Stücke mit der ausdrücklichen Gattungsbezeichnung »opérette« bezeichnet, lediglich der kaum bekannte und nie im Druck erschienene Einakter *Un postillon en gage* am 9. Februar 1856 hatte zuvor bereits diese Gattungsbezeichnung erhalten.

Einen besonderen Kniff erhält *La Rose von Saint-Flour* durch das volkstümliche, stark dialektgefärbte Lokalkolorit der Auvergne.

> In dem Stück geht es, wie so häufig, um zwei junge Burschen, die einem jungen hübschen Mädchen den Hof machen. Dabei versuchen sie jeweils, die Angebetete mit einer wenig vertrauenserweckenden »Choupe au coux«, also einer Kohlsuppe, von sich zu überzeugen.

Aus dem Zentralmassif wanderten seit dem 18. Jahrhundert viele mittellose Bauern nach Paris aus, sodass die Auvergnaten dort im 19. Jahrhundert bei Weitem die größte Gruppe von Einwanderern aus der Provinz darstellten. In der Hauptstadt

8 Frontispiz des Musikdruckes zu *Le Mari à la porte* – das Stück wurde bekannt unter dem Titel *Un mari à la porte* – mit einem betont repräsentativ, ja luxuriös dargestellten Innenraum des Théâtre des Bouffes-Parisiens. Musikdruck, 1859.

beherrschten sie ab der Mitte des 19. Jahrhunderts vor allem den Holz- und Kohlehandel – und bis heute sind die auvergnatischen Bistros geradezu ein Markenzeichen von Paris.

Weniger furchterregend gastronomisch, dafür vergleichsweise rührselig geht es in *Le 66* zu, einem ebenfalls »opérette« genannten Einakter, uraufgeführt am 31. Juli 1856.

Der »fahrende Salontiroler«[141] Franz meint, die Lotterie gewonnen zu haben und reich geworden zu sein – woraufhin er von seiner lieben Gritly nichts mehr wissen will. Allerdings stellt sich das Los durch eine Verwechslung doch als Niete heraus, der Hauptgewinn dagegen bleibt eben seine Gritly, der plötzlich ein reiches Erbe zugefallen ist.

Auch hier kommt Lokalkolorit zum Tragen, zumal ein aus französischer Sicht sehr markantes, das mit einer sehr beachteten Tyrolienne sowie diversen Echoeffekten musikalisch zum Ausdruck kommt. Das Stück lehrt aber auch, wie Jean-Claude Yon zu Recht bemerkt, dass einfache Leute in einfachen Verhältnissen glücklicher werden als in einem ihnen unverhofft zufallenden Reichtum – »eine Moral, die das elegante Publikum der Bouffes-Parisiens bestimmt sehr gerne hört«.[142]

Uraufgeführt am 15. Januar 1857 weist die fantastische Operette *Les Trois baisers du Diable* in vielerlei Hinsicht deutlich über das Pastorale und das Buffoneske der bisherigen Werke hinaus. Offenbach scheint hier bewusst – so stellt der *Figaro* fest – »ein weiteres Wagnis einzugehen, einen letzten Umweg noch zu gehen«[143]. Auch *La France musicale* warnt: »Hier geht es nicht mehr darum zu lachen; wir sind hier mitten in der großen Oper«[144] – und mitten in der schwarzen Romantik.

Wie in Webers *Freischütz* geht es hier um einen Gaspard, der, um der Hölle zu entgehen, der hübschen Bäuerin Jeanne dreimal ein »Je t'aime« entlocken muss. Mithilfe von prächtigen Juwelen und zauberhaften Verwandlungen erhält er die ersten zwei Liebesbekundungen. Für die dritte schließlich droht er Jeanne damit, ihr ihr Kind zu entreißen – doch da kommt schon Satan selbst und verschlingt Gaspard.

Auch wenn die Musik einhellig von der Presse gelobt wird, so scheint Offenbach doch mit diesem Experiment manch einen Kritiker zu überfordern. »Offenbach war bereits zum Operettenkomponisten gestempelt, bei dem man nichts ernst nehmen durfte; den Musiker von ›Hoffmanns Erzählungen‹ ahnte noch niemand in ihm.«[145]

Die »opérette« *Le Mariage aux Lanternes* schließlich, uraufgeführt am 10. Oktober 1857, beruht in weiten Teilen wohl auf der Musik der bereits 1853 uraufgeführten Opéra comique *Le Trésor à Mathurin*. Die Presse erkennt in dem Stück ein »sehr anmutiges, äußerst geschickt gebautes, sehr elegant zusammengefügtes bäuerliches Tableau«.[146]

Catherine und Fanchette haben ein Auge auf den jungen Bauern Guyot geworfen, da ihm der Père Mathurin in einem Brief geschrieben hat, wann und wo er einen großen Schatz finden würde: abends beim Angelusgebet vor dem Dorf. Dort findet Guyot allerdings seine Cousine Catherine, die sich als der versprochene Schatz herausstellt – vor den zum Laternenschein herbeieilenden Dorfbewohnern hält er um ihre Hand an.

Die in der Tat sehr gelungene Musik changiert zwischen robuster Volkstümlichkeit einerseits und zarter Verspieltheit andererseits. Die zeitgenössische Kritik sieht vor allem in der Ouvertüre und im vielgerühmten »Quatuor de l'angelus« eine große Nähe zu Mozart – was für Offenbach ein großes Kompliment darstellt.

Solchen eher idyllischen Stücken stehen schon seit Eröffnung der Bouffes-Parisiens ausgesprochen buffoneske Stücke gegenüber. Auch diesem Repertoire sucht Offenbach eine Legitimation zu verleihen, indem er damit an die große Tradition der italienischen Opera buffa anknüpft. Mit *Arlequin barbier* adaptiert er gleich 1855 bei der Eröffnung der Bouffes-Parisiens ein zentrales Werk der Opera buffa, Gioacchino Rossinis *Il barbiere die Siviglia,* für seine Bühne. Auch im Ausschreibungstext zum Operettenwettbewerb 1856 bringt Offenbach die Wurzeln des »genre primitif et vrai« mit der italienischen Opera buffa in Verbindung. Und am 28. Dezember 1857 schließlich wird mit dem nunmehr zur Opéra bouffe gemachten *Bruschino* ein lange vergessenes Werk des allseits respektierten Gioacchino Rossini für das französische Publikum wiederentdeckt – was den Bouffes-Parisiens eine ähnliche Beachtung verschafft wie ein Jahr zuvor die Erstaufführung von Mozarts *L'imprésario.* Kaum zufällig stehen nun beide Werke auch am gleichen Abend auf dem Programm. Im Übrigen verkündet schon der Name von Offenbachs Theater, dass hier italienische Opera buffa »an den Geschmack des französischen Publikums angepasst« wird – so schrieb Offenbach bereits in seinen Anträgen an die Behörden vor der Eröffnung der Bouffes-Parisiens. Denn sind die »bouffes« lediglich der damals in Frankreich übliche Gattungsname italienischer Opern, so werden diese nun eben »parisiens«. Angesichts des großen Erfolges von Stücken wie *Les Deux Aveugles* oder *Ba-ta-clan* dürfen nun die Bouffonerien – die Offenbach nun eben auch mit der italienischen Operntradition in Verbindung bringen kann, und sei es mithilfe musikalischer Parodien – im Laufe der Jahre einen immer größeren Stellenwert einnehmen. Ihr Fluchtpunkt wird letztlich, drei Jahre nach Gründung der Bouffes-Parisiens, die Opéra bouffe *Orphée aux Enfers* sein.

Uraufgeführt am 3. April 1856 nimmt die »bouffonnerie musicale« *Tromb-al-Cazar ou les Criminels dramatiques* bereits deutlich Elemente der späteren großen parodistischen Werke Offenbachs vorweg.

Eine reisende Schauspielertruppe auf der Flucht vor den Gendarmen findet Zuflucht in einer abgelegenen Herberge. Der Wirt Ignace ist überzeugt, er habe es mit der furchtbaren Bande des berüchtigten Tromb-Al-Cazar zu tun. Die Sängerin Gigolette hingegen erkennt in Ignace ihren ehemaligen Geliebten und nutzt die nun folgende spektakuläre Opernprobe der Schauspielerbande für ihre Rache: Der gründlich verschüchterte Ignace verspricht, Gigolette zu heiraten – und am Schluss ziehen alle gemeinsam singend weiter.

Diese eher dünne Handlungsvorlage nutzt Offenbach musikalisch für ein Feuerwerk parodistischer Anspielungen: auf die Mode von Räuberopern im Allgemeinen, und auf Werke von Auber, Bellini oder David im Besonderen. Im Zentrum des Stücks steht ein burleskes, mit Silben- und Wortspielen sowie mit Instrumentenimitationen besonders bühnenwirksames »Schinkenlied«.

Das Libretto von *Le Financier et le Savetier* ist um die 1842 von Offenbach vertonte Fabel von La Fontaine herum gebaut. Die »opérette-bouffe« auf einen Text von Hector Crémieux wird am 23. September 1856 uraufgeführt.

Der reiche Belazor, von den ständigen Liedern des armen Schusters Larfaillou belästigt, bietet diesem Geld, wenn dieser seinen Gesang einstelle. Die Idee dazu ist ihm gekommen, als seine Tochter Aubépine ihm das Lied zu La Fontaines Fabel vorgetragen hat. Mit diesem Geld fängt Larfaillou nun an, gegen Belazor zu spielen – und gewinnt. Mit einem Mal ist Larfaillou ein eleganter, ehrenwerter Herr, Belazor dagegen sinkt in Verwahrlosung. Selbstverständlich heiratet Larfaillou am Schluss Aubépine, Bélazors Tochter.

Aus musikalischer Sicht ist – abgesehen von der großen, dramatisch effektvollen Spielszene – der geistreich witzige Sprachduktus bemerkenswert, der das gesamte Stück durchzieht und sich musikalisch an den Gestus der Vertonung der Fabel von 1842 anlehnt.

Mit der »opérette-bouffe« *Croquefer ou le Dernier des Paladins,* uraufgeführt im Trubel des Pariser Karnevals am 12. Februar 1857, gelingt es Offenbach, die absurden obrigkeitlichen Einschränkungen für sein Theater gründlich lächerlich zu machen. Für sein Stück benötigt er fünf Darsteller, erlaubt sind aber nur vier. Kurzum wird einer der Darsteller sehr »kreativ« mit diesem Handicap umgehen.

Mitten im ach so finsteren Mittelalter beobachten der Ritter Croquefer und sein Knappe Boutefeu von einem halb zerfallenen Turm herab die Umgebung. Sie befinden sich im Krieg gegen den in diesem Augenblick gegen sie ziehenden Mousse-à-Mort. Da dieser seine Zunge auf einem Kreuzzug in Palästina verloren hat, kann er nur mittels beschrifteter Tafeln und Banner »sprechen«. Croquefer seinerseits hat zwar als Soldaten nur Pappkameraden auf Rollen aufzubieten, aber er verfügt über einen anderen Trumpf: Er hält in seinem Turm Fleur-de-Soufre gefangen, die Tochter seines Feindes, die heftig von Croquefers Neffe Ramasse-ta-Tête umworben wird. Bevor jedoch die beiden heiraten können, sorgt Gift dafür, dass plötzlich alle gemeinsam die gleichen dramatischen Verdauungsprobleme auf der Bühne plagen... Schließlich kommt es zum finalen Coup-de-théâtre: Boutefeu bringt einen großen, schwarz eingerahmten Brief auf die Bühne, den Croquefer vorliest. Er bittet das Publikum um Gnade für all die Absurditäten und teilt mit, dass die Autoren gerade ins Irrenhaus abgeführt werden.

Offenbachs Musik strotzt nur vor umwerfend komischen Einfällen. Die musikalischen Anspielungen auf die *La Juive, Robert le Diable, La Favorite oder Les Huguenots* u. a. lassen keinen Stein des ach so finsteren Mittelalters und keinen Stein der hehren Kunst der Grand Opéra auf dem anderen stehen. Der frenetische, scheinbar direkt aus dem Bal de l'Opéra enteilte Galopp reißt alle mit. Vor allem aber ist das Quintett die bis heute sicherlich überzeugendste Vertonung der unangenehmen Folgen von Abführmitteln. Offenbach hat alle Lacher auf seine Seite gezogen:

> Der Zuschauer muss sich die Seiten halten und zappeln, als ob er das berüchtigte Gift des Borgias geschluckt hätte [...] Von diesem Augenblick an ist das Stück nur noch heftigstes Gelächter und das Orchester zuvorderst windet sich in den Schüttelkrämpfen einer Heiterkeit, die vom Parkett zu den Logen hinaufsteigt und von den Logen in die Galerien [...].[147]

Mesdames de la Halle, die am 3. März 1857 uraufgeführte »opérette-bouffe« auf einen Text von Arnaud Lapointe, ist das erste Stück mit Chor an den Bouffes-Parisiens. Offenbachs Beharrlichkeit gegenüber den Behörden hat sich schlussendlich bezahlt gemacht, nunmehr besteht die einzige Auflage in der Stücklänge, die einen Akt nicht überschreiten darf.

Die Handlung versetzt die Zuschauer in das Paris des 18. Jahrhunderts. Die zeternden Marktweiber Poiretapée, Madou und Beurrefondu – alle drei von Männern gespielt – haben ihre Jugend schon lange hinter sich. Vor ihren Ständen an den Hallen werden sie vom etwas heruntergekommenen Tambourmajor Raflafla umgarnt. Sie haben es aber eher auf den kleinen Koch Croûte-au-Pot abgesehen – der jedoch die hübsche Ciboulette heiraten will. Nach einigem marktschreierischem Chaos stellt sich schließlich heraus, dass die vermeintliche Waise Ciboulette tatsächlich die Tochter von Poiretapée und Raflafla ist. Dem Eheglück steht nun nichts mehr im Weg.

Offenbach bedient mit diesem Einakter das volkstümlich-derbe »genre poissard«, die sehr pariserische Variante des Volkstheaters. Eingeflochten in seine opulenten musikalischen Tableaus enthält er passend zum Handlungsort eine Reihe von »cris de Paris«, den typischen Erkennungsrufen der unzähligen Händler, Handwerker und Kolporteure. Die Kritik ist begeistert, sowohl von der Ausstattung und dem Spiel als auch von der »zugleich brillanten und pathetischen, gefälligen und strengen, burlesken und erhabenen« Musik:

> sie lacht und weint, sie tanzt, sie jammert, sie trampelt, sie haut auf die Pauke, sie lockt euch Tränen heraus, sie reißt die Seele auf, sie erheitert euch, sie fasziniert euch, sie wirbelt eure Eingeweide durcheinander, sie magnetisiert euch, sie versetzt euch in Ekstase, kurzum: sie ist toll.[148]

Orphée aux Enfers

Die am 21. Oktober 1858 uraufgeführte Opéra bouffon in zwei Akten und vier Bildern namens *Orphée aux Enfers,* Text von Hector Crémieux und Ludovic Halévy, wird Offenbachs wahrscheinlich größter Erfolg. Sie prägt das Genre so sehr, dass wenige Jahre nach der Uraufführung am Himmel der Opéra bouffe kein anderer Gott mehr neben Offenbach stehen wird. Die »Offenbachiade« ist geboren und aus ihr wird, mit tatkräftiger Geburtshilfe aus Wien, bald auch die klassische Operette hervorgehen.

Verschiedentlich wurden Versuche unternommen, insbesondere von deutscher Seite, Vorgängerstücke zu *Orphée aux Enfers* zu finden.[149] Eine gewisse Verbreitung fand die 1869 zum ersten Mal publizistisch greifbare Behauptung, Offenbach habe den Stoff zum Orpheus dem Kölner Karneval entlehnt. Sie scheint im Übrigen auch nicht ganz aus der Luft gegriffen zu sein, wenngleich heute nicht mehr nachzuweisen ist, ob der Komponist sich tatsächlich erst auf eine Anregung seines Kölner Freundes Karl Cramer hin dem Orpheus-Stoff zuwandte: Dieser soll Offenbach im Jahr 1855 eine Karnevalsposse mythologischen Inhalts übergeben haben, die in Köln nicht zur Aufführung gekommen war.[150] Zu Offenbachs Zeiten war die Mythenparodie jedenfalls geradezu eine Tradition des französischen Unterhaltungstheaters. So hatte 1846 das Vaudeville *Les Dieux de l'Olympe à Paris* große Erfolge gefeiert, kurz danach im Jahr 1850 die Feerie *Le Pied de mouton* mit ihrer Parodie auf Venus und Vulcanus. 1853 brachte die Feerie *Les Sept Merveilles du monde* die olympischen Götter in lächerlichen, vom Karikaturisten Daumier entworfenen Bildern auf die Bühne. Wie auch immer: Schon 1856, also sehr bald nach der Eröffnung der Bouffes-Parisiens, scheint sich Offenbach mit dem Gedanken getragen zu haben, den Orpheus-Mythos auf seine Bühne zu bringen. Angesichts der staatlichen Beschränkung der Bouffes-Parisiens auf lediglich vier Schauspieler oder Sänger endet das gemeinsam mit den Librettisten Hector Crémieux und Ludovic Halévy vorangetriebene Vorhaben allerdings zunächst einmal in einer Sackgasse – aus der es erst einige Jahre später herauskommt, als die staatlichen Behörden die erwähnte Beschränkung aufheben und Offenbach auch die Produktion größerer Stücke erlauben.

Als sich die Truppe des Théâtre des Bouffes-Parisiens im Sommer 1858 zu einem sommerlichen Gastspiel in Ems aufhält, erhält Offenbach dort Besuch von seinem Librettisten Hector Crémieux. Beide arbeiten im Kurort an der Lahn an dem neuen Stück für den Herbst. Der im Hintergrund in Paris mitdichtende Ludovic Halévy verschweigt seine Mitarbeit lieber, da er vor Kurzem eine Stelle im neu gegründeten Ministerium für Algerien und die Kolonien angetreten hat. Offenbach hält ihn auf dem Laufenden, am 5. Juli schreibt er ihm,

> dass beinahe das ganze Stück fertig ist – und dass ich, was ja das Wichtigste ist, mit den kleinen Sächelchen sehr zufrieden bin. Der Beginn des Finales zum zweiten Bild ist sehr gelungen. Ich glaube, ja ich bin mir sicher, dass wir einen großen Erfolg in den Händen halten.[151]

Und in der Tat spricht schon damals viel dafür, dass *Orphée aux Enfers* ein Meilenstein sein wird, ist es doch das erste mehraktige Werk auf Offenbachs Bühne. Das macht er Halévy auch in einem weiteren Brief am 8. Juli 1858 noch einmal sehr deutlich:

> Wenn Du nun ein seriöser Herr werden sollst und willst und daher nun keine Stücke mehr schreiben willst, dann musst Du mindestens aber Deine Schriftstellerkarriere mit einem Meisterwerk beenden – und ›Orphée‹ wird ein solches Meisterwerk sein und 200 Aufführungen erleben. Die Musik wird herrlich. Ich lasse Dich auch nicht los. Wenn Du nicht genannt sein willst meinetwegen! – aber dass Du wenigstens das Stück vollkommen fertig machst, darauf muss ich bestehen. [...]. Keine Entschuldigungen, ich nehme sie nicht an.[152]

Offenbach braucht diesen Erfolg, gerade unter kommerziellen Aspekten. Nicht nur ist er ohnehin, als freier Theaterunternehmer, auf die Gunst des Publikums angewiesen – und dies umso mehr, als Hervé in diesen Tagen mit Stücken wie etwa *La Belle Espagnole* Offenbach ernsthaft Konkurrenz macht. Viel mehr noch braucht Offenbach den Erfolg, um seine Schulden begleichen zu können. Tatsächlich stehen die Bouffes-Parisiens ständig kurz vor dem Bankrott – was gewiss mit Offenbachs wenig geschickter Hand im Hinblick auf Finanzen zu tun hat, aber eben auch mit den hohen Kosten, die durch die Ausstattung der Stücke entstehen und die durch die begrenzte Anzahl an Plätzen im Theater kaum aufgefangen werden können. In Paris trudelt Offenbach von einer unangenehmen Situation in die nächste – stets den Ruin seines Theaters vor Augen und stets bereit zur Flucht vor seinen Gläubigern und vor Gerichtsvollziehern.

Die Bouffes-Parisiens nehmen im September 1858 ihre Saison mit mehreren der Wiederaufnahme mehrerer Stücke auf. Daneben wird nun geprobt, tagein, tagaus. Noch nie wurde ein solch groß angelegtes Stück an den Bouffes-Parisiens gegeben, entsprechend groß ist die Anspannung. Die ursprünglich für den 15. Oktober geplante Uraufführung muss verschoben werden auf den 21. Oktober. Am Abend der Uraufführung fällt *Orphée aux Enfers* zwar nicht durch, aber das Stück ist scheinbar noch etwas gewöhnungsbedürftig für das Publikum der Bouffes-Parisiens.

Erster Akt. Erstes Bild. Die personifizierte Öffentliche Meinung erklärt, was folgen wird: Orphée, im Hauptberuf Geigenlehrer, und seine Gattin Eurydice haben sich auseinandergelebt. Der Gott Pluto seinerseits hat ein Auge auf die hübsche Eurydice geworfen und entführt sie, als Aristeus verkleidet, zu sich in die Unterwelt. Das kann die Öffentliche Meinung nicht zulassen. Sie zwingt Orphée, der eigentlich recht glücklich war über den Tod seiner Gattin, sich aufzumachen und ebendiese aus der Unterwelt zurückzuholen. Zweites Bild. Im Olymp langweilen sich die Götter. Jupiters Herrschaftsanspruch steht mehr und mehr infrage, erst recht, als der attraktive Pluto auftritt. Orphée tritt auf und fordert pflichtgemäß, ihm seine Frau zurückzugeben. Prompt beschließt man fröhlich, in der Unterwelt mal nach dem Rechten zu sehen.

Zweiter Akt. Drittes Bild. In der Unterwelt bewacht Plutos Diener John Styx die wertvolle Gefangene. Da erscheint Jupiter, der auch Gefallen an Eurydice gefunden hat. Um nicht erkannt zu werden, gibt er sich als Stubenfliege aus. Prompt erliegt Eurydice dem unwiderstehlichen Charme des Tierchens. Viertes Bild. Bei Plutos Höllenfest unterhalten sich die Götter bestens bei Tanz und Schmaus. Insbesondere Jupiter macht gewaltigen Eindruck, als er sein Menuett in einen entfesselten Höllengalopp übergehen lässt. Eurydike ist als Bacchantin auf dem Fest. Da erscheint, wieder einmal, Orpheus und holt nun in Begleitung der Öffentlichen Meinung seine Frau zurück. Um der Sage genüge zu tun, schleudert der Göttervater einen Blitz, macht Eurydice zu seiner Bacchantin und alle tanzen – Höllengalopp final.

Für ein Publikum, das bisher eher Einakter kennt, ist *Orphée aux Enfers* scheinbar etwas lang geraten, sodass Offenbach schon bis zur zweiten Aufführung große Teile gekürzt und umgearbeitet hat. Erst nach und nach kann sich das Stück durchsetzen – dann aber dauerhaft. Als Albert de Lasalle 1861 seine *Histoire des Bouffes-Parisiens* schreibt, hat er keinen Zweifel daran, worin der sagenhafte Erfolg des Stückes gründet: »Dort gab es zu Lachen und die Menge ist gekommen.«[153]

9 Höllengalopp aus der Uraufführungsinszenierung von *Orphée aux Enfers*. Stich von Gustave Doré, 1858.

Was genau es mit dem Lachen auf sich hat, fällt, nicht nur bei *Orphée aux Enfers,* immer wieder schwer zu definieren. Dabei ist schon viel philosophiert worden über das Lachen, angefangen bei Platon, über Kant, Hegel und Schopenhauer bis hin zum Soziologen Henri Bergson und zum Psychoanalytiker Sigmund Freud. Einigkeit scheint darüber zu herrschen, dass es sich beim Lachen um genuin menschliche Gegebenheiten handelt, mehr noch: Lachen hat nur im zwischenmenschlichen Miteinander einen Sinn und eine Bedeutung. Akademisch gesprochen ist Lachen stets ein »Diskurs von Mensch zu Mensch, eine *darstellende* Gattung«[154] und passt daher besonders gut ins Theater: »Was die andern Künste im Lauf vieler Jahrhunderte zum Lachen beigetragen haben, ist bei weitem nicht so reich und nachhaltig wie die komischen Erzeugnisse der darstellenden Künste im Theater.«[155] Was es allerdings konkret mit dem Lachen in diesem »musikalischen Lachtheater« der Operette auf sich hat – dazu gibt es bis heute erstaunlich wenige Untersuchungen.

Ein erstes starkes Motiv für das Lachen in *Orphée aux Enfers* dürfte in dem Spiel hinterlegt sein, das Offenbach und seine Librettisten treiben. So wird schon seit der Uraufführung in der Figur des Jupiter, des Herrschers des Olymps, eine Anspielung auf Napoleon III. gesehen. In der Tat muss, als sich der erhabene Göttervater im zweiten Akt tatsächlich als biedere Stubenfliege verkleidet, um Eurydike näher zu kommen, den allermeisten Zuschauern die Verwandtschaft der göttlichen Fliege mit den kaiserlichen Bienen sehr deutlich geworden sein. Denn sowohl das Kaiserreich Napoleons I. wie auch das Napoleons III. bedienten sich, wie es die Könige des Ancien Régimes mit der Lilie getan hatten, der Biene als dynastischen Emblems. Nun soll aber ausgerechnet Aristeus laut der griechischen Sage die Bienen erfunden haben – und Pluto-Aristeus erscheint prompt im ersten Akt als Honighändler.

Es wird überhaupt recht viel mit dem Mythos gespielt in *Orphée aux Enfers,* nicht nur mit Orpheus, sondern auch noch mit allen möglichen anderen Mythen – natürlich auch musikalischen. Als Jupiter seine Götterkollegen fragt, ob sie eine Revolte gegen ihn planten, zitiert Offenbach ausgerechnet die *Marseillaise.* Und Orphée fällt im Finale des ersten Aktes, als er vor den Göttern steht, nichts Besseres zu singen ein als die berühmte Arie aus Christoph Willibald Glucks kanonischem *Orpheus et Eurydice,* »Chè farò senza Euridice«. Zum Lachen reizt eben diese Situation vor allem auch deshalb, weil hier die musikalisch-dramaturgisch aufgebaute Spannung vor dem feierlichen Auftritt Orphées sich letztlich doch nur auflöst in der schnöden, weil altbekannten Melodie: »Das Lachen ist ein Affect aus der plötzlichen Verwandlung einer gespannten Erwartung in nichts.«[156] Gleichwohl – darauf kann nicht genug hingewiesen werden – ist Offenbachs Musik

> keine Spaßmusik im vordergründigen Sinne. Sie erhebt in den größer angelegten Szenen Opernanspruch: nämlich Pendant der opéra-comique zu sein. Und im Todeslied der Eurydice, da wo es ums Existentielle geht, ist sie so ergreifend, weil hier die opéra-bouffe die Tragödie berührt.[157]

Somit findet all das, was schon in Offenbachs frühen Einaktern seit 1855 angelegt ist, in *Orphée aux Enfers* einen vorläufigen Höhepunkt – im Sinne einer musikalischen Entwicklung, aber auch im Sinne eines historischen Augenblicks:

> Diese berühmte Orpheusquadrille hat unsere ganze Generation in ihren wahnsinnigen Wirbelwind gerissen. Scheint es uns nicht, als ob wir bei den ersten Tönen dieses rasenden Orchesters eine ganze Gesellschaft sich mit einem Ruck aufraffen und in den Tanz stürzen sähen? Diese Musik kann Tote erwecken. Diese Rhythmen schienen bestimmt, jenem Publikum von Entwurzelten, für die das Leben nur eine Art Totentanz war, eine physische und moralische Erschütterung zu versetzen. Beim ersten Anstoß, der die Götter des Olymp und der Unterwelt zu ihrem tollen Reigen zwang, schien es, als ob ein Schock durch die Menge gehe und das ganze Jahrhundert mit seinen Regierungen, Institutionen, Sitten und Gesetzen in einer sonderbaren allgemeinen Sarabande durcheinandergewirbelt würde.[158]

Tatsächlich geht mit *Orphée aux Enfers* »ein Schock durch die Menge« – und zwar auch und gerade jenseits der Bühne der Bouffes-Parisiens. Mit *Orphée aux Enfers* wird ganz Paris zur Opéra bouffe– in den Hauptrollen: Jacques Offenbach und seine Librettisten sowie der berühmteste aller französischen Theaterkritiker, der gefürchtete Jules Janin. Dieser hat offenbar zunächst kein größeres Interesse an *Orphée aux Enfers,* er begnügt sich lediglich mit einer abfälligen Bemerkung über das neue Stück im Zusammenhang mit einer anderen Besprechung. Offenbach erkennt die Chance. Er erwidert Janin im *Figaro* mit einem langen Brief, in dem er sich öffentlich darüber wundert, dass Janin »eine so große Verachtung für so ein kleines Theater« habe. Erst jetzt bespricht Janin das Werk, das er bislang so verschmähte. Er zerreißt *Orphée aux Enfers,* dieses »Attentat auf den gesunden Menschenverstand«, diese »Entweihung und Profanierung«. Selbstsicher sieht er sich berufen, Partei zu ergreifen »für die Seite der heiligen, glorreichen Antike [...] gegen die Parodie und die Parodisten«. Jetzt können ihn Offenbach und seine Librettisten treffen. Kaum ist Janins Kritik erschienen, lassen sie unter Hector Crémieux' Namen einen öffentlichen Brief im *Figaro* vom 12. Dezember 1858 abdrucken:

> Indem er verächtlich Parodie, Groteskes und Burleskes in Grund und Boden verdammte, verurteilte und vernichtete er sich selbst – sui contemptor. Im Orpheus gibt es eine Passage, mit der Léonce bei seinem Eintritt in den Olymp jeden Abend das Publikum in höchstes Entzücken versetzt. Diese simple und naive Tirade, die alle anderen komischen Effekte des Stückes in den Schatten stellt, ist einem Feuilleton von M. JANIN entnommen (Journal des Débats, 10. Mai 1858):
> »Man atmet einen Hauch von Göttinnen und Nymphen, einen süßen Duft von Myrthe und Eisenkraut, von Nektar und Ambrosia. Man hört das Gurren der Tauben, die Lieder Apollos, die lydische Flöte und die Lyra von Lesbos. Hier sind die Nymphen! Grüßet die Musen! Die drei Grazien sind nicht weit: Ihr seht sie im süßen und klaren Mondlicht einer Aprilnacht leise tanzen und springen. Alle Düfte, die Orpheus in seinen Liedern besingt, werden frei, die Düfte des Himmels und der Erde, der Weihrauch der Nereiden, von Diana und Victoria, das Parfüm der Nymphen, der Grazien und der Musen!!!«
> Es gibt tatsächlich Leute, bei denen es reicht, sie zu zitieren, um sie zu parodieren, und schon windet sich das Publikum vor Vergnügen.[159]

Offenbach, Crémieux und Halévy haben einen Text Janins, eine Tanzbesprechung aus dem Journal des Débats vom 10. Mai 1858, wörtlich übernommen! Nicht nur, dass Janins Text an sich schon reichlich absurd klingt und somit schon in seiner schieren Schwülstigkeit lächerlich genug ist – nach seiner entlarvend lächerlichen

Kritik gerät nun Janin selbst zur Karikatur seiner selbst. Der Kritikerpapst hat sich blamiert, er hat nicht gemerkt, dass Offenbach und seine Kollegen ein Spiel mit ihm gespielt haben. Sein Beharren auf »der heiligen, glorreichen Antike« lässt ihn als lächerlich blinden – blöden! – Spielverderber dastehen. Ab diesem Augenblick wird er nun durch jedwede Anspielung noch lächerlicher. Als ob Offenbachs Librettisten es von Anfang so gewusst hätten, gerät nun allabendlich der Spitzname des Göttervaters, »Jupin«, zur Anspielung auf »Janin«. Selbst Offenbachs – letztlich ja tatsächlich ehrlicher – Dank in einem offenen Brief am 24. Februar 1859 wird so Teil dieses einzigartigen buffonesken Gesamtkunstwerks *Orphée aux Enfers:*

> Bravo, Janin! Danke, Janin! Guter Janin, ausgezeichnet, Janin! Janin, mein bester Freund! Janin, der beste Kritiker aller Zeiten! Großes Lob fürJanin! Hurra, Janin! Hosianna, Janin! Lasst uns auf sein Wohl trinken! Janin lebe hoch! Janin for ever!
> Ihre wöchentlich wiederkehrende bösartige Propaganda trägt Früchte. Jetzt haben wir bald 150 Vorstellungen von diesem schrecklichen Orpheus in der Unterwelt hinter uns, und jeden Tag fließen mehr als 1000 Francs in die Kasse des glücklichen Theaterdirektors.[160]

* * *

Noch 1859 wird *Orphée aux Enfers* in Breslau gegeben, später dann auch in Berlin, Hamburg und München, dann in Ungarn, Spanien, Italien und Portugal, in den USA und schon 1872 sogar in Australien. Allein im Jahr 1869 sind Aufführungen im italienischen Neapel, in Mexiko-Stadt, in London, Prag und im chilenischen Valparaiso nachweisbar. Eine besondere Aufnahme wird *Orphée aux Enfers* allerdings in Wien erhalten.

Überhaupt wird Wien in den Jahren nach 1858 für Offenbach so etwas wie eine zweite Bühnenheimat. Dort sind die Bühnen seit der Wiener Erstaufführung von *Hochzeit bei Laternenschein* am 16. Oktober 1858 von einer veritablen »Offenbach-Mode« erfasst. Nach diesem Versuchsballon bringen Karl Treumann und Johann Nestroy am Carltheater noch etliche weitere Offenbach-Einakter auf die Bühne: *Das Mädchen von Elisonzo (Pépito), Schuhflicker und Millionär (Le Savetier et le Financier), Die Zaubergeige (Le Violoneux), Die Savoyarden (Le 66), Der Ehemann vor der Tür (Un mari à la porte)* – insgesamt sagenhafte 1212 Aufführungen bis 1860![161] Zum vorläufigen Höhepunkt dieser Offenbach-Mode kommt es dann mit *Orpheus in der Unterwelt,* dessen Wiener Erstaufführung am 17. März 1860 im Carltheater stattfindet. Der dortige Theaterkapellmeister Carl Binder instrumentiert das Werk neu, um dem Theater so aus den Urheberrechten entstehende Kosten zu ersparen – mit dem kuriosen Effekt übrigens, dass bis heute noch häufig eine vermeintlich von Offenbach komponierte, tatsächlich aber eben von Binder kompilierte *Ouvertüre zu Orpheus in der Unterwelt* durch Konzertprogramme und CD-Booklets geistert.

Auf der Suche nach weiteren Einnahmequellen hat Offenbach bereits früh Gastspiele im Ausland gegeben. So waren die Bouffes-Parisiens im Frühjahr und Sommer 1857 im Londoner St. James's Theatre zu Gast. Am 8. Juni beehren Königin Victoria und ihr Gemahl, Prinz Albert, die Bouffes-Parisiens mit einem Vorstellungsbesuch, gegeben werden insgesamt sechs[!] Einakter an einem Abend, darunter Offenbachs *Les deux Aveugles, Ba-ta-clan* und *Dragonette.* Am 17. Juni dirigiert Offenbach sogar, nach entsprechender Erlaubnis des kaiserlich französischen Staatsministeriums, zwei Einakter für die im englischen Exil lebende ehemalige französische Königin Marie-Amélie, die Frau des 1848 abgesetzten und 1850 unweit Londons verstorbenen »Bürgerkönigs« Louis-Philippe. Beim Schlusschor des patriotisch-militärischen *Dragonette* – »Chantons en choeur : vive la France !« – sollen der alten Königin die Tränen gekommen sein.[162] Die Bühnen des noch jungen Königreiches Belgien sind im gesamten 19. Jahrhundert vollständig am französischen, will heißen Pariser Theatergeschehen orientiert. Dies erklärt, dass schon kurz nach der Eröffnung der Bouffes-Parisiens deren Repertoire in einem kleinen Café-concert in Brüssel gespielt wird, dem Chateau des Fleurs, das kurzzeitig auch den Namen Théâtre des Folies et des Bouffes-Bruxelloises trägt.[163] Vor allem aber das Brüsseler Théâtre du Vaudeville wird für die Verbreitung von Offenbachs Werk in Belgien von großer Bedeutung sein. Bis zu seiner Schließung 1860 werden hier *Vent-du-Soir, Tromb-Al-Cazar, Mesdames de la Halle* und *Croquefer* und vor allem *Orphée aux Enfers* gespielt werden. Obendrein wird auch diese Bühne ihren Namen nach dem Pariser Vorbild ändern, zunächst zu Bouffes-Belges, später dann zu Théâtre des Bouffes de Bruxelles.[164]

Offenbachs Stücke finden natürlich vor allem Verbreitung in Frankreich, und dies sogar recht schnell. Schon im Januar 1856 wird *Les Deux Aveugles* in Avignon und Bordeaux gespielt, verschiedene Wandertruppen nehmen in den folgenden Monaten das Repertoire der Bouffes-Parisiens auf. Die neuesten technischen Errungenschaften tun ein Übriges, Offenbachs Werk beliebt zu machen: Mit dem zunehmenden Ausbau des Eisenbahnnetzes können es sich immer mehr Franzosen ohne allzu großen Aufwand leisten, nach Paris zu kommen und die dortigen Theater zu besuchen. Gleichzeitig können diese leichter Gastspiele unternehmen. So halten sich die Bouffes-Parisiens im Sommer 1857 in Lyon, im Sommer 1858 in Marseille auf. Auch Musikdrucke sind immer leichter herzustellen und damit auch leichter zu verkaufen. Schon 1859 führt der Musikverlag Heugel, mit dem Offenbach zu dieser Zeit zumeist zusammenarbeitet, 17 Klavierauszüge von Stücken der Bouffes-Parisiens in seinem Programm, davon zwölf von Offenbach selbst – ganz zu schweigen von den Einzeldrucken, Quadrillen, Walzern, Polken und anderen

Bearbeitungen von Offenbachs Bühnenwerken.[165] Schließlich finden nicht nur Offenbachs Stücke Eingang in die Spielpläne in der Provinz, seine Melodien finden auch Eingang in das gängige Vaudeville-Repertoire und werden so, als »Timbres«, über das damalige Sprechtheater tagtäglich gesungen – und immer beliebter.

Am 9. Mai 1859 schließlich findet die 200. Vorstellung von *Orphée aux Enfers* statt. Aus diesem Anlass lädt Offenbach ein:

> Mein verstorbener Großvater hatte den glücklichen Einfall, Ihren Großvater zu einem kleinen Fest einzuladen anlässlich der 100. Aufführung von *Orphée aux Enfers* (Text von Hector Crémieux, Musik von Jacques Offenbach). In ihrem ehrenden Andenken halte ich es für meine Pflicht, Sie ebenfalls zu einem Abendessen anlässlich der 200. Aufführung einzuladen. Ich bin überzeugt, dass unsere Urenkel es nicht versäumen werden, die 300. Aufführung zu feiern.[166]

Am 5. Juni 1859 schließlich verlässt *Orphée aux Enfers* nach der 227. Vorstellung »en suite« den Spielplan. Die Einnahmen, die das Stück seinem Schöpfer beschert hat, erlauben ihm nicht nur, sein Unternehmen finanziell zu sanieren. Offenbach kann auch im normannischen Küstenort Étretat – wo er schon 1854 zum ersten Mal mehrere Wochen im Sommer verbracht hat – ein großes, prächtig am Hang gelegenes Grundstück mit Sicht auf die malerische Bucht erwerben. Das herrschaftliche Anwesen, das er dort für sich und seine größer werdende Familie bauen lässt, tauft er auf den Namen »Villa Orphée«. Sein Enkel hat sehr eindrücklich beschrieben, wie in den nächsten Jahren und Jahrzehnten – und auch noch lange nach dem Tod des Komponisten – hier das Herz der Familie Offenbach schlagen wird.[167] Bis vor wenigen Jahren war das Anwesen, gelegen an der Rue Jacques Offenbach, noch in Familienbesitz.

Am 22. Juni 1858 wird in der Sommerspielstätte der Bouffes-Parisiens an den Champs-Élysées ein neuer Einakter uraufgeführt, *Un mari à la porte*. Der Text stammt von Léon Morand und Alfred Delacour – Letzterer hat sich einen Namen gemacht als Koautor des vielleicht erfolgreichsten Vaudevillisten des Zweiten Kaiserreichs, Eugène Labiche. Und in der Tat hat das Libretto zu dieser »opérette« einige vaudevilleske Wendungen, die geradewegs so auch bei Labiche vorkommen könnten.

Der erfolglose Komponist Florestan Ducroquet, »Schöpfer einer begeistert am Théâtre des Bouffes-Parisiens abgewiesenen Operette«, kann sich vor dem Gerichtsvollzieher nur noch durch seinen Kamin in Sicherheit bringen. Er landet im Zimmer von Suzanne, die just an diesem Abend heiraten will und sich dafür mit ihrer Freundin Rosita dafür gerade vorbereitet. Der Ehemann wartet schon vor der Tür. Nach einigem Hin und Her verlässt

Florestan das Boudoir durch das Fenster – nicht ohne zuvor die Hand Rositas gewonnen zu haben.

Der Einakter gehört tatsächlich vielleicht zu den interessantesten Stücken aus der Feder Offenbachs. Die Musik bedient virtuos den gewitzten, sehr gelungenen Text, kann darüber hinaus aber auch durch ihre feine, galante, elegante Transparenz bestechen. Noch nie, so der Kritiker der *Revue et Gazette musicale de Paris,* sei Offenbach »besser inspiriert«[168] gewesen. Wie Henseler zu dem Urteil kommen konnte, es handele sich bei *Un mari à la porte* um eine »unbedeutende Operette«[169], muss ein Geheimnis bleiben.

Les Vivandières de la Grande Armée, wörtlich übersetzt »Die Marketenderinnen der Grande Armée«, uraufgeführt am 6. Juli 1859, ist den meisten Offenbach-Biographien kaum eine Erwähnung wert. Offenbach hat die Musik dazu nicht drucken lassen, der Einakter dürfte wohl kaum auch wegen seiner musikalischen Qualitäten hervortreten. Allerdings wirft der Entstehungskontext ein Licht auf die besondere Rolle, die Offenbachs Musiktheater in der Gesellschaft des Zweiten Kaiserreiches einnimmt. Kompositorischer Anlass zu diesem Gelegenheitswerk ist der Sieg der französischen Truppen im Zweiten Italienischen Unabhängigkeitskrieg. Ermutigt durch das Geheimabkommen von Plombières – dort hatte Napoleon dem piemontesischen Ministerpräsidenten Graf Cavour die militärische Unterstützung Frankreichs für den Fall eines österreichischen Angriffs zugesichert – provoziert die piemontesische Regierung im April 1859 eine Kriegerklärung Österreichs, woraufhin Frankreich militärisch eingreift. Nach dem Vorfrieden von Villafranca am 11. Juli darf Österreich zwar Venetien behalten, verliert aber die Lombardei an Piemont-Sardinien, welches seinerseits Savoyen und Nizza an Frankreich abtritt. Der Krieg ist auch Thema auf den Bühnen der französischen Hauptstadt:

> Jedes Musiktheater brachte seinen Lobgesang; aber anstatt, nach einem Duett zweier Liebender oder einigen Witzen im roten Frack, eben auch ein hübsches Huldigungsgedicht zu Ehren unserer Armee aufsagen zu lassen, wollte der Direktor der Bouffes seinem Werk einen szenischen Zusammenhang bereiten – und dieser Zusammenhang, wie glaubwürdig auch immer er war, hat die Zuschauer zum Lachen gebracht.[170]

Die Theatersaison 1859 an den Bouffes-Parisiens bringt nach dem Erfolg von *Orphée aux Enfers* erneut ein neues großes Werk: *Geneviève de Brabant,* Opéra bouffon in zwei Akten und diesmal gar sieben Bildern, uraufgeführt am 19. November 1859. Das Stück beruht auf der volkstümlichen, mittelalterlichen Legende der

Genoveva von Brabant, die im Übrigen bereits mehrfach für die Bühne bearbeitet worden ist.

Erster Akt. Der Markgraf von Rosenkrac, Sifroid, wünscht sich sehnlichst einen Stammhalter, den ihm seine gelangweilte Frau Geneviève allerdings nicht schenken kann oder will. Sein Vertrauter, der böse Golo, sinnt derweil nur darauf, selbst Markgraf zu werden. Des Nachts wird Sifroid in seiner Kammer durch die unerwartete Ankunft von Charles-Martel geweckt. Dieser ist gekommen, um Männer für seine Fahrt ins Heilige Land zu gewinnen. Sifroid folgt ihm, nicht ohne zuvor noch Geneviève verstoßen zu haben. Der erste Akt endet mit einer großen Parade der Palästinafahrer im »Gare du Nord der damaligen Zeit«.

Zweiter Akt. Geneviève lebt mittlerweile in einer Höhle im Wald. Nun kommt Golo zu ihr, um ihr seine Liebe zu gestehen; als sie ihn aber zurückweist, befiehlt er, sie umzubringen. Sein Befehl wird jedoch nicht ausgeführt und stattdessen wird Geneviève zu Golos Feinden gebeten. Im letzten Bild schließlich werden die Zuschauer mir nichts dir nichts in das sagenhafte »Königreich der Klagelieder« entführt, in dem schaurig-schöne Volkslieder als Personen auftauchen und Golos Untaten öffentlich vorgeführt werden. Sifroid, der es nicht bis ins Heilige Land geschafft hat, und Geneviève, die ihre Ehre zurückgewonnen hat, übernehmen erneut die Macht.

Die Librettisten Adolphe Jaime fils und Étienne Tréfeu haben den Stoff gründlich durcheinandergewirbelt, etwas zu sehr sogar für den Geschmack manch eines Kritikers: »Herr Offenbach versteht sich darauf, Blödeleien zu vertonen und pikante Effekte daraus zu ziehen; doch dieses Mal waren die Blödeleien wirklich viel zu blöd.«[171] Trotzdem findet das Stück einigen Anklang, vor allem wegen seiner Ausstattung und seiner Musik. Am Abend der – im Übrigen sehr glanzvoll und prominent besuchten – Uraufführung wird das Finale des ersten Aktes so gefeiert, dass es in Gänze wiederholt werden muss. Ende Januar 1860 wird das neue Stück schließlich abgesetzt. *Geneviève* ist eben doch nicht *Orphée*.

10 Jacques Offenbach in einer Allegorie seiner Werke. Stich von Gustave Doré, *Le Journal illustré*, September 1860.

1860–1864

Paris

Am 14. Januar 1860 wird aus dem Preußen Jakob Offenbach nun auch amtlich der Franzose Jacques Offenbach. Er erhält seine Einbürgerungsurkunde, die er bereits im September des Vorjahres beantragt hat. Das Einbürgerungsgesetz sieht zwar nach entsprechendem Antrag eine Frist von zehn Jahren vor, innerhalb derer der Antragsteller in Frankreich leben muss, es können aber bei besonders verdienten Mitbürgern Ausnahmen gemacht werden. Das amtliche Gutachten des Pariser Polizeipräfekten streicht auch, für eine Amtsstube geradezu überschwänglich, Offenbachs Verdienste heraus:

> Dieser Ausländer ist nicht nur ein begabter Mann und ein ausgezeichneter Künstler. Er ist vor allem der Schöpfer eines einzigartigen Bühnengenres, das – auch wenn es nur bestimmte Schichten der aufgeklärten Pariser Bevölkerung bedient – tatsächlich eine Errungenschaft in den musikalischen Künsten darstellt. Es ist seinem Talent und persönlichen Einsatz zu verdanken, dass sich ein wirklicher Fortschritt im ästhetischen Verständnis insgesamt des aufgeklärtesten und gebildetsten Teils der Bevölkerung ergeben hat.[172]

Am 10. Februar 1860 wird Offenbachs erstes Stück nach seiner Einbürgerung uraufgeführt: *Le Carnaval des revues,* ein heiteres Karnevalspasticcio auf ein Libretto von Eugène Grangé, Philippe Gille und Ludovic Halévy – der allerdings anonym bleibt. Gewissermaßen ein augenzwinkernder Kommentar auf die aktuelle Theatersaison, stammen fast alle darin gespielten Melodien aus früheren Stücken von Offenbach, sie wurden, wie auch bei Vaudevilles üblich, lediglich neu textiert. Berühmt wird *Le Carnaval des revues* vor allem wegen des sechsten Bildes daraus, *La Symphonie de l'avenir*. Darin spielen die lange verstorbenen Komponisten Gluck, Mozart, Grétry und Weber auf den Champs-Élysées eine Partie Domino, als ein »Zukunftsmusiker« sich zu ihnen gesellt und ihnen seine künstlerische Vision einer »merkwürdigen, unerhörten, undefinierbaren, unbeschreiblichen« Musik vorstellt. Dann dirigiert er einen ohrenbetäubenden »Hochzeitsmarsch« und singt – oder niest – eine »Tyrolienne de l'avenir«, bevor ihn die übrigen Komponisten schließlich doch verjagen. Bei diesem parodierten »Zukunftsmusiker« – den Begriff hat Hector Berlioz in seinen Musikkritiken eingeführt – handelt es sich natürlich um Richard Wagner, der wenige Wochen zuvor drei sehr umstrittene Konzerte im Théâtre-Italien gegeben hat, also in unmittelbarer Nachbarschaft der Bouffes-Parisiens.

Ungeachtet des beachtlichen Erfolgs von *Le Carnaval des revues* – das Stück wird bis Ende März insgesamt 46-mal gespielt – stürzt sich Offenbach alsbald in die Vorbereitungen zu seinem nächsten Stück für die Bouffes-Parisiens. Der Text zur Opérette *Daphnis et Chloé,* uraufgeführt am 27. März 1862, ist in weiten Teilen übernommen aus einem Vaudeville von Clairville und Jules Cordier aus dem Jahr 1849, das wiederum den antiken Stoff aus dem im 18. Jahrhundert sehr beliebten, bukolischen Liebesroman von Longus zum Thema hat.

Den beiden jugendlichen Liebenden Daphnis und Chloé begegnen allerlei Hindernisse bei ihren Schäferstündchen – neben den lasziven Bacchantinnen, die um jeden Preis den schönen Daphnis zu verführen versuchen, ist es vor allem der lüstern-bocksfüßige Gott Pan, der hinter der hübschen Chloé her ist. Allerdings stellen sich sowohl die Bacchantinnen wie auch Pan in ihrer Liebestollheit so ungeschickt an, dass am Schluss dem lammfrommen, heiteren Glück nichts mehr im Wege steht. Insgesamt handelt es sich bei dem Stück um ein einigermaßen untypisches Werk für Offenbach. Stofflich dreht sich zwar – in mitunter erstaunlich ungeschminkten Dialogen – letzten Endes alles um das erotische Erwachen der beiden jungen Leute, dem Stück fehlt jedoch jegliche parodistische oder gar satirische Dimension. Offenbachs Musik dagegen wird gelobt als »farbenreich, gefällig, geistreich, gefühlvoll ohne betulich zu sein, lustig ohne in platte, schlechte Witze abzufallen. [...] Alle Stücke der Partitur sind hübsch und gelungen«.[173]

Am 27. April 1860 findet am Théâtre-Italien ein Sonderkonzert statt, bei dem unter anderem Werke von Offenbach auf dem Programm stehen: *Le Violoneux, Orphée aux Enfers* und *La Symphonie de l'avenir.* Nur wenige Schritte von den Bouffes-Parisiens entfernt wird hier nicht nur üblicherweise die italienische Oper gepflegt, genau hier hatten auch im Januar die oben erwähnten Konzerte Richard Wagners stattgefunden. Ludovic Halévy notiert in sein Tagebuch: »Am 27. April besuchen der Kaiser und die Kaiserin eine außerordentliche Vorstellung von ›Orphée‹ im Théâtre-Italien. Es gibt 20.000 Francs Einnahmen.«[174] Kein Zweifel, *Orphée aux Enfers* hat die französische Opernwelt in Bewegung gebracht. Mit einem solchen Erfolg im Rücken gelingt es Offenbach nach dem Sommer, sich etwa zeitgleich Zutritt zur Opéra und zur Opéra Comique zu verschaffen, den beiden großen offiziellen Häusern in Paris. Offenbach scheint angekommen.

Für das Ballet-Pantomime in zwei Akten und vier Bildern *Le Papillon*, uraufgeführt am 26. November 1860, kann Offenbach nun auf die gesamten Möglichkeiten der Opéra zurückgreifen: 16 Hauptfiguren und unzählige Statisten, allesamt in opulent prächtigen Kostümen, herrlich üppige Bühnenbilder, beeindruckende Spezialeffekte – und vor allem die besten Tänzerinnen der Welt, mit der grandiosen Emma Livry in der Titelrolle und der Grande Dame des Balletts, Marie Taglioni, als Choreographin.

In einem fernen Land. Als die hübsche Farfalla sich in den Prinzen Djalma verliebt, wird sie von ihrer Herrin, der bösen Fee Hamza, in einen Schmetterling verwandelt. Beim anschließenden Versuch, Farfalla einzufangen, wird Hamza selbst zur Gefangenen des Prinzen. Dieser lässt sie in den Palast seines Onkels, des Emirs Ismael, bringen – dessen Tochter, wie sich herausstellt, eben Farfalla ist. Schließlich wird durch allerlei Entwicklungen im wunderbaren Garten des Palastes der Zauber gebrochen, die böse Fee Hamza wird zur Statue versteinert, während Farfalla und Djalma schließlich heiraten können.

Die Premiere des Stückes ist sehr prominent besetzt, wie kaum anders zu erwarten an der Opéra. Besonders gefreut haben dürfte sich Offenbach über den Besuch Fromental Halévys, der ihn bei seinen ersten kompositorischen Gehversuchen in Paris gefördert hatte. Im Übrigen steht der Komponist – der ja bisher ausschließlich an »seinen« Bouffes-Parisiens erfolgreich war, obendrein mit sehr umstrittenen Werken – unter scharfer Beobachtung. Offenbach scheint damit aber recht gut klargekommen zu sein:

> Es gibt vieles für und gegen die Musik zu sagen, zu der Herr Offenbach mit viel Glück den Kompositionsauftrag bekommen hat. Indem er mit einem einzigen Satz von seiner Miniaturbühne zu unserem Nationaltheater gesprungen ist, ist dem Komponisten ge-

wissermaßen der denkbar überraschendste Theatertrick gelungen. Wenn der Leiter der Bouffes-Parisiens auch nicht Hoffnungen seiner Unterstützer von Amts wegen erfüllt hat, so müssen wir doch betonen, dass er auch nicht das Gerede bestätigt hat, das böse Zungen über die Verrücktheiten seiner Musik in Umlauf gebracht hatten. [...] Zusammenfassend kann man sagen, dass seine Musik nicht dem charmanten Ballett von Herrn de Saint-Georges schaden wird, ganz im Gegenteil. Sie hat Schwung und Elan – das ist zwar weniger als das, was es braucht für einen Komponisten, der sich verändern will: es ist, was es braucht für ein Ballett.[175]

In der Tat hat die Musik bis heute ihren Charme bewahrt, insbesondere der *Valse des rayons* dürfte zu den mitreißendsten und zugleich poetischsten Walzern des 19. Jahrhunderts gehören. Mit 42 Aufführungen wird *Le Papillon* für ein Ballett an der Opéra durchaus erfolgreich sein. Dass das Offenbachs Kritiker – die zwar bisher nie besonders zahlreich waren, dafür aber zuweilen umso lauter – nicht verstummen lässt, sondern eher gar anspornt, zum Teil zu geradezu widerlichen Ausfällen, belegt ein Artikel aus der bekannten *Revue des Deux Mondes,* in dem der offen antisemitische Rezensent Paul Scudo mit viel Schwung ausholt. Offenbach sei ja »aus der semitischen Rasse geboren [...], deren fatale Prägung er erhalten hat«[176], und so hätten weder die Muse der Anmut, noch die der Schönheit und des Gefühls an seiner Wiege gestanden. Mit Blick auf Offenbachs Musik könne man im Übrigen nur überrascht sein »von der Flachheit und Nichtigkeit dieser Gauklermuse, die auf der bedeutendsten Opernbühne Europas herumtollt«.[177] Solche ungerechten und ungerechtfertigten Kritiken lassen für Offenbachs nächstes großes Vorhaben wenig Gutes ahnen.

* * *

Von der neuen Leitung der Opéra Comique wird Offenbach im Sommer 1860 um ein neues Stück gebeten – und zwar auf eine Librettovorlage von Eugène Scribe, den bei Weitem bedeutendsten und einflussreichsten Librettisten in Frankreich in der ersten Hälfte des 19. Jahrhunderts. Dieses Stück wird *Barkouf* sein. Die Zusammenarbeit mit Scribe – dem Offenbach in den Briefen, die er während seines sommerlichen Aufenthaltes in Ems verfasst, sehr respektvoll, ja geradezu ehrfürchtig gegenübertritt – gestaltet sich nicht einfach, die dramaturgischen Vorstellungen der beiden differieren in wesentlichen Punkten. Am Schluss wird sich Scribe durchsetzen und Offenbach klein beigeben – was bei Offenbach selten vorkommt. Auch die Proben, die Mitte August beginnen, finden in einer sehr aufgeheizten und Offenbach gegenüber geradezu feindseligen Stimmung statt. Am 19. Oktober wird die Aufführung des »seltsamen Stücks« – so der Zensurbericht – von ministerieller Seite her untersagt, ein geradezu einmaliger Vorgang für die Opéra

Comique, zumal für Eugène Scribe. Zwar scheint dieses Verbot nach gewissen Änderungen im Libretto bald wieder aufgehoben zu sein, aber insgesamt bleibt es dabei: *Barkouf* steht unter keinem guten Stern.

Trotz ständiger Neubesetzungen, auch wichtiger Rollen, trotz nicht unerheblicher Konfrontationen auch unter den Autoren, trotz der wenigen Sympathien des Ensembles für das Stück und trotz einer viereinhalb Monate dauernden Vorbereitung mit etlichen Wendungen und Umstellungen: Am 24. Dezember 1860 wird Jacques Offenbachs erstes Werk für die Opéra Comique uraufgeführt, *Barkouf*, Opéra bouffe in drei Akten, Text von Eugène Scribe und Henri Boisseaux.

> Im fernen Lahore hat der Großmogul seinen Hund Barkouf zum Vizekönig eingesetzt – um damit sein Volk zu bestrafen, das in den letzten Jahren die Gewohnheit entwickelt hat, den jeweiligen Vizekönig zu stürzen. Diese Ernennung erregt den Unmut des Großwesirs Bababeck, der sich Hoffnungen auf das Amt gemacht hatte. Nur das Blumenmädchen Maïma, der der wilde Barkouf einst gehörte, lässt der nunmehr königliche Hund an sich heran, sodass diese als seine Sekretärin zur faktischen Regentin wird. Weise und umsichtig verhindert sie einen Giftanschlag des Großwesirs, befreit ihren Geliebten Saëb aus seiner Zwangsehe mit der Tochter des Großwesirs und rettet Xaïloum, den Geliebten ihrer Freundin Balkis, vor dem Schafott. Als der Großwesir sich schließlich mit den Tartaren verbündet, findet Barkouf einen ehrenvollen Tod bei der – im Übrigen erfolgreichen – Verteidigung seines Königreiches. Zum neuen Vizekönig ernennt der Großmogul Saëb, der daraufhin Maïma heiratet – das Volk hingegen betrauert Barkouf.

Trotz aller Schwierigkeiten im Vorfeld ist die Uraufführung von *Barkouf* keineswegs das Fiasko, das spätere Biographen darin gesehen haben. Das Publikum scheint jedenfalls teilweise recht angetan zu sein, angesichts des Szenenbeifalls müssen auch mehrere Nummern wiederholt werden. Allerdings bestehen andere Schwierigkeiten fort – denn nun fallen immer wieder neue Sängerinnen oder Sänger krankheitsbedingt aus. Vor allem aber wird *Barkouf* das Opfer einer beispiellosen Pressekampagne. Für viele Kritiker ist es geradezu eine Entweihung der Opéra Comique, eine Opéra bouffe, obendrein aus der Feder Offenbachs, in der Salle Favart zur Aufführung zu bringen. Vor allem die Tatsache, dass ausgerechnet einem Hund eine, wenn nicht *die* Hauptrolle zukommt, wird als unangebracht, ja als obszön bewertet. Manche Kritiker rücken Offenbachs Musik mit ihren »exzentrische[n] Harmonien« geradewegs in die Nähe der Musik Richard Wagners, des »dissonanten Apostels der Zukunftsmusik«[178]. Für Hector Berlioz gehört die Musik von *Barkouf* bestenfalls an »gewisse Theater, die ich nicht nennen möchte« – also, horribile dictu, an die Bouffes-Parisiens.

> Aber warum sie an der Opéra-Comique spielen vor einem Publikum, das, auf dieses spezielle Genre nicht vorbereitet, davon nur abgeschreckt werden konnte? Sie wirkte überhaupt nicht komisch; viele Leute waren erbost, andere lachten, das trifft zu, aber nur über die Vorstellung, dass jemand von ihnen erwartet haben sollte, sie komisch zu finden. Einige fühlten sich genarrt, sie sprangen vor Ärger auf. Noch nie habe ich das Foyer der Opéra-Comique in einem solchen Aufruhr gesehen. Es hagelte gereizte Kommentare.
>
> Leute aus dem Publikum, die etwas von Musik verstanden, riefen: »Was soll das, hat der Komponist den Verstand verloren? Was sollen dise Harmonien, die nichts mit der Melodie zu tun haben? Und dieser aufdringliche innere Orgelpunkt, der nach einer Dominante klingt, ausgeschmückt – und was für eine Ausschmückung! – mit einer kleinen Sext, um damit ein Moll anzudeuten, während das übrige Orchester in Dur spielt? So etwas lässt sich machen, sicherlich, aber es erfordert technisches Können. Hier wird es auf schludrige Weise ausgeführt, in Unkenntnis der damit verbundenen Risiken, dergleichen man noch nie vernommen hat…« Da ist unzweifelhaft einiges verbogen in den Hirnen gewisser Musiker. Der Wind, der durch Deutschland bläst, hat sie verrückt gemacht… Steht der letzte Tag bevor? Von welchem Messias ist der Komponist von Barkouf der Johannes der Täufer? […] »Was ist mit dem Orchester los?« fragte einer aus dem Publikum im Foyer, völlig verstört von dem unvorstellbar grässlichen Finale; »Ich habe noch nie einen solchen Lärm gehört.« Ein Vorübergehender, der dies überhörte, meinte: »Es ist eines jener Dinge, die man sich im Kasperletheater in den Mund steckt, damit die Stimme spaßig klingt, es ist ein Quietscher.« »Vielleicht ist's eine Polizeisirene, die dran schuld ist«, meinte ein anderer, »die Instrumente können ja nicht alle verstimmt gewesen sein.« usw., usw.[179]

Bei genauerer Betrachtung der Presseberichte wird klar, dass es den meisten Rezensenten offensichtlich weniger um die Musik von *Barkouf* geht als vielmehr – darauf verweist Jean-Claude Yon zu Recht – »um Offenbachs Platz im Pariser Musikleben«[180] überhaupt. Das hat auch Offenbach selbst erkannt, der am 30. Dezember 1860 mit einem langen offenen Brief an den Herausgeber des *Figaro,* Henri de Villemessant, auf die vielen harschen Kritiken antwortet. Er erkennt an, dass es Personen gebe, »die meine Musik nicht mögen, und das ist ihr gutes Recht«. Er sieht aber mehr noch solche Personen, denen vor allem missfalle, »dass mein Name, so meinen sie, zu oft auf Plakaten auftauche«: »An den Bouffes-Parisiens beklatschen sie ja gerne meine Musik, aber sobald ich die Passage Choiseul verlasse, sobald ich einen Fuß in die Opéra oder in die Opéra-Comique setze, ist es für sie ein Sakrileg.«[181]

Unabhängig von dieser Auseinandersetzung in der Presse muss *Barkouf* aber ohnehin angesichts der ständigen krankheitsbedingten und damit verbundenen organisatorischen Schwierigkeiten recht bald abgesetzt werden. Nach gerade einmal sieben keineswegs besonders schlecht ausgelasteten Vorstellungen verlässt das Stück die Opéra Comique. Offenbach muss sich tief verletzt gefühlt haben nach dieser beispiellosen Kampagne. Im Übrigen wird *Barkouf* auch zu Offenbachs Lebzeiten nicht im Druck erscheinen – was dazu geführt hat, dass sich alle möglichen Legenden um das Stück bilden konnten. Erst kürzlich ist es gelungen, eine rekonstruierte Fassung vorzulegen, pünktlich zum 200. Geburtstag des Komponisten. Man darf gespannt sein auf die Aufnahme, die für das Jahr 2019 geplant ist.

* * *

> Ich schreibe derzeit [1860] eine Operette für die Bouffes, mit S. E. dem Grafen Morny, Träger des Großkreuzes der Ehrenlegion, Präsident des Corps législatif, Mitglied des Conseil privé [des Kaisers] etc. Das kommt so: vor sechs Wochen bittet mich Offenbach um ein Stück für eine hochgestellte Persönlichkeit, die plötzlich ihre musikalische Ader entdeckt hat und nun als Amateur ein kleines Partitürchen schreiben wollte. Es war M. de Morny. Ich schrieb das Stück mit meinem Vater. Es heißt *Un mari sans le savoir*. Derzeit wird es an den Bouffes geprobt. Offenbach hatte unter vier Augen mit M. de Morny gesprochen, als er mir vor etwa acht Tagen verkündete, dass M. de Morny mich tags darauf morgens erwartete. Er wolle bei einer großen Soiree im Corps législatif *Le Mari sans le savoir* spielen lassen, aber dieses Stück schien ihm allein nicht einen ganzen Abend zu füllen, er denke nun an eine Bouffonnerie, er wolle mir davon berichten und bitte mich, eine komische Szene, eine kleines Stück, irgendetwas mit Musik zu schreiben. Tags darauf beschrieb er uns, also Offenbach und mir, seine Idee, die durchaus lustig war, aber nun galt es daraus ein Stückchen zu machen. Mittwoch dann überbrachte ich M. de Morny einen Entwurf, der ihm gefiel, und heute, Samstag, um fünf Uhr, werde ich ihm das fertige Stück vorlesen. Ganz sicher ist diese Zusammenarbeit einer der eigenartigsten Zufälle meiner bisherigen Laufbahn. Und ja, ich darf das so sagen: Zusammenarbeit.[182]

Der hier von Ludovic Halévy in seinem Tagebuch angesprochene Charles Auguste Louis Joseph de Morny wird 1811 im schweizerischen Exil geboren als Sohn von Hortense de Beauharnais, der Stieftochter von Napoleon Bonaparte und Ehefrau des zeitweiligen Königs von Holland, Louis Bonaparte. Über seinen Vater – Hortenses Geliebten Charles Joseph, Graf von Flahaut – ist er der Enkel des Grandseigneurs der französischen Außenpolitik, Charles-Maurice de Talleyrand-Périgord, einer der schillerndsten Figuren der französischen Geschichte überhaupt. Unter seinen Halbbrüdern ist auch Louis-Napoléon Bonaparte, der spätere Napoleon III. Morny wächst bei seiner Großmutter in Paris auf und macht während der Julimonarchie zunächst Karriere im Militär. Später betätigt er sich als Unternehmer, bevor er 1842 als Abgeordneter in die Politik geht. Nach der Revolution von 1848 und der Wahl seines Halbbruders zum Staatspräsidenten gehört er zum innersten Zirkel der Macht. Sein Halbbruder ernennt ihn nach dem Staatsstreich vom 2. Dezember 1851 zum Innenminister, 1854 schließlich wird er Präsident des Corps législatif. In dieser Funktion stellt er eine der wichtigsten Stützen der Staatsmacht dar und bringt viele wirtschaftspolitische Vorhaben voran, von der Entwicklung von Eisenbahnlinien über Immobilienprojekte in der Hauptstadt bis hin zur touristischen Entwicklung der Normandie. Vor allem aber unterstützt Morny als Mäzen nicht wenige Schriftsteller, Künstler und Musiker, sein Salon wird einer der gesellschaftlichen Mittelpunkte des Zweiten Kaiserreichs. Im Übrigen hegt Morny literarische und musikalische Ambitionen – unter dem Pseudonym »M. de Saint-Remy« verfasst er selbst Theaterstücke, die es zum Teil bis an die größeren Bühnen der Hauptstadt schaffen werden.

Auch bei der Uraufführung von Offenbachs neuem Stück, *La Chanson de Fortunio,* am 5. Januar 1861 ist Morny anwesend. Der Text zu dem Einakter stammt von Hector Crémieux und dem neuen Mitarbeiter Mornys, dem hinter dem Pseudonym Jules Servières versteckten Ludovic Halévy – der Herzog hat ihn, der bislang im Algerienministerium tätig war, ab 1. Januar 1861 als Sekretär des Corps législatif in sein direktes Umfeld geholt.

> Der einst jugendlich attraktive Fortunio ist zu einem dickbäuchig bequemen Notar geworden, der eifersüchtig über seine hübsche, junge Ehefrau Laurette wacht. Diese wird leidenschaftlich von dem schüchternen Notargehilfen Valentin verehrt. Eines Tages entdecken Valentin und der kleine Gehilfe Friquet bei ihrer Arbeit in alten Unterlagen das Lied, das ihr Chef früher – als er jung, hübsch und verliebt war – seiner Verehrten vortrug. Fortunio kann nun so viel unternehmen, wie er will: Dank dieses Liedes wird nicht nur Valentin das Herz von Laurette erobern, sondern auch alle übrigen Notargehilfen die Herzen aller jungen Mädchen.

Zwei Wochen nach *Barkouf* gerät die Uraufführung von *La Chanson de Fortunio* geradezu zu einem Triumph, der Applaus hört nicht auf, bevor das Stück in Gänze wiederholt wird. Die Presse – auch die, die kurz zuvor Offenbachs noch aufs Schärfste verdammt hatte – ist hellauf begeistert, sie feiert »eine echte Opéra comique, lebendig, leicht, adrett«[183]. Das Stück beruht auf dem bescheiden zarten, herrlich melodiösen Lied des Fortunio, das Offenbach bereits 1850 an der Comédie-Française zu Alfred de Mussets Theaterstück *Le Chandelier* komponiert hatte. Mit dem neuen Stück nun hat Offenbach »für diese Perle das passende Schmuckkästchen geschaffen«.[184] Auch wenn es heute nur noch äußerst selten gespielt wird, so ist *La Chanson de Fortunio* noch bis ins 20. Jahrhundert einer der anhaltendsten Erfolge des Komponisten gewesen – und dies trotz (oder vielleicht auch wegen) der einfachen, echten, ehrlichen, keineswegs doppelbödigen Sprache der Musik. *La Chanson de Fortunio* ist in der Tat vielleicht die am besten gelungene Verwirklichung des ästhetischen Anspruches, den Offenbach der Opéra comique im Sinne des »genre primitif et vrai« zuschreibt. Es ist jedenfalls – dafür spricht der große, nachhaltige Erfolg des Stückes – bester Offenbach. Ein solcher Triumph so kurz nach dem Fiasko von *Barkouf* spricht für die enorme Schaffenskraft des Komponisten. Gleichwohl bleibt festzuhalten, dass Offenbach damit, »selbst wenn das Stück eine Opéra comique feinster Machart ist, erneut beschränkt ist auf den engen Rahmen des Theaters, das er gegründet hat – der einzige Ort, wo seine Musik toleriert wird«.[185]

Noch bei einem weiteren Stück wird der Graf von Morny eine große Rolle spielen. Kurz vor der alljährlichen Sommerpause treten die Musiker des Théâtre des Bouffes-Parisiens am 31. Mai 1861 bei einer Soiree in den Salons des Corps législatif, also der heutigen Nationalversammlung auf, bei der sie die einaktige Opérette bouffe *Monsieur Choufleuri restera chez lui le…* uraufführen. Als Librettisten werden Hector Crémieux und Ludovic Halévy genannt, die Musik dagegen stamme von Jacques Offenbach und einem gewissen »M. de Saint-Rémy«, hinter dem sich – das dürfte damals allen Anwesenden klar gewesen sein – niemand anderer als der Hausherr des Abends verbirgt.

Das Stück spielt am 24. Januar 1833. Monsieur Choufleuri ist ein reich gewordener Kleinbürger, der es sich im miefigen Marais behaglich gemacht hat, nun aber nach Höherem strebt. Er hat sich überlegt, sich nun als Mäzen, als großzügiger Förderer der schönen Künste bekannt zu machen. Zu diesem Zweck hat er für heute Abend alle möglichen wichtigen Persönlichkeiten der Hauptstadt zu einem besonderen italienischen Opernabend bei sich zu Hause eingeladen. Unglücklicherweise sind die drei von ihm eingeladenen Ehrengäste – die Stars des Théâtre-Italien: Henriette Sontag sowie Tamburini und Rubini – urplötzlich gleichzeitig erkrankt. Einziger Ausweg aus dieser peinlichen Situation: Choufleuri, seine vorwitzige Tochter Ernestine und ihr – heimlicher – Geliebter Chrysodule Babylas geben sich als diese Ehrengäste aus und bestreiten in einem pseudoitalienischen Opernkauderwelsch den musikalischen Teil des Abends. Die mittlerweile eingetroffenen und der hehren Kunst aufmerksam lauschenden Gäste – eine grandiose Opernparodie! – dienen nun Ernestine als wunderbar effektives Druckmittel: Auf die Gefahr hin, alles auffliegen zu lassen, erzwingt sie im feinsten Opernitalienisch die Erlaubnis ihres Vaters, ausgestattet mit einer hübschen Aussteuer ihren Geliebten Babylas heiraten zu dürfen. Choufleuri seinerseits verzichtet künftig auf die schwierige – und ach so kostspielige! – Aufgabe des Mäzenatentums.

Die Musik – tatsächlich dürfte sie zum überwiegenden Teil von Offenbach stammen – gipfelt in dem hinreißenden »italienischen« Trio. Nicht nur kann sich dieses musikalisch problemlos mit dem Belcanto eines Bellini oder Donizetti messen, darüber hinaus besticht es auch noch durch eine präzis geführte musikalische Dramaturgie. Dem witzigen, spritzigen Spiel von Ernestine und Babylas hat der in seinem hehren Belcanto gefangene Choufleuri kaum mehr etwas entgegenzusetzen – in herrlichen ausladenden Kantilenen, die italienischer kaum sein könnten. Das Trio schließt mit der typisch italienischen, ach so dramatischen Stretta: »Bellini, Rossini, Halévy, Auberi, Poniatowsky, Davidini, Heroldini, Wagnerini patati, quel douleur, quel malheur!« – Natürlich ist der Erfolg am Abend bei Morny voraussehbar und gewaltig, aber das Stück gehört aus guten Gründen bis heute zu den noch immer beliebten Einaktern Offenbachs – in Deutschland ist es bekannt unter dem verbreiteten Titel *Salon Pitzelberger*.

* * *

Für den Winter 1860/61 hat Offenbach erneut eine große, abendfüllende Opéra bouffe geplant gehabt, die dritte dieser Art an den Bouffes-Parisiens. Das Libretto zu *Le Pont des Soupirs* schreiben zwei seiner bewährtesten Mitarbeiter, Hector Crémieux und Ludovic Halévy. Die Opéra bouffon in zwei Akten und vier Bildern wird tatsächlich aber erst am 23. März 1861 an den Bouffes-Parisiens uraufgeführt werden. Stofflich steht nach dem antiken Helden *Orphée* und nach der ritterlich-frömmelnden *Geneviève de Brabant* nunmehr das schaurig-romantische Venedig des Jahres 1321 im Mittelpunkt.

Der Doge Cornarino Cornarini und sein Knappe Baptiste fliehen als Bettler verkleidet vor ihren blutrünstigen Feinden. Vor dem Palast muss Cornarini mitbekommen, wie seine Frau Catarina von seinem eigenen Cousin und Widersacher, dem bösen Fabiano Fabiani Malatromba, umworben und bestürmt wird. Catarina weiß sich vor den Zudringlichkeiten Malatrombas schließlich nur noch zu helfen, indem sie scheinbar verrückt einen Bolero singt. Als die von Malatromba gerufenen Häscher dazukommen, treten Cornarino und Baptiste, nach wie vor verkleidet, auf und verkünden schließlich den vermeintlichen Tod des Dogen.

Zu Anfang des zweiten Aktes schläft der Zehnerrat – wie gewöhnlich. Erst als einige hinzugekommene Gondoliere zu tanzen beginnen, wachen die Ratsherren wieder nach und nach auf. Sie verurteilen schnell die mittlerweile enttarnten Cornarino und Baptiste zum Tode – das Urteil wird allerdings nicht ausgeführt, da Cornarino militärisch doch so erfolgreich war – und küren Malatromba einstimmig zum neuen Dogen. Verwandlung: Venedig im Karneval – und mittendrin findet der entscheidende Zweikampf der beiden Dogen statt. Diesen gewinnt Cornarino mithilfe Amorosos – Malatromba hingegen geht im allgemeinen Trubel des Balles am Ende des Stückes unter.

Wie kaum eine andere Stadt ruft Venedig die Topoi der Romantik auf – das Wasser, die Nacht, den Schauer des Morbiden – aber dann auch den Gesang der Gondoliere und, nicht zu vergessen, den Karneval. Es ist kein Zufall, wenn Venedig in so vielen französischen Dramen des 19. Jahrhunderts eine Rolle spielt. Genau hier setzt nun die Parodie in *Le Pont des Soupirs* an – musikalisch äußert sie sich im schillernden Wechselspiel von Barkarolen und Boleros, von lyrischen und buffonesken Teilen, vor allem aber in einer überbordenden Fülle musikalischen Witzes und Einfallsreichtums. Die Wiener *Blätter für Musik* halten über die Wiener Aufführung der *Seufzerbrücke* fest:

> Über den dramatischen, will sagen sachlichen Inhalt der neuesten Repertoiregabe der Offenbachschen Gesellschaft: *Le Pont des Soupirs* zu berichten, ist – Verlegenheit. Denn unmittelbar betrachtet ist diese Komödie der hellste Unsinn, der unter der Sonne konnte ausgeheckt werden. Da indessen dem Ganzen das Gepräge der ausgesprochensten Absicht, nichts als Unsinn sein und nichts anderes als dieses gelten zu wollen, in jedem Zuge aufgedrückt ist, so läßt sich dagegen nichts einwenden. Mittelbar soll die Farce eine möglichst outrierte parodistische Satire auf die romantischen Greuelgeschichten der Dogenzeit Venedigs vorstellen. Geheime Inquisition, die Dolchstöße gedungener Meuchler, Ent- und Verführung, Ständchen und Liebesaffären, alles ins Niedrigkomische gezogen, wird toll durcheinandergewürfelt. In diesem aus dem huntesten Galimathias gewobenen Canevas sind nun wahre musikalische Perlen eingeflochten. In einigen Nummern dieser Operette hat Offenbach das genialste geleistet, was man bisher von seiner Muse kennen zu lernen Gelegenheit hatte. Nicht allein entwickelt er an vielen Orten seine bekannten Vorzüge der melodischen Frische und rhythmischen Pikanterie, sondern wirklichen Humor in überraschender Fülle und, was uns noch mehr auffiel, eine Noblesse und Feinheit der lyrischen Empfindung, die wir dem sorglosen und kecken Melodisten Offenbach nie zugetraut hätten.[186]

Ungeachtet seiner künstlerischen Erfolge oder vielleicht ja auch gerade mit Blick auf diese: Um den Jahreswechsel beschließt Offenbach, die Leitung seines eigenen Theaters niederzulegen. Ein Baustein in dieser Entscheidung dürfte auch sein, dass sein Verhältnis zu der Société des Auteurs et Compositeurs Dramatiques (SACD), der für die Bühnen und Urheberrechte zuständigen Verwertungsgesellschaft, schon länger äußerst angespannt ist. Tatsächlich tritt Offenbach ihr gegenüber sehr selbstbewusst, um nicht zu sagen arrogant auf. Gleichwohl kann dieses Auftreten als Reaktion darauf verstanden werden, dass die SACD von Anfang an

Schwierigkeiten hatte mit den Bouffes-Parisiens. Offenbachs Wunsch, vollständig frei über die Programmgestaltung seines Theaters zu entscheiden, wird von der Hauptversammlung der SACD immer wieder schroff abgewiesen. Sie fordert dagegen vielmehr, dass an Offenbachs Bouffes-Parisiens allabendlich mindestens zwei Akte gespielt werden müssen, die nicht aus der Feder des Leiters des Hauses stammen.

Obendrein sieht sich Offenbach seit einigen Monaten mit größeren finanziellen Schwierigkeiten konfrontiert, sodass er am 20. Januar 1862 schließlich die Leitung der Bouffes-Parisiens abgibt. Am 5. Februar wird er offiziell durch Alphonse Varney ersetzt, den bisherigen Theaterkapellmeister. Offiziell ist Offenbach jetzt nur noch ein einfacher Komponist.

In den nächsten Monaten scheint Offenbach seine neu gewonnene Freiheit zu genießen. Er reist nach Berlin, wo er mit dem Friedrich-Wilhelmstädtischen Theater und dem Verlagshaus Bote und Bock Geschäfte regelt, bevor er nach Wien und von dort nach der ungarischen Hauptstadt Budapest weiterreist. Während der Komponist das erste Halbjahr auf diese Art und Weise zumeist reisend verbringt, werden in Paris zwei neue Stücke von ihm aus der Taufe gehoben. Schon am 11. Januar erlebt eine Opéra comique in einem Akt *Monsieur et Madame Denis* seine Uraufführung. Im namensgebenden Chanson des berühmten Chansonniers Désaugiers aus dem Jahr 1807 blickt ein älteres Ehepaar auf seine ungestüme Jugend zurück – hier sind es die jugendlichen Liebhaber Lucile du Coudrai und Gaston, die sich gegenüber den Soldaten des Sergeanten Bellerose als »Monsieur et Madame Denis« ausgeben, damit Lucile nicht wieder in ihr Mädchenpensionat zurückkehren muss. Offenbach schreibt zu diesem pfiffigen, wenn auch etwas banalen Libretto eine sehr gelungene Musik in bester Rokokomanier. »Man hört sie nicht nur mit Behagen, weil sie leicht und humoristisch« sei, so eine zeitgenössische Berliner Rezension, »sondern auch mit künstlerischem Interesse, weil sie schön und mit Geist und Grazie geschrieben ist.«[187] Die Presse sieht im neuen Stück ein »Pendant zur ›Chanson de Fortunio‹«[188] – und fühlt sich bewegt zu fragen, ob auch an den Bouffes-Parisiens die Zeit der buffonesken Komödien vorüber sei. Dass dies nicht der Fall ist, zeigt *Le Voyage de MM. Dunanan père et fils,* uraufgeführt zum Karneval am 22. März 1862. Diese Opéra bouffe in drei Akten auf einen Text von Paul Siraudin und Jules Moinaux nimmt erneut das romantische Venedig – oder besser: die Vorstellung davon – aufs Korn. Gleichzeitig verweist die herrlich heitere Faschingsburleske auch bereits deutlich auf *La Vie parisienne* – gewissermaßen eine »Vie vénitienne« vorab.

> Der provinzielle Dunanan und sein heiratswilliger Sohn Patrocle sind auf dem Weg in die Lagunenstadt – geraten aber unter haarsträubenden Umständen nach Paris, wo ihnen die

gewieften Lespingot, Astrakan und Paméla ein, wenn auch fragwürdiges, so doch umso überzeugenderes Venedig vorgaukeln – inklusive der Kanalisation der Seine als Canale Grande und dem Pont des Arts als Seufzerbrücke. Dass überall französisch gesprochen wird, liege im Übrigen allein an der Sympathie für die Grande Nation, insbesondere nach dem glänzenden Sieg gegen die Österreicher in Solferino. Die ganze Maskerade endet schließlich in einem vergnüglichen, versöhnlichen Maskenball – natürlich im Karneval.

Ems

Ob Offenbach klar war, als er im Sommer 1858 zum ersten Mal in die herzoglich nassauische Kurstadt Ems kam, dass er hier in den nächsten Jahren ein regelmäßiger Gast werden würde, wissen wir nicht. Allerdings wissen wir, dass sich die Bouffes-Parisiens in diesem Sommer 1858, ungeachtet ihres künstlerischen Erfolges, in einer schwierigen wirtschaftlichen Situation befanden. Es darf vermutet werden, dass Offenbach auch an die Lahn reiste, um mal wieder unangenehmen Gläubigern in Paris aus dem Weg zu gehen.

Nicht zuletzt, um die Kassen seines Theaters aufzubessern, unternahm Offenbach seit einigen Jahren bereits in der Sommerpause Tourneen in Frankreich und im Ausland – so auch 1858. Unmittelbar nach dem Ende der Theatersaison in der Hauptstadt reisten die Bouffes-Parisiens am 8. Mai nach Marseille, um am dortigen Grand Théâtre wochenlang mit *Ba-ta-clan, Les Deux Aveugles, Croquefer* oder *Mesdames de la Halle* das Publikum zu begeistern. Schon am 10. Juni machte sich die Truppe wieder auf – auf die lange Reise in Richtung Berlin, wohin ihr Offenbach vorausgeeilt war. Am Kroll-Theater wurden die bereits in Marseille gegebenen Bouffonnerien aufgeführt, ergänzt durch *Pépito* und *Tromb-Al-Cazar*. Das Geschäft lief glänzend – nicht zuletzt, weil es von der Vorarbeit profitierte, die Offenbachs deutscher Verleger Gustav Bock in der preußischen Hauptstadt angestrengt hatte. Nach der Weltausstellung 1855 hatte Bock einen Vertrag mit Offenbach geschlossen, der diesem exklusiv die Rechte an seiner Musik jenseits des Rheins sicherte. Dieser hatte also schon aus eigenem Interesse dafür gesorgt, dass Offenbachs Melodien in Deutschland bekannt und beliebt wurden – wovon dann ja der Komponist auch profitierte. Aus der Weiterreise nach Wien wurde aufgrund der politischen Großwetterlage allerdings nichts. Angesichts der Italienpolitik Napoleons III., die sich letztlich, auch militärisch, gegen Österreich richtete, blieb den Bouffes-Parisiens ein Gastspiel in Wien verwehrt. Man musste ausweichen – und fand Ems.

Deutsche Badeorte erleben um 1860 glanzvolle Zeiten, von denen noch heute ihre Stadtbilder zeugen. Alles, was Rang und Namen hat in Europa, trifft sich in

Baden-Baden, in Homburg oder eben in Ems. Man fährt zur Kur – nicht unbedingt, weil man krank ist, sondern weil sich das in bestimmten Kreisen so gehört. »Aller prendre les eaux« – noch heute kennt das Französische diese schöne Redewendung, die in der Sprache Molières so gar nicht nach medizinischer Anwendung, sondern viel eher nach schöpferischer Erholung klingt. Die Sommerfrische ist umso attraktiver, als man sich unter seinesgleichen befindet. Die Promenade wird, in Peter Hawigs Worten, zum »Ersatz-Boulevard«: »Man verlässt Paris, aber immer ein wenig in der Hoffnung, Paris wieder anzutreffen«, so ein Korrespondent der Pariser Musikzeitschrift *Le Ménestrel* am 11. Juli 1865. Und so ist es in Ems, wie auch in Baden-Baden oder in Homburg, völlig selbstverständlich, sich auf Französisch zu unterhalten – im doppelten Wortsinn von »s'entretenir« und zugleich »se divertir«. Es verbindet sich also das Angenehme mit dem Nützlichen. Zweifellos tun das angenehme Klima, die Wässerchen und die Bäder der Gesundheit gut. Weit entfernt vom Trubel der Großstadt, kann man so aber an den Ufern der Lahn auch seinen kleinen Geschäften nachgehen und seine Netzwerke pflegen.

* * *

Der Ort, an dem Offenbachs Bouffes-Parisiens ab 1858 fast jährlich in den Sommermonaten ihre Gastspiele geben, ist auch heute noch ein viel besuchter Kurort, ebenso wie der damalige Spiel- und Repräsentationssaal des Casinos, der heute unter dem Namen Marmorsaal bekannt ist:

> Nichts in Frankreich ist vergleichbar mit dem Emser Kursaal; es ist dies der Palast des reisenden Adels. Ja selbst königliche Anwesen entfalten nicht so viel Pracht für ihre erhabenen Bewohner. Man hat zunächst – mit Blick auf die einzige Saison in Ems, den Sommer – einen riesigen Saal erbaut, der aufgrund der beeindruckenden Höhe der Wände sehr gut durchlüftet ist und wo die Wärme stets gut auszuhalten ist – selbst wenn überall die Lichter brennen und viele Besucher zu einem Ball oder zu einem Konzert zusammenströmen. Hier wurden keinerlei Ausgaben beim Bau gescheut, weder außen, noch innen. Viel eher wird hier alles aufgeboten. […]
> Jeden Abend findet in diesem Saal ein Konzert statt. Ein ausgezeichnetes Orchester führt in der oberen Galerie unter der geschickten Leitung eines Kapellmeisters alle erdenklichen unterschiedlichen Stücke aus, von der Ouvertüre zu *Guillaume Tell* und zur *Zauberflöte* bis hin zu den Quadrillen und Polken von Musard – und eben zu den reizenden musikalischen Überdrehtheiten der Bouffes-Parisiens. Da der Saal aus Porphyr eine wunderbare Akustik besitzt, sendet er klar und deutlich seine Musik hinaus ins ganze Emser Tal. Auch wer also lieber die frische Luft am Fluss genießen möchte, kann bei seinen Spaziergängen den Klängen des Konzerts lauschen, am Ufer oder an den sanften Hängen der Berge oder in den Alleen des Parks.[189]

Dass die deutschen Kurstädte im 19. Jahrhundert so stark französisch geprägt sind, liegt gewiss an der Strahlkraft der »Hauptstadt des 19. Jahrhunderts«, es liegt aber auch an dem in Frankreich geltenden Verbot des Glücksspiels. Die Glanzzeit der deutschen Badeorte – egal ob Ems, Baden-Baden oder Homburg – ist auch die Glanzzeit der dortigen Casinos. Es sind deren zumeist französische Pächter, die aus den verschlafenen Städtchen die Sommerhauptstädte Europas machen. Für Ems nimmt sich ein gewisser Monsieur Aimé-Isidore Briguiboul dieser Aufgabe an. Zuvor hat er bereits als Leiter des vorsichtig »Cercle des Étrangers« genannten Casinos im Fürstentum Monaco Erfahrungen gesammelt. Diese helfen ihm später dann, ab 1857 Ems bekannt zu machen. Anders als in Paris darf Offenbach hier an einem offiziell erlaubten und organisierten Glücksspiel teilnehmen – und er tut dies leidenschaftlich gern:

> Erinnern Sie sich an Offenbach in Ems? Es war ein einziges Gedicht. Begeisterter Kartenspieler, der er war, war er regelmäßig schon am Tag nach seiner Ankunft blank bis auf die Knochen. Am Abend aber verklärten sich Jacques' Gesichtszüge mit einer plötzlichen Gewissheit; er hielt sich am Kassenschalter des Theaters auf. Und wenn etwa eine russische Familie 14 Gulden für sieben Plätze hingeblättert hatte, griff sich Offenbach das Geld, um es am Roulettetisch zu verlieren. Das Orchester hatte die Ouvertüre zur *Verlobung bei der Laterne* noch nicht beendet, da hatte das Doppel-Zéro schon die gesamte Einnahme geschluckt![190]

Offenbach reist zumeist allein – zumindest ohne seine Familie. Diese weiß zwar von seinem Hang zum Spiel, der Komponist kann diesem aber wenigstens unhinterfragt nachgehen. Ebenso ungestört kann Offenbach wohl auch einem anderen Hang nachgehen – dem zu schönen Frauen. Es ist viel fantasiert worden über das Verhältnis, das der ach so frivole Theaterdirektor zu seinen Sängerinnen gepflegt haben soll. In Ems jedenfalls ist Offenbach von ebendiesen umgeben. Hier verbringt er vor allem wohl einige romantische Wochen mit der jungen, begabten Zulma Bouffar – die er 1862 in Homburg kennengelernt hat und bereits ein Jahr später in Ems prominent in Szene setzen wird. Vermutlich ist sie die einzige Sängerin, mit der Offenbach tatsächlich eine längere Affäre pflegte – vor allem aber wird Zulma Bouffar in einigen großen Uraufführungen eine tragende Rolle spielen, etwa in *La Vie parisienne* 1866 oder *Le Voyage dans la Lune* 1875. Der Komponist soll von sich einmal gesagt haben, er habe drei Laster: »le cigare, le jeu et les femmes« – von diesen berichtet Offenbach verständlicherweise aber nicht nach Hause. Eher erläutert er in einem Brief an seine Frau Herminie seinen Tagesablauf in Ems:

Um 6.30 Uhr bin ich aufgestanden und habe Brunnen getrunken.

Um 9.00 Uhr sind [die Sänger] Désiré und Paul gekommen, um eine Stunde für »Jeanne« [den Einakter *Jeanne qui pleure et Jean qui rit*] zu proben.

Um 12.00 Uhr Probe für »Soldat« [der Einakter *Le Soldat magicien ou le Fifre enchanté*].

Um 2.30 Uhr Besuch bei Monsieur Talleyrand, dem französischen Gesandten in Berlin, der mich gebeten hatte, ihn aufzusuchen, um mich seiner Frau vorzustellen.

Um 4.00 Uhr mein Bad.

Jetzt ist es 5.00 Uhr und ich schreibe Dir.

Um 6.00 Uhr esse ich.

Heute abend um 7.30 Uhr ist das Ensemble von »Jeanne« und von »Soldat« bei mir.[191]

* * *

Die Tatsache, dass Offenbach hier auf ein Publikum trifft, das er auch in der französischen Hauptstadt hat, birgt für ihn gewaltige Vorteile. Hier kann er unter geradezu idealen Bedingungen einen Versuchslauf für seine neu komponierten Stücke starten. Peter Hawig verweist völlig zu Recht auf die heute noch gängige Praxis des »try out« am Broadway – Musicals absolvieren einen Probelauf in der Provinz, bevor sie in New York tatsächlich gespielt werden. Ähnlich ist es hier mit Offenbach: Ems dient als »Vorlauf« für Paris, Wien, Berlin, Brüssel oder London. Hier in Ems geht es ja ohnehin nicht darum, hehre Kunst zu genießen, sondern vielmehr um gepflegte Ablenkung, stilvolle Unterhaltung, amüsantes Operettentheater, bevor man danach flanieren, parlieren und dinieren geht – ideale Bedingungen für einen solchen Probelauf. Die »Kurlisten« jener Zeit, die das Emser Stadtarchiv sorgsam verwahrt, enthalten die Anzeigen für die Auftritte der Bouffes-Parisiens, und sehr häufig erscheint der Hinweis, dass Offenbach selbst dirigieren werde. Der Erfolg im Hause ist stets garantiert.

Nicht zuletzt ermöglicht die Sommerfrische in Ems aber auch, in praktikabler Nähe und doch in angenehmer Entfernung zum Pariser Boulevard, in Ruhe zu komponieren. Hier in Ems schreibt Offenbach große Teile von *Orphée aux Enfers*, von *Le Papillon*, von *La Belle Hélène* oder von *Robinson Crusoé*. Und insgesamt acht Stücke gelangen hier, im heutigen Marmorsaal des Kurhauses Bad Ems, zur Uraufführung – allesamt entsprechend der beengten Bühne des Saales mit wenigen Solisten und allenfalls einem gering besetzten Chor. Den Anfang macht am 11. Juli 1862 die zweiaktige Opéra comique *Bavard et Bavarde (Die Schwätzerin von Saragossa):*

Spanien im 18. Jahrhundert. Der schöne Roland ist verliebt in die hübsche Inès – deren Onkel Sarmiento bitterlich unter der Geschwätzigkeit seiner Ehefrau Béatrix leidet. Um

11 Ems mit dem Kursaal. Stich von G. M. Kurz, um 1860.

seiner Geliebten näher zu sein – und um seinen Gläubigern zu entgehen –, mogelt sich Roland bei Sarmiento ein. Letzterer begreift sofort, dass er den jungen Liebhaber benutzen kann, um seine Frau zum Schweigen zu bringen: Roland soll einfach noch mehr schwätzen – was er zunächst auch gerne und gut tut. Dann aber verbündet er sich mit Béatrix, um nun seine eigenen Interessen zu verfolgen. So sind plötzlich alle bis auf Sarmiento stumm – was diesen endlich dazu bringt, Roland seine Nichte zur Frau zu geben und dessen Schulden zu begleichen.

Dem Textbuch von Charles Nuitter liegt ein Stoff zugrunde, den bereits 1624 der Autor des *Don Quijote,* Cervantès, in ein Theaterstück, *Los dos habladores,* gegossen hatte. Trotz dieser ausgezeichneten Referenz scheint die Handlung weniger zu überzeugen als die Musik. Bei der Pariser Erstaufführung am 20. Februar 1863 jedenfalls – nun unter dem leicht veränderten Titel *Les Bavards* – überschlagen sich die Kritiker mit Lob über den Komponisten.

Im folgenden Sommer wird am 21. Juli 1863 die kleine, sehr pittoreske »conversation alsacienne« *Lischen et Fritzchen* uraufgeführt.

Auf dem Weg zurück ins heimatliche Elsass trifft Fritzchen, der vor Kurzem seine Stellung als Diener verloren hat, zufällig auf Lischen, die auch zurückkehrt nach Hause – als Besenverkäuferin hat sie nicht ihren Lebensunterhalt bestreiten können. Sie lernen sich kennen und schätzen – Fritzchen erliegt Lischens Charme, als diese die Fabel von La Fontaine *Le Rat de ville et le Rat de champs* singt. Als er aber erfährt, dass Lischen offenbar seine Schwester sei, macht sich tiefe Traurigkeit breit – bis klar wird, dass dies wohl ein Missverständnis ist: Tatsächlich sind sie Cousin und Cousine und beide können glücklich gemeinsam ihren Weg nach Hause gehen.

Kaum ein Bühnenwerk dürfte jemals fröhlicher die französischen Klischees der immerfort jodelnden Elsässer in Szene gesetzt haben – und kaum ein Werk Offenbachs dürfte so mit Anekdoten behaftet sein wie dieser Einakter, so beispielsweise der folgenden:

> Eines Samstagabends wollte [der Kurdirektor] Herr Briguiboul den großen Erfolg einer seiner Operetten feiern und versammelte aus diesem Grund den Maestro und seine Freunde im Spiel-Etablissement. Beim Essen kam die Konversation dann auf die wunderbare Leichtigkeit, mit der Jacques arbeitete. Seine engen Freunde berichteten schier Unglaubliches, beschrieben ihn bei der Arbeit, inmitten Geschreis seiner Kinder, des Gelärms, des Gelächters. Da überkam ihn aus einer gewissen Koketterie heraus der Vorschlag zur folgenden Wette. Er würde in acht Tagen einen Einakter komponieren, orchestrieren und einstudieren.
>
> Die Wette wird angenommen und Offenbach legt die Einlösung seines Versprechens auf den folgenden Samstag fest, unter der Bedingung, dass ihm in 24 Stunden ein Libretto überreicht werde.
> Herr Paul Boisselot, der sich unter den Gästen befand, stellt ohne länger zu warten einen rein zufällig aus Paris mitgebrachten Einakter zur Verfügung, der tief in seiner Tasche die Ankunft des Musikers erwartete, den das Schicksal auf den Weg eines jeden Dichters setzt. – Der Vorschlag wird für gut befunden, das Manuskript wird tags darauf am frühen Morgen in Jacques' Hotel gebracht. Und am folgenden Samstag beklatscht ein begeisterter Saal jedes einzelne Stück von *Lischen et Fritzchen,* welchem ein anderer charmanter Einakter vorausgeht: *Il Signor Fagotto.*[192]

Unabhängig davon, ob die Geschichte stimmt oder nicht – es spricht tatsächlich einiges für ihren Wahrheitsgehalt –, hat Offenbach mit diesem Stück Zulma Bouffar eine Paraderolle auf den Leib geschrieben. Die Operette, die es zu Anfang der zitierten Geschichte scheinbar zu feiern gibt, ist eben der am Schluss erwähnte *Signor Fagotto,* gewidmet dem Wiener Musikkritiker Eduard Hanslick und uraufgeführt am 11. Juli 1863, eine amüsante Verkleidungskomödie um den vermeintlich genialen Komponisten Fagotto und die verhinderte Hochzeit zweier junger Leute. Auch ein Jahr später, im Juli 1864, wird Offenbach noch einmal zwei Einakter im Marmorsaal aus der Taufe heben, beide auf Libretti von Charles Nuitter und Étienne Tréfeu. Der Untertitel von *Le Soldat magicien ou le Fifre enchantée* verweist auf das schon von Mozart aufgegriffene Motiv der *Zauberflöte*. Die Opérette *Jeanne qui pleure et Jeanne qui rit (Die Hanni weint, der Hansi lacht)* dagegen spielt auf ein fast gleichnamiges Gedicht Voltaires an, *Jean qui pleure et qui rit*. Die zuweilen erstaunliche Wandlungsfähigkeit vom Menschen, die im Mittelpunkt von Voltaires Vorlage steht, wird hier aufgefangen in einer Geschichte um eine hübsche Bäuerin Jeanne, die sich als ihr vermeintlicher Bruder Jean ausgibt, um so einer ungewollten Hochzeit zu entgehen. Nach seiner Rückkehr nach Paris schreibt Offenbach einen Brief an seinen Freund, den Verleger Villemessant:

> Da bin ich nun wieder zurück, nachdem ich einen ganzen Monat in Ems verbracht habe. Ich gestehe, daß ich für dieses Bad eine ganz besondere Vorliebe habe; ich schöpfe dort gleichzeitig neue Gesundheit und frische Inspiration. Es war in Ems, wo ich einen Teil des *Orpheus,* ein bißchen vom *Fortunio* und viel von den *Schwätzern* fertiggestellt habe. Sie sehen, daß ich allen Grund habe, diesen reizenden Kurort zu lieben, außerdem gefällt mir Ems durch die Einfachheit, die dort noch herrscht. Im Vergleich zu Baden und Wiesbaden ist Ems ungefähr das, was Etretat im Vergleich zu Trouville, Dieppe und Cabourg ist. Weder der Luxus noch das junge Volk haben sich bisher seiner bemächtigt. Unser Freund Briguiboul, der Onkel des jungen, nun schon bedeutenden Malers gleichen Namens, führt dort das Szepter der Lustbarkeit. Bälle, Konzerte, Theateraufführungen – alles findet sich hier, und die Operette steht dort wie schon in den vergangenen Jahren, so auch heuer in hoher Gunst.[193]

Im Sommer 1865 teilt sich das Ensemble der Bouffes-Parisiens auf, um Gastspiele in Ems, aber auch in Vichy und Bordeaux zu geben. Am 22. Juni kommt Offenbach an den Ufern der Lahn an, im Gepäck die noch zu vollendende Partitur von *Les Bergers*. Die Emser Saison wirkt dieses Jahr aus Offenbachs Sicht etwas weniger gut organisiert, es werden weniger Stücke überhaupt und damit auch weniger Stücke von Offenbach gespielt als in den Jahren zuvor. Gleichwohl kommt es am 11. Juli zu einer der glanzvollsten Uraufführungen im Marmorsaal: *Coscoletto,* eine Opéra comique in zwei Akten, Text von Charles Nuitter und Étienne Tréfeu. Die *Süddeutsche Musik-Zeitung* gibt einen langen Bericht:

> Die Grundidee des ziemlich verwickelten Sujets ist kurzweg folgende: Coscoletto, ein Lazarone, hat eine Neigung zu Delfina, einem Blumenmädchen, gefasst, und wird endlich von dieser mit der ersehnten Gegenliebe beglückt – nachdem er (übrigens nur in der Absicht, zu genanntem Ziele zu gelangen), der Saitenfabricant Polycarpo und der Materialist Arsenico mehrere Eifersuchtsscenen zwischen Frangipani, einem Macaronihändler und dessen Frau Mariana, veranlasst haben. Die Einzelheiten der Handlung

können wir, als uninteressant für Ihre Leser, füglich übergehen. Obwohl die Charactere des Coscoletto und der Delfina im Ganzen sittlich rein gehalten sind, so müssen wir doch gestehen, dass ein Libretto, in welchem zwei Männer (wenn auch vergebliche) Anstrengungen machen, eine Frau zu verführen, der im Grunde auch nicht die Sittenstrenge einer Susanna eigen ist, – dass ein solches Libretto uns sonderbar anmuthet, und dass wir insofern bei weitem andere Stücke des Componisten, w. B. das Singspiel *Lieschen und Fritzchen,* vorziehen, in dessen Text der Moral doch nicht im Geringsten zu nahe getreten wird. – Die Musik der in Rede stehenden Oper anlangend, so scheint es (wenn uns nach einmaligem Hören ein Urtheil erlaubt ist), als wenn Offenbach betreffs der Stylrichtung jenem Eklekticismus huldige, den wir bei anderen Pariser und französischen Componisten antreffen, die ebenfalls ein internationales Publikum vor Augen haben. Mag nun eine strenge Kritik noch so viel an dieser Tondichtung Offenbachs aussetzen, mag und kann sie nachweisen [...], dass er nicht immer originell sei und es nicht verstehe, nach Mozarts Vorbilde das Vulgäre des Textes mit dem Gewande populär-edler Musik zu umkleiden; so muss der Unbefangene doch auch wieder andererseits zugeben, dass sich im *Coscoletto* wie in den anderen zahlreichen Schöpfungen Offenbachs gar manche wirklich frische Melodie vorfindet, dass man darin im Ganzen und Grossen einen piquanten Rhythmus und Eleganz antrifft, häufig vereinigt mit glücklichen Modulationen und einer Instrumentation, die mit den einfachsten Mitteln die mannigfaltigsten Effecte hervorbringt.[194]

Wien

In den Jahren vor 1870 ist französische Kultur europaweit »en vogue«, in Kurorten wie in Ems an der Lahn, aber auch in allen größeren Städten – selbst in Wien an der Donau.

> Gleichgültig ob es sich um Kunst und Politik, Salonleben, Ballveranstaltungen, Kriminalfälle, verschiedene Merkwürdigkeiten, Modeberichte oder eben das Theater handelt, Französisches wurde gerne berichtet und offenbar auch gerne gelesen – wobei Frankreich fast immer mit Paris identifiziert wurde.[195]

Vor allem im Theater an der Wien und im Carltheater kann man um 1860 in der österreichischen Hauptstadt französische Stücke in allen Spielarten sehen. Beim Publikum sind dabei besonders leichte Komödien und Vaudevilles beliebt – vielleicht ja auch, weil diesem Repertoire der Hauch des Ruchbaren anhaftet: »Man huldigt mehr der Sinnlichkeit und Frivolität, und gefällt sich von der Bühne herab, eher eine Entsittlichung, als eine Befestigung der Moralität anzustreben.«[196] Die feinsinnig frivolen Anspielungen im Französischen adäquat ins Deutsche zu übertragen, ist dabei damals keineswegs einfacher als heute: »Wenn die Deutschen sich bemühen, die Franzosen nachzuahmen, so kommt in der Regel etwas Plumpes, Ungeschlachtes heraus.«[197]

Ungeachtet solcher Schwierigkeiten bestimmt das französische Theater in den Jahren nach der Revolution 1848 zusehends das Bühnengeschehen auf den Wiener Vorstadttheatern. Vor allem der aus Berlin stammende Schauspieler Karl Treumann – er ist seit 1852 am Carltheater engagiert – setzt sich für das Vaudeville in der österreichischen Hauptstadt ein, das Genre wird durch sein Wirken geradezu nobilitiert:

> Es scheint dieses Schauspielers bedurft zu haben, um jener Gattung auch in Wien zum Durchbruch zu verhelfen, die in Paris bereits seit geraumer Zeit vorherrschend war und in Wien der Operette den Weg bereiten sollte: dem Vaudeville, den kleinen Gesangsszenen, den heiteren musikalischen Einaktern mit bald romantischem, bald wieder parodistischem Einschlag.[198]

Anschließen kann das von Treumann so propagierte Vaudeville an die Tradition des Wiener Volkstheaters, die durch das Wirken des Schauspielers, Sängers und Bühnenautors Johann Nepomuk Nestroy neue Höhepunkte erfährt. Ab den 1830er-Jahren wird dieser mit heiteren, realistisch-satirischen Possen und Parodien, gerne im volkstümlichen Wienerisch, zum beherrschenden Autor der Vorstadttheater. Bis heute gilt sein Werk als das bedeutendste und populärste des Alt-Wiener Volkstheaters.

Es ist in der Regel auch Nestroy, der für die häufig kongenialen Übersetzungen und textlichen Bearbeitungen von Offenbachs Einaktern – die seit 1858 mit großem Erfolg in Wien gegeben werden – verantwortlich zeichnet. Allerdings liegt heute so gut wie kein authentisches Material seiner Offenbach-Bearbeitungen vor, sodass sich sein Anteil am tatsächlich aufgeführten Werk nur schlecht rekonstruieren lässt. Eine Ausnahme gibt es allerdings: Von *Häuptling Abendwind oder das gräuliche Festmahl* – deutsche Erstaufführung am 1. Februar 1862 am Kai-Theater, uraufgeführt am 16. Mai 1857 an den Bouffes-Parisiens als *Vent-du-soir ou l'horrible festin* – sind sowohl der französische Originaltext wie auch Nestroys eigenhändige Bearbeitung vollständig erhalten.[199]

> **Auf einer entlegenen Insel in der Südsee treffen sich Abendwind der Sanfte, Häuptling der Groß-Lulus, und Biberhahn, der kriegerisch auftrumpfende Häuptling der Insel Papatutu. Man will bei einem gemeinsamen Festmahl politische Angelegenheiten verhandeln – allerdings findet Abendwinds Koch Ho-Gu (»Haut-Gout«!) keinerlei Delikatesse auf der In-**

sel, die er in seinem Topf zubereiten könnte. Auftritt eines gestrandeten Fremdlings, des französischen Friseurs Arthur – für den auf Anhieb die schöne Häuptlingstochter Atala große Sympathie empfindet. Abendwind aber befiehlt seinem Koch, den Fremdling für das Festmahl auf die feinste Art zuzubereiten. Am Abend speisen die beiden Häuptlinge tatsächlich vorzüglichst. Als aber Biberhahn von seinem Sohn Arthur erzählt – er habe ihn vor vielen Jahren zur Ausbildung in das ferne Paris bringen lassen, nun aber sei er per Schiff auf dem Weg zurück, um um Atalas Hand anzuhalten –, begreift Abendwind, dass er gerade seinen zukünftigen Schwiegersohn verspeist hat. Biberhahn ruft sofort wutentbrannt sein Volk zum Krieg gegen Abendwind auf – woraufhin Abendwind der Sanfte in seiner Not das Orakel des heiligen weißen Bären um Rat anfleht. Der Bärenhaut aber entsteigt Arthur: Er hatte den Koch mit einer neuen Frisur bestochen, statt seiner das Tier zu schlachten. Die beiden Häuptlinge versöhnen sich, gestehen einander noch, einst die Ehefrau des jeweils anderen verspeist zu haben, und verkünden gemeinsam die Verlobung ihrer Kinder.

Offenbachs *Vent-du-Soir* ist bei einem längeren Gastspiel der Bouffes-Parisiens in Wien im Sommer 1861 lediglich zweimal im Theater am Franz-Josefs-Kai gespielt worden. Auch Nestroys Bearbeitung wird kaum häufiger gegeben werden, weder das Publikum noch die Kritik wissen die Doppelbödigkeit von Nestroys »indianischer Faschings-Burleske« zu schätzen. Denn, gefällt sich die französische Textvorlage noch in einem kurios komischen, zuweilen gar belanglosen Exotismus, so bringt eigentlich erst Nestroy »Witz und Satire, politische Anspielungen und darüber hinaus noch Ironisierung des Genres als solchem«[200] hinein. Nestroys »Wiener Fassungen« des offenbachschen Repertoires sind somit mitnichten einfach gelungene »Übersetzungen« – es handelt sich im besten Sinne um Anverwandlungen. Nestroy macht sich Offenbachs Vorlagen zu eigen und schafft aus ihnen Neues. Er vermittelt zwischen Welten – und er weiß um die Schwierigkeiten, die das mit sich bringt, wie ein Brief zeigt, den Nestroy am 9. November 1861 schreibt. Er ist gebeten worden, Offenbachs *Mesdames de la Halle* zu bearbeiten – und er lehnt ab:

> Es ist nicht bald ein Stück dieser Gattung aus der Hand seines französischen Verfassers so urfranzösisch hervorgegangen, wie dieses; er hat das Menschenmöglichste, oder besser gesagt, das Franzosenmöglichste getan, daß das Stück, wie es ist, nie deutsch werden kann. So wie es französische Wortspiele giebt, die nicht übersetzt werden können, so ist es hier die Handlung, die sich nicht in's Deutsche übertragen läßt.[201]

Dies sollte auch Nestroys letzte Beschäftigung – oder eben gerade nicht – mit Offenbach sein, wenige Monate später starb er in Graz. *Mesdames de la Halle* wurde zuvor noch von einem Theaterkollegen bearbeitet – und Nestroys Bedenken sollten sich als völlig berechtigt erweisen, das Stück erlebte in Wien nur wenige Aufführungen.

* * *

In der Saison 1863/64 ist Offenbach präsent wie noch nie zuvor in der österreichischen Hauptstadt. Für den Wiener Sängerbund schreibt er den Chor *Der kleine Trommler,* für den Journalistenverein Concordia den Walzer *Abendblätter,* während der »Walzerkönig« Johann Strauß das Pendant dazu, die *Morgenblätter,* schreibt. Offenbachs Beliebtheit hat einen bis dahin ungeahnten Höhepunkt erreicht: »Meine Position hier ist wirklich seltsam, und wenn ich nicht so ungeheuer bescheiden wäre, könnte ich stolz sein.«[202] Stolz kann er vor allem auf den Kompositionsauftrag sein, den ihm tatsächlich die Hofoper erteilt hat – eine große romantische Oper aus Offenbachs Feder. Die Entscheidung der Hofoper für Jacques Offenbachs *Rheinnixen* ist im Übrigen auch eine Entscheidung gegen Richard Wagners *Tristan und Isolde* – eine Absage, die Wagner nie verkraftet hat.[203] Angesichts der absehbaren Bedeutung lässt Offenbach seine Ehefrau Herminie eigens von Paris anreisen. Am 4. Februar 1864 schließlich werden *Die Rheinnixen* in Gegenwart des österreichischen Kaiserpaares Franz Joseph und Elisabeth von Österreich uraufgeführt.

Erster Akt. In den Wirren des Bauernkrieges, ein Dorf unweit Bingen. Die Bauern bitten Armgard, für sie zu singen – ihre Mutter Hedwig hält sie davon ab, ihr Singen sei zu gefährlich angesichts der marodierenden Soldateska. Armgard wird von Gottfried umworben, hält aber ihrem im Krieg befindlichen Franz die Treue. Als die Landsknechte auftauchen, ist auch Franz unter ihnen – allerdings hat er sein Gedächtnis verloren. Der Anführer der Soldaten, Conrad von Wenckheim, verlangt von Armgard, das »Vaterlandslied« zu singen – als sie schließlich zusammenbricht, kommt auch Franz die Erinnerung zurück.

Zweiter Akt. Armgard liegt vermeintlich tot zu Hause, bei ihr sind Gottfried und Hedwig. Diese will Armgard mithilfe der Feen vom Elfenstein retten. Als Gottfried von den Soldaten gezwungen wird, ihnen den Weg zur feindlichen Burg zu zeigen, sinnt er jedoch auf eine List. Armgard ihrerseits erwacht und wird geradezu magisch zu den Elfen gelockt.

Dritter Akt. Am Elfenstein haben sich die Elfen versammelt, Hedwig kommt dazu. Als Armgard erscheint, hält ihre Mutter sie für eine Vision. Als auch die Soldaten erscheinen – die Elfen haben sie vom richtigen Weg zur Burg abgelenkt –, erkennt Hedwig auch Conrad wieder: Sie waren einst ein Paar, aber er hatte sie betrogen und allein und schwanger zurückgelassen. Die Elfen locken die Landsknechte in den tödlichen Abgrund, allerdings will Armgard ihren Verlobten Franz davor bewahren – und rettet damit auch, ungewollt, alle anderen Soldaten.

Vierter Akt. Die Landsknechte bereiten sich auf den Sturm der Burg vor. Sie haben Hedwig in ihrer Gewalt: Sie wollte Conrad aus Rache für Armgards vermeintlichen Tod umbringen, nun eröffnet sie ihm, dass er Vater einer Tochter ist. Die hinzugekommene Armgard – ihre Mutter erkennt sie wieder – bittet ihren Vater Conrad, sein Soldatenleben aufzugeben, woraufhin sich die Wut der Landsknechte entlädt. Im letzten Moment erscheinen die Rheinnixen und retten Armgard, Hedwig, Franz, Conrad und Gottfried, die Soldaten dagegen werden in den Abgrund gerissen.

Nach der Uraufführung schreibt Offenbach:

> Letzten Donnerstag war endlich die Erstaufführung der Rheinnixe[n], und trotz den so begreiflichen Wünschen meiner Neider mit einem großen Erfolg. Ich bin achtmal gerufen worden. Das ganze kaiserliche Haus war anwesend. Viele Stücke wurden lebhaft applaudiert.[204]

Für das elegische »Vaterlandslied« hat sich Offenbach bei einem gleichnamigen Lied bedient, das er im patriotischen Eifer 1848 für Klavier und Singstimme geschrieben hatte. Es ist nicht bekannt, ob dies Kaiser Franz Joseph und Kaiserin Elisabeth bekannt war, als sie den Komponisten in der Aufführungspause zu sich in die Loge kommen ließen.

Trotz des tosenden Applauses bei der Uraufführung werden die *Rheinnixen* nach nur acht Vorstellungen abgesetzt.[205] Dies liegt zu einem gehörigen Maß bestimmt am unzureichenden stimmlichen Vermögen manch eines Sängers, es liegt mit Gewissheit aber auch am unübersichtlichen, ungeschickten und zum Teil gar unfreiwillig komischen Libretto und dem darin eingeflochtenen, vom Wiener Kritikerpapst Eduard Hanslick harsch kritisierten »Gewebe von Unvernunft und Abgeschmacktheit«[206]. Und tatsächlich ist es, bei aller wohlwollenden Sympathie,

> nun einmal so, dass das Textbuch vor Klischees und Trivialitäten strotzt und keinerlei schlüssige Zeichnung der Charaktere und ihrer Handlungsweisen aufweist – von Psychologie gar nicht zu reden! Ein eigentlich dramatischer Grundzug fehlt, die Personen pflegen Vergangenheitsbewältigung und momentane Befindlichkeiten.[207]

Schon die Entstehung dieses Textbuches war sehr kompliziert. Offenbach hat Charles Nuitter ein französisches Libretto schreiben und dieses dann von Alfred von Wolzogen ins Deutsche übertragen lassen. Warum Offenbach »ein derart umständliches und letztlich unmotiviertes Verfahren« gewählt hat, kann aus heutiger Sicht nicht mehr erklärt werden. Tatsache ist jedoch, dass der Komponist die daraus resultierende gewaltige Schlagseite des Textbuches mehr oder weniger bewusst in Kauf genommen haben muss. »Offenbach wusste [...] sehr genau, welche Lächerlichkeiten ihm da unterbreitet wurden. Er unternahm nichts dagegen. Damit kommt ihm eine wesentliche Mitschuld am Scheitern seines zweiten Anlaufes zum Opernruhm zu.«[208] Eine gewisse Schuld am Scheitern der Oper ist bestimmt auch in den nationalistisch aufgeladenen Tönen der 1860er-Jahre zu suchen, in die die *Rheinnixen* nolens volens hineingeraten. Im Umfeld der deutschen Einigungskriege hat Offenbach ohnehin von Anfang an aufs falsche Pferd gesetzt – er, der aus dem preußischen Köln auswanderte, im französischen Paris die frivole Operette erfand und nun im österreichischen Wien eine deutsche romantische Oper aufführen lässt. Vor diesem Hintergrund könnte das pazifistische, ja nachgerade utopische Moment, das manch einer aus den *Rheinnixen* herauslesen möchte, auch einfach nur einer erstaunlichen kindlichen Naivität geschuldet sein. Im Übrigen, so Peter Hawig, müsse man

> darauf beharren, dass, wer eine Gegenposition zum Strom der Zeit aufbauen will (was stets riskant ist), dies künstlerisch überzeugend und theaterpraktisch professionell tun muss und sich nicht eine Anhäufung von Ungeschicklichkeiten leisten kann. Diese desavouieren, ja beschädigen selbst die löblichste Intention.[209]

So gewaltig die Schwächen des Librettos, so gewaltig ist aber, trotzdem, die Musik. Offenbachs *Rheinnixen* gehören mit Sicherheit zum Grandiosesten, was der Komponist je geschaffen hat.

> Wie Offenbach seine Traditionsmuster und Selbstzitate nicht nur melodisch inspiriert mit Leben erfüllt, sondern im Einzelfall auch modern weiterentwickelt, wie er die einzelnen Teile auf eine abwechslungsreiche und fast immer geistreiche Weise miteinander verbindet, wie die Rezitative und Szenen, in denen eine höchst dramatische, vorwärtstreibende Kraft wirkt, mit melodisch-rhythmischen Partikeln und Reminiszenzen an die geschlossenen Nummern gebunden sind – all das zeugt von großer Strukturierungskraft. [...] Nie zerfällt die Oper in ein Nacheinander beliebiger Nummern. Am deutlichsten wird dies in dem systematischen Gebrauch von »Erinnerungsmotiven«, die sich durch die ganze Partitur ziehen.[210]

Nicht ohne Grund sieht Peter Hawig denn auch in den *Rheinnixen* die »ideale konzertante Oper«, er versteht sie

> als einen Triumph der Melodie, als ein Kompendium des Offenbach'schen Gesamtschaffens [...] Sie sind die musikalische Nobilitierung der so viel gescholtenen Gattung »grand opéra«, die damals weltweit Maßstäbe setzenden Welterfolge von Meyerbeer

etc. hinter sich lassend. Mit den *Rheinnixen* gelang Offenbach etwas, was ihm zuvor in gewisser Weise schon mit seinem Ballett *Le Papillon* 1860 in Paris gelungen war – und was ihm mit seiner komischen Oper *Barkouf* im gleichen Jahr missraten war: Er hatte bewiesen, dass er nicht nur die Massen in den Unterhaltungstheatern begeistern konnte, sondern auch in der »ersten Liga« der Meyerbeer und Wagner mithalten konnte - auch wenn die Erfolge nicht lange genug vorhielten. [*Die Rheinnixen*] sind, sicher, ein Tribut an Fromental Halévy und die Große Oper. Sie sind darüber hinaus vielleicht auch Offenbachs Tribut an seine rheinische Heimat. Unter besseren librettistischen Voraussetzungen hätte ein Werk wie *Die Rheinnixen* mit ihrer deutschen Staffage und ihrer französischen Gattungsfaktur das ideale Vermächtnis des Deutsch-Franzosen Offenbach darstellen können. Schade drum! Er holte das Versäumte in *Hoffmanns Erzählungen* nach: auf ironisch gebrochene, schrill groteske Art. Und vielleicht war ja ein deutsch-französisches Vermächtnis im Angesicht der vielen historischen Verwerfungen am Rhein nur auf diese Weise möglich.[211]

* * *

Offenbach verlässt Wien am 17. Februar 1864. Kaum in Paris angekommen, erwartet ihn schon gleich sein nächstes Vorhaben, die neue Opéra bouffe in drei Akten für das Théâtre des Bouffes-Parisiens, *Les Géorgiennes*. Das Werk, uraufgeführt am 16. März 1864, kann nicht wirklich überzeugen. Einig sind sich die Rezensenten darin, dass die Musik vor allem den Vorwand liefert für ein opulent inszeniertes Spektakel. Sind schon die Meinungen über Offenbachs Musik geteilt, so zieht insbesondere das Textbuch von Jules Moinaux deutliche Kritik auf sich, der »Lärm und die grobschlächtigen Späße, mit denen das Libretto gespickt ist, schienen eher weniger Gefallen zu finden und das Publikum zu verstimmen.«[212]

Erster Akt. Pascha Rhododendron ist gegen die Stadt Djégani gezogen, er will seinen Harem auffrischen. Die Männer der Stadt haben sich geweigert, in den Krieg gegen ihn zu ziehen, also haben die Frauen ihrerseits die Herrschaft übernommen, an ihrer Spitze die energische Férosa und ihre Mitstreiterinnen Nani und Zaïda. Verkleidet als flüchtiger Soldat schafft es Rhododendron, sich unter sein Volk zu mischen.

Zweiter Akt. Faul und gelangweilt liegen die Männer von Djégani im Lazarett und lassen ihre vermeintlichen Verletzungen behandeln. Als Rhododendrons Verkleidung auffliegt, wird er zum Tode verurteilt. Zeitgleich können Jol-Hiddin, der Freund von Férosa, und Poterno, der Freund von Nani, aus dem seltsamen Lazarett entkommen.

Dritter Akt. Trotz der strengen Bewachung der Stadttore durch die Frauen konnten alle Männer fliehen, einschließlich Rhododendrons. Nach einem martialischen Auftritt Férosas taucht eine Gruppe von fremden Tänzerinnen auf, denen man erfreut Zutritt zur Stadt gewährt. Tatsächlich sind dies die als Frauen verkleideten Männer unter Rhododendrons Führung, die sich nun in einem Handstreich der Stadt bemächtigen. Als die Männer sich dann aber auch gegen eben den Pascha wenden und ihn gefangen setzen, sind ihnen die Frauen so dankbar, dass sie gerne den Männern die Herrschaft zurückgeben.

Interessanterweise wird Offenbach mit der deutschen Fassung des Stücks, die am 5. Oktober in Wien zur Aufführung gelangt, mehr Erfolg haben – tatsächlich hat der Komponist *Die Schönen Weiber von Georgien* noch einmal erheblich umgearbeitet. Überhaupt scheint es so, als habe Wien Anfang der 1860er-Jahre für Offenbachs Arbeit im Vergleich zu Paris erheblich mehr Gewicht gewonnen. An seinen Librettisten Charles Nuitter schreibt Offenbach: »Gestern wurden in der Oper (und zwar bewundernswert gut) *Die Rheinnixen* gegeben. Das Carltheater spielte *Le Pont des Soupirs* und das Theater an der Wien *Croquefer,* das immer mehr Furore macht – ist das nicht bemerkenswert?[213] Und Ludovic Halévy gegenüber bemerkt er: »Hier lautet das Kriegsgeschrei: ›Offenbach for ever!‹«[214]

12 Offenbach im Kreis seiner Familie. Unbekannter Fotograf, um 1860.

Offenbach privat

Lettre du 25 mars 1864 de Jacques Offenbach à Bourdin, journaliste au *Figaro*

Mein lieber Bourdin,

Sie bitten mich um einige Details über mein Leben für L'Autographe. Hier sind sie: Ich bin in Köln zur Welt gekommen; am tage meiner Geburt, dessen entsinne mich genau, lullte man mich mit einem Liedchen ein. – Ich habe alle Arten von Instrumenten ein wenig gespielt, das Violoncell viel. Nach Paris bin ich mit dreizehn Jahren gekommen, habe hier das Konservatorium besucht und bin dann in der Opéra Comique[215] als Cellist und später am Théâtre-Français als Chef des Orchesters tätig ewesen. Ein Jahrzehnt lang habe ich – mutig, aber vergeblich – an die Pforten der Opéra-Comique geklopft, um mit der Komposition eines Einakters beauftragt zu werden. Dann habe ich ein eigenes Theater, die Bouffes-Parisiens, eröffnet und dort in einem Zeitraum von sieben Jahren rund fünfzig [meiner eigenen[216]] Operetten angenommen, einstudiert und aufgeführt. Als Direktor habe ich vor zwei Jahren abgedankt. Als Komponist habe ich mit den *Beiden Blinden* angefangen und bin eben dabei, die *Georgierinnen* zu beenden. Mir wird viel verziehen werden, weil ich mich selber viel aufgeführt habe. Dank dem Kaiser, der geruhte, mir das Bürgerrecht zu erteilen, bin ich seit drei Jahren Franzose; vor zwei Jahren wurde ich zum Ritter der Ehrenlegion ernannt.

Ich möchte hier weder über meine vielen Erfolgen noch noch meine wenigen Misserfolge sprechen; der Erfolg hat mich nie überheblich gemacht, von einem Misserfolg haben ich mich nie unterkriegen lassen. Ich werde zu Ihnen auch nicht von meinen Vorzügen oder von meinen Fehlern sprechen. Ein schreckliches, unausrottbares Laster allerdings muss ich Ihnen eingestehen, und das ist: arbeiten, stets und ständig arbeiten. Ich bedaure dies um jener willen, die meine Musik nicht lieben, denn ich werde bestimmt sterben mit einer Melodie an der Spitze meiner Feder.

Auf immer der Ihre
Jacques Offenbach
am 25. März 1864[217]

* * *

Wie kaum ein anderer Musiker steht Offenbach zeitlebens im Fokus der medialen Aufmerksamkeit – befeuert auch durch unzählige Anekdoten, die der Komponist immer wieder lanciert und die die Medien bereitwillig aufgreifen. Noch 1865 wundert sich der Journalist Pierre Véron darüber,

> mit welch frommer Ehrfurcht [Offenbachs] Tun und Treiben aufgezeichnet wird. Er kann nicht einen Schritt nach links gehen, nicht einen kleinen Schlenker nach rechts machen, ohne dass drei Dutzend Zeitungen die Öffentlichkeit davon in Kenntnis setzen.[218]

Offenbach weiß im Übrigen sehr genau, wie er ein sehr interessantes Bild für die Medien abgeben kann. Die hagere, drahtige Gestalt – laut seinem Enkel wog er zeitlebens wohl nie mehr als 50 Kilo[219] –, das spöttische Lächeln im Gesicht, die schütteren, jeden Morgen professionell frisierten Haare, der auffallende Schnurrbart mit den stark hervortretenden Koteletten, der immer gleiche Zwicker und die immer gleiche schwarze Krawatte: Wer dem Komponisten begegnet, könnte meinen, seiner Karikatur gegenüberzustehen. Verstärkt werden diese ohnehin schon bemerkenswert auffälligen äußeren Merkmale durch die besonderen Ansprüche des Komponisten in Sachen Mode – die, gelinde gesagt, mindestens ausgefallen zu nennen sind. Sein Schneider Dusautoy betreibt ab 1863 sein Geschäft mitten im »Paris chic«, interessanterweise in genau dem Haus neben der Oper, am Boulevard des Capucines, in dem Offenbach 1877 seine letzte Wohnung beziehen wird. Offenbach legt vor allem Wert auf exklusive Hosen, sehr gerne bunte, die er stets durch farblich passende Gamaschen ergänzt. Eine gewisse Berühmtheit erlangte sein Auftreten während des Aufenthaltes im Sommer 1869 in Baden-Baden zur Uraufführung von *La Princesse de Trébizonde*:

> Wenn Sie am Horizont eine gelbe Hose mit farblich abgestimmter Weste aufblitzen sehen, darüber ein himmelblauer, samtener Sakko, dazu perlgraue Handschuhe und ein

> grüner Hut à la *Fra Diavolo,* geschmückt mit einer Pfauenfeder, dies alles gekrönt von einem knallroten Sonnenschirm mit langem Stiel; wenn Sie inmitten von all dem so etwas wie einen tatsächlichen Menschen erkennen, dann können Sie sicher sein, den Schöpfer von *Orphée aux Enfers* vor sich zu haben.[220]

Zum medialen Bild von Offenbach gehören auch die vielen Geschichten über Affären – tatsächliche und vermeintliche. Auf den Theaterautor Marcel Achard etwa geht die Legende zurück, der Komponist habe ein Liebesverhältnis mit Hortense Schneider unterhalten – was zwar theoretisch denkbar wäre, jedoch nach allem, was wir aus Briefen und Berichten von Zeitgenossen wissen, hochgradig unwahrscheinlich ist. Weitere Verhältnisse mit verschiedenen Sängerinnen wurden ihm nachgesagt, ganz im Sinne der vermeintlichen »Halbwelt« am Theater. Tatsächlich scheinen in der »Stadt der Liebe« nicht wenige Schauspielerinnen und Sängerinnen das Boudoir als Verlängerung der Bühne verstanden zu haben. Und wenngleich sie wohl nicht gar so ruchlos sind, wie sie Émile Zola in *Nana* beschreibt, so verzeichnet die Pariser Polizeipräfektur Anfang der 1870er-Jahr in ihrer umfangreichen Aktensammlung zahlreiche offenbachsche Operettendiven als zweifelhafte »dames galantes«: Blanche d'Antigny, Hortense Schneider, Céline Montaland, Lise Tautin usw.[221] Tatsache ist im Übrigen auch, dass Offenbach auf seinen vielen Tourneen häufig in Begleitung von Damen reiste, allerdings eben sehr selten in Begleitung seiner Frau Herminie, die scheinbar lieber zu Hause blieb. Im Historischen Archiv der Stadt Köln finden sich zwei kleine, durchaus kompromittierende Briefe aus Offenbachs Hand, ohne Angabe der Empfängerin: »Was machst Du bei dieser unerträglichen Hitze? Wo und mit wem gehst Du spazieren? Antworte, wenn Du kannst. Und wenn Du es wagst. Trotz Deines bösen Briefchens küsse ich Dich, ganz viel.«[222] Wer genau mit der Ansprache »ma chérie«, die Offenbach dem Brief voranstellt, gemeint ist, hat er vielleicht bewusst nicht notiert.

Unter den Offenbach umgebenden Frauengestalten am Theater schält sich eine deutlicher heraus: Zulma Bouffar, neben Hortense Schneider bestimmt die bekannteste Offenbach-Interpretin. Keine klassische Schönheit, aber temperamentvoll und attraktiv, muss sie auf Offenbach gewaltig Eindruck gemacht haben. Der Komponist lernt die Sängerin auf einer Reise 1863 in Bad Homburg kennen und engagiert sie sogleich. Ihre größten Erfolge feiert sie in den folgenden Jahren mit Rollen, die der Komponist ihr auf den Leib schreibt: als Gabrielle in *La Vie parisienne* 1866, als Toto in *Le Château à Toto* 1868, als Robin Luron in *Le Roi Carotte* 1872 oder als Prinz Caprice in *Le Voyage dans la Lune* 1875. Nach Offenbachs Tod wird Zulma Bouffar selbst Theaterunternehmerin, sie leitet ab 1887 das Théâtre de l'Ambigu-Comique – bevor sie schließlich 1909 in dem gleichen Altersheim für Schauspieler und Sänger stirbt, in dem auch einige Jahre später Hortense Schneider ihren Lebensabend verbringen wird. Glaubt man den Akten der Polizeipräfektur, gehen aus Offenbachs Beziehung zu Zulma Bouffar zwei Kinder hervor, schon allein deshalb ist sie wohl mehr als eine schlichte Affäre. Trotzdem – oder gerade deshalb? – hat Offenbach nichts hinterlassen, was ausdrücklich seine Gefühle für die Sängerin offenbart, außer vielleicht einen Brief aus Prag, den er, unterwegs auf einem Gastspiel 1867, an seinen Librettisten Charles Nuitter schreibt:

> Mein lieber Freund,
> es ist durchaus nötig, dass Sie mir den erwähnten Dienst erweisen. Suchen Sie in meinem Auftrag Herrn de Pène auf und veranlassen Sie ihn, in seine Zeitung am gleichen Tage noch eine kurze Notiz aufzunehmen, etwa so: »Mehrere Künstler der ›Bouffes‹, die im ›Orphée‹ nicht beschäftigt sind, nämlich die Damen Bouffar und Marié und Herr Berthelier, geben in dieser Woche eine Reihe von Vorstellungen in Nantes.«
> Sein Journal wird bei mir zu Hause gelesen, und diese wenigen Worte werden sehr gelegen kommen. Von Ihnen und von unserem Freund Pène verlange ich strengste Diskretion […][223]

* * *

So pikant solche Details auch sein mögen: Offenbach weiß zeitlebens die Vorzüge eines wohlgeordneten bürgerlichen Lebens zu schätzen. Groß geworden inmitten des von Isaac und Marianne Offenbach in Köln geschaffenen, offensichtlich sehr warmherzigen familiären Umfeldes, ist Offenbach der familiäre Cocon so wichtig, dass er ihn strikt vom schnelllebigen, hektischen Leben zwischen Boulevard und Theater getrennt hält. Im Mittelpunkt dieses behüteten Familienlebens steht unangefochten Herminie Offenbach, geborene d'Alcain – »Muster einer vollkommenen Ehegattin und einer liebevoll-strengen Mutter«.[224] Trotz seiner zeitweisen Untreue bewahrt Offenbach ihr gegenüber eine solche Achtung und eine Zuneigung, dass allein Herminie einen dauerhaften Platz in seinem Herzen beanspruchen darf. Die Eheleute siezen sich respektvoll, wie in bürgerlichen Kreisen in Frankreich unter Eheleuten zum Teil noch heute üblich – obwohl der Komponist ansonsten so ziemlich jeden duzt, egal ob Freund, Mitarbeiter, Sänger, Dienstbote, ja sogar manchen seiner Lieferanten.[225] Tatsächlich lässt Jacques seiner Ehefrau Herminie jedes Jahr zum Namenstag einen prächtigen Blumenstrauß zukommen – selbst wenn er an diesem Tag nicht in Paris sein sollte. Vor allem aber ist kein einziges böses oder auch nur respektloses Wort der Eheleute übereinander überliefert, im Gegenteil. Herminie scheint ihrem Ehemann in den wichtigen Augenblicken stets zur Seite gestanden zu haben. Voller Energie und sehr zupackend führt sie den Haushalt und erzieht die Kinder, die den Eheleuten im Laufe der Jahre geboren werden: vier Mädchen und ein Junge.

Céleste Marianne Berthe kommt bereits 1845, kurz nach der Hochzeit ihrer Eltern, auf die Welt. Sie heiratet 1865 Charles Comte, den Eigentümer des Théâtre des Bouffes-Parisiens – ob es sich dabei um eine Liebesheirat handelt, darf man aus guten Gründen bezweifeln.[226] Fünf Jahre später wird Minna Sophie Blanche Marie »Mimi« geboren, die 1875 den Finanzfachmann Achille Tournal ehelicht. Die kirchliche Trauung findet in der Kirche Notre-Dame-de-Lorette statt, direkt unterhalb der Rue des Martyrs, wo Offenbach in einer kleinen Dachwohnung seine ersten Jahre in Paris verbracht hatte. Zu beiden Hochzeiten, der von Berthe und der von Mimi, hat Offenbach eigens Messen geschrieben – die heute allerdings wohl als verschollen gelten müssen. Marie Léocadie Benita Joséphine, genannt Pépita, kommt im Jahr der Weltausstellung 1855 zur Welt. Sie heiratet nach dem Tod ihres Vaters Prosper Brindejoint, der einige Jahre lang Bürgermeister von Étretat sein wird – ihr gemeinsamer Sohn Jacques Brindejoint-Offenbach wird in einer jahrelangen akribischen Arbeit ein sehr wertvolles Erinnerungsbuch verfassen, dem wir die meisten und wertvollsten Informationen zum Privatleben des Komponisten verdanken. Die jüngste Tochter Jacques und Herminie Offenbachs schließlich, Albertine Sophie Jacqueline, heiratet 1886 Pierre Mousset. Ihre Nachkommen werden später einen großen Teil des musikalischen Nachlasses des Komponisten erhalten.

Zu seinem 1862 geborenen Sohn Charles Ignace Auguste Jacques, genannt Auguste – dem lang ersehnten Stammhalter, der sich obendrein auch als musikalisch begabt erweist –, wird Offenbach eine sehr herzliche, sehr enge Beziehung aufbauen. Taufpate des Jungen wird kein Geringerer als der Herzog von Morny. Und als Auguste im Sommer 1870 in Étretat einen Reitunfall erleidet, durchlebt der Vater, seinem Brief nach zu urteilen, furchtbare Stunden:

> Mein armer Auguste ist gestern vom Pferd gefallen und ist nur knapp dem Tod entgangen. Das Pferd hat wie wild ausgeschlagen, ihm sein Gesicht entstellt und sein armes Näschen zerschlagen. Wir danken dem lieben Gott, uns unser Kind bewahrt zu haben – nur eine Spur höher und wir hätten keinen Sohn mehr, ein entsetzlicher Gedanke.[227]

Als Offenbach 1844 Herminie heiratet, ist er zuvor zum Katholizismus konvertiert. Jean-Claude Yon weist darauf hin, dass dies ein durchaus unüblicher Schritt für Juden im Frankreich des 19. Jahrhundert ist – er ist zumeist eigentlich nicht nötig. Viele jüdische Familien, wie etwa die Rothschilds, die Halévys oder die Péreires, sind erfolgreich integriert in einem Land, das sich das Säkulare der Französischen Revolution bewahrt hat und in dem die Religion im Laufe des 19. Jahrhunderts eine immer geringere Rolle spielt. Dass Offenbach, der aus seiner Familiengeschichte heraus eigentlich tief im Judentum verwurzelt ist, trotzdem zum katholischen Glauben übertritt, kann nur damit erklärt werden, dass ihm sehr viel an seiner Angetrauten lag. Seine jüdischen Wurzeln aber wird Offenbach nie verleugnen und in seinem Alltag durchaus pflegen: Auf Reisen steigt er offensichtlich gezielt in koscheren Hotels ab, seine Essgewohnheiten wirken aus althergebrachten jüdischen Gewohnheiten herrührend, ebenso wie sein Verständnis vom familiären Zusammenhalt. Es mag kein Zufall sein, dass zum wöchentlichen Fixpunkt der Familie ausgerechnet der Freitagabend wird, der Vorabend des Sabbats. Herminie scheint im Übrigen weder Vorbehalte gegenüber den jüdischen Wurzeln ihres Mannes noch gegenüber seiner nach wie vor jüdischen Familie in Köln gehabt zu haben.

Anders als von Jacques ist von seinem Bruder Jules keinerlei Konversion bekannt – wie wir überhaupt wenig über ihn wissen. Nachdem die beiden Brüder 1833 gemeinsam aus Köln gekommen waren, scheinen sie auch in den ersten Jahren in Paris einigermaßen enge Beziehungen unterhalten zu haben. Jules verdient während der Julimonarchie seinen Lebensunterhalt als Violinist, ab 1850 ist er scheinbar im Schatten seines Bruders als Kapellmeister tätig – sowohl an der Comédie-Française ab 1850 als auch vor allem an den Bouffes-Parisiens ab 1855. Dort scheint es um das Jahr 1857 zu einem Zerwürfnis zwischen den beiden Brüdern gekommen zu sein, ihre Wege trennen sich. In den folgenden Jahren bis 1864 macht sich Jules einen gewissen Namen als Chorleiter des größten deutschen Gesangsvereines in Paris, der Société Teutonia, danach verliert sich zunächst seine Spur. Ende der 1870er-Jahre taucht er schließlich als Patient der Maison Dubois wieder auf. Er scheint in diesem Pflegeheim in unmittelbarer Nähe des Gare du Nord – also des Pariser Bahnhofs in Richtung Köln – mehrere Jahre zu verbringen, wobei sein Aufenthalt offensichtlich mit 300 Francs monatlich diskret von Jacques finanziert wird. Ebendort stirbt er am 10. Oktober 1880, wenige Tage nach seinem berühmten Bruder. Jules scheint sich charakterlich gewaltig unterschieden zu haben von Jacques. Der einzige bekannte Nachruf beschreibt ihn, den Älteren, wenig charmant als »das trübselige Seitenstück zu seinem Bruder«.[228] Anders als sein musikalisch erfolgreicher Bruder konnte Jules »offensichtlich recht gut ohne Musik auskommen oder vielmehr, er unterlag nicht dem Drang, sie aktiv ausüben zu müssen«.[229] Der gleiche Nachruf stellt fest:

> Jules hatte Talent, nur keines für Paris. Jacques wäre in Deutschland wahrscheinlich gar nichts, Jules aber ohne Zweifel ein solider Musiker geworden, der manches tüchtige Opus geleistet hätte. Für Paris fehlte ihm die Sprungkraft, in Paris konnte er blos [sic!] träumen.[230]

* * *

Offenbach verbringt fast sein gesamtes Leben in einem einzigen Viertel der französischen Hauptstadt, dem heutigen neunten Arrondissement. Hier an den Boulevards, unterhalb des Montmartre und in Laufnähe zum politischen Zentrum um den Tuilerienpalast herum, ist er ab 1833 zu Hause. Seine erste Bleibe nach der Übersiedlung aus Köln findet er in der heute noch sehr volkstümlichen, pariserischen Rue des Martyrs im Künstlerviertel hinter Notre-Dame-de-Lorette. Später wird er weiter ins Stadtzentrum ziehen, zunächst jung verheiratet in die Passage Saulnier, nach dem – auch finanziellen – Erfolg des *Orphée* in die Rue Laffitte, in Laufnähe der Oper in der Rue Le Peletier und unweit des Théâtre des Variétés am Boulevard des Italiens. Ab 1876 schließlich residiert er in einer geräumigen Wohnung im damals modernsten und edelsten Viertel der Hauptstadt am Boulevard des Capucines, unmittelbar neben der im Bau befindlichen neuen Opéra Garnier.

Der Musiker pflegt seine Gewohnheiten. Er arbeitet morgens von sieben bis elf Uhr, lässt sich abschließend von seinem Friseur schick machen und begibt sich dann außer Haus. Fast täglich isst Offenbach auswärts, stets das gleiche Mittagessen zur stets gleichen Stunde und stets in den gleichen Restaurants am Boulevard – im Café Bignon, bei Noël et Peters, in der Maison dorée, am liebsten jedoch wohl im Café Riche, dort auch am stets gleichen Platz. Drei Löffel Rührei mit einem Weißbrotschnittchen, ein kleines Lammkotelett, eine kleine Portion Kartoffeln und ein bisschen Obst – Offenbach isst insgesamt wenig. »Er verspürte oft Hunger, aber niemals Appetit«,[231] erinnert sich sein Enkel. Sollte er keine Zeit haben, ins Restaurant zu gehen, lässt er sich gerne sein Essen vom Café Riche zu sich nach Hause bringen; dort isst er dann allein in seinem Arbeitszimmer, während Herminie und die Kinder ihrerseits von der Hausdame bekocht werden.[232] Zumeist verbringt er den größten Teil des Tages allerdings im Theater:

> Nach den Proben [dann], gegen fünf Uhr nachmittags, kehrte Offenbach heim, um an der Instrumentation der Partitur zu arbeiten, die er gerade unter den Händen hatte. Er begab sich in sein Arbeitszimmer und ließ sich an dem kleinen Tisch neben dem Klavier nieder, so konnte er, […] ohne aufstehen zu müssen, irgendwelche Akkorde anschlagen, soweit seine von der Gicht deformierten Finger das zuließen. Man hörte ihn die Motive pfeifen, die ihm aus der Feder flossen, und sich dazu begleiten, so gut es eben ging.
> Zwanzigmal rief er seine Frau, seine beste und aufrichtigste Mitarbeiterin, der er mit gespitzten Lippen und den Spitzen der Finger zu Gehör brachte, was er eben niedergeschrieben hatte. Wenn die zärtlich-gestrenge Richterin es nicht ohne Einschränkung billigte, so belehrte er sie:
> »Das ist sehr gut, meine liebe Freundin, ich danke Ihnen und bin untröstlich, Sie unnütz gestört zu haben… Aber Sie verstehen davon absolut nichts…«
> Doch schon einen Moment später rief er sie abermals:

»Hören Sie zu, Herminie, vielleicht gefällt es Ihnen so besser.«
Und dann spielte er ihr die neue, meist endgültige Fassung vor.
Meine Großmutter pflegte alsdann ihren bewunderungswürdig schönen Arm gegen ihn auszustrecken, und, eine ihrer feststehenden Redewendungen, die in ihrer Familie legendär geworden war, gebrauchend, auszurufen:
»Na also, Herminie hatte wieder mal recht!«[233]

Auch wenn er offensichtlich viel und gerne arbeitet, so legt Offenbach doch großen Wert auf die gemeinsame Zeit mit der Familie – und vor allem freitags, nach dem Abendessen im großen familiären Kreis, auf die gemeinsame Soiree mit zahlreichen geladenen Freunden. Offenbach lässt keine Entschuldigung gelten »und keine Ausrede unter Berufung auf unvorhergesehene Verhinderung durfte ihn der Gegenwart auch nur einen seiner intimen Freunde berauben«.[234] Die Soireen im Hause Offenbach sind legendär – nicht nur durch den erlauchten Kreis der Gäste, sondern auch durch ihren offensichtlich enormen Unterhaltungswert.

Wenn man sich nicht zu den improvisierten »Hopsereien« kostümierte, so spielte man Komödie, veranstaltete pantomimische Rätselspiele oder führte burleske Dramen und Parodien großer Opern auf. Ein andermal verkürzte man sich den Abend mit Kartenspielen – Bézigue oder Whist – bis zur Mitternacht. Dann stürzten alle in die Küche zur stets gefüllten Speisekammer und fielen über die hartgekochten Eier, den Schinken, die Hammelkeule, über die Salate und das Obst her. Überall wurden ein paar Tische aufgestellt, manchmal sogar draußen auf dem Treppenabsatz. Stapel von Tellern türmten sich, Flaschen wurden entkorkt, und unter übermütigem Gelächter gab man sich unbeschwerter Freude hin bis zur Stunde des Aufbruchs.

Einige dieser Abende sind denkwürdig geblieben: Angefangen mit dem, an welchem Offenbach durch sein Rohrflötenspiel die ganze Gesellschaft zum Weinen brachte – ohne Zweifel vor Lachen über seine Interpretation des »Miserere« aus dem *Troubadour* –, bis zu jenem anderen, an dem ein großes Orchester von Bigophonen die »Hühnerhof-Symphonie« aufführte.
An diesem Abend enthielt das Programm auch ein Solo, dargeboten von Léo Delibes, der als »Delibestie« den Zuhörern ebenfalls Tränen entlockte durch seine Imitation eines Hündchens, dem man auf die Pfote getreten hat.
Denkwürdig ist auch jener Kostümball, wo Jacques sich als Feldhüter verkleidet hatte (ein Kostüm, das von Detaille eigens für ihn und diese Gelegenheit entworfen worden war), während Nadar und Bizet sich als Babies präsentierten, Delibes als Rekrut von der Infanterie, Villemessant als Rothaut; Gustave Doré kam als Akrobat auf den Händen

hereinspaziert, und Crémieux zeigte sich gar in doppelter Gestalt: als Pierrot auf der einen Körperhälfte und als Leibgardist auf der anderen.
Ferner gab es da noch jene ungewöhnliche Aufführung eines Schauerdramas: »L'Enfant Trouvère oder Die Einnahme von Castelnaudary«, dessen Hauptrollen mit Halévy, Gevaert, Duprato, Crémieux, Delibes, Bizet und Edmont About besetzt waren; das Programm nannte ihre Namen in italianisierter Form (Cremioso, Delbestino usw.).[235]

Unter den Freunden, die das Ehepaar Offenbach an solchen denkwürdigen Abenden bei sich zu Hause versammelt, sind offensichtlich bekannte Namen: Musikerkollegen wie Léo Delibes oder Georges Bizet, bildende Künstler wie Édouard Detaille und Gustave Doré, der Fotograf Félix Tournachon, genannt Nadar, Schriftsteller wie Edmont About, Librettisten wie Hector Crémieux und Ludovic Halévy und der Journalist und Zeitungsunternehmer Hippolyte de Villemessant. Unter Offenbachs Freunden darf besonders einer einen herausgehobenen Platz beanspruchen: Victorien Sardou, für den der Komponist eine besondere Zuneigung hegt. Beide schätzen einander künstlerisch und menschlich und haben eine hohe Achtung voreinander – und sie duzen sich, was insbesondere bei Sardou eine besondere Auszeichnung darstellt.

Neben den Wohnungen in der Passage Saulnier oder der Rue Laffitte ist es vor allem die Villa Orphée, die im Zentrum des Familienlebens steht. Hier im malerischen Étretat, an der normannischen Küste, verbringen Jacques, Herminie und die Kinder jedes Jahr die Sommermonate – wobei sie selbstverständlich hier, wie ja auch in Paris, immer gerne Freunde empfangen. Man amüsiert sich hier, im beschaulichen grünen Dorf mit Blick aufs tiefblaue Meer, mindestens genauso gut wie in der hektisch betriebsamen Hauptstadt:

In der Tat, der erstbeste Geburts- oder Jahrestag, die bloße Ankunft in oder Abreise von Etretat dienten zum Vorwand für die Organisation einer musikalisch-literarischen »Gedenkfeier« samt Hausball, auf deren Programm Revuen, burleske Dramen, komische Opern, sogar große Opern mit Balletteinlagen standen und die mit einem Rundtanz oder Schlußgalopp endigten.
Die Bühne wurde im Billardzimmer aufgeschlagen, das vom großen Salon durch Schiebetüren getrennt war, die sowohl als Kulisse wie als Vorhang dienten. Die Dekorationen wurden von den jeweils anwesenden Malern angefertigt, und selbst Gustave Doré weigerte sich nicht, Pinsel und Kleisterbürste dabei zu handhaben.
Die Proben bildeten die fröhlichsten Momente. Offenbach spielte selten mit, aber sein innerer Dämon zwang ihn stets, nachdem er tausend Eide geschworen, daß er sich um nichts kümmern werde, die Spielleitung zu übernehmen, und manchmal nahm er diese Aufgabe so ernst, daß er ganz vergaß, daß es sich um Amateure handelte, die bloß zu

ihrem Vergnügen spielten; er zeigte sich ebenso nervös und ebenso anspruchsvoll, als ob es sich um richtige Bühnenkünstler handelte, die für eine Aufführung vor einem richtigen Publikum probten. Von Ungeduld erfüllt, scheute er keine Mühe, überglücklich darüber, bei sich zu Hause zu sein.[236]

* * *

Wenn Offenbach auch an seiner lieben »Villa Orphée« und an seinem nicht minder geliebten »Etretat« mit allen Fasern seines Herzens hing, so wahrte er ihnen deswegen doch nicht unverbrüchliche Treue. Oft verbrachte er dort einen Monat – einen Monat der Erholung, des Vergnügens und der Arbeit, aber auch des Leidens. Oft ging er bloß ein paar Tage dahin, ja, während so mancher Saison ließ er es, zurückgehalten durch seine Kuren in Ems, Baden-Baden oder Aix-les-Bains, ganz im Stich und ruhte sich im Pavillon Henri-Quatre zu Saint-Germain oder sogar in Paris von den ärztlichen Behandlungen aus, denen er sich hatte unterziehen müssen.[237]

Trotz seiner Treue zu seiner Wahlheimat bleibt Offenbach sein Leben lang ein Reisender. Es ist für ihn fast schon eine Selbstverständlichkeit, mal zur Erholung nach Saint-Germain-en-Laye oder zur Kur nach Ems zu fahren. Und es gehört schlicht zu seinem professionellen Alltag, dann auch den Zug nach Wien, London, oder Berlin zu nehmen, um dort seine Werke zu dirigieren. Es kommt durchaus vor, dass er Paris nur kurz durchquert, um von einem Zug in den anderen umzusteigen. Als er 1873 aus Aix-les-Bains kommt, bittet er seinen Freund Albert Vizentini, ihm eine gute Kutsche mit einem sehr guten Pferd zu organisieren – er habe nur 25 Minuten, um von der Gare de Lyon zur Gare Saint-Lazare zu kommen, wo sein Zug nach Saint-Germain-en-Laye abfahre.[238] Dass Herminie ihn auf diesen Reisen so gut wie nie begleitet, öffnet natürlich Tür und Tor zu Spekulationen bezüglich der ehelichen Treue des Komponisten. Tatsache ist aber, dass Offenbach während seiner Reisen selten Zeit hat für ruhige Stunden, er nutzt die Reisen zum Arbeiten: »In Paris kann man nicht arbeiten, oder nur schlecht«, schreibt er seinem Librettisten Nuitter.[239] Wenn sie also nicht einfach mitkommen, wie Crémieux nach Ems im Jahr 1858, überflutet der Komponist seine Librettisten mit Briefen und klaren Arbeitsanweisungen, um so der Situation zu entgehen, die er scheinbar geradezu hasst: nicht voranzukommen mangels fehlender, zu vertonender Texte. Auch seiner Familie schreibt er immer wieder Briefe, sei es nach Étretat oder nach Paris. Die Korrespondenz mit Herminie ist leider so gut wie vollständig verschollen. Die erhaltenen Briefe der Kinder jedoch lassen erahnen, dass man zu Hause in Étretat oder Paris weniger fleißig war darin, den auf Reisen befindlichen Vater an seinem Leben teilhaben zu lassen. Offenbachs Enkel erinnert sich:

Wenn die Seinigen, immer in Sorge um den in der Ferne Weilenden, von ihm genaue Berichte über seinen Gesundheitszustand und über seine Zeiteinteilung (soweit sich darüber Geständnisse machen ließen) verlangten, gingen ihm im Austausch nur flüchtig hingeworfene, äußerst knapp gehaltene und wenig einfallsreiche Botschaften seiner Kinder zu:
Uns geht s gut, wir amüsieren uns sehr, Etretat ist dieses Jahr wirklich auf der Höhe, Mama läßt Dich bitten, Geld zu schicken. [...].[240]

* * *

Wie er in der zitierten autobiographischen Skizze für den *Figaro* ausdrücklich schreibt, hat Offenbach »ein Laster, ein unbezwingbares, nämlich immer zu arbeiten«. Offensichtlich ist sein Alltag von morgens bis abends ein musikalischer, ständig eilt er melodischen Gedanken hinterher, die er, wenn er sie nicht sofort kompositorisch umsetzt, vorausschauend aufbewahrt: »›Abfälle‹ – Skizzen ohne Fortsetzung, Ideen ohne Entwicklung, unausgeführte Sätze und unvollendete Stücke, Motive ohne feste Bestimmung – sammelte er, und er hatte ganze Pappkartons voll solcher ›Gedankenspäne‹.«[241] Der Komponist nutzt jede Möglichkeit, den musikalischen Einfall auch beim Schopfe zu packen:

Um keine Minute zu verlieren, hatte Offenbach sich in seinem allen Parisern bekannten Wagen ein kleines Schreibpult einbauen lassen, so daß er – während Mathurin [sein Fahrer] ihn von einem Theater zum andern kutschierte – beim flackernden Licht einer Kerze an seinen Kompositionen weiterarbeiten konnte, indem er in fliegender Hast die Liniensysteme seines Notenpapiers mit kaum wahrnehmbaren, aber beredsamen Notenköpfen füllte.[242]

Bei aller Skepsis gegenüber dieser unkonventionellen, zuweilen auch hastigen Art zu arbeiten, schwingt bei Komponistenkollegen wie etwas Camille Saint-Saëns aber auch Bewunderung mit, wenn sie über den Komponisten Offenbach sprechen:

Offenbachs Leichtigkeit und Schnelligkeit der Ausführung waren beispiellos. Er improvisierte buchstäblich. Seine Partituren sind übersät mit Fliegentupfen, mikroskopisch kleinen Noten. Er hatte ein System von Kürzeln, das er bis zum Äußersten ausbaute; und die Simplizität seiner Kompositionsmethode erlaubte es ihm, sich ihrer immer wieder zu bedienen. Und dennoch, riesige Produktivität, eine Gabe fürs Melodische, ein gewisser Grad von harmonischer Eleganz, eine Menge Humor und Einfälle, ein hochentwickeltes Gespür fürs Theater – das war alles, was er zum Erfolg brauchte.[243]

Der scheinbar unersättliche Drang des Komponisten zu fieberhafter Aktivität wird in vielen zeitgenössischen Berichten wortreich beschrieben, er äußert sich aber auch in »zahllosen kurzen Briefchen, die er an seine Mitarbeiter richtete. Hastige und gebieterische Worte, bald so oder so abgewandelt, durch die er den einen oder anderen zu sich beschied«.[244] Überhaupt kann Offenbach, bei aller Freundlichkeit, scheinbar recht unwirsch sein, sobald sich irgendetwas oder irgendjemand – und sei es mit den besten Absichten – ihm in den Weg stellt:

> Befriedigt und wütend zugleich, weil er gestört worden war und seine Zeit vergeudet hatte, empfing Offenbach den nächsten Besucher; dieser, kaum daß er über die Schwelle getreten, blieb wie angewurzelt und stumm wie ein Fisch stehen. Der Maestro erteilte irgendwem irgendeinen Befehl, entwarf einen Probenplan für den Nachmittag, machte sich eine Notiz, zündete sich eine Zigarre an, gebot den Kindern, die nebenan sangen, Schweigen, diktierte ihnen einen Stundenplan und geleitete dann seinen Besucher, der überhaupt nicht zu Worte gekommen war, höflich hinaus, indem er ihm versicherte, er könne voll und ganz auf ihn zählen.[245]

Offenbach weiß, dass er hohe Ansprüche an sich selbst stellt – woraus er das Recht ableitet, auch anspruchsvoll gegenüber anderen zu sein. Dies betrifft natürlich insbesondere seine Arbeit am Theater. Bei aller Anstrengung ist es ihm aber sichtlich ein Anliegen, mit seinen Mitarbeitern stets ein möglichst gutes Verhältnis zu wahren – was mitunter zu recht eigenartigen Ansagen führen kann:

> Wenn der Maestro gutgelaunt zur Probe kam, so rief er, der sehr wohl wußte, daß der Tag nicht ohne Krach, Geschrei und Zähneknirschen vergehen würde, mit jenem unnachahmlichen Akzent den Künstlern zu: »Liebe Freunde, bevor wir beginnen, möchte ich euch im Voraus um Verzeihung bitten für die unangenehmen Wahrheiten, die ich nicht versäumen werde, euch gleich zu sagen!«
> Allgemeines Lächeln, und die Probe begann in Ruhe und Freude. Doch bald bekundete Offenbach seine gewohnte Nervosität und Gereiztheit: »Ce n'est pas ça…«
> Man fing nochmal von vorne an, wiederholte. Offenbach schlug den Takt mit seinem Spazierstock, sang den Sängern vor, wie er es haben wollte, machte den Figuranten vor, wie sie tanzen sollten, führte die Farandole oder den Cancan an, fordernd, ausdauernd, unermüdlich, und das in einem teuflischen und frenetischen Tempo bis zum Aktschluß. Eher waren alle andern müde und matt, als daß er ermüdet schien. Dann ließ er sich keuchend in einen Lehnsessel fallen und rief, im Moment seinen liebenswürdigsten Tonfall und sein verbindlichstes Lächeln wiederfindend:

»Das war sehr gut diesmal, meine Kinder! … Das war sogar außerordentlich gut… Aber es war noch immer nicht das Bestmögliche! … Wiederholen wir darum das Ganze gleich nochmal!«[246]

* * *

Offenbach ist zwar geradezu besessen von seiner Arbeit – trotzdem aber gibt es etwas, das ihn tatsächlich in seinem schöpferischen Elan ausbremst, ja ihm mehr und mehr den Boden unter den Füßen wegzieht: seine gesundheitlichen Schwierigkeiten, wie sie ihn ab der Mitte der 1860er-Jahre mehr und mehr plagen. Er leidet offensichtlich an der Gicht – was ihn aber, seinen Kommentaren nach zu urteilen, eher belustigt, bringt man die Gicht doch sehr häufig in Zusammenhang ausgerechnet mit Übergewicht. Die mit zunehmendem Alter immer häufigeren Gichtanfälle sind mit sehr starken Schmerzen verbunden, trotzdem – oder gerade deshalb – macht sich Offenbach an die Arbeit, sobald es wieder irgendwie möglich ist. Sein Freund, der Verleger Villemessant, erinnert sich:

»Schauen Sie sich diesen Fuß an«, sagte er mir eines Tages mit einem Lächeln, als er mal wieder einen Anfall erlitt, »dort empfinde ich im Augenblick so heftige Schmerzen, wie ich sie in meinem ganzen Leben noch nie hatte, aber ich bin stärker als der Schmerz. Er kann mich am Gehen hindern, aber er wird mich nicht daran hindern, einen Walzer aufzuschreiben, sobald Sie gegangen sind.«[247]

Eine ganze Reihe von Werken entsteht unter sehr starken Schmerzen. Offenbach bemüht sich stets darum, seinen Zustand, soweit es geht, zu verbergen, aber insbesondere in den 1870er-Jahren ist dies kaum mehr möglich. Von ständigem Schüttelfrost geplagt trägt er auch im Hochsommer einen Pelzkragen, später hustet er auch viel angesichts einer vermuteten Tuberkulose, die sich noch über die Gicht legt. Viele seiner Gesprächspartner äußern sich damals sehr betroffen, ja entsetzt über seinen augenscheinlich schlechten gesundheitlichen Zustand. Erstaunlich bleibt bis zuletzt, dass sich die Leiden nicht kompositorisch eine Bahn brechen, sondern Offenbachs Musik die Schmerzen geradezu trotzig ignoriert.

13 Offenbach auf dem Violoncello reitend, inmitten der Figuren seiner Werke, 1866. Karikatur von André Gill, in *La Lune*, November 1866.

1864–1870

Paris, »ville lumière«

Als Napoleon III. im Jahr 1853 den talentierten Beamten Georges-Eugène Haussmann zum Präfekten der Stadt Paris ernennt, gibt er diesem besondere Befugnisse und eine Aufgabe mit. Nach dem Willen des Kaisers soll Haussmann die Hauptstadt städtebaulich grundlegend erneuern, sie zu einer modernen Weltstadt machen, die sich mit anderen europäischen Metropolen wie London, Wien oder St. Petersburg messen kann. Aus dem mittelalterlichen Straßenwirrwarr – ein finsteres und schauriges Labyrinth von Gassen und Ecken, in denen Krankheiten grassieren und stets die Revolution gärt – soll Haussmann eine »ville lumière« machen. Licht und Luft sollen Einzug halten.

Monumentale Sicht- und Verkehrsachsen sollen die Metropole nicht nur übersichtlich gliedern, sondern sie auch der Moderne öffnen. Es entstehen die noch heute existierenden Kopfbahnhöfe – im damaligen Sprachgebrauch »embarcadères«, also wörtlich übersetzt: Landungsbrücken, die die französische Hauptstadt mit der Welt verbinden sollen. Untereinander sind diese Einfallstore in die Stadt durch prachtvolle Boulevards und Avenuen vernetzt – für die auch mal ganze Viertel abgerissen, ja geradezu von der Landkarte getilgt werden.

> Seit vierzehn Jahren wühlt und nagt dieser Vernichtungsproceß in ganz Paris; keine Straße, keine Gegend ist davon verschont geblieben. Als ich vor zehn Jahren zum ersten mal in Paris war, da stürzten überall die Häuser zusammen, die Dampfmaschinen brausten und rollten, der Boden zitterte, die Grundmauern hoben sich aus der Tiefe. [...] Aber was ist auch aus Paris geworden seitdem! Wie viele Boulevards, wie viele Straßen, wie viele Squares, wie viele Parks, wie viele Paläste sind seitdem aus der Erde, aus dem Schutt gewachsen![248]

Ein besonders drastisches und bis heute gut erkennbares Beispiel für diese gewaltigen Veränderungen stellt die Avenue de l'Opéra dar, die sich in gerader Linie von dem vom Kaiser persönlich in Auftrag gegebenen Opernhaus bis hinunter zum historischen Zentrum am Louvre erstreckt. Für diese Prachtstraße werden zwei eng bebaute Hügel – die Butte des Moulins und die Butte Saint-Roch – vollständig abgetragen, was sich heute noch an den Geländeunterschieden erahnen lässt, die nur wenige Schritte von der Avenue erkennbar sind.

Haussmanns erste Maßnahme betrifft auch das Stadtgebiet selbst, das Anfang der 1860er-Jahre noch um einiges kleiner ist als heute. Offiziell endet es an der Mauer der Generalpächter, einer Zollschranke, die Mitte des 18. Jahrhunderts errichtet worden ist. Tatsächlich aber ist die Stadt schon lange darüber hinaus gewachsen, seit Längerem bereits umschließt eine aus militärischen Überlegungen angelegte zweite Mauer eine Reihe von Vororten: Montmartre, La Villette, Belleville, Auteuil, Passy. Viele dieser Vororte unterliegen auch nicht der strengen innerstädtischen Theaterreglementierung, was dazu führt, dass sich gerade dort eine lebhafte Unterhaltungs- und Vergnügungsszene etabliert – gerade eben in Montmartre, das von den Boulevards nur wenige Gehminuten entfernt liegt. Hausmann lässt alsbald die Mauer der Generalpächter niederlegen und 1860 werden die meisten dieser Vororte auch eingemeindet. So gewinnt Paris nicht nur im Handumdrehen riesige, attraktive Entwicklungsflächen, sondern die Hauptstadt wächst auch über Nacht um 400.000 Einwohner an.

Vielfach ist betont worden, dass hinter der haussmannschen Umgestaltung der Stadt vor allem politische Gründe standen. Auch wenn es diese mit Sicherheit gab, so hatten sie vielleicht nicht die gewaltige Bedeutung, die ihnen vielfach zugeschrieben wurde. Gewiss lässt sich nicht verleugnen, dass große Prachtstraßen auch Truppenbewegungen erleichtern, insbesondere in den Pariser Osten, wo gegebenenfalls Aufstände stattfinden könnten: »Diese meilenlangen, schnurgeraden, macadamisirten Linien sind die Chausseen, auf denen der demokratische Absolutismus marschirt.«[249] Wäre es aber nur um diese militärischen Belange gegangen, hätte es keines solch umfassenden städtebaulichen Gesamtprogramms bedurft. Nicht zu unterschätzen dürften allerdings die ästhetischen Ambitionen des

Vorhabens sein – wie politisch auch immer dieser Aspekt in Zeiten von Weltausstellungen und imperialem Machtstreben auf internationaler Bühne verstanden werden kann. Tatsache aber ist, dass es auch darum ging, die Stadt zu verschönern, indem man ihr ein regelmäßiges, ebenförmiges Antlitz verleiht. Dazu greift Haussmann auch direkt in die Architektur der neu zu errichtenden Häuser ein. Bis heute ist Paris geprägt von den langen Straßenfluchten der »immeubles haussmanniens« mit ihren gleichförmigen sechs Stockwerken, von unten nach oben abgestuft, und den beiden durchgehenden Balkonetagen. Paris soll gesäubert werden, in jeder Hinsicht. Für saubere Luft in der Stadt sorgen etwa Parks, die Haussmann anlegen lässt. Die wenigen Grünanlagen im Herzen der Stadt, die zumeist auf alte Palastanlagen wie etwa die Tuilerien oder das Luxemburg-Palais zurückgehen, werden ergänzt zum einen durch große Parks wie den Bois de Boulogne oder den Bois de Vincennes oder zum anderen durch unzählige kleine begrünte Plätze in den neuen Vierteln. In einem Zeitraum von 20 Jahren lässt Baron Haussmann mehr als 100.000 Bäume in der Stadt pflanzen. Für saubere Luft in der Stadt sorgt aber auch die Pariser Kanalisation, deren enormes Netzwerk auf den Präfekten zurückgeht. Jedes neu errichtete Gebäude wird systematisch daran angeschlossen, heute ist das Kanalnetz der Stadt Paris umfangreicher etwa als das Straßennetz der Stadt.

> Vergleicht diese Stadt, welche täglich an Umfang, Größe, Reichthum, imposanter Schönheit und freier Ausdehnung wächst, mit jener, wo die Scharen des Elends, diese große Armee des Hungers, zusammengepreßt waren in dumpfen, moderigen, finstern Häuserklumpen, diesen Höhlen aller furchtbaren Krankheiten, diesen Festungen des Verbrechens, welche Paris noch vor zwanzig, dreißig Jahren zu der unsichersten Stadt von Europa machten. Jetzt ist Licht und Gesundheit für alle, jetzt kann auch der Arme athmen, in angenehmer Lage, wo die Luft von den Hügeln hereinweht, wo das Laub der Bäume Schatten wirft und die Atmosphäre mit reiner Nahrung speist, in den Vorstädten, welche weiter und weiter in das unbebaute Land, über die Barrieren und Zollmauern hinausgewachsen sind: da wohnt jetzt in guten und gesunden Häusern der Arbeiter, der geringe Mann, der Proletarier; und daß er, gerade er, am meisten bei der neuen Wandlung von Paris gewonnen hat: das ist es, was uns für die Romantik der Vergangenheit entschädigt, dieser Vergangenheit, die nur für die Prinzen, die Herzöge, die Marquis gewesen! Die Gegenwart und das Leben – das sind jetzt die Zauberworte, unter denen das neue Paris sich gestaltet, in denen auch der Mann der Arbeit seinen Platz hat, den Platz, den ihm zuerst der Adel und dann die Bourgeoisie nicht gegönnt hat.[250]

* * *

Dieser gewaltige Wandel, den Paris während des Zweiten Kaiserreichs erlebt, betrifft nicht nur das äußere Erscheinungsbild der Stadt, er betrifft auch ihre innere

Verfasstheit. So verändern sich auch die Strukturen des kulturellen Lebens in vielen Bereichen grundlegend. Besonders betroffen hiervon ist die Welt des Theaters. Die Pariser Theaterlandschaft im 19. Jahrhundert ist das Ergebnis napoleonischer Reformen. Um der turbulenten Öffentlichkeit der Bühne Herr werden zu können, war ab 1806 die Zahl der behördlich zugelassenen Theater auf gerade einmal acht begrenzt. Neben den vier subventionierten und de facto verstaatlichten Bühnen der Opéra, der Opéra Comique, der Comédie-Française und des Odéon waren dies die vier privaten Bühnen des Théâtre du Vaudeville, des Théâtre des Variétés, des Théâtre de la Gaîté und des Théâtre de l'Ambigu-Comique. Jede dieser acht Bühnen durfte nur bestimmte, im Rahmen eines »Privilegs« definierte Genres bedienen. Bei der Definition solcher Privilegien kam der Musik eine wesentliche Rolle zu. So war es einzig der Opéra gestattet, Musiktheater in durchkomponierter Form – die »grande musique« – zur Aufführung zu bringen. Die Opéra Comique widmete sich, wie es der Name sagt, dem eher heiteren Musiktheater; anders als an der Opéra wurden die Dialoge hier gesprochen. Die Comédie-Française dagegen war als einzige Bühne dem reinen Sprechtheater gewidmet, hier wurde nicht gesungen, sondern klassisch deklamiert. Allen übrigen Theatern war gemeinsam, dass sie Stücke gemischten Genres, »genres mineurs«, zu spielen hatten. Beherrschendes unter diesen war die Comédie-vaudeville, also heiteres Sprechtheater mit musikalischen Einlagen – ein Genre, das schon auf den Jahrmarktsbühnen des 18. Jahrhunderts Erfolg gehabt hatte.

Jedem Genre, jeder Sparte entsprach auch tendenziell ein klar definiertes Publikum, eine bestimmte soziale Schicht. Traf sich das Großbürgertum eher zur »grande musique« in der Oper, so bedienten die privaten Bühnen das »menu peuple«, das einfache Volk. Mit dem Anwachsen der Städte im 19. Jahrhundert wuchs aber das Bedürfnis breiter Bevölkerungsschichten nach Unterhaltung. Allen Beschränkungen zum Trotz wurde Paris in den 30 Jahren nach 1815 von einem wahren Gründungsfieber erfasst, bis 1848 verdreifachte sich die Zahl der Bühnen in der Stadt. Da aber ausnahmslos alle neu gegründeten Bühnen nicht subventioniert wurden und somit Mischgenres zu spielen hatten, führte dies zu einem enormen Bedarf an Stücken für ebendiese – die Comédie-vaudeville erlebte in den Jahren vor der Revolution 1848 eine Blütezeit.

Am 6. Januar 1864 hebt ein kaiserlicher Erlass die bis dahin verbindlichen, auf einem kaiserlichen Dekret von 1806 fußenden Theaterbeschränkungen auf. Ab sofort darf jedermann ein Theater eröffnen und darauf die Stücke und das Genre seiner Wahl spielen lassen. Hintergrund dieser theaterpolitischen Abkehr von einem jahrzehntelang etablierten System ist zum einen, dass die kaiserliche Regierung zu einer liberaleren politischen Gangart neigt, um revolutionären Tendenzen nach und nach ihre Machtbasis zu nehmen. Zum anderen folgt der Erlass aber auch der seit Langem bereits veränderten Theaterwirklichkeit, wurden doch die restriktiven Bestimmungen schon seit Jahren sowohl von den Theatern selbst wie auch von der staatlichen Aufsicht immer wieder unterhöhlt. Nichtsdestoweniger stellt dieser Erlass eine theaterpolitische Kehrtwende dar, die bedeutende theaterästhetische Folgen haben wird. Vor allem für die Musik stellt diese neue Sachlage eine gewaltige Erleichterung dar. Ohne nunmehr auf irgendwelche Beschränkungen Rücksicht nehmen zu müssen, kann jetzt überall und immer im Theater musiziert werden. Offenbach kann demzufolge nunmehr mit allen denkbaren Bühnen in Paris zusammenarbeiten, auch solchen, an denen Musiktheater bislang verboten war – so etwa das Théâtre des Variétés.

* * *

Das heute noch bestehende prächtige Théâtre des Variétés am Boulevard Montmartre, unweit der Passage des Panoramas, geht zurück auf die Schauspieltruppe der 1730 geborenen Mademoiselle Montansier. Diese lässt, nach einer langen Karriere als Schauspielerin und Theaterdirektorin in Versailles und Paris, 1807 ein Theatergebäude für ihre Truppe errichten, an der Grenze der Hauptstadt zum Vorort Montmartre. Sehr schnell gehört das Theater zu den beliebtesten Bühnen der Stadt. Nach ihrem Tod 1820 wechseln sich die Leitungen ab, das Repertoire besteht in der Zeit vor 1848 hauptsächlich aus leichten, unverfänglichen und unterhaltsamen Komödien. 1855 schließlich übernimmt Hippolyte Cogniard die Leitung des Hauses, er wird sich in den nächsten Jahren als herausragender Theaterdirektor erweisen. Sind die ersten Jahre seiner Leitung noch vom Vaudeville bestimmt, beginnt er nach und nach den Spielplan umzugestalten. 1856 wirbt er Hortense Schneider aus den Bouffes-Parisiens ab, ein Jahr darauf öffnet er seine Bühne für ein furioses Comeback der bereits über sechzigjährigen, aber nach wie vor äußerst beliebten Schauspielerin Virginie Déjazet. Sehr schnell erkennt er 1864 die Möglichkeiten, die ihm durch die Liberalisierung der Theatergesetzgebung gegeben werden. Schon im April 1864 bringt er eine Operette von Hervé zur Aufführung. Ende des Jahres schließlich wird er ein vollkommen neues Kapitel aufschlagen. In den 1860er-Jahren werden mit den Werken, die Jacques Offenbach für seine Bühne schreibt, entscheidende Impulse für das französische Musik- und Theaterleben ausgehen. Émile Zola wird, wie andere auch, fasziniert sein von den Aufführungen, die er in seinem Roman *Nana* äußerst anschaulich beschreibt:

> Um neun Uhr war der Saal des Varietétheaters noch leer. Ein paar Leute saßen wartend in den Logen und im Parkett und verloren sich zwischen den rotsamtnen Sesseln. Im Halbdunkel sah der Vorhang wie ein großer roter Fleck aus; kein Geräusch drang von der Bühne herüber, die Rampenlichter waren noch nicht angezündet, die Plätze der

Musiker noch leer. Nur hoch oben auf der dritten Galerie, die Kuppel des Plafonds entlang, wo nackte Frauen- und Kindergestalten ihren Aufflug nach einem vom Gaslicht grün bestrahlten Himmel nahmen, hörte man aus einem anhaltenden Stimmengewirr Sprechen und Gelächter, und unter den breiten runden, mit Goldstäben durchkreuzten Luftklappen reihten sich stufenförmig mit Häubchen und Hüten bedeckte Köpfe an- und übereinander. Zuweilen zeigte sich eine geschäftige Logenschließerin, die mit den Eintrittskarten in der Hand einen Herrn im Frack oder eine wohlbeleibte Dame vor sich herschob, die sich dann setzten und langsam ihre Blicke durch den Saal gleiten ließen. [...] Die Parterresitze unterhalb der Galerie waren in völlige Nacht getaucht. Nur in einer Balkonloge saß eine korpulente Dame, die sich mit beiden Ellenbogen auf die Samtbekleidung des Geländers stützte. Die zwischen den hohen Säulen mit langfransigen Vorhängen drapierten Proszeniumslogen zur Rechten und Linken waren leer. Der große Saal, mit weißen und vergoldeten Ornamenten geschmückt, die sich von dem mattgrünen Hintergrund abhoben, schwamm in einem feinen Lichtnebel, der von den niedrigen Flammen des großen Kristall-Armleuchters ausging. [...]
Unten in dem großen, mit Marmorplatten belegten Vestibül, wo die Billettkontrolle ihren Platz hatte, strömte das Publikum langsam zusammen. Durch die drei geöffneten Türgitter hindurch sah man das hastige Leben auf den Boulevards, die in der schönen Aprilnacht flammten und wimmelten. Das Wagengerassel brach kurz ab, die Portieren schlossen sich geräuschlos, und in kleinen Gruppen traten Leute ein, die sich erst vor der Kontrolle stauten, dann die doppelte Treppe im Hintergrunde hinaufstiegen, auf der die Frauen, ihren Körper hin- und herwiegend, zögernd umherstanden. In diesem grell erleuchteten, mit seiner dürftigen Empiredekoration nackt und kahl aussehenden Vorraum hingen hohe gelbe Plakate, auf denen mit großen schwarzen Lettern der Name »Nana« zu lesen stand. Herren, die sich in dem Durchgang herumdrückten, stellten sich vor ihnen auf und lasen sie; andere plauderten, an der Tür lehnend und den Eingang versperrend, während neben dem Billettschalter ein dicker Mann mit breitem, glattrasiertem Gesicht den Leuten, die durchaus noch einen Platz haben wollten, auf ihre Fragen Antwort erteilte. [...]
Auf dem Trottoir warf die Lampenreihe, die an der Fassade des Theatergebäudes entlang aufflammte, eine Fläche von lebhafter Helle. Zwei Bäumchen hoben sich deutlich mit leuchtendem Grün ab; eine Säule, die so hell erleuchtet war, daß man die Plakate wie beim vollen Tageslicht zu lesen vermochte, schimmerte weiß, und darüber hinaus breitete sich die dichte Nacht des Boulevards mit winzigen Flämmchen, die in dem Bereich der auf und nieder wogenden Menge bald hier, bald dort emporzitterten. Viele traten nicht sogleich ein, sondern blieben, um plaudernd ihre Zigarre zu Ende zu rauchen, draußen unter dem Lichtbereich der Lampenreihen stehen, der ihren Gestalten eine fahle Blässe gab und ihre kurzen schwarzen Schatten auf dem Asphalt abhob. [...]

Fing man denn noch immer nicht an? Die Männer zogen ihre Uhr aus der Tasche; Verspätete sprangen aus ihren Wagen heraus, noch ehe die Kutscher angehalten hatten; Gruppen verließen den Gehsteig, auf dem Spaziergänger langsam durch die leergebliebene Gaslichtfläche schritten, den Hals weit vorreckend, um einen Blick in das Theater zu werfen. [...] Über dem tosenden Lärm erschallte jetzt die gellende Zwischenaktsklingel. Ein Stimmengewirr pflanzte sich fort bis auf den Boulevard. »Es hat geklingelt! Es hat geklingelt!« Und jetzt folgte ein Drängen und Schieben und Stoßen, ein jeder wollte zuerst hinein.[251]

Variétés

Als er am 23. Juni 1864 in Ems ankommt, hat Offenbach seine Entwürfe und Skizzen zu einem neuen Projekt dabei, das er gemeinsam mit Meilhac und Halévy entworfen hat: »La Prise de Troie«. Und seine Briefe an Halévy zeigen, wie besessen er, trotz der Kur, an diesem Stück arbeitet: Mal soll Homer als »Korrespondent der Times« auftreten, mal soll Wagners *Tannhäuser* als Parodievorlage dienen. Anfang Juli steht der erste Akt. Ende Juli reist Offenbach ab, nach einem kurzen Zwischenaufenthalt in Paris und einem Abstecher zur Familie nach Étretat an der normannischen Küste ist der Komponist Mitte September schon wieder in Wien. Dort betreut er die deutschsprachige Erstaufführung der *Schönen Weiber von Georgien* am Carltheater, parallel dazu wird ebendort auch *Die Seufzerbrücke* gespielt, während im Theater an der Wien *Ritter Eisenfraß,* also *Croquefer,* und an der Hofoper *Die Rheinnixen* Erfolge feiern.

Als am 12. Oktober die Wiener Presse einen in Bälde für das Theater an der Wien vorgesehenen »Raub der Helena« ankündigt, ist Offenbach schon seit einigen Tagen wieder nach Frankreich zurückgekehrt, wo er den letzten Schliff an sein neues Werk legt. Am 2. Oktober bereits hat der *Le Ménestrel* über eine »große Operette« in drei Akten berichtet, nunmehr »L'Enlèvement d'Hélène« betitelt, die im Übrigen »nicht für die Bouffes-Parisiens bestimmt [sei], sondern tatsächlich für die Variétés!«[252] Mit der einstmals von ihm gegründeten Bühne befindet er sich in solch einem Streit, dass er im Laufe des Oktobers sogar, erfolglos, bei Morny interveniert, um dort eine Wiederaufnahme von *M. Choufleuri* zu verhindern. Am 17. Oktober lässt er einen Werbetext für die nun *La Belle Hélène* benannte Opéra bouffe veröffentlichen:

Bekanntlich ist dieses Jahr Offenbachs Musik an das Théâtre des Variétés gewandert. Anfang Dezember wird hier das große Stück der Wintersaison uraufgeführt, sein Titel lautet *La Belle Hélène,* eine opéra-bouffe in drei Akten, der Text ist von den Herren

Meilhac und Halévy. Es werden große Vorbereitungen für Dekors und Kostüme getroffen. Die Chöre werden verstärkt, das Orchester vergrößert. Nicht zuletzt hat die Leitung des Hauses nichts ausgelassen, um dem so beliebten Komponisten, der an diesem Theater nun seine erste Schlacht schlagen wird, größte Ehren zu erweisen. Was man im Hintergrund bereits hört, lässt im Übrigen auf einen wahrhaftigen Erfolg der Autoren erahnen. Es heißt, das Stück sei äußerst unterhaltsam; niemals habe Offenbach, so hört man, eine geistreichere und mitreißendere Musik geschrieben. Die Oper wird nicht nur gut gespielt werden, wie man es ja auch vom Théâtre des Variétés gewohnt ist, sondern sie wird auch sehr gut gesungen werden. Ohne weiter auf Dupuis einzugehen, der wohl einer unserer besten komischen Tenöre ist und der den Paris spielen wird, haben weiterhin Couder in der Rolle des Agamemnon, Grenier in der des Kalchas, Kopp in der des Menelaos, Guyon als Achilles, Hamburger und Andolf als die beiden Ajaxe, Mademoiselle Silly als Orest. Die Schneider wurde eigens engagiert für die Rolle der schönen Helena.[253]

Am 17. Dezember 1864 wird das neue Stück am Théâtre des Variétés uraufgeführt. Die musikalische Leitung liegt bei Adolphe Lindheim, Theaterkapellmeister und, wie Offenbach, aus Deutschland stammend.

Erster Akt: Kalchas, der Großaugur von Sparta, klagt über den mageren Zustrom der Opfer zu seinem Heiligtum und überhaupt den Verfall der Sitten. Auf dem Platz vor seinem Heiligtum treffen sich die jungen Leute: Helena, die hübsche, liebeshungrige Königin von Sparta, trifft zuerst auf den Prinzen Orest, den Sohn des Königs Agamemnon – und schließlich auf Paris, den Sohn des Königs von Troja, der als Schäfer verkleidet hier in Sparta das finden will, was die Göttin Venus ihm einst auf dem Berg Ida versprochen hatte: die Liebe der schönsten Frau der Welt! Bei einem just veranstalteten Wettbewerb – es geht um Rätsel-, Wort- und Reimspiele – setzt sich prompt der angebliche Schäfer durch. Mit einem vermeintlichen Spruch der Götter sorgt schließlich Kalchas obendrein dafür, dass Helena sogar ihren langweiligen Ehemann, König Menelaos, loswird – kurzfristig muss dieser nach Kreta abreisen.

Zweiter Akt: In Helenas Gemächern entspinnt sich eine schlüpfrige Szenerie. Während die griechischen Könige im Nebenraum sich mit Brettspielen unterhalten, findet Helena den Sieger des Wettbewerbs, Paris, an ihrem Bett vor. Kalchas' Prophezeiung, ein wunderschöner Traum werde sie ereilen, befreit sie von jedweden Treuegedanken. Als sie sich endlich, durchaus vergnügt, mit Haut und Haaren der »fatalité« der Liebesnacht hingibt, platzt ihr Gatte Menelaos – früher als erwartet zurück von Kreta – in ihre Gemächer. Gerade noch bevor die herbeigeeilten Häscher des Königs den jungen Liebhaber ergreifen können, gelingt diesem die Flucht aus Sparta.

Dritter Akt: Eine Woche später. Venus, die Göttin der Liebe, hat ihrem Zorn mittlerweile freien Lauf gelassen und das Liebesleben der Griechen gründlich verdorben. Erholung hiervon sucht der Hofstaat an der Seepromenade von Nauplia. Mitten in das bunte Strandtreiben platzt der Großaugur der Venus mit seinem ehrfurchtgebietenden Schiff und erklärt den versammelten Urlaubern, dass er auf Geheiß seiner Göttin nun Helena nach Kythera entführen müsse. Trotz Menelaos' wiederholter Aufforderung, das Schiff zu besteigen, weigert sich die Königin, da ja er – nicht sie! – die Göttin erzürnt habe. Als dann doch endlich das Schiff mit ihr an Bord loslegt, erkennt Menelaos, wie er hinters Licht geführt worden ist: Hinter dem langen weißen Bart des vermeintlichen Großaugurs verbirgt sich Paris, der im Begriff ist, die frohlockende Helena zu entführen. Der Trojanische Krieg kann beginnen...

Mit *La Belle Hélène* hat Offenbach scheinbar den Nerv der Zeit getroffen – denn mehr noch als *Orphée* zielt die Satire hinter ihrer ach so unschuldigen antiken Maske mitten ins Herz des Zweiten Kaiserreichs. Hier werden nicht nur die Mächtigen, die Reichen und die Schönen bloßgestellt, hier werden tatsächlich die Götter vom Thron gestoßen – in der Tat gehört *La Belle Hélène* zu den blasphemischsten Werken Offenbachs. Durchaus nicht zufällig wird das Stück in der Zeitung *La Vie parisienne* gar in Verbindung gebracht mit der Anfang Dezember 1864 von Papst Pius IX. veröffentlichten Enzyklika »Quanta cura«. Teil dieses Hirtenbriefes ist der berühmt-berüchtigte »Syllabus errorum«, ein Verzeichnis von 80 zu verurteilenden weltlichen »Irrtümern« des 19. Jahrhunderts – so etwa Rationalismus, Indifferentismus, Sozialismus, Liberalismus u. v. m. Das päpstliche Sendschreiben sei, so der Artikel in der *Vie parisienne,* »der letzte Widerhall einer anderen Zeit, der Glaube, der den Ungläubigen erscheint, ein Schatten, ein Gespenst, das bei hellichtem Tag sein Unwesen treibt – aber dessen Uhr nach geht«. Demgegenüber wird Offenbachs *La Belle Hélène* geradezu zu einem Gegenmodell:

> *La Belle Hélène,* das ist die Gegenwart, das ist unsere Gesellschaft, das sind wir, das sind unsere Werte, unsere Vorlieben, unsere Heiterkeit und unser Esprit, die keine Eltern, keine Freunde, keine Traditionen kennen und in der Vergangenheit stecken bleiben können.[254]

Anstatt der nun gefallenen Götter regiert hier das Schicksal, wie die Zeitung *La Comédie* ausgerechnet am 25. Dezember 1864 ausführt:

> Es ist nämlich das Schicksal, das Paris dazu bringt, die von Agamemnon während des Gipfels der Könige gestellten Zahlen- und Wortspiele zu gewinnen; es ist das Schicksal, das die schöne Helena dazu bringt, den Schäfer zu krönen; es ist das Schicksal, das –

mit der Hilfe des Großauguren, einer bemerkenswerten Rolle! – Menelaos zu einer Vergnügungsreise rät; es ist das Schicksal, das den hübschen Dupuis, also den schönen Paris, in Helenas Schlafgemach führt just zu dem Zeitpunkt, da diese im Traume glaubt, Venus' Altar mit Kränzen zu schmücken; es ist das Schicksal, das den Ehemann dazu bringt, dieses Stelldichein zu stören; es ist das Schicksal, das den als Auguren verkleideten Schäfer Paris dazu bringt, in Nauplion [...] zu landen und die Prinzessin vor den verduzten Augen der Atriden und aller griechischen Könige zu entführen; es ist das Schicksal, das den Autoren ein formvollendetes Libretto eingeflüstert hat; es ist das Schicksal, das Offenbach dazu gebracht hat, eine überaus lustige Musik zu schreiben, die die Dichtung würdig begleitet [...]; und schließlich ist es das Schicksal – oder eben die »liberté des théâtres«, die Öffnung der Theatergesetzgebung – die die Variétés dazu gebracht hat, diese drei für das Theater in der Passage Choiseul gedachten Akte auf die Bühne zu bringen. Und da soll man mal nicht schicksalsgläubig werden!

Ist es denn nicht das Schicksal, das Offenbach diesen antideutschen und vollkommen pariserischen Sinn für die Kunst verliehen hat? Ist es nicht eben dieses Schicksal, das ihm in Paris – ihm, dem Ausländer – eine Karriere eröffnet hat, die so viele Franzosen nur mit großer Mühe ansteuern können? Ist es nicht das Schicksal, das ihm in den Bouffes den Weg mit Rosen übersät hat [...] und ihm nun erlaubt, die Dornen seinen Nachfolgern zu überlassen? Ist es nicht das Schicksal, das ihm nur wenige Schritte vom Grab des *Barkouf* einen solchen Bühnenerfolg beschert?[255]

Der Erfolg der *Belle Hélène* ist jedenfalls so gewaltig, dass jeder daran teilhaben will. An den Boulevards wird alsbald ein neues Eisgericht angeboten – die noch heute so wunderbar erfrischende »Birne Helene«, im Französischen ausdrücklich »Poire Belle Hélène«. Auch unter wirtschaftlichen Gesichtspunkten kann sich Offenbachs neueste Antikenparodie durchaus mit *Orphée aux Enfers* messen. Bis zum 31. Mai spült *La Belle Hélène* allabendlich um die 4000 Francs in die Kassen des Théâtre des Variétés – der ertragreichste Abend ist mit 4638 Francs der Fastnachtsdienstag, 28. Februar 1865. Dieser Erfolg wird auch außerhalb von Paris fortgeschrieben. Bis zum Sommer 1865 wird *La Belle Hélène* unter anderem in Brüssel und Berlin erfolgreich auf die Bühne gebracht werden. Bereits am 17. März 1865 dirigiert Offenbach die deutsche Erstaufführung der *Schönen Helena* im Theater an der Wien – und gibt damit einer jungen österreichischen Sängerin die Gelegenheit, sich zum neuen Stern am Wiener Operettenhimmel emporzusingen: Marie Geistinger. – Offenbachs Aufenthalt an der Donau wird lediglich durch die Nachricht vom Tod des Herzogs von Morny am 10. März 1865 getrübt. In einem Brief an dessen Sekretär – und musikalischem Ratgeber – Ernest L'Épine findet der Komponist aufrichtig traurige Worte: »Sie wissen besser als jeder andere, was er [Morny] alles für mich getan hat, Sie wissen, auf welch charmante Art er mich zu protegieren wusste. Nun ist er leider nicht mehr unter uns. Ich kann es gar nicht glauben… Dieser Verlust bedeutet für mich mehr als nur Trauer – es ist ein Schmerz, der, fürchte ich, nicht so bald gehen wird.«[256]

* * *

Nach dem Triumph von *La Belle Hélène* möchte die Direktion des Théâtre des Variétés diesen Erfolg mit einem neuen Stück wiederholen. Offenbach und seine Librettisten erhalten den Auftrag für eine Féerie, aus der dann tatsächlich aber die Opéra bouffe *Barbe-Bleue* hervorgehen wird. Das Märchen von Charles Perrault, dem der Stoff der mittelalterlichen Blaubartsage zugrunde liegt, machen Offenbach, Meilhac und Halévy zu einer bissigen Satire des Mittelalters, in der die idyllische Welt der einfachen Bauern auf die zynische Welt der mächtigen Herrschaften trifft. Die neue Opéra bouffe wird am 5. Februar 1865 uraufgeführt:

Erster Akt. Trotz seiner offensichtlichen Gefühle für die hübsche Nachbarin Fleurette muss sich der Schäfer Saphir der übermütigen Anstürme der Bäuerin Boulotte erwehren. Im Auftrag des soeben zum fünften Mal verwitweten Ritters Blaubart ist der Alchimist Popolani auf der Suche nach einer neuen Braut. Als das Los auf Boulotte fällt, ist Blaubart begeistert und verzaubert von seiner neuen Braut. Trotz Popolanis Warnungen folgt Boulotte ihrem neuen Gemahl. Graf Oscar, der seinerseits im Auftrage des Königs Bobèche dessen ausgesetzte Tochter Hermia sucht, erkennt diese in Fleurette wieder und lässt sie in den prächtigen Königspalast bringen.

Zweiter Akt, erstes Bild. König Bobèche träumt in krankhaftem Ehrgeiz von Ruhm und Ehre. Abhilfe für seine ärgerlichen wirtschaftlichen Probleme könnte nun die Hochzeit seiner wiedergefundenen Tochter mit einem jungen Prinzen schaffen. Dem widersetzt sich allerdings Königin Clementine, Bobèches frustrierte Ehefrau, die ihrer Tochter ihr Los ersparen möchte. Hermia wiederum liebt immer noch Saphir – der sich dann aber als eben dieser Prinz herausstellt. Als Ritter Blaubart schließlich seine sechste Ehefrau Boulotte am Hof vorstellen möchte, gerät alles aus den Fugen. Die einstmalige Bäuerin schert sich nicht um höfische Sitten und mischt in ihrer Liebeswut den gesamten Hof auf.

Zweiter Akt, zweites Bild. Umgeben von den Grabmalen der ersten fünf Frauen seines Herrn führt der Alchimist Popolani in seinem finsteren Keller seine Experimente durch. Blaubart kommt dazu, erteilt Popolani den Auftrag, auch seine sechste Frau zu vergiften und geht ab. Boulotte trinkt den vermeintlichen Giftbecher – und wacht prompt wieder auf, umgeben von Blaubarts vorigen Ehefrauen, die ebenso wie sie tatsächlich verschont worden waren und seither in besagtem Keller leben. Angestachelt durch Boulotte machen sich Blaubarts vermeintliche Opfer zu einem Rachefeldzug auf.

Dritter Akt. Mitten in der Nacht vermählt König Bobèche in seinem Palast seine wiedergefundene Tochter Hermia, die einstige Fleurette, mit dem Prinzen Saphir, der sich nur aus Liebe als Schäfer verkleidet hatte. Blaubart platzt in die Zeremonie hinein, verkündigt Boulottes Tod, räumt kurzerhand Saphir aus dem Weg und verlangt die Hand der Tochter des Königs. Bobèche bleibt nichts anderes übrig, als Blaubart gewähren zu lassen, da er um Blaubarts militärische Überlegenheit weiß. In genau diesem Augenblick tauchen Boulotte und die wiederauferstandenen fünf Ehefrauen Blaubarts auf und verlangen Rechenschaft von ihm. Auch hier bleibt Bobèche nichts anderes übrig, als alle gewähren zu lassen, zumal nun die vermeintlich getöteten fünf Liebhaber wiederauferstehen – auch diese hatte Graf Oscar verschont und lediglich versteckt. Schließlich wird einfach geheiratet: Blaubarts scheinbar tote Frauen vermählen sich mit den scheinbar toten Liebhabern, Saphir heiratet Hermia und Blaubart bleibt eben bei seiner Boulotte.

Blaubart wird in Meilhac und Halévys Textbuch zu einer Art Don Juan, der aus moralischen Erwägungen jede seine seiner Liebschaften auch tatsächlich heiratet – und der dann, quasi gezwungenermaßen, sehr häufig eben auch zum Witwer werden wird.

> Entsprechend der Mischung von Tragik und Komik, von Todesschauern und Cancanseligkeit ist hier [in *Barbe-Bleue*] das Oszillieren des musikalischen Ausdrucks, das Umschlagen vom Pathetischen ins Triviale stärker denn je; immer wieder die Ansätze zur Dämonenoper durch jähe Kontraste durchschnitten. Der Aufbau des Werkes vollzieht sich in einem großen Bogen von der ländlichen Idylle des ersten Aktes mit ihren teils rokokoartigen, teils derbrealistischen Zügen über die schneidende Hofsatire des zweiten Aktes zu den Schauern der Grabmalszene, die in die Fröhlichkeit des Schlußaktes ausmündet.[257]

* * *

Mit der Weltausstellung von 1867 erreicht die Herrschaft Napoleons III. einen Höhepunkt. Gäste und Besucher aus der ganzen Welt strömen nach Paris, wo ihnen das kaiserliche Frankreich ein glanzvolles Schauspiel bietet. Am 15. August 1867 wird aus gegebenem Anlass – es ist der Namenstag des Kaisers – die Fassade der neuen Oper eröffnet. Frankreich strahlt in die Welt. Allerdings sind außenpolitisch dunkle Wolken aufgezogen, insbesondere der beeindruckende Aufstieg Preußens ist aus französischer Sicht Anlass zur Sorge. Bereits 1863 ist bei der amerikanischen Erstaufführung von *Orphée aux Enfers* in New York der Kriegsgott Mars mit einer preußischen Pickelhaube aufgetreten. 1866 wird Österreich im Deutschen Krieg auf dem Schlachtfeld von Königgrätz wie auch andernorts in Deutschland erstaunlich schnell geschlagen, ohne dass Napoleon III hätte politisch intervenieren können. Auch Ems ist von dem Krieg betroffen, im Juni wird es von preußischen Truppen besetzt. Offenbach, der sich dort zur Kur aufhält, verlässt überstürzt den Kurort, wo er einen neuen Zweiakter für das dortige Kurtheater geben sollte. Im März 1867 schließlich wird bekannt, dass die französische Regierung beabsichtigt, das Großherzogtum Luxemburg von dem dort regierenden Wilhelm III. – der in Personalunion auch König der Niederlande ist – zu kaufen. Die deutsche Öffentlichkeit ist empört, es droht ein Krieg, der erst später auf diplomatischem Wege verhindert werden kann. In dieser Situation entsteht *La Grande-Duchesse de Gérolstein,* Opéra bouffe in drei Akten, Libretto von Henri Meilhac und Ludovic Halévy.

Erster Akt. Im fiktiven Herzogtum Gerolstein um 1720. Die junge Großherzogin liebt Männer in Uniform. Sie inspiziert ihre Truppen und verliebt sich dabei in den einfachen, feschen Soldaten Fritz. Der großherzogliche Erzieher, Baron Puck, protegiert aber den Prinzen Paul als Zukünftigen der Großherzogin, doch der ist ihr zu dumm. Aus einer Laune heraus degradiert die Großherzogin kurzerhand General Bumm und befördert ihren Fritz vom Schützen zum General. Dann muss er ins Feld, denn die Hofschranzen General Bumm, Baron Puck und Baron Paul haben einen Krieg angezettelt – damit die lebenslustige und liebeshungrige Großherzogin sich nicht langweilt und sich nicht allzu sehr in die Politik einmischt.

Zweiter Akt. Nach gerade einmal vier Tagen kommt Fritz als siegreicher Held wieder zurück. Nun will ihm die begeisterte Großherzogin ihre Liebe gestehen, doch Fritz versteht nichts davon und heiratet lieber seine Wanda. Das ist der Regentin dann doch zu viel und sie wendet sich den drei Höflingen zu – die sich nun als Verschwörer entpuppen, denn sie beraten schon, wie sie Fritz erledigen können.

Dritter Akt. Erstes Bild. In Fritz' Zimmer, in dem schon vor Jahrhunderten dunkle Verschwörer meuchelten, treffen sich die Verschwörer, unter ihnen nun auch der junge Baron Grog. Auf ihn wirft die Großherzogin sofort ein Auge, die Rache an Fritz wird nun unwichtig: Er wird nicht umgebracht, sondern erhält lediglich eine deftige Abfuhr – von einem betrogenen Ehemann, zu dem ihn General Bumm mit einer List gelockt hat. Zweites Bild. Im Heerlager wird Fritz degradiert und darf nun Dorfschullehrer werden – um lesen zu lernen. General Bumm erhält seinen Rang zurück und die Großherzogin heiratet nun doch den dummen Baron Paul. Und die Moral der Großherzogin: »Wenn man nicht bekommt, was man liebt, muss man eben lieben, was man hat.«

Die Uraufführung am 12. April 1867 ist zwar ein Erfolg, was die ersten beiden Akte angeht, der dritte jedoch kommt noch nicht wirklich gut an. Nach einigen Umstellungen aber nimmt das Stück seinen Lauf. Während der Weltausstellung 1867 beschert es dem Théâtre des Variétés enorme Einnahmen, die von Mai bis Oktober zu keinem Zeitpunkt die sensationelle Marke von 130.000 Francs im Monat unterschreiten. Sehr schnell ist klar, dass Offenbach, Meilhac und Halévy einen der größten Bühnenerfolge geschaffen haben, den Paris jemals gesehen hat. Erst nach 200 Vorstellungen wird *La Grande-Duchesse de Gérolstein* Ende November ihren unglaublichen Lauf beenden. Dieser Erfolg geht allerdings vor allem auch auf das Konto von Hortense Schneider, denn spätestens als *La Grande-Duchesse de Gérolstein* geht sie in die Musikgeschichtsbücher ein. Tatsächlich ist »la Snèdre«, wie sie in Frankreich genannt wird, an fast allen großen Erfolgen maßgeblich beteiligt, die Offenbach und seine Librettisten in den 1860er-Jahren auf die Bühne bringen. Sie ist es, die die interessanten und komplexen, vor allem aber starken Frauengestalten der schönen Helena, der Großherzogin oder der Périchole überhaupt erst möglich macht.

Als eine der großen Neuerungen, die das offenbachsche Musiktheater im 19. Jahrhundert in die Theater- und Musikgeschichte einbringt, muss die Tatsache gelten, dass der Komponist und seine Librettisten »die Frauen zu Entscheidungsträgerinnen über ihr eigenes Schicksal«[258] erheben. Sie bringen damit einen neuen Typ Frau hervor, der anderswo im Musiktheater der 1860er-Jahre noch kaum zu finden ist. Überhaupt besteht im gesamten 19. Jahrhundert ein äußerst ambivalentes Verhältnis gegenüber schauspielenden oder singenden, und damit selbständig agierenden Frauen. Sie werden zum Teil, in Frankreich wie auch andernorts, regelrecht ausgegrenzt und benachteiligt – beispielsweise wird erst 1849 ihre kirchenrechtliche Stellung der übrigen Bevölkerung angeglichen, zuvor wurden sie als Exkommunizierte behandelt. Tatsächlich verschafft erst das Zweite Kaiserreich dem gesamten Berufsstand eine neue soziale Anerkennung.[259]

Verkörpert wird der neue Typ Frau auf und außerhalb der Bühne von Hortense Schneider. Debütiert hat diese in Paris bereits 1855 als »Reinette« in Offenbachs *Le Violoneux*. Schon einige Monate nach diesen Anfängen an den Bouffes-Parisiens macht ihr Cogniard, der Direktor des Théâtre des Variétés, ein Angebot, das sich vor allem durch seine lukrative Seite auszeichnet – und dem Offenbach, trotz des nicht zuletzt Hortense Schneider zu verdankenden Erfolgs von *La Rose de Saint-Flour* im Sommer 1856, nichts Ernsthaftes entgegensetzen kann oder will. Am 19. September 1856, nach etwas mehr als einem Jahr in Paris, debütiert sie am Théâtre des Variétés. Bei ihrer zu diesem Zeitpunkt bereits spektakulären Karriere soll Hortense Schneider immer wieder auch die nicht ganz uneigennützige Unterstützung von einflussreichen Männern genossen haben. In ihrer Wohnung mitten in den edelsten Vierteln der Stadt, an der Ecke der Rue Lafitte und der Rue Lafayette, empfängt sie die edlen Herrschaften und lässt sich gerne reich beschenken – der Hang der jungen Schauspielerin zu Diamanten ist schon damals

N° 597. — 1867. Prix du numéro : 35 centimes. 8 Juin 1867.

Rue du Croissant, 16. *Rue du Croissant, 16.*

JOURNAL AMUSANT

JOURNAL ILLUSTRÉ,

Journal d'images, journal comique, critique, satirique, etc.

PRIX : 3 mois. . . . 5 fr. 6 mois. . . . 10 » 12 mois. . . . 17 »

PRIX : 3 mois. . . . 5 fr. 6 mois. . . . 10 » 12 mois. . . . 17 »

Fritz, mauvais fantassin, mais joli cavalier, distingué de sa personne — et par la grande-duchesse; bon garçon, mais disant trop ce qu'il pense; c'est la vérité qui sort *du puits*.

Le baron Puck, noble ganache, que les caprices de la duchesse, sa pupille, font tomber en *syn-Kopp!*

Son Altesse possède une boîte à musique allemande très-réussie, dont je voudrais pouvoir vous dessiner les principaux airs, Messieurs, Mesdames et Mesdemoiselles : des raisons que tout le monde appréciera s'y opposent, et je me borne à vous présenter : — La petite grande-duchesse, une sœur à Boulotte, et nièce de la Belle-Hélène. — Encore une vertu qui cascade. — Une fille de Vénus Astarté, amoureuse comme une chatte, avec d'adorables pudeurs. — Une de celles dont le nommé Zampa a dit :

Quand mon cœur a fait un choix,
On a beau s'en défendre,
Il faut *Schneider* à mes lois,
A mes lois il faut se rendre!

Le général Boum, emplumé comme un coq, brave comme un lapin, colère comme un dindon, prisant de la poudre à canon, faisant rage et se donnant beaucoup *d'air*.

Le prince Paul, aspirant à la main de la duchesse, victime des indiscrétions d'Adrien Marx dans la gazette de Hollande. — De Bornaz passer prince, c'est aller de la cave au *grenier*.

N. B. — Quelqu'un regrettable accident ait forcé le prince Paul à une abdication prématurée, nous avons cru devoir conserver, avec ses traits, le souvenir de son règne brillant, mais trop court.

14 Offenbach, Meilhac und Halévy sowie Hortense Schneider als Grande-Duchesse de Gérolstein. Karikatur von Stop (Louis Morel-Retz), in *Le Journal amusant*, Juni 1867.

allseits bekannt. Einer der Verehrer der Sängerin ist der schneidige Herzog von Grammont-Caderousse, ein stadtbekannter Dandy, von dem sie einen 1858 geborenen Sohn hat. Als sich Hortense 1863 mehr um ihren offensichtlich chronisch kranken Sohn kümmern will und deshalb an ein Ende ihrer Bühnenkarriere denkt, ist es Offenbach, der sie davon überzeugt, dem Musiktheater treu zu bleiben, indem er ihr die Rolle der schönen Helena auf den Leib schreibt. Mit 31 Jahren bezieht sie schließlich gemeinsam mit ihrem Sohn und ihrer aus Bordeaux hergezogenen Mutter eine luxuriöse Wohnung mitten im belebtesten Viertel, unterhält eine edle Karosse mit edlen Pferden, umgibt sich mit Zuchthunden – und wird so zum Liebling der Klatschpresse und des Publikums gleichermaßen: »In- und außerhalb des Theaters wird die Schneider nun la prima donna, die den Siegeszug der Offenbachiaden anführt.«[260]

Dass es 1867 dann ausgerechnet der Erfolg der *Grande-Duchesse de Gérolstein* ist, der die Operettendiva »sprichwörtlich adelt«[261], ist vielfach als Beleg dafür verstanden worden, dass das Zweite Kaiserreich spätestens zu diesem Zeitpunkt selbst zur Operette geraten sei – werden doch in Offenbachs Werk »lächerliche Kleinstaaterei, Monarchenwillkür, Hofdekadenz, Militaristenstumpfsinn«[262] und alles, was damit zusammenhängt, ad absurdum geführt. So wird Fritz im ersten Akt

> zu einer typisch militärischen Unsinnsleistung verdonnert. Den leeren Rasenfleck muss er bewachen, wo hernach das großherzogliche Zelt aufgeschlagen werden soll. Ihn, der stocksteif-stumm sein Gewehr präsentiert, für nichts und niemand, bezwingt die liebeslistige Wanda. Mit unermüdlichen melodischen Anläufen gegen seinen stereotypen lahmen Abwehrrefrain – »die Dienstvorschrift« – trotzt sie ihm ein Duett ab und schließlich auch noch Zärtlichkeiten. Reden darf er wohl nicht, laut Dienstvorschrift, aber singen, aber küssen? Davon steht nichts drin. Grund genug, in einen jubilierenden Walzer auszubrechen. Denn es gibt auch keinen Tanzparagraphen in der Heeresordnung.[263]

Der Literaturwissenschaftler Volker Klotz erkennt einen »hörbaren Riss zwischen Wollen und Müssen, Können und Dürfen«[264] als dramaturgischen Grundkonflikt des gesamten Stückes. Anders als die »singenden Fossilien des immerdar Gewesenen«[265] Bumm, Paul, Puck und Grog schaffen es einzig Fritz und Wanda, der grotesken und morbiden Tradition bei Hof zu entgehen. Sie sind, in ihrer vollkommenen Unbekümmertheit, die einzigen authentischen Charaktere. Besonders sinnfällig wird dies etwa in Fritz' musikalischem Bericht seiner militärischen Siege als Feldherr:

> Was im Regimentslied uniform in schneidig gestochenen Sechsachteln daherkam, geht hier auf schlendernde Zweiviertel über; bricht ungebärdig aus und fällt wieder zurück;

> wechselt die Gangart, mal klobig aufstampfend, mal lässig tänzelnd. Hier singt, vorm staunenden Hof, ein Mann allein von seiner plebejisch gewitzten Heldentat, selber ungewiss, ob er sich brüsten oder kaputtlachen soll. Der Kerl, das hört man, pfeift auf Disziplin.[266]

Offenbachs Stück ist dort eben am stärksten, wo traditionsbeladener Ernst und lebensleichte Lust, Müssen und Wollen direkt aufeinandertreffen – so vor allem in der starken Figur der Großherzogin, die immer »vergeblich danach jagt, beides zu vereinigen«.[267] Angesichts dieser erstaunlichen dramaturgischen Tiefe, die in mitreißenden Melodien von einer beeindruckenden Sängerin dargeboten wird, mag es kein Zufall sein, dass die vermeintliche Großherzogin mehr und mehr Besuch erhält von »ihresgleichen«. Der »Konflikt zwischen Müssen und Wollen« dürfte ein beliebtes Gesprächsthema gewesen sein bei den gekrönten Häuptern, die Hortense Schneider in ihrer Loge besuchen. So macht ihr der Prinz von Wales am 13. Mai seine Aufwartung. Am 1. Juni ist es Zar Alexander II. in Begleitung seiner beiden Söhne Alexander und Wladimir. Böse Zungen behaupten damals, dass »das Théâtre des Variétés, wo er abends Mademoiselle Schneider beim Cancan zuschaute, das eigentliche Ziel seiner Reise war«.[268] Der König von Preußen besucht das Theater gemeinsam mit dem Ministerpräsidenten Otto von Bismarck am 11. Juni 1867:

> Der Minister des Königs Wilhelm, sonst so ernst und auf Würde und Anstand bedacht, hat sich in den Variétés bei der Aufführung der *Großherzogin* sehr gut amüsiert. Man konnte ihn mehrfach Hortense Schneider beklatschend beobachten, ebenso die drei unsinnigen [Verschwörer] unter dem Kommando des Generals Bumm. Nach dem zweiten Akt hat Herr von Bismarck die Aufführung verlassen. Am Eingang des Theaters hat er eine Zigarre geraucht und ist entlang der Boulevards zu Fuß nach Hause geschlendert.[269]

Am 18. Juni besucht der Herzog von Sachsen-Coburg-Gotha eine Aufführung, am 3. Juli der Vizekönig von Ägypten schon ein zweites Mal, am 27. Juli König Ludwig II. von Bayern und der König von Portugal, am 6. August schließlich der König von Schweden und Großherzog Konstantin. Zwar besucht der Kaiser von Österreich bei seinem Besuch in Frankreich im Oktober 1867 keine Aufführung, allerdings kommen die Erzherzöge Karl Ludwig und Ludwig Viktor am 25. Oktober ins Théâtre des Variétés.

Diese ununterbrochene Folge gekrönter europäischer Häupter in der Loge von Hortense Schneider bringt dieser den zweifelhaften Namen der »Passage des Princes« ein. Ludovic Halévy, der sich häufig in der Loge der Schauspielerin und Sängerin aufhält, gehen diese Besuche mit der Zeit auf die Nerven, zumal Hortense

Schneider wohl ihre Rolle zunehmend verinnerlicht. Viele Jahre später erinnert sich Offenbach:

> Während der letzten Weltausstellung [1867] fuhr [Hortense Schneider] eines Tages mit ihrer Kutsche die den Staatsoberhäuptern vorbehaltene Allee entlang; ein paar Nationalgardisten fingen sie ab:
> – Wer sind Sie und was machen Sie hier? schrie der wachhabende Offizier sie an.
> – Erkennen Sie mich nicht wieder? Ich bin die Großherzogin von Gerolstein.
> – Die Großherzogin! Achtung ... präsentiert! ... Bitte, Eure Hoheit, hier entlang ...[270]

Palais-Royal

Einen seiner größten Erfolge – bis heute – erlebt Offenbach am Théâtre du Palais-Royal 1866 mit *La Vie parisienne*. Dieses Theater hat sich nach seiner Gründung am 6. Juli 1831 im leerstehenden Saal des ehemaligen Théâtre Montansier sehr bald auf das groteske und komische Genre spezialisiert. 1851 hält der deutsche Schriftsteller Ludwig Kalisch fest:

> Es ist das lustigste Theater in Paris. Hier hat sich die französische Heiterkeit durch alle Kämpfe und Krämpfe der Zeit ungetrübt erhalten, und wer dieses Theater besucht, kann sicher darauf rechnen, daß er es nur mit heftig erschüttertem Zwerchfell verlassen wird.[271]

Charakteristisch für das »genre Palais-Royal«, wie vor allem der Vaudevillist Eugène Labiche es dort etabliert, ist dabei eine auf Quiproquos beruhende Dramaturgie, in der sich ein hohes szenisches Tempo und typische Motivkonstellationen verbinden: etwa Familie und Hochzeit, Schein und Begierde, Gegenwart und Vergangenheit, gerne auch Geld und Moral. Dieses Quiproquo führt dann stets eine Situation herbei, die den Protagonisten entgleitet. Die Handlung spult sich mehr und mehr ab, ohne dass irgendjemand sie beeinflussen könnte. Die Welt des friedliebenden, (selbst)beherrschten Bürgers gerät aus den Fugen und er kann sich nur noch ohnmächtig und sinnlos abstrampeln, ohne allerdings je wieder tatsächlich in die Handlung einzugreifen.

Wesentliches Merkmal des Vaudevilles, am Palais-Royal wie auch andernorts, sind auch noch im Zweiten Kaiserreich die im Stück eingebundenen Lieder oder Couplets.[272] Die am Palais-Royal engagierten Schauspieler können allesamt mehr oder weniger gut singen, die Grenzen zwischen Sprech- und Musiktheater sind auch in Bezug auf die Schauspieler und Sänger fließend. So macht eine der berühmtesten Schauspielerinnen des Théâtre du Palais-Royal, Pauline-Virginie Déjazet, früh als Tänzerin auf sich aufmerksam. Auch die »Ochsentour« durch die Provinz, die viele Schauspieler auf sich nehmen, verhindert ein Spartendenken, sind doch die dortigen Bühnen nicht in Sprech-, Musik- und Tanztheater aufgeteilt – als etwa Hortense Schneider 1855 nach Paris kommt, hat sie aufgrund ihrer vorherigen Tätigkeit in Agen eine breite Erfahrung in verschiedenen Sparten und Genres vorzuweisen. Das Genre des Vaudevilles verlangt im Übrigen nach Gesang fast in jeder Szene, es ist keine Seltenheit, dass in einem einzelnen Akt bis zu 14 Nummern vorkommen, im Einakter *L'Alcôve*[273] – der Vorlage zu Offenbachs früher Opéra comique von 1849 – gar 19 Nummern.

Die Verpflichtung, Einlagegesänge in die Vaudevilles einzubauen, wird 1864 mit der bereits in einem anderen Zusammenhang beschriebenen Liberalisierung der Theaterlandschaft aufgehoben. Schon zuvor hat sich allerdings das Timbrerepertoire geändert. In den 1850er-Jahren verschwindet das »alte« Timbrerepertoire nach und nach, gleichzeitig nimmt die Häufigkeit von vergleichbar »jungen« Timbres, etwa aus den Erfolgen des Musiktheaters, zu:

> Wenn der Dialog nachlässt, ist das erstbeste Rondeau, gesungen auf eine Melodie Offenbachs, ein zuverlässiges Rezept für die Rettung der Handlung. [...] Wären die Vaudevillisten denn dazu verurteilt zu streiken, wenn M. Offenbach nicht mehr komponieren würde ?[274]

Offenbachs am Palais-Royal als Timbre verwendete Melodien spiegeln offensichtlich seine großen Erfolge wider, sie stammen hauptsächlich aus *Orphée aux Enfers,* aber auch aus vielen weiteren Stücken, aus dem Repertoire des Bouffes-Parisiens wie auch der Variétés. Offenbach und seine Musik sind also schon ab den späten 1850er-Jahren regelmäßig »zu Gast« auf der Bühne des Palais-Royal und zwar ohne, dass der Komponist selbst für das Theater Musik geschrieben hätte. Dies ändert sich aber ab etwa 1862. Ab diesem Zeitpunkt liefert Offenbach jährlich zu einem Stück eigens komponierte Musik:[275] eine Ronde zu *La Demoiselle de Nanterre*[276], uraufgeführt am 14. Januar 1862, eine Ronde zu *Le Brésilien*[277], uraufgeführt am 9. Mai 1863, sowie eine Ronde zu *La Succession Bonnet*[278], uraufgeführt am 4. Juni 1864. Im Umfeld dieser drei kleinen Stücke entwickeln sich wichtige Gegebenheiten, die für Offenbachs Erfolge der 1860er-Jahre wesentlich sind. In *La Demoiselle de Nanterre* 1862 begegnet Offenbach erneut, nachdem er sie einige Jahre aus den Augen verloren hatte, der Schauspielerin und Sängerin Hortense Schneider. Bei *Le Brésilien* 1863 formiert sich schließlich das kongeniale Librettisten-Duo der kommenden Opéras-bouffes. Zu Ludovic Halévy, der ja bereits mehrfach mit Offenbach zusammenarbeitete, gesellt sich Henri Meilhac, ein

1830 geborener Journalist beim *Journal pour Rire* mit berechtigten Theaterambitionen. Das Personaltableau für die großen Erfolge der 1860er-Jahre ist damit komplett: Offenbach als Komponist, Meilhac und Halévy als Librettisten und Hortense Schneider als die alles beherrschende Diva. Mit *La Succession Bonnet* 1864 schließlich wird die Verbindung zwischen Bühne und Politik zelebriert: hinter dem Librettisten »M. de Saint-Rémy« verbirgt sich bekanntlich der Herzog von Morny, der Halbbruder des Kaisers.

* * *

Mit *La Vie parisienne* 1866 wagt sich Offenbach zusammen mit Meilhac und Halévy sowie mit Hortense Schneider schließlich zum ersten Mal an ein abendfüllendes musikalisches Werk für das Théâtre du Palais-Royal. Das Projekt zeichnet sich ab Ende 1865 in den Quellen ab. Ludovic Halévy notiert am 23. November 1865 in seinen Carnets:

> Wir haben den Direktoren des Palais-Royal die beiden ersten Akte von La Vie parisienne überreicht. Tags darauf erhielten wir lauter Glückwünsche und lauter Bitten, schnell das Stück zu Ende zu bringen. Die dritten und vierten Akte werden schnell gemacht sein (Worth und das Café Anglais), aber wir haben keine Ahnung vom fünften.[279]

Ob das Stück von Anfang an mit Beteiligung Offenbachs gedacht war, ist nicht sicher. Auf jeden Fall gibt erst Anfang Februar 1866 die Presse den Namen eines neuen Stücks aus der Feder Offenbachs bekannt, das für das Palais-Royal bestimmt ist.[280] Dann allerdings scheinen Meilhac und Halévy mit Offenbachs Arbeitstempo nicht mehr mitzukommen, erst Anfang August scheint *La Vie parisienne* in seinen Grundzügen fertig zu sein.

Am Samstag, dem 17. August 1866, beginnen die ersten Proben, von Anfang September bis Ende Oktober wird fast täglich szenisch gearbeitet. Die Orchesterproben hingegen werden erst am 5. Oktober tatsächlich aufgenommen, ab dem 16. Oktober dann Sänger und Orchester gemeinsam. Insgesamt gestaltet sich die Arbeit offenbar als schwierig, die Darsteller scheinen – zumindest zum Teil – mit der Musik, die Offenbach für sie geschrieben hat, an ihre Grenzen zu stoßen. Zu allem Überfluss hat auch die Zensur dem neuen Stück gegenüber einige Vorbehalte. Vor allem der vierte und der fünfte Akt scheinen für Unbehagen zu sorgen,[281] sodass Meilhac, Halévy und Offenbach den vierten Akt vollständig neu schreiben und im fünften Akt noch einmal gewichtige Änderungen vornehmen müssen.[282] Nach eigenem Bekunden macht Halévy die Arbeit an *La Vie parisienne* ziemlich verrückt: »à peu près fou«[283]. Bei der Hauptprobe am 29. Oktober hat »die Angst ihren Höhepunkt erreicht. Niemand glaubt mehr an das Stück – außer

Offenbach«.[284] Meilhac und Halévy bieten noch an diesem Abend der Direktion an, das Stück zurückzunehmen.[285] Ihr Musikerkollege dagegen macht scheinbar unverdrossen weiter, die Generalprobe findet am Dienstag, dem 30. Oktober, abends statt. Für den Tag der Uraufführung, den 31. Oktober 1866, vermerken die Theaterprotokolle: »Erste Vorstellung von *La Vie parisienne,* Stück in vier [sic!] Akten und fünf Bildern. Das Stück hatte großen Erfolg.«[286]

Erster Akt. Im Pariser Westbahnhof warten die beiden Lebemänner Raoul de Gardefeu und Bobinet auf die Kurtisane Métella. Als diese aber am Arm eines dritten Verehrers dem Zug entsteigt, verbünden sich die beiden: Bobinet macht einer Gräfin den Hof, Gardefeu dagegen gibt sich dem schwedischen Baron de Gondremarck und dessen hübscher Gattin gegenüber als Fremdenführer aus. Der Akt endet mit einem plötzlich auftretenden Brasilianer, der sein furioses Loblied auf die Stadt der Lichter singt.

Zweiter Akt. Gardefeu hat den Baron und die Baronin in seinem »hôtel particulier« untergebracht und sie im Glauben gelassen, es handele sich bei den Räumlichkeiten um eine Dépendance des Grand Hôtel. Gondremarck gibt seinem Gastgeber ein Empfehlungsschreiben für eine Kurtisane – die offensichtlich niemand anderes als Métella ist. Für die abendliche »Table d'hôte« bringt Gardefeu den Schuhmacher Frick und die Handschuhmacherin Gabrielle – beide sind unüberhörbar deutschen Ursprungs – dazu, zusammen mit anderen Bediensteten verkleidet aufzutreten: Frick als Major Édouard und Gabrielle als Mme de Saint-Amaranthe, Witwe eines Obersten.

Dritter Akt. Bobinet hat ein Fest organisiert, das den Baron von der Baronin fernhalten soll, solange Gardefeu ihr den Hof macht. Dafür hat Bobinet sich als ein (Schweizer!) Admiral Walter verkleidet, seine Bediensteten werden ebenso zu Leuten von Welt: Urbain zum peruanischen General Malaga de Porto-Rico, Prosper zum Diplomaten Adhamar de Manchabal und Pauline zur Frau des Admirals Walter. Der Baron wird abgefüllt, Pauline verführt ihn und der Abend endet im feucht-fröhlichen, ausgelassenen Trubel.

Vierter Akt. Am Morgen danach schwärmt die Baronin vom Théâtre-Italien, wo sie ihrerseits den Abend verbracht hat. Gardefeus Avancen werden durchkreuzt durch die unerwartete Ankunft von Mme de Quimper-Karadec und deren Nichte Mme de Folle-Verdure, beide wollen ihrer Freundin Christine de Gondremarck einen Besuch abstatten. Als sie erkennen, was passiert ist, sinnen sie auf Rache – die alte Quimper-Karadec wird sich dazu als die Baronin ausgeben.

Fünfter Akt. In einem Restaurant am Boulevard finden alle Akteure wieder zusammen. Kurz, nachdem Métella illusionslos die Welt der Lebemänner besungen hat, treten die Baronin und ihre beiden Freundinnen auf mit dem festen Entschluss, dem Baron seine Spielereien heimzuzahlen. Es kommt beinahe zum Duell zwischen eben dem Baron und Gardefeu. Aber als der Brasilianer aus dem ersten Akt, nun zusammen mit Gabrielle, wieder auftaucht – die beiden haben sich verliebt –, stimmen alle in ihre Freude ein und besingen noch einmal das rauschende Pariser Leben.

Entgegen allen Erwartungen wird das Stück vom Publikum mit größter Begeisterung aufgenommen. Die Monatseinnahmen für November 1866 verdoppeln sich im Vergleich zum Vorjahr; um einen Platz zu erhalten, müssen die Zuschauer zehn bis zwölf Tage im Voraus reservieren.[287] Die Musik wird in der Presse gelobt. Für den *Le Ménestrel* durchbricht sie

> mit unverschämtem und charmantem Spaß die alte Routine des Vaudeville-Timbres, mit denen man uns die Ohren in den Theatern der Art voll macht. [...] Die freche und bübische Muse Offenbach schickt bedenkenlos all diese wahrhaft langweiligen Refrains nach [dem Altersheim] Saint-Périne.[288]

Der Erfolg von *La Vie parisienne* geht bis zum Sommer 1867 ununterbrochen weiter. Anfang Mai sinken zwar die Besucherzahlen,[289] doch die Ankündigung, die Aufführungsserie beenden zu wollen, treibt die Zuschauer wieder ins Théâtre du Palais-Royal, das schlechte Wetter tut sein Übriges. Nach über 200 Aufführungen findet erst am 24. Juli die Dernière statt – und Offenbach erhält offensichtlich sehr bald den Auftrag für ein Folgestück zu *La Vie parisienne.*

* * *

Im Januar 1868, im Winterurlaub in Nizza, beginnt Offenbach mit den ersten Arbeiten zu Le *Château à Toto;* zeitgleich zu dem neuen Werk für das Palais-Royal arbeitet er an *Les Brigands* für das Théâtre des Variétés und *Vert-Vert* für die Opéra Comique. Genau wie bei *La Vie parisienne* ist Offenbach seinen Librettisten immer einen Arbeitsschritt voraus und drängt sie zur Eile, so in einem Brief an Ludovic Halévy vom 28. Januar 1868:

> Ich bin nach wie vor ohne Nachrichten von Dir und von Meilhac, ich finde diese Art wenig [...] loyal – entschuldige dieses Wort, aber so ist es doch. Ich habe Dir und Meilhac all meine Arbeiten für den kommenden Winter anvertraut, und ihr lasst mich vollständig hängen. [...] Ich habe zahlreiche Angebote abgelehnt, die ich eigentlich angesichts Eures Ausfalls angenommen hatte, und nun stehe ich allein da, mit meinem Notenpapier und nichts zum draufschreiben. Ihr seid beide nicht nett. Und wenn es schon keine ernsthafte Freundschaft gibt, die uns verbinden sollte, und sei es nur für

> so erfolgreiche und so erfolgreich erneuerte Zusammenarbeiten, solltet Ihr wenigstens den Anstand haben... – egal, ich sage es so – aufrichtig zu sein. Wenn Euch das zu hart erscheint, dann gebt doch zu, dass Ihr es verdient habt.[290]

Bei allem Ärger: Offenbach befindet sich 1868 auf dem Höhepunkt seines Erfolges, er ist inmitten seiner »années triomphales«.[291] Das Théâtre des Variétés füllt seine Kassen mit Wiederaufnahmen von *Barbe-Bleue* im Januar und Februar und von *La Grande-Duchesse de Gérolstein* im März und April, das Théâtre du Palais-Royal mit einer Wiederaufnahme von *La Vie parisienne* im März. An den Menus-Plaisirs geht der Erfolg von *Geneviève de Brabant* seit der Uraufführung einer überarbeiteten Fassung am 26. Dezember 1867 ohne Unterbrechung weiter. In diesem Kontext finden im März und April die intensiven Proben zum neuen Stück statt, die Uraufführung ist schließlich am 6. Mai 1868.

Erster Akt. Nach offensichtlich zu ausschweifenden Jahren mitten im Pariser Leben muss der junge Toto, letzter Spross der Grafen von La Roche-Trompette, nun das Schloss seiner normannischen Ahnen versteigern lassen. Schon freut sich der alte Baron Crécy-Crécy, nun so den jahrhundertealten Familienzwist zu seinen Gunsten entscheiden zu können. Allerdings ist Crécy-Crécys selbstbewusste Tochter Jeanne in Toto verliebt – was ein Duell zwischen Crécy-Crécy und Toto provoziert.

Zweiter Akt. Der drollige Bauer Pitou schwärmt für die derbe Bäuerin Catherine – die allerdings ihre Chance gekommen sieht und den »Marquis de la Pépinière«, einen von Totos Spießgesellen aus Paris, laut umwirbt. Währenddessen engagiert Jeanne den ihr ergebenen Pitou, bei der baldigen Versteigerung des Schlosses als vermeintlicher »General Bourgachard« gegen Jeannes Vater mitzubieten. Nach der für Jeanne erfolgreichen Auktion allerdings verliert der edel verkleidete, parfümierte Pitou beim folgenden Tanz seine Verkleidung und wird erkannt. Die Versteigerung ist geplatzt.

Dritter Akt. Nach der Versteigerung hat sich Pitou ausgerechnet auf Catherines Hof versteckt. Am Morgen erscheint dort ein »Revierförster«, alsbald gefolgt von einem »Briefträger vom Land«, beide machen der mit Toto angereisten, sehr aufreizenden »Vicomtesse« heftig den Hof. Schließlich stellt sich heraus, dass so ziemlich alle nicht die sind, die sie vorgeben zu sein: »Vicomtesse« und »Marquis« sind dubiose Hochstapler, der falsche Revierförster ist der hiesige Notar und der falsche Briefträger ist tatsächlich Crécy-Crécy. Angesichts all dieser Blamagen steht der Hochzeit Jeannes und Totos nichts mehr im Wege, die jahrhundertalte Fehde der beiden Familie hat ein Ende.

Le Château à Toto kann als kompositorische Absage an das Pariser Leben verstanden werden, das Stück ist dramaturgisch wie musikalisch über weite Strecken geprägt von einem »Skeptizismus [...], der den verlogenen Glanz großstädtischer Lebenswelten, der aristokratischen wie der bourgeoisen, durchleuchtet«.[292] Dazu bedienen sich Offenbach und seine Librettisten bewährter dramaturgischer und musikalischer Mittel. So spannen sie in *Le Château à Toto* ein Beziehungsnetz von feinsinnigen Anspielungen auf – zunächst einmal direkt auf einige Vorgängerstücke, vor allem natürlich *La Vie parisienne,* aber auch auf historische und literarische Figuren wie etwa die Figur des Chansonniers Ange Pitou. Musikalisch nimmt Offenbach explizit Bezug auf *Romeo und Julia* – in Hector Berlioz' Vertonung als »symphonie avec chœurs« schon 1839, oder, zeitlich deutlich näher, in Charles Gounods Oper *Roméo et Juliette* von 1867. Nicht zuletzt parodiert sich Offenbach zweimal selbst – zum einen mit dem Auftritt des eleganten Friseurs aus dem Einakter *Vent-du-Soir* bzw. *Häuptling Abendwind,* der nun den bäuerlichen Pitou als Mann von Welt erscheinen lässt, zum anderen mit dem schon damals sehr beliebten komischen »Duo des Gens d'armes« aus *Geneviève de Brabant,* das auch dort unter anderem von einer Nebenfigur namens Pitou gesungen wird.

Trotz eines Besuch des kaiserlichen Paares kann *Le Château à Toto* offensichtlich nicht an den Erfolg von *La Vie parisienne* anknüpfen – was auch nicht zu erwarten war, ist doch der Triumph von *La Vie parisienne* zu einem großen Teil dem Weltausstellungspublikum von 1866 zu verdanken gewesen: *Le Château à Toto* hingegen verfügt über keine Weltausstellung als Publikumsreservoir. Spätestens, als auch Zulma Bouffar, die Hauptdarstellerin der Hosenrolle des Toto, schließlich krankheitsbedingt ausfällt, sind die Tage des Stückes gezählt, es wird am 28. Juli vom Spielplan genommen. Im Sommer 1869 wird *Toto* an das Wiener Carltheater verkauft, wo dem Stück aber trotz günstiger Kritiken auch »nur« 31 Aufführungen beschieden sind. Ein spektakulärer Zwischenfall lässt die dortige Premiere Schlagzeilen machen:

> Toto, burleske Operette in drei Akten von Offenbach, ging gestern vor gedrängt vollem Hause in Szene, und fand namentlich im zweiten Akte eine sehr günstige Aufnahme. [...] Das Stück war sehr schön in Szene gesetzt und machte das Arrangement und die Ausstattung der Direktion alle Ehre. Nur hätte man sich die Ueberraschung mit dem Parfum [!] ersparen können, welche bald Verwirrung hervorgerufen hätte. Als plötzlich die Parfumrauchwolke [!] in das nicht vorbereitete Publikum drang, fürchtete dasselbe Feuersgefahr und erhob sich von den Sitzen. Zum Glücke beruhigten Besonnenere die Allzuängstlichen.[293]

Die Sommersaison im nunmehr preußischen Ems – das Herzogtum Nassau hat im Zuge des Deutschen Krieges 1866 seine Unabhängigkeit verloren – ist 1867 besonders brillant. Das Programm wird in diesem Jahr beherrscht von Offenbachs Werken: eine Reprise von *Un Mari à la porte,* der Maestro verspricht dem Kurdirektor Briguiboul eine Fortschreibung von *Lischen et Fritzchen,* er schreibt die einaktige Opéra comique *La permission de dix heures* nach der Vorlage eines alten Vaudevilles von Clairville. Am 7. Juni 1867 notiert er in einem Brief: »Ich habe ›La permission‹ bald beendet – und ich glaube, dass das nicht eines meiner schlechtesten Stücke sein wird. Ich gebe unumwunden zu: es läuft ziemlich gut.« Die Premiere der *Permission de dix heures* erfolgt am 9. Juli 1867 im Beisein des Königs von Preußen, der seit Anfang Juli bereits ein Ems weilt, des Prinzen Georg sowie der Großfürsten Wladimir von Russland und von Oldenburg.

Die Handlung spielt im 18. Jahrhundert. Madame Jobin hegt Gefühle für den Soldaten Larose Pompon, der allerdings mit deren Nichte Nicole verlobt ist. Um die Tante dazu zu bewegen, die verliebten jungen Leute heiraten zu lassen, wird schließlich Sergeant Lanternick gefunden, der nach allerlei Verwechslungen um die Hand von Madame Jobin anhält – und damit den Weg freimacht für das Glück von Larose Pompon und Nicole.

»Der [preußische] König war so glücklich«, schreibt *La France Musicale* am 21. Juli 1867, »dass er es noch einmal hören wollte und dass wir sobald als möglich, um sie noch mehr genießen zu können, diese liebliche und leichte Musik noch einmal hören werden.«

Das »genre primitif et vrai« erlebt gegen Ende der 1860er-Jahre eine kleine Renaissance in Offenbachs Schaffen. Für den Emser Kursaal entstehen, neben *La Permission de dix heures,* Stücke wie das kleine komische Duo *La lecon de chant électromagnétique,* das ausdrücklich auf Mozarts *Zauberflöte* anspielende *Le Soldat magicien ou le fifre enchanté* oder die nach dem alten, gleichnamigen Volkslied benannte Operette *Jeanne qui pleure et Jean qui rit.* Alle evozieren deutlich die Offenbach scheinbar so liebe Idylle der Opéra comique des Ancien Régime. Diese wird auch in einem der wohl eigenartigsten Stücke aus Offenbachs Feder bedient, *Les Bergers.* Uraufgeführt bereits am 11. Dezember 1865 an den Bouffes-Parisiens stellen diese »gleichsam eine Zusammenfassung aller Möglichkeiten der ländlichen Idylle«[294] dar. Seit seinem Weggang Anfang 1862 befand sich Offenbach mehr oder weniger kontinuierlich im Streit mit der Leitung des von ihm gegründeten Theaters, zumeist ging es dabei um Aufführungs- und Urheberrechte. Nach verschiedenen juristischen Entscheidungen schließlich bringt das Jahr 1865 versöhnlichere Töne. Offenbachs Tochter Berthe wird am 9. August 1865 in Étretat gar den Eigentümer des Theatergebäudes heiraten, Charles Comte. Mit *Les Bergers* nun erzählen die Librettisten Hector Crémieux und Philippe Gille im Grunde genommen dreimal dieselbe Geschichte: im ersten Akt im antiken Griechenland, im zweiten Akt im vorrevolutionären Rokoko und im dritten Akt schließlich in der Gegenwart des Zweiten Kaiserreichs. Der Kritiker Henri Moréno lobt im *Le Ménestrel* die Musik vor allem des ersten Aktes,

> unserer Meinung nach das schönste Werk Herrn Offenbachs. Noch nie hat er uns so lange verzückt und verzaubert. Er hat auf Parodie und Ulk verzichtet und, indem er seine üblichen Wege verließ, schien uns sein Talent gleich doppelt so groß.[295]

Gleichwohl kommt das Stück beim Publikum nicht gut an. Nach 50 Aufführungen – angesichts des Ausstattungsaufwands decken diese kaum die Kosten – wird *Les Bergers* Anfang Februar 1866 abgesetzt.

* * *

Offenbachs zweites Stück für Opéra Comique entsteht zeitgleich mit *La Grande-Duchesse de Gérolstein*. Kurz nach deren ersten Aufführungen im Théâtre des Variétés wird *Robinson Crusoé* in der Salle Favart geprobt. Durch organisatorische Schwierigkeiten im Vorfeld – nicht zuletzt auch durch Offenbachs sommerlichen Aufenthalt in Ems – kommt es zu Verzögerungen der Uraufführung. Schon ab August hat Offenbach in der Presse Meldungen zum neuen Stück kursieren lassen. Am 25. Oktober 1867 beginnen die Orchesterproben, die Offenbach trotz heftiger Gichtschübe leitet – er lässt sich teils gar im Rollstuhl zu den Proben bringen.[296] Die Uraufführung von *Robinson Crusoé,* Opéra comique in drei Akten und fünf Bildern auf einen Text von Eugène Cormon und Hector Crémieux, findet schließlich am 23. November 1867 statt. Das Premierenpublikum der Salle Favart reagiert zögerlich, es lässt sich nicht wirklich überzeugen – was auch kaum verwundert vor dem Hintergrund der Ereignisse um *Barkouf* vor wenigen Jahren einerseits und vor dem Hintergrund der streitbaren Opéras-bouffes andererseits, mit denen er seit spätestens 1864 am Théâtre des Variétés die althergebrachten ästhetischen Fixpunkte des französischen Musiktheaters infrage stellt. Vielleicht folgt Offenbach deshalb umso konsequenter

> in *Robinson Crusoé* den Gattungskonventionen, indem er auf Ironie und Satire weitgehend verzichtet; er vermag aber dennoch, komödiantische wie dramatische Szenen gleichermaßen reizvoll zu gestalten und dem Werk eine Form zu geben, die sich in weiten Teilen an das traditionelle Repertoire anlehnt.[297]

Erster Akt. Im Hause der Familie Crusoé in Bristol findet sich die Familie zusammen zur gemeinsamen Bibellektüre. Der reiselustige Robinson will auch seinen Freund Toby überzeugen, mit ihm auf große Fahrt zu gehen. Dessen Verlobte Suzanne kann diesen zwar zurückhalten, Robinson allerdings macht sich trotz der Bedenken der ihn liebenden Edwige allein auf die Reise.

Zweiter Akt. Sechs Jahre später. Robinson ist auf einer einsamen Insel gestrandet, auf der er mit seinem Hund Fidèle, seinem Papagei und dem treuen Begleiter Vendredi – einem einheimischen Jungen, den er vor den Kannibalen gerettet hat – in einer Höhle lebt. Auf ihrer Suche nach Robinson ist die treue Edwige gemeinsam mit Suzanne und Toby von Piraten gefangen genommen und dann ebendiesen Kannibalen ausgeliefert worden. Zwar stellt sich heraus, dass der Häuptling der Kannibalen auch aus Bristol stammt – er kann jedoch nichts zur Rettung seiner Landsleute unternehmen. In letzter Sekunde befreit Vendredi – er hatte die Szene beobachtet und sich in Edwige verliebt – die drei Engländer und den ebenfalls ja englischen Häuptling.

Dritter Akt. Am nächsten Tag in Robinsons Höhle. Alle freuen sich über ihr Wiedersehen – zumal sich herausstellt, dass das Piratenschiff verwaist vor der Insel vor Anker liegt und somit bereitsteht für eine Heimfahrt. Mithilfe der Tamayos, Vendredis Stamm, werden schließlich die Piraten überlistet. Alle schiffen nach Bristol ein – und Robinson und Edwige heiraten auf dem Schiff.

Die Partitur ist zwar sorgfältig gebaut, aber mit dem Libretto geht die Kritik hart ins Gericht. Der wenig ergiebige Charakter der Geschichte um Robinson hat Cormon und Crémieux dazu verleitet, Entwicklungen einzubauen, die die Handlung zwar dichter, aber eben auch unübersichtlicher machen. Insgesamt erlebt Offenbach zwar kein Desaster wie noch fünf Jahre zuvor bei *Barkouf*, gleichwohl sind die Meinungen zum Werk sehr geteilt. Die Zeitschrift *La Lune* vom 8. Dezember 1867 gibt davon einen recht humorvoll gehaltenen Bericht:

> Als Mademoiselle Cico zum fröhlichen englischen Lied »Debout, c'est aujourd'hui dimanche« ansetzte, murmelte mein Nachbar traurig: »Nicht im Ernst! Nun aber! Das ist ja immer noch der Offenbach der Bouffes-Parisiens und der Variétés!« Ein oder zwei Szenen später begann die gleiche Sängerin mit der reizenden Romanze »Si c'est aimer, eh bien! je l'aime«. »Zu ernst! Zu ernst!«, seufzte mein rechter Nachbar in einem verschnupften Ton. »Nun, das ist ja nicht mehr der Offenbach der Bouffes-Parisiens und der Variétés!« Und so weiter bis zum Schluss. Beim poetischen Duo von Robinson und Freitag hörte ich rechts: »Das ist ja Félicien David!« Und bei den originellen Couplets des »Pot-au-feu« links: »Puh! Das ist ja wie [die Musik des Salonkomponisten] Paul Blacquière!«[298]

Robinson Crusoé, das zeigt das Zitat, muss als Kompromiss verstanden werden. Dem Komponisten war offensichtlich daran gelegen, zum einen niemanden zu brüskieren, zum anderen aber dennoch dem Werk einen eigenen Stil zu verleihen.

> In der Darstellung komplexer Themen, Stil und Satz Fakturen zeigt sich Offenbachs Bemühen, mit seinem zweiten Werk an der Salle Favart seinem Namen in der Pariser Theaterlandschaft das Renommee zu verschaffen, das ihm mit *Barkouf* versagt bleiben musste. Handelte es sich bei jenem Werk um den Versuch einer »Revolution« der opéra-comique (die zum Scheitern verurteilt war), so besteht das Konzept von *Robinson Crusoé* in dem Bestreben nach Versöhnung. Auch wenn der Versuch, allen Herren zu dienen, nicht in Gänze gelingen kann, fiel das Bemühen auf fruchtbaren Boden und sicherte dem Komponisten für die kommenden Jahre eine gute Zusammenarbeit mit dem Théâtre de l'Opéra-Comique.[299]

Ungeachtet der Tatsache, dass Offenbach nun im Jahr 1867 auf Erfolge auf allen größeren Musiktheaterbühnen in Paris zurückschauen könnte, jetzt eben auch an der Opéra Comique, steigen nun um ihn herum ernstzunehmende Konkurrenten auf. Der einst von ihm geförderte Charles Lecocq – beim Operettenwettbewerb 1856 war er mit Georges Bizet einer der beiden Preisträger – kann ab 1866 erste größere Erfolge erzielen, etwa mit der einaktigen Operette *Le Myosotis* am Théâtre du Palais-Royal. In der Folge erhält er weitere größere Kompositionsaufträge, etwa vom Théâtre de l'Athénée mit *Fleur-de-Thé*. Eine größere Konkurrenz allerdings stellt immer wieder Hervé dar, der seit einigen Jahren nun in den kleinen Café-concerts mit Stücken für die berühmte Chansonniere Thérésa eine erstaunlich große Öffentlichkeit erreicht. Vor allem aber schreibt er mit *L'Œil crevé* ab 1867 ebenfalls große abendfüllende Opéras-bouffes für das Théâtre des Folies-Dramatiques, die, wie Offenbachs Werke, die gesamte Prominenz des Tout-Paris ins Theater locken. Es folgen alsbald *Chilpéric* 1868 und *Le Petit Faust* 1869 – und Hervés Werke werden so positiv besprochen wie kaum Werke von Offenbach zuvor.

Auch Hortense Schneider muss sich immer öfter mit anderen Sängerinnen messen lassen. Nach Lea Silly, die 1864 den Orest in *La Belle Hélène* gesungen hatte und 1865 in kleineren Operetten am Palais-Royal enorme Erfolge feiert, wird nun vor allem Blanche d'Antigny zu einer echten Rivalin. Nach ihrem Debüt am Palais-Royal in der Rolle der Blanche Taupier in *Le Château à Toto* singt sie die Frédégonde in Hervés *Chilpéric* und schließlich Marguerite in *Le Petit Faust*. Es gibt offensichtlich einen Markt für Opéras-bouffes jenseits des scheinbar alles beherrschenden Trios Offenbach-Meilhac-Halévy und jenseits der Diva Hortense Schneider. Allein schon deshalb kann heute, 150 Jahre nach dem Zusammenbruch des Zweiten Kaiserreichs, die spätestens nach Offenbachs Tod so oft erfolgte Identifikation von Offenbachs Schaffen mit der »fête impériale« ernsthaft hinterfragt werden.

* * *

Robinson Crusoé entpuppt sich, all dieser Entwicklungen zum Trotz, als ein erfolgreicher Versuchsballon. Weniger als zwei Monate nach dessen Dernière erhält Offenbach einen Folgeauftrag für die Opéra Comique: *Vert-Vert,* Opéra comique in drei Akten. Für das Libretto hat Offenbach seine besten Mitarbeiter gewonnen: Henri Meilhac und Charles Nuitter, sowie die – offiziell nicht genannten – Adolphe de Leuven, Pittaud de Forges und Ludovic Halévy.

> Auf der Bühne von *Vert-Vert* erwartet den Zuschauer eine bunte Kostüm- und Verwechslungskomödie in der verspielten Eleganz des schönsten Rokoko, das eine mehr oder weniger glaubwürdige Handlung in eine pittoreske Szenerie zwischen Nonnenkloster und Dragonerschenke verpackt. Die mehr oder weniger frommen Schwestern und edelmütigen Offiziere verbindet im Geheimen so manches mehr oder weniger; die Atmosphäre ist geschwängert von gentilen Avancen und amourösen Abenteuern, von Masquerade und Charadenspiel.[300]

Schon vom Titel her ist die Nostalgie des 18. Jahrhunderts in das Stück eingeschrieben, bezieht es sich doch stofflich auf das 1734 erschienene Gedicht des ehemaligen Jesuiten Jean-Baptiste Gresset, *Vert-Vert ou les Voyages du perroquet de la Visitation de Nevers.*

Erster Akt. Im Garten des Mädchenpensionats beerdigen Mimi, Bathilde und Emma ihren geliebten Papagei Vert-Vert. Bathilde, so erfährt man, hat vor Kurzem heimlich den Grafen d'Arlange geheiratet, während Emma den Chevalier de Bergerac heimlich ehelichte. Im Übrigen ist sogar die stellvertretende Pensionatsleiterin, Mademoiselle Paturelle, heimlich mit dem Tanzmeister Baladon vermählt. Mimi ihrerseits liebt Valentin, den Neffen der Pensionatsleiterin. Als dieser in die Stadt Nevers gehen soll, nutzt Mimi die Gelegenheit und flieht aus der Einrichtung.

Zweiter Akt. Der Graf Arlange und der Chevalier de Bergerac vergnügen sich in der Herberge »Au Lion d'Or« mit der Corilla, der neuen Sängerin am hiesigen Theater. Um den erkrankten Tenor zu ersetzen, lässt sich Valentin – er gibt sich als »Vert-Vert« aus – überreden, am heiteren Gesang teilzunehmen. Mimi ihrerseits beobachtet alles als Dragoner verkleidet.

Dritter Akt. Wieder im Mädchenpensionat, wo Baladon eine szenisch bemerkenswerte Tanzstunde abhält. Auch Valentin und Mimi sind da und gestehen sich gegenseitig ihre

Liebe. In einer turbulenten Nachtszene treffen anschließend nach und nach alle Protagonisten zusammen, bevor schließlich die herbeigeeilten Dragoner Mademoiselle Paturelle – oder eher: Madame Baladon – zu einer Generalamnestie nötigen. Die verheirateten Bathilde und Emma dürfen das Pensionat verlassen und Mimi darf Valentin heiraten.

Das Libretto hat Schwächen, gewiss, musikalisch jedoch ist *Vert-Vert* sehr gelungen. Jenseits der schon üblichen ewigen Nörgler findet die Musik – insbesondere der farbenfrohe dritte Akt – eine erstaunlich wohlwollende Aufnahme in der Presse, das Stück wird Offenbachs zu Lebzeiten meistgespieltes Stück für die Opéra Comique sein. »Mit *Vert-Vert* wechselt der Komponist von der Anklagebank ins Parkett der Opéra-Comique: Offenbach muss nicht mehr beweisen, was er zeigen kann, sondern kann zeigen, was er beweisen möchte.«[301] In diesem Sinne spürt er gezielt die lyrischen Momente im Libretto auf und verleiht ihnen, in nur wenigen zarten instrumentalen und melodischen Pinselstrichen, ein Gewicht, das die freundliche Heiterkeit der teils eher buffonesken Komik davor bewahrt, in satirische Töne abzugleiten. Anders als noch bei *Robinson Crusoé* und erst recht als bei *Barkouf* gelingt es Offenbach so, »seine eigenen Gattungsvorstellungen in einem Stück für die Salle Favart vollständig zu integrieren und in diesem Sinne umzusetzen«.[302]

Untergehen und feiern

Am 6. Oktober 1868 hebt Hortense Schneider am Théâtre des Variétés eine neue Opéra bouffe aus der Taufe, die in gewisser Weise auch ihre eigene Geschichte erzählen könnte. Es geht um eine junge Schauspielerin und Sängerin, die aus der Provinz kam und der die Großen dieser Welt zu Füßen liegen: *La Périchole*. Hinter dieser »Périchole« verbirgt sich eine historisch verbürgte Gestalt: »La Perricholi«, mit bürgerlichem Namen Micaela Villegas, geboren 1749 in Lima, zu ihrer Zeit die wohl schillerndste Figur des Vizekönigreichs Peru. Aus bescheidenen Verhältnissen stammend, debütiert sie mit gerade einmal 15 Jahren und erlebt innerhalb weniger Jahre einen rasanten Aufstieg. Sie wird die offizielle Geliebte des Vizekönigs von Peru – was, wie so häufig, Neider und Feinde auf den Plan ruft, insbesondere mit der peruanischen Aristokratie gerät sie in Konflikt. Bekannt wird im 19. Jahrhundert vor allem die Anekdote der eigentlich dem Hochadel vorbehaltenen »goldenen Karosse«, mit der sie anlässlich des Festes des Heiligen Franziskus demonstrativ vorgefahren sein soll. Noch provokanter dürfte allerdings gewesen sein, dass sie ebendiese Karosse danach einem Armenpfarrer schenkte. In diesem Kontext soll ihr auch von ihren Neidern die wenig schmeichelhafte Bezeichnung der »perri choli«, der »indianischen Hündin«, gegeben worden sein. Nach der Abberufung des Vizekönigs nach Spanien 1776 bleibt Villegas in Lima, wo sie schließlich 1819 stirbt – im Geburtsjahr Jacques Offenbachs. Das bewegte Schicksal der Micaela Villegas wird alsbald in den Künsten aufgegriffen.[303] Schon 1828 erscheint eine einaktige Komödie *Le Carrosse du Saint-Sacrement* mit der Schauspielerin und Sängerin als Hauptfigur, geschrieben vom Schriftsteller Prosper Mérimée, der später auch die Vorlage zu *Carmen* liefern wird. Sein Stück, eine wahre Politsatire, karikiert die Beziehung zwischen dem wenige Jahre zuvor verstorbenen französischen König Ludwig XVIII. und seiner Mätresse, Mme de Cayla: einem alten, eingebildeten und unfähigen Monarchen und einer einfachen Frau, skrupellos, untreu und listig. Weitere Bearbeitungen des Stoffs lassen nicht lange auf sich warten – etwa der einaktige, 1835 am Théâtre des Variétés uraufgeführte Vaudeville *La Périchole* mit der berühmten Schauspielerin Virginie Déjazet in der Titelrolle. Interessanterweise wird schon hier, wie später auch bei Offenbach, die durchaus ambivalente, in Teilen geradezu tragische Geschichte zu einer parodistischen Burleske umgeformt.

Anders als bei anderen Werken sind wir über die Entstehung der offenbachschen *Périchole* erstaunlich schlecht informiert. Was wir wissen, ist, dass sie in einer sehr produktiven Schaffensphase entsteht. Dem Périchole-Stoff wendet sich Offenbach scheinbar erst im Frühjahr 1868 zu. In ihrem Libretto lehnen sich Meilhac und Halévy zwar an Mérimées Vorlage an – auch sie stellen den regierenden Monarchen, nun eben Napoleon III., mit seinen Frauengeschichten bloß. Gleichwohl formen sie den Stoff zu einem völlig neuen Stück. Dazu bedienen sie sich einer weiteren Vorlage: Gaetano Donizettis *La Favorite*. Tatsächlich erinnert in der *Périchole* das Libretto an zwei Stellen fast wörtlich an die damals sehr beliebte Oper des italienischen Komponisten. Vor allem aber ist die dramaturgische Grundidee, die vom Herrscher arrangierte Hochzeit zwischen zwei tragischen Liebenden, die sich nicht erkennen, geradezu abgeschrieben. Das neue Stück wird schließlich ab Mitte August 1868 geprobt, nachdem Hortense Schneider erst spät überhaupt vertraglich zugesichert hat, die Titelrolle der Périchole zu übernehmen. Sie erhält dazu auch fürstliche Konditionen: An mindestens 80 garantierten Aufführungen – wobei die Sonntage ausdrücklich ausgespart bleiben – erhält sie 300 Francs pro Abend und 150 Francs pro Probe. Die szenische Arbeit am Stück scheint erstaunlicherweise flüssig vor sich zu gehen – für Offenbach, der hier wie bei den meisten Uraufführungen selbst inszeniert, eine Seltenheit. Die Uraufführung findet schließlich am 6. Oktober 1868 statt.

Erster Akt. Lima im 18. Jahrhundert. Der Vizekönig Don Andrès mischt sich unter das Volk, um sich ein Bild von dessen Zufriedenheit zu machen. Périchole und Piquillo, zwei Straßensänger, haben kaum etwas verdienen können. Piquillo will versuchen, noch etwas Geld aufzutreiben, Périchole dagegen schläft todmüde ein. Als sie der Vizekönig entdeckt, verliebt er sich in das Mädchen und beschließt, sie zu seiner offiziellen Mätresse zu machen. Périchole schreibt Piquillo einen bitter-traurigen Abschiedsbrief. Als dieser ihn findet, will er sich erhängen, wird aber betrunken durch die Stadt streifend vom Kammerherrn des Vizekönigs aufgegriffen. Dieser ist auf der Suche nach einem Ehemann für eben diese Périchole: Da unverheiratete Damen nämlich nicht im Palast leben dürfen, muss für die neue Mätresse ein geeigneter Mann gefunden werden. Piquillo ist zu betrunken, um zu verstehen, was vor sich geht, aber Périchole erkennt ihren Geliebten und willigt sofort in die Heirat ein.

Zweiter Akt. Am nächsten Tag herrscht Entrüstung am Hof über die Liebeswahl des Vizekönigs. Piquillo wird verspottet und fällt aus allen Wolken, als er bei der offiziellen Vorstellung seine Frau Périchole erkennt. Da er sich von seiner Freundin hintergangen fühlt, lässt er seiner Wut freien Lauf, woraufhin er ins Gefängnis geworfen wird. Dort erklärt ihm Périchole die Situation und die beiden versöhnen sich. Ihnen gelingt die Flucht aus dem Gefängnis – die Entflohenen kehren aber als arme Sänger zurück und spielen ihr Lied vor dem Vizekönig, der indessen auf Périchole verzichtet und das Paar in Frieden ziehen lässt.

So leichtfüßig, witzig und charmant auch hier die Musik daherkommt, so herrlich grotesk der so »spanisch« klingende Klamauk des »Il grandira, / car il est espagnol, gno, gno, gno, ... gnol« etwa sein mag – in der *Périchole* geht es erkennbar um deutlich mehr. Der berühmte Abschiedsbrief der Périchole etwa ist schonungslos schlicht – vielleicht ja auch, weil er zum Teil direkt dem Brief entnommen ist, den Manon Lescaut in dem berühmten Roman des Abbé Prévost an Des Grieux schreibt. Offenbach verbietet sich hier alles Artifizielle, übrig bleibt eine einfache, ehrliche Melodie, der geradezu die Kraft fehlt, unehrlich zu sein. Die Frau, die hier singt, ist unendlich müde, in der grandiosen Übersetzung von Karl Kraus: »Am Ende kriegt satt nur die Liebe, / Wer vergebens zu essen begehrt.« So gewinnt auch die Trunkenheit der Périchole im Finale des ersten Aktes – »Ah quel dîner je viens de faire« – eine abgründige Doppelbödigkeit. Wenn das Orchester nur noch mitstolpert, die Sängerin ihren Text mit redlicher Mühe nur noch »ex-tra-or-di-nai-re« buchstabieren kann und die Melodie trotz aller Anläufe immer wieder sinkt – dann ist das gewiss komisch, es ist aber doch eigentlich auch nur noch tragisch. Denn man kann die Handlung der *Périchole* auch als furchtbares Drama erzählen, als eine Geschichte von bitterer Not und roher Grausamkeit. Um dem Hunger zu entgehen, sieht die hübsche, arme Sängerin keinen anderen Weg, als ihrer Liebe zu ihrem geliebten Sänger zu entsagen – dieser will sich daraufhin aus lauter Verzweiflung das Leben nehmen. Der skrupellos begierige Herrscher miss-

15 Hortense Schneider als Périchole. Fotografie von Charles Reutlinger, 1868.

braucht daraufhin sowohl die Notlage der Sängerin, indem er ihr ein unmoralisches Angebot macht, als auch die Notlage des Sängers, indem er ihn als moralisch scheinbar saubere Fassade für sich selbst aufbaut. Die kleinen Leute sind letztlich nur Spielzeuge in den Händen der Mächtigen.

Es hat sich offensichtlich etwas verändert – was das Publikum der Uraufführung auch recht schnell bemerkt. Ab der Hochzeitsszene macht sich, wenn man zeitgenössischen Zeitungsberichten glauben darf, ein Unbehagen breit. Zur Opéra bouffe taugt dieses Werk kaum. Es ist der Handlung eigentlich kaum etwas Komisches, geschweige denn etwas Lustiges abzugewinnen, zum Lachen gibt es hier, streng genommen, sehr wenig. Die *Périchole* ist definitiv finsterer, bitterer als das, was man bisher kannte. Nach der Uraufführung nimmt Offenbach sehr schnell einige Änderungen vor, in dieser nachgebesserten Fassung wird das Stück bis zum 10. Januar 1869 gespielt werden. Interessanterweise sieht Hortense Schneiders Vertrag lediglich 80 garantierte Aufführungen, im Vergleich zu den großen Erfolgen der Jahre davor eine erstaunlich geringe Anzahl – als ob Offenbach geahnt hätte, dass etwas zu Ende geht.

* * *

Am 30. September 1868 haben die Bouffes-Parisiens ihre neue Saison eingeläutet mit der Pariser Erstaufführung des bereits 1864 in Ems uraufgeführten *Le Fifre enchanté ou le Soldat magicien* sowie mit einer zweiten Opéra bouffe, die Offenbach eigens neu komponiert hat, *L'Île de Tulipatan* auf einen Text von Henri Chivot und Alfred Duru.

Von Anfang an herrscht herrlich komischer Nonsens, selbst in den Regieanweisungen: »Das Stück spielt auf der Insel Tulipatan, 2500 Kilometer von Nanterre [einem Pariser Vorort] entfernt, 473 Jahre vor der Erfindung hygienischer Spucknäpfe.«[304] Auf diesem Eiland verzweifelt der königliche Groß-Seneschall Octogène Romboïdal daran, dass seine so wenig feminine Tochter Hermosa kaum Interesse an Jünglingen ihres Alters zeigt – der Inselkönig Cacatois XXII. seinerseits verzweifelt daran, dass sein so wenig maskuliner Sohn Alexis kaum Interesse an Mädchen seines Alters zeigt. Nach einigen chaotischen Verwechslungen, Offenbarungen und allerlei lustigen Situationen zeigt sich, dass Hermosa eigentlich doch ein Junge ist, während Alexis eigentlich ein Mädchen ist, und da sich diese beiden jungen Leute offensichtlich sehr sympathisch sind, steht einem Happy End nichts mehr im Weg.

Offenbachs neuer Einakter trägt maßgeblich zum phänomenalen Lacherfolg dieser Saisoneröffnung bei. Laut zeitgenössischen Zeitungsberichten geht die Begeisterung, die schon beim ersten Einakter die Zuschauer ergriffen hat, bei *Tulipatan* »in schieren Wahnsinn über«[305]. Offenbach vermag scheinbar mit solch buffonеskem Musiktheater immer noch zu begeistern.

Ebenfalls für die Bouffes-Parisiens wird bereits Ende 1868 ein neues Stück in der Presse angekündigt. Wie es der Titel – *La Diva* – vermuten lässt, steht »die« Diva im Mittelpunkt des Stücks, Hortense Schneider, alles ist auf sie ausgerichtet. Dementsprechend schwierig gestalten sich die Proben, denn an den Bouffes-Parisiens sind neben Hortense Schneider durchaus ernstzunehmende Schauspieler und Sänger zu Hause, die sich schwertun, der scheinbar so einzigartigen »Diva« lediglich zuzuarbeiten. Tatsächlich wird die neue Opéra bouffe in drei Akten keine zwei Wochen nach *Vert-Vert* am 22. März 1869 uraufgeführt.

Erster Akt. In ihrer kleinen Dachwohnung bereitet sich Jeanne Bernard, eine einfache Verkäuferin, auf ihre Hochzeit vor. Ihre Freunde bedauern ihre Entscheidung, da sie ihr schauspielerisches und sängerisches Talent damit vergeudet sehen. Da bringt ein Bote die Nachricht, dass Jeannes Verlobter die Hochzeit absagt. Halb verzweifelt, halb überzeugt beschließt sie, ans Theater zu gehen.

Zweiter Akt. Vier Jahre nach diesen Ereignissen feiert Jeanne unter ihrem Bühnennamen »Malaga« nun Erfolge am Theater, ihre einstigen Freunde haben sie, ebenfalls als Schauspieler und Sänger, hierher begleitet. In ihrer prächtigen Loge empfängt sie die Adjutanten des Großherzogs von Gerolstein und gibt dort, nach ihrem Auftritt, ein kleines Fest.

Dritter Akt. Auf der Bühne des Theaters muss verkündet werden, dass das Stück aufgrund eben dieses Festes nicht in der vorgesehenen Form zu Ende gespielt werden kann. Obendrein hat Malaga erfahren, dass ihr Liebhaber in Bälde eine andere heiraten wolle. Schließlich fügt sie sich, milde gestimmt durch ein wertvolles Schmuckgeschenk, der Situation und fordert alle zum gemeinsamen Tanz auf.

Das Libretto von Meilhac und Halévy hat unübersehbare Schwächen, es verlässt sich einzig und allein auf die Bühnenwirkung der Hauptdarstellerin – und auf zahlreiche Anspielungen etwa auf *La Belle Hélène* oder *La Grande-Duchesse de Gérolstein*. Im Grunde, so könnte man zu Recht meinen, wärmen sie nur ihre alten Erfolge auf. Dem steht eine Musik gegenüber, die zwar einiges aufzufangen vermag, aber ohne ein entsprechend wirksames Textbuch auch nicht alles richten kann. Vor allem aber scheint der Stern der Hortense Schneider tatsächlich nicht mehr so hell zu glänzen wie einstmals. Dies wird vielleicht umso deutlicher, als Offenbachs Konkurrent Hervé am Théâtre des Folies-Dramatiques zur selben Zeit seinen vielleicht größten Triumph feiert mit *Le Petit Faust,* einer Parodie von Gounods *Faust,* der an der Opéra seit Monaten erfolgreich ist.

Offenbach sieht kaum etwas von Hervés Erfolg, befindet er sich doch fast das gesamte Frühjahr 1869 auf Reisen: in Nizza zur Erholung, dann über Genua und Mailand nach Wien, wo er *Périchole, die Strassensängerin, Toto* und *Tulipatan* dirigiert, bevor er nach Étretat fährt. Den Sommer schließlich verbringt Offenbach in Baden-Baden, während die Truppe der Bouffes-Parisiens ein Gastspiel in Berlin gibt. Der Spielbankdirektor Dupressoir, der Nachfolger des berühmten Gründers des »Weltbades« Édouard Bénazet, hat laut dem *Le Ménestrel* vom 25. Juli 1869 »dem glücklichen Komponisten das Budget eines regierenden Fürsten gewährt. Unglücklicherweise allerdings geht das, was zur einen Tasche hereingekommen ist, aufgrund der fatalen Nähe des Roulettespiels zur anderen wieder heraus«.[306] Offenbachs Operetten beherrschen 1869 den Spielplan der »Sommerhauptstadt Europas«, gespielt werden *Lischen et Fritzchen, Le Fifre enchanté, La Chanson de Fortunio, Le Mariage aux Lanternes, Les Bavards, L'Île de Tulipatan,* während seine Truppe einen neuen Zweiakter einstudiert: *La Princesse de Trébizonde* auf ein Libretto von Etienne Tréfeu und Charles Nuitter wird schließlich am 31. Juli 1869 vor einem erlesenen Publikum uraufgeführt.

Erster Akt. Mitten im Jahrmarktstrubel bricht Zanetta, die Tochter des Schaustellers Cabriolo, im Wachsfigurenkabinett ihres Vaters aus Versehen der Figur der »Prinzessin von Trapezunt« die Nase ab. Schnell nimmt sie selbst im entsprechenden Kostüm den Platz der Puppe ein – als Prinz Raphael ebendieses Wachsfigurenkabinett besucht. Seinen Eintritt bestreitet er mit einem Lotterielos. In der Ausstellung verliebt er sich sogleich in die »Prinzessin von Trapezunt«. Als das Los, mit dem Prinz Raphael seinen Eintritt bezahlt hatte, gezogen wird, fällt der Hauptgewinn nun Cabriolo und seinen Leuten zu: Sie sind plötzlich Schlossbesitzer.

Zweiter Akt. Mit dem Schlossleben sind Cabriolo und seine Gaukler nicht zufrieden, es fehlt ihnen der Rummel. Als Prinz Raphael und sein Vater Prinz Casimir beim Jagen vorbeikommen, erkennen sich Zanetta und ihr Prinz wieder. Um seinem blaublütigen Vater die unstandesgemäße Heirat mit der Tochter des Schaustellers schmackhaft zu machen, erklärt Prinz Raphael, dass er nur die »Prinzessin von Trapezunt« liebe. Auf Drängen seines Sohnes erwirbt Prinz Casimir schließlich die gesamte Wachsfigurensammlung und ernennt Cabriolo zum Sammlungsleiter.

Dritter Akt. Die Präsenz der Gaukler und ihrer Wachsfiguren in Casimirs Schloss führt zu unerwarteten Liebschaften zwischen Cabriolos Leuten einerseits und Prinz Casimirs Hofstaat andererseits, zuvorderst natürlich Prinz Raphael und Zanetta. Bei einem Fest kommt der Hausherr überraschend dazu und äußert sein Missfallen über das bunte Treiben in seinem Schloss. Als sich allerdings herausstellt, dass auch Prinz Casimir einst eine Zirkusakrobatin geheiratet hat, steht der Hochzeit von Raphael und Zanetta nichts mehr im Wege.

Wesentlich bestimmt wird dieses Stück von der Welt des Zirkus, die – von *Tromb-al-Cazar* bis zur *Périchole* – dem Komponisten immer wieder die Möglichkeit zur dramaturgischen Verfremdung, zur Brechung der Bühnenillusion geboten hat. Mit einem zusätzlichen Akt versehen kommt *La Princesse de Trébizonde* am 7. Dezember 1869 schließlich auch in den Bouffes-Parisiens – nach offensichtlich schwierigen Proben – zur Aufführung und bereits am 16. April 1870 wird auch in London am Gaiety Theatre eine englische Fassung gegeben.

* * *

Vielleicht hat Offenbach ja tatsächlich die aufziehenden dunklen Wolken über dem Zweiten Kaiserreich gesehen und sie – bewusst oder unbewusst, jedenfalls verstörend erkennbar – in seinen Werken zum Klingen gebracht. Denn auch sein neues Stück, die am 10. Dezember 1869 uraufgeführte Opéra bouffe in drei Akten *Les Brigands* legt den Finger in die Wunden der Zeit – geht es darin doch ausgerechnet um Fürsten, denen ihre skandalträchtigen Eskapaden mehr und mehr entgleiten, um Höflinge, deren Aufgeblasenheit nur von ihrer Geldgier übertroffen wird, und um eine Staatsmacht, die offenbar schlicht zu dumm ist, für Ordnung zu sorgen. Die Anspielungen auf die wankende Macht der imperialen Eliten sind kaum zu überhören. Kaum 20 Jahre nach seiner Geburt aus den Wehen der Revolution hat das Zweite Kaiserreich abgewirtschaftet.

Erster Akt. Die Handlung nimmt ihren Anfang in der Wildnis, in der der Bandit Ernesto Falsacappa und seine Bande ihr Unwesen treiben. Für Falsacappa und seinen Begleiter Pietro – Bandit aus Familientradition – laufen die Geschäfte schlecht. Um ihre Leute bei Laune zu halten, versprechen die beiden Chefs, neue Geschäftsmodelle zu entwickeln. Aus Liebe zu Falsacappas Tochter Fiorella schließt sich auch der junge Bauer Fragoletto der Bande an. Seine offizielle Beitrittszeremonie wird nur am Rande durch die harmlos komischen Carabinieri gestört – schließlich kommen diese ohnehin »immer zu spät«.

Zweiter Akt. Falsacappa plant, die drei Millionen zu stehlen, die der spanische Hof von Granada dem italienischen Herzog von Mantua schuldet. Mit diesem Ziel vor Augen übernimmt er in einem Handstreich die Herberge »Aux frontières naturelles«, die sich genau an der Grenze zwischen Italien und Spanien (!) befindet. Zuerst machen die Banditen, sich als die Wirtsleute ausgebend, eine Abordnung italienischer Carabinieri betrunken und sperren sie weg, um anschließend, verkleidet als eben diese, die spanische Delegation auszurauben. Als Delegation des Fürsten von Granada verkleidet machen sich die Banditen nun auf den Weg an den Hof von Mantua, um dort nicht nur besagte drei Millionen zu stehlen, sondern auch die spanische Fürstentochter zu begleiten, die in Mantua den italienischen Fürsten heiraten soll.

Dritter Akt. Angekommen am Hof von Mantua scheint Falsacappa zunächst sein Coup zu gelingen. Allerdings hat er offensichtlich nicht damit gerechnet, dass die dortigen Höflinge ebenso kriminell sind wie er selbst. Der Schatzkanzler des Fürsten, Antonio, kann den vermeintlichen spanischen Höflingen nur einen einzigen 1000-Francs-Schein anbieten, hat er selbst doch den Rest der staatlichen Gelder verprasst. Als die Banditen daraufhin empört die Bestrafung des kriminellen Höflings fordern, tauchen prompt die echten Spanier und die Carabinieri auf, die sich mittlerweile befreien konnten. Und plötzlich stehen die echten Banditen enttarnt da, ihre Bestrafung erscheint unausweichlich – bis Fiorella sich und den Fürsten von Mantua daran erinnert, dass sie ihn – der zuvor im Stück anonym aufgetaucht war als junger Wanderer – im ersten Akt gerettet hat. Der Fürst begnadigt daraufhin alle, die Höflinge können wieder ihren schmierigen Geschäften nachgehen, während die Banditen ihr offensichtlich auslaufendes Geschäftsmodell aufgeben und sich angesichts nunmehr bester Verbindungen zum Hof zu einem bürgerlichen Leben bekehren.

Vielleicht ist *Les Brigands* das politischste Stück Offenbachs – abgesehen vom 1869 bereits geplanten, aber erst 1872 uraufgeführten *Le Roi Carotte*. Wie nie zuvor werden dem Zuschauer die Verlogenheit und Würdelosigkeit der Mächtigen vorgeführt – jeder kann darin, kaum verhüllt, die politische Elite des Kaiserreiches erkennen. Dabei war Napoleon III., Neffe des übermächtigen Onkels, vor knapp 20 Jahren durchaus erfolgreich gestartet. Nach dem Staatsstreich, mit dem er dem unglücklichen Treiben der Revolution 1848 kurzerhand ein Ende bereitete, sah Frankreich glücklichen Zeiten entgegen. Das Land erlebte einen Modernisierungs- und Industrialisierungsschub, das Kaiserreich dominierte die europäische Politik, der französische Chic exportierte sich in die ganze Welt. Die Rolle des Schaufensters Pariser Lebensart nahm dabei das französische Theater ein, sodass die 1860er-Jahre für Offenbach die Jahre des Erfolges werden – für Frankreich werden sie hingegen zu den Jahren der Krise. Das Land wird nunmehr von Fehlspekulationen an der noch jungen Pariser Börse und von Zusammenbrüchen großer Bankhäuser erschüttert. Unter dem Druck diverser Skandale muss die Staatsführung dem Parlament weitreichende Freiheiten zugestehen. Durch militärische Abenteuer in Übersee geschwächt, ist dem Zweiten Kaiserreich in der Gestalt Preußens ein neuer, starker Gegner erwachsen. Napoleon III. wird zerrieben zwischen Monarchisten und Demokraten, Autoritären und Liberalen, Reaktionären und Progressiven. Seine Machtbasis bröckelt.

Das wird dem Zuschauer in Offenbachs *Les Brigands* schnell klar. Die dem Stück seinen Namen gebenden Banditen unter der Führung des Räubers Falsacappa haben es auf den Staatsschatz Granadas abgesehen. Der Plan der Ganoven geht schief – weil die Kassen der Fürsten schon längst von den eigenen Leuten geplündert sind. Die »grande musique« der Opéra und der Opéra Comique, die üppigen Dekors wilder Wälder und prächtiger Paläste geraten inmitten derb feixender und gewunden stammelnder Gestalten zu Karikaturen ihrer selbst. Auf der Bühne wird gespottet und gelacht und alles wird auf den Kopf gestellt. Die Macht des Fürsten verliert sich in amourösen Tollereien und die Autorität der Staatsmacht im grotesk-dummen Getrappel der Carabinieri. Räuber und Ganoven hingegen können sich der Sympathie des Publikums gewiss sein. Auch wenn sie offensichtlich nicht mehr das sind, was sie einmal waren, so verstehen sie wenigstens etwas von ihrem Handwerk, es wird ehrlich gearbeitet und zünftig gefeiert. Die spöttische Anspielung auf vermeintliche Spanier wird zum bissigen Kommentar gegenüber der Kaiserin und auch der Name der Herberge im ersten Akt, »Aux frontières naturelles«, ist alles andere als beiläufig gewählt wenige Jahre nach der Annexion Savoyens, nach den italienischen Einigungskriegen oder nach der Schlacht von Königgrätz.

> Ja, das Kaiserreich ist sehr krank; die staatsmännische Unfehlbarkeit des Kaisers wurde in Mexiko hingerichtet; er steht jetzt genau auf demselben Punkte, auf dem sein Onkel stand, als dessen militärische Unfehlbarkeit in der Beresina ertrunken war. Napoleon III. kommt von seinem russischen Feldzug zurück. Er hat zwar mehr Millionen Franken als Regimenter Soldaten verbraucht, aber die Aushebung der Franken fängt nachgerade an nicht weniger schwierig zu werden als 1813 die der Soldaten; und heute wie damals steht das Land, trotz aller Opfer, gedehmüthigt und verringert da. Mit der europäischen Schiedsrichterei ist's auch vorbei, und der Glaube an das persönliche Regiment ist gründ-

lich zerstört. Dieses Regiment, das sich vermaß, alles zu sichern, ist bei der absoluten Unsicherheit angekommen. Kein Mensch weiß heute, was morgen geschehen wird. Krieg oder Frieden, Unterdrückung der Freiheit, Wohlfahrt oder Verderben, alles hängt vom unerforschlichen Rathschluß des Kaisers ab. Er hat die Büchse der Pandora in der Hand und klappt den Deckel auf und zu; das Volk schaut mit Bangen empor und fragt sich, wie viel des Unheils er über das Land noch loslassen wird. Ist es ein Wunder, daß unter solchen Umständen ein allgemeines Mißbehagen und Mißtrauen auf das ganze Land drückt; daß das Kapital schwierig, der Unternehmungsgeist gelähmt ist und der Verkehr die Schwindsucht hat? [...] Eine Krisis steht bevor, wohl noch nicht von unten, aber einstweilen von oben. Was der Kaiser thun wird? Vielleicht weiß er es selber noch nicht; daß er jedoch etwas thun muß, das weiß er. Krieg oder Freiheit, das ist die Frage. Aber er mag brüten so lange er will, zuletzt entschließt er sich doch lieber zum Krieg als zur Freiheit.[307]

Offenbachs Kunst

Die Welt des Theaters, in der Offenbachs Werke der 1860er Jahre entstanden, hat Émile Zola, Zeitgenosse des Komponisten, meisterhaft in seinem Roman *Nana* beschrieben. Das Theater bietet dem Schriftsteller die Möglichkeit, auf engstem Raum – im wahrsten Sinne des Wortes! – ein gewaltiges Panorama zu entwerfen. Im minutiös beschriebenen Theaterraum lässt er nicht nur die unterschiedlichen Protagonisten und Handlungsstränge aufeinandertreffen, sondern er schafft auch im Mit-, Neben- und Gegeneinander von Bühne und Zuschauerraum bedeutungsschwangere Bilder und kann so – quasi im Brennglas und gewiss nicht immer objektiv – die Abgründe und Brüche der Gesellschaft des Zweiten Kaiserreichs aufscheinen lassen. Für die Arbeit an seinem Roman, der explizit im Théâtre des Variétés spielt, konnte Zola auf die Hilfe und Unterstützung Ludovic Halévys zurückgreifen. Dieser versorgte ihn nicht nur mit Anekdoten und Geschichten über verschiedene Operettendarstellerinnen, sondern er machte ihn auch mit den Gepflogenheiten hinter der Bühne des Théâtre des Variétés vertraut. Mehr noch, am 15. August 1878 begleitete Halévy den Autor sogar bei einem Besuch »hinter die Kulissen« der Bühne, an der Offenbach seine größten Erfolge gefeiert hatte. Daraus entstand später das erste Kapitel des Romans, in dem Zola die im Theaterraum versammelte Abendgesellschaft während einer Vorführung der fiktiven Opéra bouffe *La blonde Vénus,* gesungen von der Titelheldin Nana, beschreibt:

Immer noch war es dieselbe schrille Stimme, doch jetzt kitzelte sie das Publikum so angenehm und wollüstig an seiner empfänglichsten Stelle, dass sie ihm zeitweise einen leichten Lustschauer entlockte. Nana lachte immer noch, und ihr Lachen verschönte ihren kleinen, roten Mund und leuchtete in ihren großen, strahlend blauen Augen. Bei gewissen anzüglichen Stellen rümpfte sie genießerisch die Nase, und ihre rosigen Nüstern. bebten, während eine flammende Röte über ihre Wangen huschte. Sie wiegte sich auch jetzt noch hin und her, etwas anderes konnte sie nicht. Nun aber fand das niemand mehr hässlich, im Gegenteil. Die Herren nahmen sie mit ihren Operngläsern aufs Korn. Als sie am Schluss ihres Couplets angelangt war, versagte ihr die Stimme gänzlich, und sie wurde sich darüber klar, dass sie nicht würde bis zum Ende durchhalten können. Doch das machte ihr keinen Kummer, sie bog mit einem ruckartigen Schwung herausfordernd die Hüfte auswärts, so dass sich unter der dünnen Tunika eine lockende Rundung abzeichnete, während sie Bauch und Brust zurückwarf und beide Arme ausbreitete. Da brach der Applaus los. Sie hatte sich sofort umgedreht und schritt wieder nach oben, wobei sie ihren Nacken den Blicken der Zuschauer preisbot, die angesichts ihrer fuchsroten Haare, ähnlich einem Tierfell, wie rasend klatschten.[308]

In diesem berühmten ersten Kapitel lässt Zola eine Gesellschaft erstehen, die nur noch für den Augenblick lebt, die ihren Trieben und Begierden freien Lauf lässt. Nana, die Protagonistin des Romans, kann zwar weder singen noch sich bewegen, aber sie kann verführen – sie »kitzelte [...] das Publikum so angenehm und wollüstig an seiner empfänglichsten Stelle, dass sie ihm zeitweise einen leichten Lustschauer entlockte«. Lust und Lachen, beides bietet Nana ihren Zuschauern – und diese lassen sich bereitwillig verführen:

Ein Gemurmel erhob sich, es hörte sich an wie ein Seufzen und schwoll allmählich an. Vereinzelte Hände fingen an zu klatschen, alle Operngläser waren auf Venus gerichtet. Unmerklich hatte Nana das Publikum erobert, hatte von ihm Besitz ergriffen, und jetzt waren ihr die Männer samt und sonders hörig und verfallen. Die geile Brunst, die von ihr ausging wie von einem läufigen Tier, hatte immer weiter um sich gegriffen und den ganzen Zuschauerraum gepackt. Nunmehr fachten schon ihre leisesten Bewegungen das Verlangen an, mit einem einzigen Zucken ihres kleinen Fingers peitschte sie das Fleisch auf und kehrte es um und um. [...] Es war zum Ersticken. Auf den verschwitzten Köpfen lastete das Haar immer schwerer. Seit drei Stunden saß man nun hier, und so hatte der Atem der Zuschauermenge die Luft erwärmt und mit Menschengeruch durchsetzt. Im Flackerlicht der Gasflammen wurden die herumflimmernden Staubschwaden immer dichter und hingen unbeweglich unter dem Kronleuchter in der dicken Luft. Der ganze Zuschauerraum schwankte, taumelte und geriet allmählich in einen schwindelnden Rauschzustand, ermattet und gleichzeitig aufgepeitscht, gepackt von Sehnsüchten, wie sie um die mitternächtliche Stunde in jedem Menschen schlummern und in der Heimlichkeit des Alkovens in heißem Gestammel laut werden. Und diesem aufgekitzelten und hörig hingegebenen Publikum gegenüber, Aug in Auge mit diesen fünfzehnhundert zusammengepferchten Menschen, die völlig erschöpft und mit ihren Nerven am Rande waren, vor diesen überreizten, schaumüden und abgespannten Zuschauern stand Nana, siegreich in ihrem marmorweißen Fleisch, mit ihrem Geschlecht, das stark genug war, alle diese Menschen zunichte zu machen, ohne doch von ihnen auch nur einen Hautritzer abzubekommen.[309]

Es ist bekannt, dass Zola seine Titelfigur Nana nach dem Vorbild verschiedener Operettendiven geformt hat: Hortense Schneider, Anna Judic, Cora Pearl, Valtesse de la Bigne. Einigen dieser Damen wurde ein zumindest freizügiges Verhältnis zu ihrer männlichen Zuschauerschaft nachgesagt. Insofern haben schiere Lust, sinnliche Verführung und erotische Eskapaden gewiss einen prominenten Platz in der offenbachschen Opéra bouffe.[310] Allerdings, so Albert Gier,

> legt die Bühnenhandlung der Operette [...] den Schwerpunkt nicht auf das sexuell erfüllte wechselseitige Begehren, sondern auf dessen Vorstufe, das Kennenlernen: Besonders dankbare Protagonisten sind Figuren, denen ihr eigenes Begehren entweder noch nicht bewußt geworden ist oder die es verbergen, weil sie nicht wissen, ob ein Annäherungsversuch willkommen ist. Im einen wie im anderen Fall können Geigen flüstern, was die Lippen (noch) verschweigen, denn die Musik weiß alles, was die Figuren nicht wissen oder nicht wahrhaben wollen.[311]

* * *

Offenbachs Opera bouffe gewährt auf eine sehr unmittelbare Art und Weise einen großen Lustgewinn – und zwar auch »beim Anhören der unfähigen Generäle, der dümmlichen Herrscher, der verlogenen Priester, der geist- und muskelarmen Helden«.[312] Wohl wissend darum, »dass die Erklärung des Pointierten ebenso prekär ist wie die des Banalen«[313], hat der Musikwissenschaftler Carl Dahlhaus vor vielen Jahren bereits den Versuch unternommen, den musikalischen Mitteln eben dieses Lustgewinns, oder in seinen Worten: »Offenbachs Kunst der musikalischen Pointe« nachzugehen. Als erstes, fundamentales Element stellt er zunächst die musikalische Parodie dar[314] – die bei *Orphée aux Enfers* etwa besonders kunstvoll »geradezu ins Gegenteil verkehrt«[315] sei. Wenn Orpheus gleich in einer der ersten Szene der Opéra bouffe seiner widerstrebenden Gattin Eurydike »den Genuss seines neuesten Violonkonzerts aufdrängt«,[316] dann ist dort

> die musikalisch-szenische Dialektik [...] umso vertrackter, als die Violinkantilene, die Orpheus vorträgt, durchaus keine Karikatur ist [...] Und wenn Eurydike entrüstet abwehrt – »Das klingt abscheulich und ganz entsetzlich« –, so liegt die Pointe nicht darin, dass sich bei der Konfrontation von musikalischem Pathos und Sentiment mit einer szenischen Realität das Pathos als brüchig, sondern die Realität als banal erweist. Der

zitierte musikalische Gestus behält sozusagen gegen Eurydike Recht, nicht – wie in der Opéra bouffe üblich – die sichtbare Alltäglichkeit gegen eine aufgespreizte Musik.[317]

Anders gesagt: Paradoxerweise ist gerade nicht Orpheus' kunstbeflissene Fiedelei trivial und damit lachhaft, sondern Eurydikes allzu bürgerlich-frustrierte Reaktion darauf. Auch die Repetitionstechnik – »das Verfahren, musikalische Formeln hartnäckig zu wiederholen« – gehört in die musikalische Werkzeugkiste des Komponisten. Offenbach entgeht der hinter dem »Running Gag« stets lauernden Gefahr des Überdrusses, indem er die verschiedenen musikalischen und szenischen Parameter mit- und gegeneinander ausspielt. Indem »der musikalische Verlauf gleichsam hängenbleibt, sich in der Stereotypie der harmonisch-melodischen Formel festhakt«, kann die Repetition nicht nur »durch Übertreibung ins Parodistische umkippen«[318], sondern sie gewinnt auch burleske, mithin eigene szenische Qualitäten. Nicht zuletzt spielt Offenbach auch virtuos mit Ironie und Sentiment, wie Dahlhaus am berühmten Lied des Hans Styx in *Orphée aux Enfers* zeigt:

> Die formal unmotivierte Repertition im Lied des Hans Styx [...] ist parodistisch und gefühlvoll in eins. Die Phrase, die sehnsüchtig der Vergangenheit nachhängt – »Als ich noch Prinz war in Arkadien« – fällt aus der Syntax heraus; Hans Styx gerät, während er träumt, ins Stolpern. Der Kunstgriff aber, mit dem Offenbach einerseits Sentiment und andererseits Ironie ausdrückt, ist ein und derselbe: die überschüssige Repetition.[319]

Offenbachs Musik, so stellt Dahlhaus schließend fest, ist stets mehrdimensional:

> Populäre Musikvon Rang ist seit jeher dadurch charakterisiert, dass sie in einem spezifischen Sinne ästhetisch mehschichtig ist. Man braucht sie, um sie zu verstehen, nicht genau zu verstehen. Neben einer differenzierten Auffassung erlaubt sie immer auch eine simplere, die jedoch keine Verzerrung bedeutet, sondern eine durchaus legitime zugangsweise darstellt. Offenbach-Anhänger kann man aus verschiedenen Gründen sein; und Offenbach war generös genug, seine Musik so einzurichten, dass jeder derGründe ein guter Grund ist.[320]

* * *

Dass Offenbach sehr präzise Vorstellungen davon gehabt haben muss, in welchem Verhältnis seine Musik und die szenische Handlung miteinander stehen müssen, dürfte außer Zweifel stehen.

> Text und Musik sind bei Offenbach [...] derart unlösbar ineinander verwoben, dass das eine nicht vom anderen getrennt werden kann. Offenbachs virtuoses Spiel mit komposi-

torischen Versatzstücken setzt höchst artistische Libretti voraus, die den Versatzstücken ihren ironisch-phantastischen Entfaltungsspielraum ermöglichen. Die so entstehende symbiotische Unlösbarkeit von Text und Musik, auf die Offenbach als wahrer Musikdramatiker stets penibel achtete, ist das eigentliche Lebenselixier seiner Bühnenstücke und war eine unabdingbare Voraussetzung für die Entstehung seiner Meisterwerke.[321]

Wie sehr sich der Komponist all dessen bewusst war, unterstreicht ein langer Brief, den er in der Entstehungsphase der »Grande-Duchesse de Gérolstein« an Meilhac und Halévy richtet. Aufgrund seiner bemerkenswerten Deutlichkeit sei er hier in Gänze zitiert:

Mein lieber Meil und Hal,
Ich habe mehrmals Euren zweiten Akt gelesen – er ist außerordentlich gut auf den Beinen – aber – ihm fehlt ganz und gar die Heiterkeit. Außerdem habt ihr die Musiknummern derart gemacht, als ob ihr junge Autoren wäret, die wenig gewöhnt sind, Sachen wie »Belle Hélène« und »Barbe-Bleue« zu machen. Lest noch einmal den ganzen Akt, lasst alle Stücke mit Ausnahme des Finales weg, und Ihr werdet sehen, dass die Musik vollkommen überflüssig ist, und ich muss betonen, dass es mir unmöglich ist, mit Ausnahme des Finales, mit dem Übrigen irgend etwas anzufangen – etwas Gutes, versteht sich, denn anstatt mißlungene Musik zu machen, ist es besser, gar keine zu machen. Das Terzett zwischen den drei Männern ist unnütz, wenn Ihr es nicht in die Handlung einfügt. Sie haben schon in Prosa gesagt, was Ihr sie später in Versen sagen laßt... Das Rondo, das Ihr mir macht, mag »La Bataille« genannt werden, wenn Ihr nichts besseres findet. Nach dem Rondo muß die Herzogin begeistert sein, und in ihrer Begeisterung verspricht sie Fritz, daß sie ihm seine erste Bitte erfüllen würde. Das wird uns für das Finale dienen. Die Szene 2 zwischen der Herzogin und Fritz: es ist nicht nötig, daß er soweit geht, von seiner Heirat zu sprechen. Das Duo soll beginnen, wenn Fritz sagt: »Ich habe eine gute Freundin, die kleine Wanda«. Der zweite Teil des Duos müßte lauten: »Warum lieben Sie eine Bäuerin, in Ihrer Stellung können sie höher greifen«. »Vielleicht die Tochter eines Generals?« etc. Die Großherzogin antwortet immer: »Noch höher hinauf«. »Die Tochter eines Marschalls, eine Hofdame, eine Comtesse?« Der zweite Teil des Duos muß einen ganz anderen Charakter haben. Mlle. Schneider muß ihre Person detaillieren (in Couplets): »Hat Ihre Freundin Hände wie diese, Füße wie diese, Arme, Schultern, Augen etc. etc. etc wie diese?« Und nun erklärt sie ihm langsam und allmählich ihre Liebe. Ich bin nicht dafür, daß er ihr rund heraus seine Liebe verweigern soll. Das ist übrigens wenig natürlich; er kann sich sogar ruhig ein wenig von all dem hinreißen lassen, was sie ihm sagt, bis der Page eintritt. Dann mag Dupuis [Fritz] sagen: »Alle Wetter, der kommt gerade recht; sie langweilt mich allmählich mit ihrer Liebe.« Die Herzogin dagegen, die sehr erregt ist, will nicht den Baron Puck empfangen, aber

Fritz hat einen guten Vorwand, sich zu empfehlen. Sie sagt ihm: »Nun gut, wir reden später noch darüber«. Er mag ihr sogar sagen, daß er nur Wanda liebt.
Das Duo, das ihr gemacht habt [»Dites lui«], hat den gleichen Fehler wie die anderen Stücke – es ist unnütz. Ihr laßt die Großherzogin, die vor Liebe brennen soll, Couplets singen, die das Wasser im Monat August gefrieren machen. Die Szene zwischen der Großherzogin und Puck entbehrt der Heiterkeit, weil er ein humorloser Angeber ist. Wenn er einen leichten Weinrausch hätte (der General Bumm hat alle während der Verschwörung trinken lassen, um ihre Unterschrift zu bekommen), würde er drolliger sein. Die Großherzogin mag ihn nach und nach in ihre Pläne einweihen. Anderenfalls fürchte ich, dass die Szene vom Publikum übelgenommen wird. Die Großherzogin mag vor dem Finale sagen: »Jetzt werde ich einen letzten Versuch machen, und wenn er wirklich von dieser Kleinen eingenommen ist, so werde ich mich rächen«.
Im Finale soll Fritz mit erhobener Stimme zur Großherzogin sagen: »Sie haben mir die Erfüllung des ersten Wunsches versprochen, den ich äußern würde; nun wohl, ich bitte um Ihre Einwilligung zu unserer Heirat und um Unterzeichnung unseres Ehekontraktes, und daher habe ich gleich den Notar mitgebracht.« (Ich werde ein komisches Ensemble mit dem Notar machen.)
Ich bitte um Verzeihung, meine Lieben, dass ich zu Euch im Tone eines alten Militärs gesprochen habe. Aber es musste sein. Wir sind ja gegenseitig verantwortlich für unsere Arbeiten. Dafür gestatte ich Euch, über meine Musik loszuziehen.
Adieu, ich umarme Euch alle beide.
Euer Jacques Offenbach.[322]

* * *

Offenbachs Enkel Jacques Brindejoint-Offenbach kommentiert den Arbeitsprozess, wie er sich in diesem Brief darstellt, wie folgt:

> Eine glückliche Eingebung stellt sich ein – Meilhacs Geist entsprungen, verwandelt sie sich unter Halévys Feder in ein Couplet. Meilhac hat es konzipiert, aber Halévy übersetzt es für Offenbach und Offenbach bemächtigt sich seiner, macht es sich völlig zu eigen, die Musik begabt es mit einem Ausdruck, der so stark ist, daß es der Worte beinahe schon wieder entraten könnte, man würde es trotzdem verstehen.[323]

Was genau man dabei »trotzdem verstehen« würde, kann vielleicht zusammengefasst werden in dem Wortpaar Komik und Kritik. Denn sowohl die Lust und das Lachen, mithin das komische Moment, als auch das Spiel und der Spott, mithin das kritische Moment, sind bei Offenbach aufgehoben in einer präzise geführten musikalisch-szenischen Dramaturgie, hinter der der Literaturwissenschaftler Volker Klotz das »Grundprinzip Inversion« erkennt.[324] Klotz stellt seine Thesen anhand von *La Grande-Duchesse de Gérolstein* ausführlich dar. Insgesamt seien Offenbachs Opéras bouffes – Klotz spricht von »Offenbachiaden« – Werke,

> die schwungvoll die Welt verkehren, der sie aufspielen: die bürgerliche. Inversion ist ihr Prinzip. Was im staatlich geregelten Alltag fest und sicher hochgehalten wird, rutscht hier in sich zusammen. Und was im Alltag kurz und klein gehalten wird, macht hier sich stark und pocht auf sein verpöntes Existenzrecht.[325]

Die stärksten Szenen in *La Grande-Duchesse de Gérolstein* seien eben die, in denen dieser Konflikt zwischen todernster Herzlosigkeit und lebenslustiger Unbekümmertheit am offensten zutage tritt – so etwa im Aufeinandertreffen vom pompös aufgeblasenen General Bumm mit dem herzerfrischend naiven Rekruten Fritz oder auch in der Figur der Großherzogin, die zwischen traditionsbeladenem Ernst und lebensleichter Lust hin und her pendelt und »vergeblich danach jagt, beides zu vereinigen«.[326] Stets opponiere in der Opéra bouffe »verschmitzter Instinkt gegen rituelle Unnatur, aber auch Operettenlust gegen Openernst«.[327] Solche starken Szenen haben in der Tat stets eine urkomische Wirkung – und lassen doch immer auch ein bedenklich kritisches Moment aufscheinen. Denn an ihrem Horizont steht keineswegs die lichte, heitere, heile Welt der Operette. Offenbachs Werke bilden stets eine Krise ab, sie preisen eben gerade »nicht eine Welt des schönen Scheins, sondern des höchst unschönen Seins, wo Macht skrupellos gegen Recht und Entrechtete eingesetzt wird«.[328] Offenbachs Helden sind welche,

> die musikalisch über sich lachen können und dürfen, denn Sie wissen als Offenbachs Stellvertreter, daß Glück ihnen versagt bleibt und daß der Rausch als Glücks-Ersatz sie wird trösten müssen. Wie schlecht geht doch *Orphée aux enfers* trotz oder gerade wegen des hinreißenden Schlußcancans aus: Götterfrust, unerhörte Revolutionsgelüste, ungesättigte Paradiesbegierden, sexueller Notstand, Totalkonkurs der angestrebten Gesellschaftsneuordnung. Die schöne Melodie feiert den traurigen Abgang und die Unmöglichkeit der Einlösung von zukunftsversprechenden Utopien. Das ist weder reaktionär noch revolutionär – gewiß nicht, und darin liegt eben Offenbachs Theaterstärke: Er vermied die Lustlosigkeit des Eindeutigen und Einseitigen, ihn interessierte die Allmacht der Vielfalt, die eingestandene Lust an der Widersprüchlichkeit von Sing- und Spielmöglichkeiten auf der Bühne.[329]

* * *

Offenbach vermeidet in der Tat »die Lustlosigkeit des Eindeutigen und Einseitigen«[330], »sich pointiert zu äußern, ohne sich eigentlich festzulegen gehörte zu [seiner] stilistische[n] Attitüde«.[331] Gleichwohl aber darf diese fehlende Festlegung keineswegs mit einer wie auch immer gearteten Beliebigkeit verwechselt werden – schon gar nicht im Kern seines küstlerischen Schaffens, im musikalisch-dramatischen Aufbau seiner Werke. Man kann nur warnen vor »aktualisierten« oder »modernisierten« Fassungen, die in das musikalisch-dramatische Grundgerüst der Werke eingreifen. Offenbach – das zeigen ja auch etwa die Anweisungen an Meilhac und Halévy bezüglich *La Grande-Duchesse de Gérolstein* – weiß sehr präzise die musikalisch-dramatischen Effekte zu dosieren. Ausgerechnet der entfesselte Rausch der offenbachschen Finali bedarf paradoxerweise einer sehr eng und genau geführten musikalisch-dramatischen Komposition.

So sind es in *La Vie parisienne* nur wenige Themen, die das musikalische »Material« des Stückes bilden, um sie rankt sich aber die gesamte Architektur des Werkes. Gabrielle verwandelt sich stets in kecken Solo-Couplets von einer einfachen Handschuhmacherin (»Autrefois plus d'un amant«) in die doppelbödige Witwe eines Obersten (»Je suis veuve d'un colonel«), um schließlich als vermeintliche Adelige (»On va courir, on va sortir«) das kommende Fest zu besingen. Die Themen des dritten Aktes (»Tout tourne«, »Il est gris« und »Feu partout«) werden allesamt vom Chor vorab vorgestellt, bevor er ebendiese in einem entfesselten Finale heraussingt. Die Figur der Lebedame Métella schließlich offenbart mit ihren melancholischen Weisen (»Vous souvient-il, ma belle« und »A minuit sonnant commence la fête«) einen Blick hinter die Kulissen des vermeintlichen Pariser Lebens, das allein von den Fremden – dem schwedischen Baron (»Je veux m'en fourrer jusque là«) und dem Brasilianer (»Je suis brésilien, j'ai de l'or«) zelebriert wird. Sowohl in den musikalischen Themen als auch in der dramaturgischen Anlage vollzieht sich eine präzis gelenkte, nach und nach sich beschleunigende Entwicklung vom individuellen Schicksal hin zum kollektiven Rausch. Im Übrigen ist es just die Figur der Métella, der sozialen Außenseiterin, die in den Augen der Fremden die sagenhafte *Vie parisienne* verkörpert. Sie kann als Einzige luzide erkennen, wie die einzelnen Akteure peu à peu die Kontrolle über ihr Ich verlieren und vom Rausch der vermeintlichen *Vie parisienne* fortgetrieben werden:

> Est-ce du plaisir ou de la furie ?
> On parle, l'on crie,
> Tant qu'on peut crier !
> Quand on ne peut plus, il faut bien se taire ;
> La gaîté s'en va petit à petit,
> L'un dort debout, l'autre dort par terre.
> Et voilà comment la fête finit.

Tafeln

Farbtafel 1: Köln und Deutz von Süden. Aquatinta von Johann Ludwig Bleuler und Sigismond Himely, um 1820.

Farbtafel 2: Werbeplakat für das Théâtre des Bouffes-Parisiens. Plakat von Nadar (Gaspard-Félix Tournachon), 1855.

Farbtafel 3: *Kaiserin Eugénie im Kostüm des 18. Jahrhunderts.* Ölgemälde von Franz-Xaver Winterhalter, 1854.

Farbtafel 4: *Musik im Tuileriengarten*. Ölgemälde von Édouard Manet, 1862. Manet porträtiert in dem Bild eine Reihe von bekannten Persönlichkeiten des Zweiten Kaiserreichs, so etwa auch Jacques Offenbach halb rechts, mit schwarzem Zylinder, sitzend vor einem Baum.

Farbtafel 5: Hortense Schneider in *La Grande-Duchesse de Gérolstein*, erster Akt. Ölgemälde von Alexis-Joseph Pérignon, 1874.

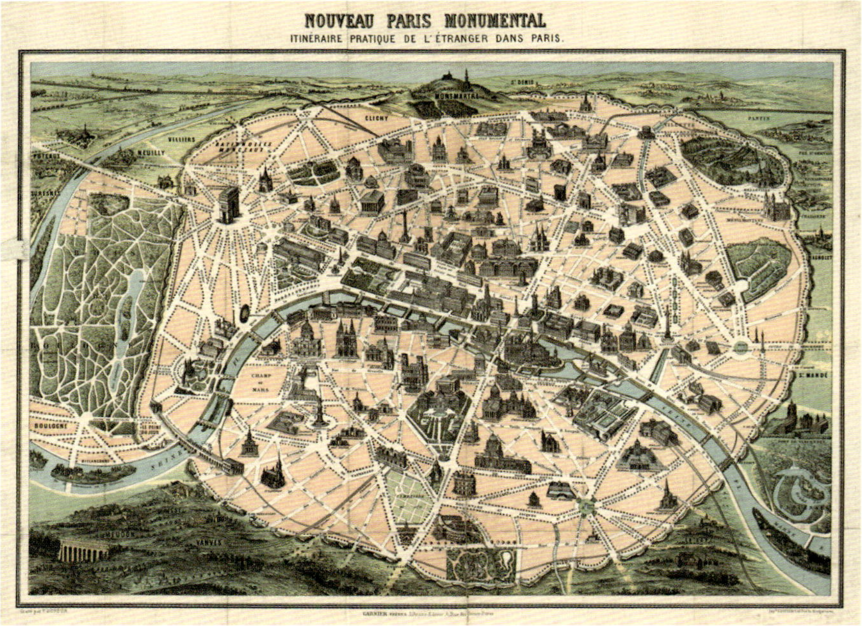

Farbtafel 6: *Nouveau Paris monumental: itinéraire pratique de l'étranger dans Paris*. Gedruckte Karte von F. Dufour, 1878.

Farbtafel 7: *Orphée aux Enfers*, Werbeplakat zur neuen vieraktigen Fassung am Théâtre de la Gaîté. Plakat von Jules Chéret, 1874.

Farbtafel 8: *Les Contes d'Hoffmann*, Szenenillustration zum Giulietta-Akt: Ermordung Schlehmils. Farblithografie von Pierre-Auguste Lamy, 1881.

16 Jacques Offenbach mit Pelzkragen. Unbekannter Fotograf, nach 1870.

1870–1876

Krieg

Anfang Juni 1870 erkrankt Offenbach und die Ärzte raten ihm, sich zur Kur zurückzuziehen – nach Ems oder, noch besser, nach Wiesbaden. Ausdrücklich bitten sie ihn, sich tatsächlich zu erholen und nicht, wie so häufig, während der Kur zu komponieren. Am 18. Juni trifft Offenbach in Ems ein, wo seit Mai bereits der russische Zar sowie der preußische König und sein Ministerpräsident Bismarck die Sommerfrische genießen. Die kaiserlichen und königlichen Hoheiten unterhalten sich im Kursaal bei Aufführungen offenbachscher Bühnenwerke, so am 11. Juni *La Chanson de Fortunio,* am 22. Juni *Une demoiselle en loterie* und am 3. Juli noch einmal *Fortunio,* wobei pikanterweise der Anlass diesmal ein Empfang ist, den der preußische König zur Feier des Jahrestages des Sieges bei Königgrätz ausrichtet. Am 6. Juli reist Offenbach nach Wiesbaden ab. Unterdessen hat sich die politische Großwetterlage allerdings dramatisch verschlechtert, und das Auge des nun heraufziehenden Wirbelsturms ist ausgerechnet in Ems.

Schon am 3. Juli war die Kandidatur des mit dem preußischen Königshaus verwandten Leopold von Hohenzollern-Sigmaringen auf den vakanten spanischen Thron bekannt geworden. Angesichts der damit verbundenen vermeintlichen Bedrohung – Frankreich würde sowohl im Norden und Osten wie auch im Süden an einen hohenzollerschen Machtbereich grenzen – fällt die französische Reaktion heftig aus. Sofort eilt der Botschafter Benedetti in Berlin nach Ems und verlangt vom preußischen König einen Rückzug der Kandidatur, welcher dieser am 11. Juli auch tatsächlich zustimmt. Die diplomatische Krise scheint ausgestanden, als der französische Außenminister, vermutlich unter dem Einfluss der Kaiserin Eugénie, den Fehler begeht, weitere Garantien von Berlin einzufordern. Daraufhin kommt es am 13. Juni in Ems erneut zu einem Treffen des Botschafters Benedetti mit König Wilhelm I. Die Atmosphäre ist zwar höflich und freundlich, aber Bismarck hat verstanden, dass er aus der Krise außenpolitischen Profit schlagen kann. Er verfasst die berühmte »Emser Depesche«, ein Pressekommuniqué, in dem er – durch gezielte Auslassungen – den Verlauf des Gesprächs in einem für die französische Regierung sehr unvorteilhaften Licht darstellt. Die kaiserliche Regierung in Paris und die öffentliche Meinung in Frankreich sehen sich, wie von Bismarck kalkuliert, verletzt, und schon am 15. Juli bewilligt das Corps législatif Kriegskredite gegen Preußen. Blind vor patriotischer Begeisterung erklärt die kaiserliche Regierung am 19. Juli 1870 Preußen den Krieg – noch ein kriegerisches Abenteuer des kleinen Napoleon, wie es scheint. Aber dieses wird fatal sein.

Für Offenbach, der in aller Eile Wiesbaden verlassen und sich in seine Villa Orphée in Étretat zurückgezogen hat, beginnen schwierige Tage und Wochen. Dies hat zunächst familiäre Gründe: Sein Sohn erleidet einen Reitunfall und muss daraufhin operiert werden. Frankreich erlebt in diesen Tagen im Übrigen eine Welle patriotischer Begeisterung, die gerade auch in den Theatern angefeuert wird. Die Marseillaise, die seit Napoleons Machtübernahme 1851 verboten ist, wird allerorts, auch auf den edelsten Bühnen der Hauptstadt, mit unzähligen weiteren patriotischen Gesängen gesungen. Offenbach lässt auch prompt seinen bereits 1862 geschriebenen »chant national« *Dieu garde l'Empereur* erneut veröffentlichen.

Zurück in Paris, arbeitet Offenbach weiter an seinen aktuellen Werken *Fantasio* für die Opéra Comique und *Le Roi Carotte* für die Gaîté. Anfang August erreicht die Hauptstadt die Nachricht der dramatischen Niederlage der französischen Truppen bei Weißenburg und Wörth im Nordelsass sowie bei Spichern in Lothringen. Die Kaiserin – seit dem 28. Juli ist der Kaiser im militärischen Hauptquartier in Metz – nimmt daraufhin eine Kabinettsumbildung vor, hin zu einem konservativeren Kurs. Am 15. August kommt es, kaum bemerkt von einer immer gebannter auf das Kriegsgeschehen starrenden Öffentlichkeit, noch ein letztes Mal im Kaiserreich zur Verleihung von Ehrenlegionen. Der Librettist Nuitter und der Musikverleger Heugel werden zu Rittern der Ehrenlegion gemacht, während der Vaudevillist Labiche zum Offizier der Ehrenlegion erhoben wird. Diese Ehre hätte eigentlich auch Offenbach zukommen sollen, doch die Kaiserin scheint seinen Namen von der Liste gestrichen zu haben[332] – angesichts der sich abzeichnenden Tragödie, darauf verweist Jean-Claude Yon, wird der Schöpfer der *Grande-Duchesse de Gérolstein* sehr schnell zum Sündenbock sowohl für die Republikaner wie für die Bonapartisten.

Und auch für die deutsche Presse bietet er eine ideale Angriffsfläche, er sieht sich in deutschen Zeitungen offensichtlich heftigen Angriffen ausgesetzt. Offenbach will diese nicht hinnehmen und antwortet in einem Brief, den er im *Ménestrel,* im *Figaro* und noch in weiteren Zeitungen veröffentlichen lässt:

> Einige deutsche Blätter treiben die Schmähungen gegen mich so weit, dass sie behaupten, ich hätte mehrere Lieder gegen Deutschland komponiert. Die gröbsten Beschimpfungen begleiten diese Behauptung. Ich habe in Deutschland eine Familie und Freunde, die mir lieb und teuer sind; ihretwegen bitte ich Sie, dies zu drucken:
> Seit meinem vierzehnten Lebensjahr bin ich in Frankreich. Ich wurde mit allen Bürgerrechten eingebürgert. Ich wurde zum Ritter der Ehrenlegion ernannt. Ich verdanke Frankreich alles und würde mich nicht würdig fühlen, mich des Titels eines Franzosen für würdig halten, den ich mir durch meine Arbeit und Ehrenhaftigkeit verdient habe, wenn ich mich einer solchen Feigheit gegenüber meinem Geburtsland schuldig machte. Was mich Frankreich noch mehr liebgewinnen ließe, falls dies überhaupt noch möglich wäre, ist, dass es keinem einzigen Franzosen eingefallen ist, mir eine Handlung auch nur zuzumuten, die in den Augen der ehrlichen Leute aller Nationen eine Infamie wäre.[333]

Diese Erklärung wurde auch in der deutschen Presse veröffentlicht. Der Kommentar, den die *Leipziger Allgemeine Musikzeitung* daraufhin als Antwort druckt, fasst in aller Kürze und Prägnanz die Vorwürfe zusammen, die der deutsche Musikbetrieb in weiten Teilen bis heute gegenüber Offenbachs Schaffen hat:

> Mit diesem Bombast will der »Ritter der Ehrelegion« also sagen, dass er keine Kriegslieder gegen uns componirt hat. Scheint uns ziemlich gleichgültig zu sein. Das eigentliche Attentat, dessen er sich als Künstler gegen sein Geburtsland schuldig gemacht hat, besteht in der Composition seiner Operetten. Und durch nichts anderes ist er ein reicher Mann und napoleonscher [!] Ehrenritter geworden, als gerade durch das, wogegen jetzt Krieg geführt wird.[334]

In der Zwischenzeit verschlechtert sich die militärische Lage, am 18. August wird die von Marschall Bazaine befehligte Rheinarmee in Gravelotte geschlagen. Bazaine zieht sich nach Metz zurück und wird dort von den Deutschen eingeschlossen – was die übrigen französischen Verbände, die eigentlich zur Verteidigung von Paris zurückgehalten wurden, dazu zwingt, ihm zu Hilfe zu eilen. Dabei werden sie ihrerseits von preußischen Truppen in Sedan eingekesselt, mitten unter ihnen Napoleon III. Am späten Nachmittag des 1. September schließlich ergibt sich der Kaiser und begibt sich in deutsche Gefangenschaft, das übrige Heer, über 100.000 Soldaten, kapituliert tags darauf. Nun bricht das Kaiserreich in Windeseile zusammen. Am 4. September ruft der Republikaner Léon Gambetta unter dem Druck der Straße am Pariser Hôtel-de-Ville die Republik aus und bildet eine Regierung der Nationalen Verteidigung. Die Kaiserin ist nachmittags aus den Tuilerien geflohen und begibt sich ins Exil nach England. Am 9. September wird die Schließung aller Theaterbühnen angeordnet, Musik- und Theaterzeitschriften stellen ihr Erscheinen ein. Am 19. September beginnt die Belagerung der Stadt Paris durch die deutschen Truppen.

Offenbach befindet sich zu diesem Zeitpunkt schon außerhalb der Hauptstadt. In den folgenden Monaten wird er ein unstetes Wanderleben führen, zwischen Étretat, Bordeaux, wohin die provisorische Regierung geflüchtet ist, San Sebastián in Spanien, wo die Familie seiner Frau ihre Wurzeln hat, Wien, wo seine Musik nach wie vor geschätzt wird, und Mailand. Offenbachs Reisen im Zeitraum bis Sommer 1871 sind schwer zu rekonstruieren, die Quellenlage ist, den Wirren der Zeit entsprechend, schlecht.[335] Im Oktober hält er sich in Wien auf, wo ganze fünf Stücke aus seiner Feder am Carltheater und am Theater an der Wien zur Aufführung gelangen, seinen Gesprächspartnern gegenüber erscheint er jedoch traurig und niedergeschlagen angesichts der Ereignisse in Paris.

Dort werden die meisten Theater als Lazarette gebraucht. Nach mehreren vergeblichen Entsetzungsversuchen, die allesamt scheitern, erbittet die französische Regierung am 19. Januar 1871 einen Waffenstillstand, der am 28. Januar in Versailles unterschrieben wird nach einer Belagerung von 131 Tagen, die nicht nur aufgrund von Hunger und Kälte, sondern auch aufgrund der »Erniedrigung, kaum gekämpft zu haben«,[336] furchtbar waren. An genau diesem 28. Januar wird an den Bouffes-Parisiens eine Benefizvorstellung für die Opfer des Artilleriebeschusses gegeben – auf dem Programm steht *Lischen et Fritzchen,* das in Ems uraufgeführte Stückchen, in dem eine kleine Elsässerin und ein kleiner Elsässer ihre Liebe zueinander entdecken. Eben das Elsass, aus dem Lischen und Fritzchen stammen, wird sich das gerade am 18. Januar 1871 in Versailles proklamierte Deutsche Kaiserreich einverleiben.

Am 8. Februar geht aus den allgemeinen Wahlen eine Nationalversammlung hervor, die zu zwei Dritteln aus Monarchisten besteht – den Republikanern unterstellte man, den Krieg fortsetzen zu wollen. Die Nationalversammlung wählt den konservativen Politiker Adolphe Thiers zum Staats- und Regierungschef in der Hoffnung auf eine baldige monarchische Restauration, auf deren tatsächliche Ausgestaltung man sich allerdings noch wird einigen müssen. Am 12. Februar eröffnen die Variétés mit *Les Deux Aveugles,* kurz darauf auch das Théâtre du Palais-Royal und die Bouffes-Parisiens, Letztere mit *La Princesse de Trébizonde,* auf die danach *La Chanson de Fortunio, Le Mariage aux lanternes* und *Mesdames de la Halle* folgen. Jedoch schon am 18. März wird der zarte Neubeginn durch den

Aufstand der Commune bereits unterbrochen. Die Annahme der harten Friedensbedingungen durch die Regierung Thiers sowie deren Pläne zur Restauration der Monarchie provozieren die republikanische Linke. Als die Regierung am 18. März 1871 versucht, die auf dem Montmartre noch befindlichen Kanonen der Nationalgarde unter ihre Kontrolle zu bekommen, kommt es zum Aufstand in Paris. Sofort schließen die Theater. Es sind schwierige Zeiten, für Offenbach umso mehr noch, als er auch gesundheitlich zu kämpfen hat. Niedergeschlagen schreibt er Nuitter und Tréfeu einen langen, ausführlichen Brief, in dem seine Verzweiflung sehr deutlich wird:

> Ach mein armer, teurer Freund, was habe ich mit Euch gelitten, mit Euch Eure Schmerzen erduldet. Ich spreche nicht von den körperlichen Schmerzen, von denen ich Euch noch später berichten werde, sondern ich spreche von den seelischen Leide, wenn ich an Euch denke, meine lieben alten Kameraden. Aber welch eine Freude auch, als ich, endlich, erfahren habe, dass Ihr immerhin genug zu essen hattet.
> Ich hoffe inständig, dass diesem Wilhelm Krupp und seinem schrecklichen Bismarck all dies teuer zu stehen kommen wird. Ach, was für schreckliche Menschen doch diese Preußen sind – und was für eine niederschmetternde Vorstellung für mich, an den Ufern des Rheins geboren zu sein und, durch welche Bande auch immer, mit diesen entsetzlichen Wilden verwandt zu sein. Ach, mein armes, liebes Frankreich, wie dankbar ich doch bin, dass du mich unter deine Kinder aufgenommen hast!
> Hier nun also die Bilanz meiner körperlichen Gebrechen: vierzehn Tage bettlägerig in Mailand, tags darauf nach Frankreich zurückgefahren, in Marseille musste ich von einem Wagen zum anderen getragen werden, zurückgekehrt nach Bordeaux, drei Tage im Bett, kaum wieder gesund und weitergefahren, vier Wochen bettlägerig in San Sebastián, kaum wieder gesund und zurück nach Bordeaux, vier Wochen bettlägerig in Bordeaux, nun komme ich aus Menton, wo ich acht Tage im Bett gelegen habe – voilà. Nun sind es bald drei Monate, da ich mich nicht bewegen kann. Ihr seht, wie wenig lustig es ist. Euer Brief vom 17. Februar, mein lieber Tréfeu, wurde mir gestern Abend, am 5. März, in Mailand zugestellt, ebenso Euer Brief vom 30. Januar, mein lieber Nuitter.
> […] Ich bedauere die armen kleinen Kollegen, die glauben, mir wegen meiner großen Erfolge schaden zu können, indem sie sagen, ich sei Deutscher, obgleich sie sehr gut wissen, dass ich *bis aufs Mark* Franzose bin. Sie werden unter ihrer Feigheit leiden. Ich hoffe bald zurückzukehren und ich hoffe, dass wir, meine lieben Freunde, uns wieder an die Arbeit machen werden und Ihr mir, trotz, *leider,* meiner Geburt in Köln, noch einmal ein Textbuch anvertraut. Schreibt mir an die Adresse *Zum goldenen Lamm, Österreich,* nicht Deutschland: ich werde dort, verd… noch mal, nie mehr meine Füße hinsetzen, in dieses verfluchte Land.[337]

Offenbach muss – dies zeigt der Brief sehr deutlich – Anfang 1871 gelitten haben, nicht nur unter den wiederholten Gichtanfällen, die ihn wochenlang ans Bett fesseln, sondern auch unter der furchtbaren politischen Situation. Man kann zwischen den Zeilen deutlich die Zerrissenheit herauslesen, die das heftige Auflodern des Nationalismus dies- und jenseits des Rheins für ihn ganz persönlich bedeuten muss – als Sohn eines jüdischen Kantors im preußischen Köln geboren und aufgewachsen, als Musiker und Künstler in der »Hauptstadt des 19. Jahrhunderts« Paris groß geworden und zu Erfolg gekommen: ohnehin schon zerrissen zwischen den Ländern, aber nun auch von beiden zurückgewiesen.

In dieser Situation ist Wien der vielleicht einzige Lichtblick, findet Offenbach hier vielleicht gar eine zweite »Heimat«. So ist die ehemalige Hauptstadt des Alten Reiches selbstverständlich deutsch, ja geradezu altdeutsch, steht sie doch auch für die Vorstellung eines anderen Deutschtums als das, was 1866 – auf Gedeih und Verderb, wie sich ja später zeigen sollte – mit Berlin und eben gerade nicht mit Wien verbunden wurde. Mit Blick auf seine Kindheit am Rhein dürfte sich Offenbach jedenfalls der Donau, im wörtlichen wie im übertragenen Sinne, näher gefühlt haben als der Spree. Auch teilen Wien und Paris ein gemeinsames Schicksal, nämlich sich trotz der einstigen Größe einer jungen preußischen Übermacht beugen zu müssen – darin sind beide Städte 1866 bzw. 1871 übrigens durchaus nahe an Köln, das ja 1815, also kurz vor Offenbachs Geburt erst – einigermaßen widerwillig – preußisch wurde.

Auch wenn nun im März 1871 die kommerziellen Vorzeichen eigentlich schlechter stehen – mit Johann Strauß und seinem *Indigo und die vierzig Räuber* ist Anfang des Jahres ein sehr starker Konkurrent im Operettengeschäft aufgestiegen, der obendrein auch noch auf die Unterstützung von Maximilian Steiner und Marie Geistinger, den nunmehrigen Leitern des Theaters an der Wien, zählen kann –, gestaltet sich Offenbachs Aufenthalt insgesamt doch recht angenehm. *Die Prinzessin von Trapezunt* am Carltheater wird zu einem Kassenschlager, den selbst Kaiser Franz Joseph, wenn auch erst im Januar 1872, mit einem Aufführungsbesuch beehren wird. Später wird Offenbach schreiben:

> Wien liebt mich und verwöhnt mich, ich bin stolz darauf und ich sage dies jedes Mal, dass ich in diese Stadt gehe, machen meine Freunde, die dort zahlreich sind, mir ein Fest und ich muss bon gré mal gré alle Freuden dieser Stadt schlucken, die die Stadt der Freuden ist.[338]

Das Frankreich, in das Offenbach nach seinem Wiener Aufenthalt im Mai zurückkehrt, befindet sich im freien Fall. Der Krieg gegen die Deutschen hat allein 600.000 Opfer gefordert, aber damit nicht genug. Nachdem am 28. März 1871 die unabhängige Commune von Paris proklamiert worden war, machen sich die »Versailler« – also die aus Paris geflohene Regierung, die ihren Sitz in Versailles genommen hatte – daran, die Stadt mithilfe der regierungstreuen Armee zurückzuerobern. In der »Blutwoche« vom 21. bis 28. Mai 1871 wird der Aufstand blutig niedergeschlagen, Straßenschlachten, Massenhinrichtungen und andere Grausamkeiten fordern etwa 30.000 Tote, vermutlich um die 40.000 Communarden werden inhaftiert, viele von ihnen werden später in Straflager deportiert – nach Guyana, Neu-Kaledonien und anderswohin. Die in diesen schlimmen Tagen geschlagenen Wunden sind im Stadtbild überdeutlich erkennbar: die Tuilerien und das Hôtel-de-Ville vollkommen ausgebrannt, die Napoleonsäule auf der Place Vendôme gestürzt, das Dach des Palais de l'Industrie zerstört. Übrig bleibt bei all diesen furchtbaren Ereignissen neben dem Wunsch, möglichst schnell zu geordneten Verhältnissen zurückzufinden, ein Gefühl, etwas wiedergutmachen zu müssen, Buße zu tun, vor allem auf konservativer Seite. Edmond de Goncourt, der bekannte konservative Publizist, stellt im September 1870 in seinem Tagebuch fest: »Wir werden verdammt sein, ein tugendhaftes Volk zu werden.«[339]

Das konsequente Vorgehen gegen die Commune verschafft der Regierung jedenfalls Ansehen in der konservativen Landbevölkerung und im Bürgertum – und in der Kirche. In einem Hirtenbrief hat bereits am 4. September 1870 – dem Tag der Ausrufung der Republik – der einflussreiche Bischof von Nantes die militärische Niederlage gegen die preußischen Truppen als göttliche Strafe für ein Jahrhundert moralischen Niedergangs seit der Französischen Revolution gedeutet. Spätestens Anfang 1871 reift der Gedanke in einflussreichen katholischen Kreisen, als Buße feierlich eine dem Heiligen Herzen Jesu geweihte Basilika zu errichten. Spätestens seit der Blutwoche ist dann auch klar, dass diese Kirche – der »Sacré-Cœur« – auf dem Montmartre erbaut werden soll, genau dort, wo die Commune ihren Ausgang nahm.

* * *

Neuanfänge

In Paris kehrt Offenbach im Frühjahr 1871 zu seinen alten Tätigkeiten und Plänen zurück, dem bereits vor dem Krieg projektierten *Le Roi Carotte* für die Gaîté und *Fantasio* für die Opera Comique. Für die Bouffes-Parisiens sieht Offenbach vor, eine tiefgreifende Überarbeitung von *Barkouf* mit einem in weiten Teilen neu verfassten Libretto aus der Hand von Nuitter und Tréfeu auf die Bühne zu bringen. Auch für die Variétés plant er neue Stücke, vor allem *Der Schwarze Korsar,* dessen Libretto er selbst geschrieben hat – der aber zu Lebzeiten Offenbachs tatsächlich nie in Paris zur Aufführung kommen wird. Überhaupt kommt das Theaterleben in Paris nur recht langsam wieder in Gang. Während der Commune ist eine ganze Reihe von Theatern in Flammen aufgegangen oder stark beschädigt worden. Erst am 12. Juli wird schließlich die Oper wiedereröffnet, was viele wie einen Meilenstein auf dem Weg zurück zur Normalität empfinden. Viele Bühnen halten sich in der Zwischenzeit weiterhin für Gastspiele im Ausland auf. Während man in Paris mühsam die Trümmer, den Schutt und die Asche beseitigt, triumphiert in London etwa Hortense Schneider als Großherzogin von Gerolstein am St. James's Theatre, während am Gaiety Theatre weiter *Barbe-Bleue* und *Geneviève de Brabant,* am Princess' Theatre *La Périchole* und am Globe eine eigene englische Version von *Les Brigands, Falsacappa,* riesige Erfolge feiern.[340]

Als in Paris die Theater wieder öffnen, ist Offenbach überall präsent. Im August ist der Komponist beschäftigt mit den Proben zur Wiederaufnahme von *Les Brigands* im Théâtre des Variétés, die Bouffes-Parisiens eröffnen im September mit einer Wiederaufnahme von *La Princesse de Trébizonde* in Kombination mit *Le Violoneux.* Angesichts mäßigen Erfolges werden diese Stücke recht bald ersetzt durch *L'Île de Tulipatan* sowie *Daphnis et Chloé,* solange Offenbachs neues Stück nicht fertig ist. Die Variétés ihrerseits schließlich spielen wieder *Les Brigands.* In den folgenden Monaten werden darüber hinaus gleich drei große Werke Offenbachs zur Uraufführung gelangen, *Boule-de-Neige* in den Bouffes-Parisiens, *Le Roi Carotte* in der Gaîté und schließlich *Fantasio* in der Opéra Comique.

Am 14. Dezember 1871 wird *Boule-de-Neige* in den Bouffes-Parisiens uraufgeführt. Das neue Stück weist eine ganze Reihe von dramaturgischen Parallelen zu dem einige Jahre zuvor unglücklich an der Opéra Comique gescheiterten *Barkouf* auf, sodass nach wie vor in der Offenbach-Literatur zu lesen ist, die Musik zu *Boule-de-Neige* stamme größtenteils aus *Barkouf.* Peter Hawig hat solche Behauptungen zu Recht als »leichtfertig« eingestuft – schon allein deshalb, weil die Musik zu *Barkouf* bis vor Kurzem überhaupt nur bruchstückhaft bekannt war. Stellt man *Boule-de-Neige* die wenigen bis dato erhaltenen Nummern der vermeintlichen Vorlage gegenüber, kann man jedenfalls nur wenige direkte Übernahmen erkennen. »Insgesamt«, so Peter Hawig, könne damit »keine Rede davon sein, dass *Boule-de-Neige* musikalisch ein Aufguss von *Barkouf* ist. Das beweisbare Maß an Übernahmen übersteigt zwar die sonstige Praxis Offenbachs in anderen Werken, bin hin zu *Hoffmanns Erzählungen,* aber nicht in umstürzender Art und Weise.«[341]

Anders als bei der vermeintlichen Vorlage *Barkouf* ist das Libretto von Nuitter und Tréfeu geschickter und geistreicher aufgesetzt. Zunächst einmal nimmt nunmehr ein sympathischer weißer Bär – und eben nicht mehr ein wild bellender Hund – die zentrale Rolle des Stücks ein. Sodann ist die Handlung auch gleichwohl belebter, das Stück »insgesamt bewegter und bunter«.[342] Zwar ist die tagesaktuelle Satire nach wie vor zu erkennen und »an einigen Stellen spürt man die Erfahrung der just zurückliegenden Kommune«.[343] Aber unterm Strich ist kaum ein bissiger Ton in *Boule-de-Neige* zu hören, allenfalls eine geradezu brechtsche Abgeklärtheit, etwa im Dialog von Kasnoiseff und Balabrelock: »Warum haben die Regierungen eigentlich Völker?« – »Wenn es keine gäbe, würde alles einfacher. Man brauchte dann eigentlich nur noch Minister.«

Nach der Uraufführung stellt die *Revue et Gazette musicale de Paris* fest:

> Die Partitur trägt seinen Stempel, das ist Offenbach in Reinform – und das ist nicht als Kritik zu verstehen! Nicht jeder, der will, ist so originell, und dennoch ist hier und dort eine Tendenz zur Annäherung an die Opéra-Comique zu erkennen.[344]

Nichtsdestoweniger ist die Reaktion der Kritik insgesamt eher zurückhaltend, zum Teil auch gar ablehnend. Und so wird *Boule-de-Neige* auch nur zu einem mäßigen Erfolg, bereits am 26. Januar 1872 verschwindet es wieder vom Spielplan. Kurz darauf kommt es unter dem Titel *Schneeball* am 3. Februar 1872 in Wien zur deutschen Erstaufführung, auch dort vermag es nur bedingt zu überzeugen.

Ganz anders verhält es sich mit dem zweiten großen Stück, das Offenbach am 15. Januar 1872 am Théâtre de la Gaîté zur Uraufführung bringt: *Le Roi Carotte*, eine umwerfend riesige Opéra bouffe féerie in vier Akten und 18 Bildern. Der Text stammt vom bekannten Schriftsteller Victorien Sardou, dem engen Freund Offenbachs und späteren Librettisten von Giacomo Puccinis *Tosca*. Schon 1869, lange vor der Emser Depesche, dem Deutsch-Französischen Krieg und dem Fall Napoleons III., hatten der Komponist und der Librettist den Plan zu einem mehraktigen Werk von wirklich enormem Ausmaß entworfen, in dem der gute König Fridolin und der böse König Karotte aufeinandertreffen. Geradezu prophetische Qualitäten gewinnt schließlich die Handlung, erst recht mit Blick auf die politischen Ereignisse der vergangenen Jahre.

Erster Akt. Der leichtlebige Kronprinz Fridolin will die reiche Prinzessin Cunégonde ehelichen, um so einen Staatsbankrott abzuwenden. Da erscheint ihm der Geist Robin-Luron und bietet ihm im Gegenzug viel Geld für die alten Rüstungen im königlichen Schloss. Fridolin nimmt das Angebot sofort an und zieht in Begleitung von Cunégonde in der Stadt Krokodyne ein. Im Schlossturm wird die schöne Prinzessin Rosée-du-Soir, die Tochter des Pfalzgrafen von Mähren, seit zehn Jahren von der bösen Hexe Coloquinte gefangen gehalten. Sie liebt Fridolin und schafft es mithilfe des Geistes Robin-Luron, ihrem Gefängnis zu entkommen. Als Fridolin mit seinen Freunden im Saal des Schlosses dem Alkohol zuspricht, erwachen die Rüstungen zum Leben und vertreiben die Feiernden. Bei ihrer Flucht durch den Garten werden diese schließlich sogar von aus der Erde gekrochenem Gemüse verfolgt. Mithilfe der Hexe Coloquinte schließlich nimmt der Anführer des Gemüses, der gespenstische König Karotte, den Platz des bisherigen Herrschers ein: auf dem Thron und im Herzen Cunégondes.

Zweiter Akt. Fridolin hat mit Robin-Luron und seinem letzten verbliebenen Ratgeber Truck Zuflucht in einer Herberge gefunden, in der sich auch Rosée-du-Soir zu ihnen gesellt. Als die Schergen des neuen Königs Karotte auftauchen, um sie festzunehmen, verwickelt ein Zauber Robin-Lurons diese in einen wilden Tanz, sodass die vier Flüchtigen, nun auch begleitet vom opportunistischen Pipertrunck, entkommen können. Beim greisen Zauberer Quiribibi sucht Fridolin nun Rat. Dieser sieht als einzige Lösung eine Reise nach Pompeji, wo der abgesetzte Herrscher den sagenhaften Ring des Salomo finden werde. Prompt finden sich die Flüchtigen mithilfe eines besonderen Zaubers in der Antike wieder, am Fuße des Vesuvs. Dort ist gerade Markt und im allgemeinen Trubel gelingt es den Zeitreisenden gar, besagten Ring zu finden – bevor sie mithilfe eines herbeigeeilten Geistes in die Lüfte entfliehen, während der Vesuv bereits gefährlich zu rumoren beginnt.

Dritter Akt. König Karotte hat sich zwischenzeitlich als Despot entpuppt. Die Flüchtigen und Fridolin gelangen, verkleidet als fliegende Händler aus dem Orient, in das königliche Schloss. Es gelingt ihnen zunächst sogar, König Karotte in die Flucht zu schlagen, allerdings wird Fridolin von Cunégonde, von der er glaubt, sie liebe ihn, an die Hexe Coloquinte verraten. Diese verhext Fridolin und lässt ihn verschwinden. In einem dunklen Wald schließlich schenkt Robin-Luron der verzweifelten Rosée-du-Soir ein vierblättriges Kleeblatt, das ihr vier Wünsche erfüllen kann. Ihr erster Wunsch bringt sie wieder mit dem verschwundenen Fridolin zusammen, der in einem riesigen unterirdischen Ameisenbau festgehalten ist, woraus ihn Rosée-du-Soir befreit. Kurz darauf feiern die Insekten den Frühling – bis Coloquinte auftaucht. Die Bienen nehmen sie kurzerhand gefangen, während Fridolin und die Seinen zur Affeninsel entfliehen.

Vierter Akt. Fridolin und Rosée-du-Soir finden sich allein am Ufer der tropischen Insel wieder, an der sie gestrandet sind. Fridolin erkennt nun seine Liebe zu ihr, während es dem zwischenzeitlich wieder aufgetauchten Robin-Luron gelingt, den Affenkönig gefangen zu nehmen. Dieser wird ihnen helfen können, König Karotte loszuwerden. Die Hexe Coloquinte versucht zwar noch, die Reisenden aufzuhalten, indem sie kurzerhand den Urwald in eine Wüste verwandelt. Aber mithilfe des Affenkönigs gelingt es ihnen, nach Krokodyne aufzubrechen. Dort hat – ohne die tatkräftige Hilfe der Hexe Coloquinte dastehend – König Karotte unterdessen sowohl beim Volk als auch bei seinen Höflingen seinen ganzen Kredit verspielt. Schließlich kommt es zum Aufstand, im Zuge dessen der als Musiker verkleidete Fridolin sich wieder seinem Volk zu erkennen gibt. Dieses jubelt ihm zu. Ein letzter Versuch der Hexe Coloquinte, den Aufstand durch eine Entführung von Rosée-du-Soir niederzuschlagen, misslingt angesichts der Unfähigkeit und Mutlosigkeit von König Karotte und seinen Leuten. Schließlich ist es der Affenkönig, der König Karotte und mit ihm auch die Hexe Coloquinte unter die Erde bringt. Fridolin heiratet Rosée-du-Soir, das Volk jubelt.

Bei der Erarbeitung dieses Librettos hat sich Victorien Sardou von einem Märchen E. T. A. Hoffmanns, *Klein Zaches, genannt Zinnober*, inspirieren lassen, das in Offenbachs Geburtsjahr 1819 entstand. Deutsches Kolorit findet sich auch in der von Hoffmann abweichenden Namensgebung der Hauptfiguren, so etwa bei Cunégonde, die französische Zuhörer des 19. Jahrhunderts eher an Voltaires *Candide* erinnert haben dürfte. Im Übrigen dürfte gerade dieses deutsche Kolorit Anfang 1872 noch dem Stück eine besondere politische Note geben – wird doch auch in der Figur des Fridolin recht unverhohlen Napoleon III. ins Visier genommen. Doch auch dessen Gegner kommen wahrlich nicht ungeschoren davon, denn hinter dem namensgebenden Wurzelgemüse steckt quasi auch die Wurzel allen Übels – die lateinische Etymologie der »radix« führt schließlich zum »Radikalismus«. Wenn es ein Werk in Offenbachs Gesamtschaffen gibt, das der Gesellschaft einen Spiegel vorhält, in dem geradezu unbarmherzig kritisiert und entlarvt wird, dann dürfte es *Le Roi Carotte* sein. Hier wird niemand verschont, gegeißelt werden die dekadenten Eliten des Zweiten Kaiserreichs genau wie deren Gegner, seien sie eher reaktionär rechts angesiedelt oder eher revolutionär links.

Das Publikum erkennt diese überdeutlichen Anspielungen – und ist offensichtlich auch einigermaßen verwirrt, was angesichts der Spitzen, die Sardou tatsächlich in alle möglichen Richtungen verteilt, und angesichts der nach wie vor gespaltenen politischen Landschaft nach der Niederschlagung der Commune auch kaum verwunderlich ist. Die Musik hingegen wird zu einem großen Erfolg. Jean-Claude Yon verweist zu Recht darauf, dass die dem Stück inhärente politische Kritik klar von Sardous Libretto herrührt und eben nicht von Offenbachs Musik, in der sich keinerlei kompositorische Weiterverarbeitung oder gar Überhöhung eben dieser politischen Kritik findet.[345] Gelegenheit zu entsprechender musikalischer Satire hätte Offenbach gehabt, denn *Le Roi Carotte* ist sein vermutlich umfangreichstes Werk im Gesamtschaffen. In 31 Nummern verteilt auf 22 Bilder entwickelt der Komponist ein umfassendes Panorama musiktheatralischer Möglichkeiten. An der Gaîté kann er über ein großes Orchester verfügen mit durchgängig doppelt bis dreifach besetzten Bläsern, Pauken und Schlagwerk sowie einem umfangreichen Streicherapparat, insgesamt vermutlich um die 45 Musiker. Darüber hinaus steht ihm ein großer Chor von 75 bis 90 Sängerinnen und Sängern zur Verfügung – die Angaben in der zeitgenössischen Presse schwanken.[346]

Angesichts des prächtigen Schauspiels, das Offenbach gemeinsam mit Sardou schafft, werden denn auch wahre Menschenmassen gebraucht. Der Erfolg von *Le*

Roi Carotte beruht in großen Teilen auf der schier unglaublichen Fülle von bunten Szenen, Bühnenbildern, Kostümen und Effekten. Offenbach und Sardou haben – darin ist sich die Presse einig – die Besten ihrer Zunft engagiert und die Ergebnisse sind überwältigend. Ein Autor beschreibt das Pompeji, wie es im zweiten Akt wieder aus den Ruinen durch den Zauber von Robin-Luron zum Leben ersteht,

> zunächst so, wie der Vesuv es uns hinterlassen hat, und dann sofort vor unseren Augen wiederaufgebaut mit seinen Häusern, seinem Forum, seinen Tempeln, mit seinen Händlern, seinen Soldaten, seinen Gladiatoren, seinen Schönlingen, seinen Höflingen, seinen nubischen Sklaven, mit allen, die dort leben, mit dem antiken Leben eben, das die wiederaufgebaute Stadt erfüllt. Allein schon das würde genügen, aus *Le Roi Carotte* einen Erfolg zu machen.[347]

Die Kostüme des Umzugs der Insekten im dreizehnten Bild schließlich gehören vielleicht zu den schönsten des gesamten 19. Jahrhunderts. Es treten zunächst die berittenen Ameisenarbeiterinnen auf, gefolgt von Hirschkäfern als Pionieren, Schnaken als Trommlern, Grillen als Heerespfeifer, Mücken als Militärmusiker, der Generalstab der Käfer, Holzbienen als auf der Walz befindliche Zimmermannsgesellen, Maikäfer als Nationalgarde, schließlich eine Marketenderin mit ihrem kleinen Begleiter, einem jungen Maikäfer. Der zweite Teil des Aufzuges besteht aus Zikaden im Zigeunerinnenkostüm, Schmetterlingen als jungen Boulevardiers, Spanischen Fliegen mit Sonnenschirmen, tanzenden Libellen und Grashüpfern, grünen und goldenen Käfern in glänzenden Rüstungen, Hummeln und Schmetterlingen, die den Sonnenpriester, einen großen Hausbock, umgeben, Hornissen mit Pauken und Trompeten, Wespen als Leibwache, Bienen mit kleinen goldenen Täschchen und schließlich die Bienenkönigin auf ihrer Sänfte. Ähnlich opulent gestaltet sind alle Szenen – egal, ob die Handlung eine Menschenmenge im antiken Pompeji, eine bunte Volkstanzgruppe in einer mittelalterlichen Herberge oder die zum Leben erweckten Wurzeln und Blumen im Gemüsegarten abbildet.

Mit dieser unglaublichen Pracht gehört *Le Roi Carotte* zum Theatergenre der Feerien, üppigst ausgestatteten Stücken, bei denen historische, exotische oder fantastische Stoffe im Mittelpunkt der Handlung stehen. Obgleich Feerien während des gesamten 19. Jahrhunderts gespielt werden, erlebt das Genre um 1870 eine Renaissance, was nicht zuletzt auch an damals aktuellen bühnentechnischen Fortschritten liegt. Offenbach und Sardou reihen sich also mit ihrem neuen Stück in eine wohl etablierte Theatertradition ein, die insbesondere am Théâtre de la Gaîté seit 1806 gepflegt wurde. Neu bei *Le Roi Carotte* ist allerdings, dass die theatralische Opulenz der Feerie hier auf das musikalische Füllhorn Offenbachs trifft. Die Kritik kann denn auch *Le Roi Carotte* – zu Recht! – kaum einordnen, sodass bei

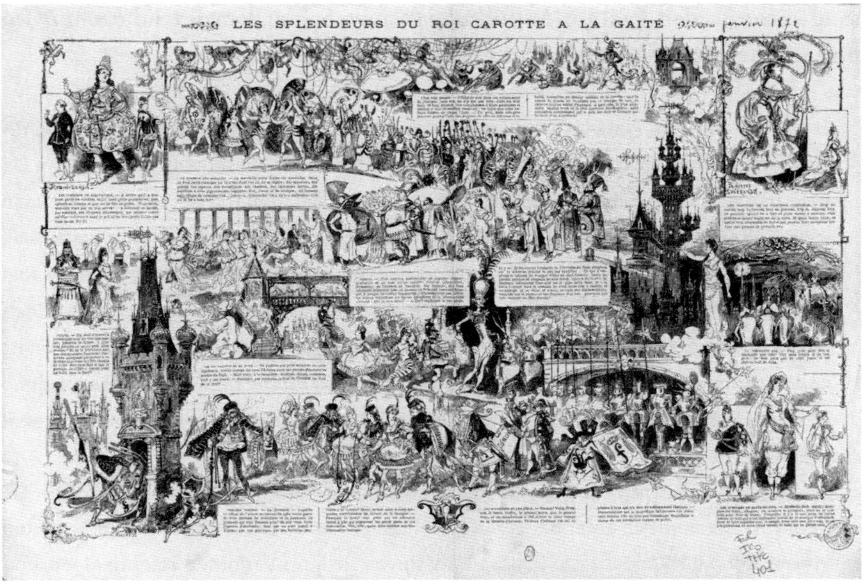

17 »Les splendeurs du Roi Carotte à la Gaîté«. Stich von Firmin Gillot, Januar 1872.

aller Begeisterung etwa für die *Revue et Gazette musicale de Paris* die Musik allzu schnell nur noch als ein »Gemisch aus allen Genres« ist. Dass diese sehr verkürzte Beschreibung dem Werk keineswegs gerecht wird, zeigt letztlich auch der anhaltende Erfolg, den das Werk beim Publikum hat. Erst nach 195 Aufführungen wird das Stück am 28. Juli 1872 abgesetzt. Die Einnahmen sprudeln zwar, der Saal der Gaîté mit seinen immerhin 1800 Plätzen wird Abend für Abend gefüllt. Dem gegenüber stehen allerdings gewaltige Ausgaben, die trotz des Zulaufs kaum gedeckt werden können. Kaufmännisch betrachtet ist *Le Roi Carotte* also kaum als Erfolg zu werten – in künstlerischer Hinsicht dagegen sehr wohl. Mit *Le Roi Carotte* wurde nicht nur ein völlig neues Genre aus der Taufe gehoben, die »Opéra-bouffe-féerie«; vor allem aber hat sich Offenbach wieder eindrucksvoll auf den Bühnen der französischen Hauptstadt zurückgemeldet.

* * *

Vielleicht wäre Offenbachs Erfolg noch besser zur Wirkung gekommen, wenn er nicht wenige Tage nach *Le Roi Carotte* ein anderes großes Werk zur Uraufführung gebracht hätte: *Fantasio,* eine Opéra comique in drei Akten, uraufgeführt an der Opéra Comique am 18. Januar 1872. Das Libretto zu diesem neuen Werk beruht auf dem 1834 erschienenen gleichnamigen Theaterstück des Schriftstellers Alfred de Musset. Nach dessen frühem Tod 1857 war das Stück 1866 in einer Bearbeitung seines Bruders Paul zur Aufführung gelangt. Schon damals fand *Fantasio* wenig Gefallen bei der Kritik.

Erster Akt. Auf dem Platz neben dem Palastgarten bereiten sich die Leute auf ein nächtliches Fest zu Ehren der Ankunft des Prinzen von Mantua vor. Dieser will die Prinzessin Elsbeth heiraten, die Tochter des bayerischen Königs, die seit dem Tod des Narren Saint-Jean in Traurigkeit versinkt. Auch der Student Fantasio kann keinen Anteil an der Festfreude nehmen. Als er traurig sein Lied singt, hört Elsbeth entsprechend bewegt zu, ohne ihn aber sehen zu können. Das Vorbeifahren des Trauerzuges von Saint-Jean bringt ihn auf die Idee, dessen Platz bei Hofe einzunehmen – eine rote Perücke, ein falscher Buckel, und schon ist er der Narr. Der Prinz von Mantua seinerseits tauscht während des Festes seine Kleidung mit seinem Adjutanten Marinoni, um so ungestört seine Verlobte beobachten zu können.

Zweiter Akt. Im Garten des Palastes stellt sich Fantasio getarnt als Narr der Prinzessin Elsbeth vor. Es kommt zu einer Begegnung von Elsbeth und dem als Marinoni verkleideten Prinzen von Mantua. Fantasio schlägt Elsbeth vor, sie ihres Verlobten zu entledigen, und er schafft dies, indem er den falschen Prinzen entlarvt: Mit einem Ast lässt er Marinonis Perücke zu Boden fallen. Er wird zwar verhaftet, aber der Coup ist gelungen: Elsbeths Hochzeit ist, wenn nicht abgesagt, so doch zumindest stark gefährdet.

Dritter Akt. In seiner Gefängniszelle erfreut sich Fantasio daran, eine offizielle Feierlichkeit so grandios gestört zu haben. Elsbeth kommt zu ihm und teilt ihm mit, dass sie trotz aller Enttäuschungen den Prinzen von Mantua heiraten wird, um nicht einen sonst unausweichlichen Krieg heraufzubeschwören. Nun aber offenbart Fantasio seine Verkleidung und singt sein trauriges Lied aus dem ersten Akt, sodass Elsbeth doch ihre soeben noch feste Meinung ändert. Sie befreit ihn, was umso leichter gelingt, als die Soldaten ja einen hässlichen, buckligen Narren und nicht einen jungen, hübschen Mann zu bewachen haben. Kurz darauf ist Fantasio wieder zu seinem studentischen Leben zurückgekehrt. Er kann seine Freunde zurückhalten, die nach seiner Verhaftung geplant haben, einen Volksaufstand anzuzetteln. Stattdessen lässt er sich vor ihnen von seinem Freund Sparck zum Narrenkönig ausrufen. Inzwischen haben sich der König von Bayern und der Prinz von Mantua gegenseitig doch den Krieg erklärt. Daraufhin fordert Fantasio den Prinzen zum Duell heraus, der sich allerdings dem Kampf lieber entzieht, auf einen Krieg ebenso verzichtet wie auf die Hand Elsbeths: Er kehrt allein nach Mantua zurück. Der König vergibt Fantasio, Elsbeth verleiht ihm den Titel eines Prinzen – und offenbart ihm ihre Liebe.

Das Stück hat es von Anfang an nicht einfach an der Opéra Comique. Nicht wenige werfen der Leitung des Hauses vor, ein Werk des »deutschen« Offenbach als erstes Werk nach dem Krieg zur Uraufführung zu bringen – soll doch ausgerechnet dieser Komponist obendrein scheinbar so eng mit den Vergnügungen genau des Kaiserreichs verbunden sein, das Frankreich in seine bittersten Stunden geführt hat. Georges Bizet etwa – vor wenigen Jahren noch hatte er den von Offenbach ausgeschriebenen Operettenwettbewerb gewonnen und so einen seiner ersten Erfolge verbucht – schreibt im Herbst mit einem geradezu gehässigen Unterton:

> Alle Schöpfer guter Musik müssen nun ihre Anstrengungen verdoppeln, um gegen die nach wie vor fortschreitende Invasion dieses teuflischen Offenbach anzukämpfen!... Dieses Tier kann sich nicht mit seinem *Roi Carotte* an der Gaîté begnügen, er wird uns nun noch einen *Fantasio* an der Opéra-Comique bescheren.[348]

Wie einst auch bei *Barkouf* scheint nun auch bei *Fantasio* die Musikkritik ein ideales Opfer gefunden zu haben. Der Kritiker des *Le Ménestrel* etwa, Gustave Bertrand, sieht sich berufen, die französische Kunst gegen eine weitere deutsche Invasion zu verteidigen:

> Überall Offenbach! [...] Offenbach hat sich vervielfältigt und fällt nun über uns her. Gäbe es etwa zu seinen Gunsten einen weiteren Zusatzartikel zum Vertrag von Frankfurt, einen Artikel, den das Publikum nur in seinen Ergebnissen sehen dürfte und dessen Gehalt so vertraulich wie verbindlich den Theaterleitungen in Paris bekanntgegeben worden sei?
> Aber nein! Diese haben doch nur das Streben nach Erfolg im Sinn, in Begleitung eines Mannes, der ach so häufig den Erfolg für sich verbucht hat. [...]
> Soll er doch der Meister Jacques der Feerie und der Operette sein, wunderbar; aber das Niveau der Opéra-Comique lässt sich nicht so leicht, wie man meinen könnte, damit [mit dem Niveau der Feerie und Operette] verbinden. Es war nur billig, dem Schöpfer so vieler hübscher kleiner Perlen einen Versuch zuzugestehen; aber wann wird dieser Versuch denn nun tatsächlich zählen?[349]

Bertrand geht noch weiter. Er wirft dem Komponisten von *Fantasio* gar vor, im letzten Bild der Oper ausgerechnet den Frieden besungen zu haben: »Nicht jeder hat das Recht, solche sehr sensible Themen öffentlich anzusprechen.« Harsch fordert er Offenbach auf, »den Weg etwas mehr freizumachen für Komponisten, die die Ungnade haben, als Franzosen geboren zu sein«. – Er schließt mit: »Platz für andere – und Platz für die unsrigen!«[350] Und Bertrand ist leider nicht der Einzige. *Fantasio* ist der willkommene Anlass, Offenbach eine Nähe zu allen möglichen üblen Gestalten vorzuwerfen – wahlweise den Bonapartisten, den Preußen oder den extremen Linken, oder irgendwie gleich allen zusammen ... Besonders hart dürfte sein, dass, anders als noch bei *Barkouf*, auch das Publikum sich wenig überzeugt zeigt von *Fantasio*. Das Werk wird lediglich magere zehn Aufführungen erleben. Dies dürfte umso schwerer wiegen, als dass *Fantasio* im Werk Jacques Offenbachs durchaus eine »Schlüsselstellung«[351] zukommt, ja mehr noch – für Peter Hawig

> ist »Fantasio« das Zentralwerk schlechthin; es thematisiert im Spiel zwischen Fantasio und der Prinzessin die grundlegende Stileigentümlichkeit Offenbachs, und das heißt: Offenbach thematisiert sich selbst – rund um diesen Narren, der so tödlich ernst sein kann.[352]

* * *

Nach dieser herben Enttäuschung macht sich Offenbach rasch auf den Weg nach Wien, wo seit Kurzem neben dem Theater an der Wien und dem Carltheater noch ein drittes Haus sein Repertoire bedient: das Strampfer-Theater, das am 12. September 1871 mit Offenbachs *Dorothea,* einer Bearbeitung von *Jacqueline,* eingeweiht worden ist. In den folgenden Monaten werden dort auch noch weitere Einakter gespielt werden, etwa *Paimpol et Périnette, Une nuit blanch*e – unter dem verwirrenden Titel *Der Schmuggler* –, und *Die Rose von Saint-Flour*. Mit Offenbachs Stücken am Strampfer-Theater wird der damals noch unbekannte Alexander Girardi sein Wiener Debüt geben, in den folgenden Jahren wird er im leichten Fach einer der bekanntesten Schauspieler und Sänger Wiens werden und vielen bedeutenden Werken der »Goldenen Wiener Operette« seinen Stempel aufdrücken. Am 3. Februar 1872 schließlich wird *Schneeball,* die Wiener Fassung von *Boule-de-Neige,* im Carltheater uraufgeführt – zwar wohlwollend aufgenommen, aber auch nur ein kurzlebiger Erfolg. Ähnlich ergeht es *Fantasio,* der am 21. Februar 1872 am Theater an der Wien seine deutsche Erstaufführung erlebt. Zwar muss Offenbach hier nicht solche Beleidigungen über sich ergehen lassen, wie sie ihm in Paris begegneten, aber zufrieden kann Offenbach auch nach der Wiener Erstaufführung nicht sein.

Bevor Offenbach Wien wieder verlässt, bringt er noch ein weiteres Stück dort zur Aufführung – und zwar diesmal nicht nur als deutsche Erstaufführung, sondern tatsächlich als Uraufführung: *Fleurette oder Näherin und Trompeter,* kommt am 8. März 1872 am Carltheater auf die Bühne. Und noch ein weiteres Moment macht diesen Einakter einzigartig: Das Libretto wurde von Offenbach selbst geschrieben. Zwar liegt der Handlung eindeutig ein französischer Stoff zugrunde – nichtsdestoweniger wird das Stück zu Lebzeiten Offenbachs in Frankreich nie gespielt werden. Auch kommt *Fleurette* bei der Wiener Kritik nur glimpflich davon, vor allem die Leistungen der Hauptdarstellerin, Mila Roeder, werden wenig goutiert. Insgesamt ist es Offenbach dieses Mal nicht gelungen, die Misserfolge in Paris mit Erfolgen in Wien aufzuwiegen. Die Enttäuschung insbesondere über das Scheitern das *Fantasio* ist groß, wie ein langer Brief Offenbachs an den Leiter der Opéra Comique, Camille du Locle, zeigt. »Ich hatte gehofft, lieber Camille, dass Sie mich besuchen würden, Sie schuldeten mir ja einen kleinen Besuch… und Entschuldigungen, nachdem Sie auf so brutale Weise ›Fantasio‹ vom Programm haben verschwinden lassen.« Es folgt eine lange Liste herber Vorwürfe, die in einem bitteren Fazit münden:

> Ach! lauter miese Ausreden, wie Sie mir leid tun, mein Lieber! [...] Nein, Sie wollten diesen *Fantasio* nicht mehr und Sie haben ihn fallen gelassen. Sie wollten nichts versuchen, nichts unternehmen um ihn zum Laufen zu bringen und Sie wollten ihn mit aller Kraft entsorgen, und das haben Sie mit einer Skrupellosigkeit getan, die Ihnen, was Ihre geschäftliche und emotionale Unabhängigkeit angeht, zur Ehre gereicht. Als Direktor haben Sie keinerlei Energie an den Tag gelegt, als Freund haben Sie illoyal und taktlos gehandelt. Ich hoffe, dass andere bei Ihnen mehr Glück finden werden – was nicht schwer sein wird.[353]

Offenbach wird auch nur kurz in Paris bleiben, das sich dieser Tage so wenig freundlich ihm gegenüber zeigt – dafür wird er in diesem Jahr umso häufiger in Wien sein. So etwa wieder im April, um dort ein neues Stück, *Der schwarze Korsar,* auf den Weg zu bringen. Den Sommer verbringt Offenbach zwar im Kreise der Familie in Étretat, dort arbeitet er an einigen Vorhaben unter anderem für die Bouffes-Parisiens. Seinen Fokus legt er aber 1872 allem Anschein nach auf Wien – wenngleich er dieses eher als Sprungbrett zurück nach Paris zu verstehen scheint. Tatsache ist jedenfalls, dass Offenbach für die Uraufführung des *Schwarzen Korsaren* am 21. September im Theater an der Wien eine ganze Reihe von Pariser Theaterleuten in die österreichische Hauptstadt eingeladen hat, offensichtlich in der Hoffnung, diese von dem neuen Stück und vermutlich auch von weiteren Vorhaben zu überzeugen. Daraus wird aber nichts. *Der schwarze Korsar,* zu dem erneut der Komponist selbst das Libretto verantwortet, wird von Teilen der Wiener Presse geradezu zerrissen – und selbst der Offenbach freundschaftlich verbundene Musikkritiker Eduard Hanslick äußert deutlich Vorbehalte. Einer der besten Offenbach-Kenner der letzten Jahre, Robert Pourvoyeur, hielt allerdings recht viel von dem Stück, er unterstellt der zeitgenössischen Wiener Presse ein Schlechtreden des Stücks.[354] Tatsache ist jedenfalls, dass *Der schwarze Korsar* heute kaum mehr jemandem bekannt ist – und vielleicht ja eine Wiederentdeckung wert wäre.

Offenbachs Wiener Stücke des Jahres 1872 sind zwar allesamt keine wirklichen Misserfolge, nichtsdestoweniger scheint unter dem Strich das Jahr von Enttäuschungen geprägt zu sein. Denn auch in Paris sind in der zweiten Jahreshälfte als einziges Stück von Offenbach lediglich *Les Brigands* als Wiederaufnahme an den

Variétés zu hören. Nur ein Stück von Offenbach – das ist seit 1855 in dieser Form noch nie vorgekommen. Jean-Claude Yon vermutet, dass in diesem Umfeld zwei Entscheidungen reifen: einerseits als Theaterleiter sich selbst und seinem kompositorischen Schaffen wieder die notwendigen Gestaltungsspielräume zu verschaffen und andererseits den Weg der Opéra-bouffe-féerie – dem einzigen Genre, in dem Offenbach als Komponist seit dem Umbruch von 1870 reüssiert hat – weiterzuverfolgen. Die einzige Bühne, die theaterpraktisch diesem Genre gewachsen wäre, ist das Théâtre de la Gaîté, in dem *Le Roi Carotte* uraufgeführt wurde. Und so wird Offenbach tatsächlich in den nächsten Wochen Anstrengungen unternehmen, diese Bühne übernehmen zu können. Scheinbar verhandelt er recht zügig, denn schon im Dezember vermeldet die Presse, die Gaîté werde ab 1. April unter der Leitung des Komponisten stehen.

Parallel zu diesen Entwicklungen arbeitet Offenbach an einem neuen Stück für das Théâtre des Variétés. Die Opéra bouffe in drei Akten *Les Braconniers* – das Libretto ist aus der Feder von Henri Chivot und Alfred Duru – wird am 29. Januar 1873 uraufgeführt.

Erster Akt. Am Fuß der Pyrenäen, Ende des 18. Jahrhunderts. In der Gegend sind Wilddiebe unter der Führung des furchterregenden Rastamagnac sehr aktiv – hinter dem sich tatsächlich Bibletto verbirgt, die vekleidete Tochter der Familie de Birague. Dieses Adelsgeschlecht wurde einst vom jetzigen Gouverneur, dem Grafen Lastécouérès de Campistrons, um sein Hab und Gut betrogen – und so wollen die Wilddiebe jetzt vor allem der Regierung des Gouverneurs schaden. Hilfe erhalten sie dabei von Gabastou, der die Herberge betreibt, in der Marcassou und Ginetta gerade ihre Hochzeit feiern. Als die Truppen des Gouverneurs dort auftauchen, gelingt es Ginetta zwar noch, dem vermeintlichen »Rastamagnac« zur Flucht zu verhelfen, ihr Bräutigam Marcassou jedoch findet sich im Keller der Herberge eingesperrt.

Zweiter Akt. Im örtlichen Städtchen gibt Ginetta den entflohenen Bibletto wahlweise als ihre Schwester Bibletta oder als ihren Bräutigam Marcassou aus – so meint sie, diesen schützen zu können. Allerdings verliebt sich in dieser ohnehin schon verwirrenden Situation ausgerechnet Éléonor, der Sohn des Gouverneurs, in die vermeintliche Bibletta, was alles noch einmal deutlich verkompliziert. Als der echte Marcassou doch noch auftaucht, ernennt ihn der Gouverneur – der mittlerweile verstanden hat, dass dieser kein Wilddieb ist – kurzerhand zu seinem Schlossverwalter.

Dritter Akt. Auf dem Schloss des Gouverneurs treffen nun alle zusammen. Marcassou erkennt nun, dass seine Eifersucht auf Bibletto ins Leere geht, da sich hinter dem vermeintlichen Wilddieb die Tochter der Familie de Birague verbirgt. Diese wiederum erwidert die

Liebe von Éléonor, sodass die verfeindeten adeligen Familien ihren Streit mit der Hochzeit ihrer Kinder beilegen können. Marcassou und Ginetta ihrerseits sind damit auch wieder versöhnt.

Das Textbuch lebt von Verkleidungen und Verwechslungen; offensichtlich haben Offenbach und seine Librettisten bewusst auf satirische Spitzen verzichtet und dafür lieber eine Unmenge halsbrecherisch verworrener, komischer Situationen geschaffen. Das ist alles nichts wirklich Neues oder Originelles, aber insgesamt ist die Kritik recht angetan vom heiteren Hin und Her. Gleichwohl war schon die Probenarbeit überschattet nicht nur von gewaltigen Unstimmigkeiten innerhalb des Ensembles, sondern vor allem vom Zerwürfnis zwischen Offenbach und dem Direktor des Théâtre des Variétés, Eugène Bertrand. Die Einnahmen sprudeln nun zwar und die Musik Offenbachs wird Abend für Abend bejubelt. Trotzdem setzt Bertrand das Stück bereits nach 58 Aufführungen ab, um Hortense Schneider in einem neuen Stück von Hervé auftreten zu lassen. Dass Bertrands Rechnung nicht aufgeht – *La Veuve du Malabar* wird nach eher mäßigen 51 Vorstellungen abgesetzt werden müssen –, dürfte Offenbach eine gewisse Genugtuung bereitet haben. Allerdings steigt wenige Wochen nach der Uraufführung von *Les Braconniers* ein neuer Stern am französischen Operettenhimmel auf: Nach der Uraufführung im Dezember 1872 in Brüssel erlebt Charles Lecocqs *La Fille de Madame Angot* seine französische Erstaufführung am Théâtre des Folies-Dramatiques – es wird dort insgesamt 411-mal ohne Unterbrechung gespielt werden. Die französische Operette wird nach Lecocqs Jahrhunderterfolg die Blaupause der offenbachschen Opéra bouffe, der gesellschaftskritischen »Offenbachiade« nun weitgehend hinter sich lassen und sich mehr und mehr als massentaugliches, leichtes Unterhaltungsgenre durchsetzen. All dies dürfte maßgeblich dazu beigetragen haben, dass *Les Braconniers* bis heute zu den zu Unrecht vergessenen Stücken Offenbachs gehört und nach wie vor wiederzuentdecken wäre. Und all diese Entwicklungen werden Offenbach auch in dem Entschluss bestärkt haben, das Geschick seiner Werke nunmehr selbst wieder als Theaterdirektor in die Hand zu nehmen.

* * *

Gaîté

Offenbach dürfte sich der Herausforderungen bewusst sein, die auf ihn an seinem neuen Theater, dem Théâtre de la Gaîté, warten. Er ist zwar erst 54 Jahre alt, aber er ist früh gealtert. Der Karikaturist Ferdinand Bac erinnert sich, ihn hinter den Kulissen des Theaters erlebt zu haben, eingehüllt in den Duft von Reispuder und... Kölnisch Wasser. Nervös, fiebrig gar, bleich und schwitzend, mit üblen Schweißperlen auf seiner Stirn. Besorgt lächelnd, konnte er keinen Luftzug in den Kulissen mehr ertragen und, eingewickelt in einen Pelz zu einem Zeitpunkt, wo die Champs-Elysées schon voller weißer Sommerkleider waren, war ihm sogar das schnelle Vorbeirauschen eines Rockbausches zuviel.[355]

Gegründet um 1760 ist das Théâtre de la Gaîté damals nicht nur eines der ältesten in der französischen Hauptstadt, es ist auch unter den Pariser Privattheatern eines der größten – mit einem 1800 Zuschauer fassenden Theatersaal, mit etwa 800 Angestellten, mit Klangkörpern bestehend aus 65 Orchestermusikern und 75 Choristen, beide unter der Leitung von Albert Vizentini. Die Neueröffnung ist zunächst für den 5. Juli terminiert, das Datum, an dem 18 Jahre zuvor die Bouffes-Parisiens eröffnet hatten. Tatsächlich kümmert sich Vizentini im Juni und August um die gesamte Leitung, Offenbach geht noch einmal zur Kur nach Aix-les-Bains, um anschließend im Juli 1873 in Wien bei einer Wiederaufnahme der *Prinzessin von Trapezunt* im Carltheater anwesend zu sein.

Offiziell hat Offenbach zum 1. Juni 1873 die Leitung seines neuen Theaters, des Théâtre de la Gaîté, übernommen. Tatsächlich hat er bereits am 17. Mai die Geschicke des Hauses übernommen mit einer Kindervorstellung mit den Gebrüdern Hanlon-Lee, die er für eine Wiederaufnahme von *Le Roi Carotte* gewinnen möchte. Er besucht die Vorstellung mit seiner ganzen Familie und hat zu dieser Gelegenheit auch noch viele Freunde mit ihren Kindern eingeladen – im Publikum sitzen im Übrigen auch die beiden Enkelkinder von Victor Hugo.[356] Bereits zuvor hat er ab April etliche Artikel in der Pariser Presse veröffentlichen lassen mit einer Vorschau auf das Programm des Hauses unter seiner neuen Leitung. Angekündigt werden verschiedene Dramen wie etwa *Jeanne d'Arc* von Théodore Barrière und Jules Barbier mit Musik von Charles Gounod. Musikalisch setzt der neue Theaterleiter auf bewährte Namen des Musiktheaters: Bizet, Massenet, Verdi. Vor allem aber will Offenbach auch Stücke aus seiner Feder ins Programm nehmen: neben einer Wiederaufnahme von *Orphée aux Enfers* zum einen eine neue Version von *Geneviève de Brabant,* zum anderen ein neues Stück, *Les Contes d'Hoffmann* nach dem Theaterstück von Jules Barbier und Michel Carré aus dem Jahr 1851 – damit wird hier zum ersten Mal überhaupt in der Öffentlichkeit das Vorhaben vorgestellt, das den Komponisten in seinen letzten Lebensjahren ständig begleiten wird.

Die umfangreichen technischen Möglichkeiten, die Offenbach nun am Théâtre de la Gaîté vorfindet, erlauben ihm, sein Musiktheater neu aufzustellen. Im Wesentlichen bedeutet dies, dass die neuen Stücke für die Gaîté sich an dem orientieren werden, was bereits bei *Le Roi Carotte* probiert worden ist. Hat Offenbach 1855 die kleine Form musiktheatralisch geadelt, so schwebt ihm jetzt ausdrücklich die große, ja geradezu überdimensionierte Form vor. Er benötigt dazu zwei unterschiedliche Theaterensembles, eines für das Musiktheater und eines für das Sprechtheater. Dies generiert enorme Kosten, die Offenbach unbedingt abfedern muss. Dankbar nimmt er also das Angebot an, dass ihm ein Kollege, der neue Leiter des Théâtre de la Renaissance, Hippolyte Holstein, macht. Solange sein Musiktheaterensemble an der Gaîté aufgrund der Spielplangestaltung pausieren muss, kann Offenbach das Théâtre de la Renaissance damit bespielen.[357] Dort werden auch tatsächlich ab dem 4. September 1873 Einakter von Jacques Offenbach auf dem Programm stehen: *Monsieur Choufleuri, Apothicaire et Perruquier,* der 1867 in Ems uraufgeführte, bis dato aber in Paris nicht gespielte Einakter *La Permission de dix heures* sowie eine neue Operette auf ein Libretto von Ludovic Halévy und William Busnach, *Pomme d'api.*

Der wohlhabende Amilcar Rabastens ist beeindruckt von der Schönheit seines neuen Dienstmädchens Catherine. Rabastens' Neffe Gustave unterhält seit Längerem bereits eine Liebschaft mit einem »Pomme d'api« genannten Mädchen, die der Onkel allerdings für unangebracht hält. Da er finanziell von seinem Onkel abhängig ist, bleibt Gustave nun nichts anderes übrig, als schweren Herzens seiner Liebe zu entsagen und bei seinem Onkel einzuziehen. Wie es der Zufall nun will, sind Catherine und Pomme d'api aber ein und dieselbe Person. Sofort erkennt Gustave sie wieder, Catherine aber stellt seine Treue nun auf die Probe, indem sie seinen Onkel umschmeichelt – der das, in Unkenntnis der Vorgeschichte, sehr gerne mit sich geschehen lässt. Als Catherine sieht, wie Gustave darüber in rasende Eifersucht gerät, ist sie wieder mit ihm versöhnt. Der überraschte Rabastens dagegen kann nur noch in die Hochzeit der jungen Leute einwilligen.

Mit diesem kecken Drei-Personen-Stück knüpft der Komponist an ein Genre an, das er lange vernachlässigt hat, die Opéra comique im Stile des 18. Jahrhunderts. Weder satirisch noch sentimental trifft Offenbach einen erstaunlich realistischen, zugleich aber sehr unterhaltsamen Ton. So wird im Trio musikalisch diskutiert, wie denn nun am besten Koteletts gegrillt werden – wie es überhaupt in diesem Einakter sehr kulinarisch zugeht. Henseler ist nur zuzustimmen, wenn er in *Pomme d'api* die »Perle von Offenbachs Einaktern der Nachkriegszeit«[358] sieht.

Einen Tag vor der Uraufführung von *Pomme d'api* hat das Théâtre de la Gaîté unter der nun neuen Leitung mit *Le Gascon* die Saison eröffnet, einem fünfaktigen Drama von Théodore Barrière und Louis Davyl, für das neben dem Theaterkapellmeister Vizentini auch Offenbach Schauspielmusik beisteuert – so etwa eine melancholische »Legende béarnaise«, die alsbald als Einzeldruck gut verkauft werden wird. Das mehr als fünf (!) Stunden dauernde Stück wird, vergleichbar mit *Le Roi Carotte,* aufwendig inszeniert. Der Erfolg lässt nicht auf sich warten, die Einnahmen sprudeln. Offenbach scheint wieder auf der Erfolgsspur zu sein. Allerdings sieht er sich nun, anders als noch vor 1870, auch immer wieder mit einzelnen Reaktionen konfrontiert, die nicht anders als boshaft zu nennen sind, so wie jetzt etwa vonseiten der bonapartistischen Zeitung *Le Pays*:

> Die Gaîté hat wiedereröffnet unter der Leitung von M. Offenbach und die Renaissance mit Operetten von M. Offenbach, die von einem Teil des Ensembles des immer gleichen M. Offenbach gespielt werden. Da sind wir nun also angelangt nach drei Jahren Republik, also nach drei Jahren geistiger Erneuerung und moralischer Läuterung!
>
> M. Offenbach, der für sich allein genommen Frankreich mehr Übel zugefügt hat als alle Spione Bismarcks; M. Offenbach, dieser preußische Jude, der bei uns den Triumph seiner deutschen Brüder vorbereitet hat, indem er die ruhmreiche Armee lächerlich gemacht hat und alles Wahre, Hehre und Edelmütige beschmutzt hat; M. Offenbach, dessen widerwärtige und dummdreiste Musik uns aufs Ärgste zersetzt hat; M. Offenbach, der Schöpfer von *La Belle Hélène* und *La Grande-Duchesse de Gérolstein*, steht nun an der Spitze zweier bedeutender Bühnen, von denen sein unverschämt dummes Gelächter die Kunst vertrieben hat und wo er den obszönen Irrsinn der Operette nun einführen wird!
>
> Es muss gesagt sein, dass die Republikaner eben rechte Dummköpfe sind. Wenn sie schon damit prahlten, dass sie die Kunst wiederaufrichten und die Sitten wiederherstellen wollten, dann hätten sie nicht damit beginnen sollen, M. Offenbach nach Köln zurückzuschicken und unerbittlich das Repertoire dieses Preußen zu verbannen, der den Hauptgrund für unser Verderben und unseren Niedergang darstellt? So bräuchten wir heute, nach der preußischen Invasion, nicht die Schande erleben, dass ganz Paris sich bei den Feiern drängt, die ein Preuße ausrichtet!
>
> Wie inkonsequent ist dieses Volk, dem man nachsagt, so geistreich zu sein! Ganz Paris […] sieht ohne mit der Wimper zu zucken, wie das Morbus Offenbach auf unsere Theater übergreift, schaut dabei zu und klatscht, wie Bismarcks Statthalter erneut die Ankunft seines Herren bereitet.[359]

Scheinbar unbeeindruckt von solch beleidigenden Kommentaren widmet sich Offenbach weiter der Leitung seiner neuen Bühne. Wie bereits im Frühjahr 1873 angekündigt, wird das nächste Stück *Jeanne d'Arc* von Jules Barbier sein, die Musik bestellt der Theaterdirektor nun bei Charles Gounod – die Uraufführung findet am 8. November 1873 statt. Wie auch *Le Gascon* ist das neue, aufwendig ausgestattete Stück sehr lang, begeistert aber trotzdem die Zuschauer, die allabendlich die Ränge füllen. Das Sujet der Jungfrau von Orléans, die Frankreich in höchster Gefahr rettet, ist denn auch höchst aktuell – und wirkt fast wie eine Antwort auf Kritiken wie die zuvor zitierte.

Angesichts des Erfolges von *Pomme d'api* und der übrigen Einakter am Théâtre de la Renaissance entsteht recht schnell der Plan, auch in der darauffolgenden Saison mit einem neuen Stück dort präsent zu sein. Das Ergebnis wird *La Jolie Parfumeuse* sein, eine Opéra comique in drei Akten auf ein Textbuch von Hector Crémieux und Ernest Blum, uraufgeführt am 29. November 1873. Das Stück – es ist in gerade einmal sieben Wochen entstanden – wird von Anton Henseler zum »neuen Operettentyp« gezählt, der in der Nachfolge von Charles Lecocqs *La Fille de Madame Angot* »immer entschiedener in die Richtung der ›Spieloper‹« tendiere, will heißen: heiteres Musiktheater ohne parodistischen oder gar gesellschaftskritischen Anstrich, dafür aber gerne mit einer gewitzten, geistreichen, gelegentlich auch schlüpfrigen Handlung.

Erster Akt. Paris, im 18. Jahrhundert. Bavolet, der Neffe des wohlhabenden La Cocardière, feiert seine Hochzeit mit der hübschen Parfümeurin Rose Michon. Verkleidet als der »berühmte polnische Maler Verrouilaski« gelingt es dem bei der Feier ebenfalls anwesenden Poirot, die hübsche Rose zu überlisten, sodass La Cocardière ihr Strumpfband ergattern kann. Auf die Bitte seines Neffens Bavolet hin soll Cocardière gar die Braut zu diesem bringen, der in ihrem neuen Zuhause auf sie warten will.

Zweiter Akt. Tatsächlich aber bringt La Cocardière die Braut in sein prächtiges Domizil. Vergeblich versucht er, sich im Dunkeln Rose zu nähern, die ihm aber gekonnt ausweicht. Da erscheinen Bavolet und Poirot auf der Suche nach Rose. Um ihrem Ehemann ohnehin komplizierte Erklärungen zu ersparen, tritt sie ihm gegenüber verkleidet als Dorothée Bruscambille, einer Opernsängerin aus Toulouse, auf. Es gelingt ihr auch tatsächlich, ihn an diese Verkleidung glauben zu lassen. Enttäuscht und verärgert darüber, Rose nicht zu finden, lässt sich Bavolet mit dieser ihm unbekannten Sängerin ein.

Dritter Akt. Tags darauf kommt es in Roses Parfümerie zu seltsamen Versuchen, sich die durchzechte Nacht zu erklären. Bavolet kann sich seine eheliche Untreue nicht verzeihen und will sich umbringen, La Cocardière hingegen will Rose nun endlich seine Liebe gestehen. Schließlich klärt Rose das Durcheinander auf, indem sie sich als die vermeintliche Opernsängerin zu erkennen gibt – die jungen Brautleute finden schließlich glücklich zusammen.

Der Gestus ist in der Tat dramaturgisch wie musikalisch ein ganz anderer als noch vor wenigen Jahren. Auf das geradezu klassische Sujet der gestörten Hochzeitsnacht mit ihren sehr amüsanten Verwechslungen packt Offenbach eine Musik im Stile der Opéra comique des 18. Jahrhunderts, die, so der Musikkritiker Arthur Pougin im *Le Ménestrel,* »nun ganz allmählich durch die Operette wieder zu uns kommt«.[360] Die junge Sängerin Louise Théo feiert als Rose Michon ihren ersten großen Triumph. Das Publikum honoriert Offenbachs neues Werk, es wird vier Monate lang ohne Unterbrechung gespielt und die monatlichen Einnahmen von *La Jolie Parfumeuse* übersteigen schließlich die üblichen monatlichen Einnahmen um das Fünffache.

Nach diesen ersten sehr arbeits- und erfolgreichen Monaten als Leiter der Gaîté und als »Hauskomponist« der Renaissance erholt sich Offenbach ab Mitte Dezember einige Wochen lang in Nizza. Er hat, wie bereits 1858 in Ems, große Pläne im Gepäck: *Orphée aux Enfers* soll auch an der Gaîté gespielt werden. Gleichzeitig will die Opéra Comique offensichtlich *La Chanson de Fortunio* in ihren Spielplan nehmen. Offenbach weiß scheinbar nicht recht, was er davon halten soll:

> Es ist ja schön und gut, an der Opéra-Comique gespielt zu werden, doch mit wem? Ich habe keine große Lust, an die Opéra-Comique zurückzukehren, vor allem unter der Leitung von Du Locle, der zunächst alles verspricht, was man will, und einen dann hängen lässt mit einer Leichtigkeit, die der größten ... der Welt würdig ist. Gerne hätte ich ja *Fortunio* an der Opéra-Comique, mindestens zu guten Bedingungen. Wenn es aber schlecht gespielt wird, was wird dann das Los dieses kleinen Schmuckstücks sein, des Texts und der Musik? Es gäbe nur sehr wenige Aufführungen und alle Welt würde sagen, dass das Stück dieses Theaters nicht »würdig« sei [...]. Zusammenfassend kann ich Dir sagen, dass, um irgendeine Chance auf Erfolg zu haben, *Fortunio* gut, ja sehr gut gespielt und gesungen werden muss, vor allem bei den ersten Aufführungen. Sag mir doch, wer die Rolle des Valentin und die anderen Rollen spielen soll. Wenn es gut ausgeführt wird, ja, aber leider sehe ich niemanden in diesem Theater, der dem Publikum die Rolle des Valentin näherbringen könnte, und Du weißt genauso gut wie ich, dass alles an ihm hängt.[361]

Nach den Erfahrungen von *Fantasio* und von *Barkouf* ist diese Reaktion verständlich – und doch erstaunlich, war Offenbach doch lange und immer wieder mit dem alles beherrschenden Wunsch angetreten, an eben dieser Bühne gespielt zu werden. Vor allem *Fantasio* markiert eine Wende. Acht Jahre nach der Öffnung der Theaterprivilegien

> hat Offenbach dank dieses Misserfolgs verstanden, dass die offizielle Hierarchie der Bühnen nur noch einen symbolischen Wert hat. Barbier hat seine *Jeanne d'Arc* [im Théâtre de la Gaîté] am Square des Arts et Metiers aufführen lassen und nicht an der Comédie-Française; an eben dieser Bühne und nicht auf einer offiziellen staatlichen Bühne wird *Orphée* wieder erscheinen. Die [1872 abgebrannte] Oper in der Rue Le Peletier mag in den Flammen untergegangen sein und mit ihr die Erinnerung an *Le*

Papillon: An der Gaîté bereitet man sich vor, auf eigene Rechnung die Pracht der Grand Opéra wiederzubeleben, in der Musik, Ballett, Handlung, Bühnenbild und Kostüme ein Gesamtkunstwerk schaffen.[362]

Dieses Gesamtkunstwerk wird die Opéra féerie *Orphée aux Enfers* sein.

* * *

Am 7. Februar 1874 erscheint *Orphée aux Enfers* an der Gaîté, erweitert auf vier Akte und zwölf Bilder. »Schon der Umfang des festlich gestalteten, auf 300 Seiten angeschwollenen Klavierauszuges von 1874 läßt eine unvergleichliche Erweiterung gegenüber der kaum 134 Seiten starken Urfassung erahnen.«[363] Neben den nunmehr 42 Hauptpersonen auf der Bühne bringt Offenbach 120 Choristen, Männer, Frauen und Kinder, 60 Musiker, dazu noch 40 Militärmusiker sowie ein Ballettkorps von 60 Tänzerinnen auf. Der mittlerweile schon »klassische« *Orphée* von 1858 geht quasi vollständig in die neue Partitur ein, hinzukommen allerdings 16 neue, große Nummern, die sich stilistisch hervorragend an die früheren anschmiegen, sodass auch die neue Partitur aus einem Guss zu kommen scheint. Unter diesen neuen Nummern ist neben der großen Eröffnungsszene mit dem Stadtrat von Theben und den deutlich vergrößerten Aktfinale vor allem die neue, im Vergleich zum kleinen Vorspiel von 1858 geradezu sinfonisch gedachte Ouvertüre. Aber selbst diese »gilt jedoch nichts gegen die übrigen Knalleffekte der Partitur, die noch gewaltige Maschinerie der Szene und das ausladende Dekor«.[364]

Auch der neue *Orphée aux Enfers* zieht das Publikum wie ein Magnet an. Am 18. Mai 1874 findet bereits die 100. Vorstellung statt, die entsprechende Feier muss aufgrund von erneuten gesundheitlichen Problemen des Komponisten auf den 27. Mai verschoben werden. Am 14. August, mitten im Sommerloch, das auch die Theater der Hauptstadt immer wieder erfasst, erweitert Offenbach das Stück noch einmal um einen spektakulären, vollständigen Ballettakt, *Le Royaume de Neptune*. Auf einer tatsächlich gefluteten Bühne wird der Zuschauer in das Unterwasserreich des Meeresgottes entführt, wo sich drollige bunte Krustentiere in ihrer Grotte tummeln, bunte Fische inmitten von Ruinen am Meeresgrund entlangschweben und schließlich, mitten in den untergegangenen Palästen und Tempeln der sagenhaften Stadt Atlantis, eine Perle geboren wird.[365]

Um 1874 erleben einige von Offenbachs Erfolgsstücken aus den 1860er-Jahren spektakuläre Wiederaufnahmen – nicht nur *Orphée aux Enfers* am Théâtre de la Gaîté. Schon am 25. September 1873 findet die Premiere einer neuen vieraktigen Fassung von *La Vie parisienne* am Théâtre des Variétés statt. Treibende Kraft bei dieser Neubearbeitung scheint weniger der Komponist gewesen zu sein, der sich seit geraumer Zeit mit dem Leiter des Théâtre des Variétés zerstritten hat, als vielmehr die Librettisten Meilhac und Halévy. Diese haben den in der Ursprungsfassung schwachen vierten Akt gänzlich gestrichen[366] – und vor allem haben sie das deutsche Element im Stück auf ein Mindestmaß heruntergeschraubt. Die Festgäste beim Dîner tragen nun nicht mehr ihre einstmals halsbrecherisch teutonischen Namen, die im Übrigen auch keiner mehr so wirklich lustig fände, auch die stark am deutschen Akzent hängende Komik von Frick oder Gabrielle wird möglichst anders dargestellt. Überhaupt lassen eine in weiten Teilen völlig neue personelle Besetzung und eine gänzlich neue Ausstattung das Stück tatsächlich jung und unverbraucht wirken, offensichtlich auch musikalisch – wobei Offenbach auch kaum in die Partitur eingegriffen hat. Das Stück wird bis Anfang Dezember insgesamt 72 Aufführungen erleben, für eine Wiederaufnahme eine bemerkenswerte Anzahl.

Auch in der folgenden Saison wird das Théâtre des Variétés dieses Erfolgsrezept einer Wiederaufnahme erproben. Bei *La Périchole* wird aus der zweiaktigen Ursprungsfassung von 1868 nunmehr eine dreiaktige, zu der Offenbach neun neue Nummern hinzukomponiert: »Er [der Komponist] hat es verstanden, seiner neuen Musik denjenigen Schwung mitzugeben, der in der alten so glänzend mitriss, ohne dabei das Gefühl für die Melodie und die Anmut zu vergessen, die beispielsweise den Erfolg der Briefcouplets ausmachten.«[367] Das Gesamtergebnis ist so überzeugend, dass selbst heute zumeist diese dreiaktige Version der ursprünglichen zweiaktigen Fassung vorgezogen wird. Unabhängig von solchen Glättungen aber bleibt die dramaturgische Grundlinie – die verzweifelt bittere Härte, die das Leben der armen Straßensänger Périchole und Piquillo bestimmt – vollständig erhalten, ja sie wird zum Teil noch akzentuiert, etwa in Piquillos Gesang im Kerker im dritten Akt. Am Abend der Premiere am 25. April 1874 werden das Stück und sein Komponist, der aufgrund eines Gichtanfalls nicht anwesend sein kann, begeistert gefeiert. Und trotzdem wird auch diese *Périchole* nicht den gleichen langen Erfolg erleben wie andere Werke des Trios Offenbach-Meilhac-Halévy – was vermutlich nach wie vor dem bitteren, geradezu anklagenden Ton des Stücks geschuldet ist.

Wenige Tage zuvor, am 20. April 1874, debütiert das Musiktheaterensemble von Offenbachs Gaîté an den Bouffes-Parisiens. Seit Mitte 1873 hat dort Charles Comte, der Eigentümer des Theatergebäudes und Schwiegersohn des Komponisten, auch die künstlerische Leitung des Hauses inne. Als im Frühjahr 1874 die vertragliche Bindung der Gaîté an die Renaissance ein Ende nimmt, muss Offenbach nach neuen Möglichkeiten suchen, sich und seinem Musiktheaterensemble eine Einnahmemöglichkeit zu erschließen, wenn dieses aufgrund der Spielplangestaltung an seinem eigenen Haus nicht benötigt wird. Die kuriose Lösung ist also, an dem von ihm selbst gegründeten und von seinem Schwiegersohn geleiteten Haus zu gastieren – mit *La Chanson de Fortunio* und *Pomme d'api* sowie am 21. Mai mit der neuen, eigens komponierten einaktigen Operette *Bagatelle*. Die Arbeit an diesem Stück wird durch wiederkehrende Gichtschübe erschwert, Offenbach komponiert zumeist in seinem Bett. Die Generalprobe des Stücks schließlich muss gar in der Wohnung des Komponisten in der Rue Laffitte stattfinden. Das Stück selbst ist ganz auf den neuen Stern an den Bouffes-Parisiens ausgerichtet, Anna Judic, mit der Offenbach schon bei *Le Roi Carotte* zusammengearbeitet hat.

> Das kleine Sittengemälde spielt im Boudoir der Sängerin Bagatelle, die im Café-concert Momus allabendlich Erfolge feiert. Ihr Dienstmädchen Finette unterhält eine Liaison mit dem Zirkusklarinettisten Pistache. Nach einem Auftritt probt Bagatelle zu Hause ein kleines Lied, als Georges de Planteville, ein glühender junger Verehrer, durch das Fenster in ihr Zimmer einsteigt. Um sicher zu sein, dass er bei seiner Angebeteten bleiben kann, wirft er den Schlüssel zum Zimmer aus dem Fenster. Allerdings hat Finette morgens aus Versehen ihren Geliebten Pistache ebenfalls eingeschlossen, er ist im Schrank versteckt und stört nun das ungewollte Tête-à-tête von Georges und Bagatelle. Am Morgen schließlich befreit Finette alle drei aus ihrer misslichen Lage. Es stellt sich heraus, dass Georges der ehrenwerte junge Mann im Café war, der vor Kurzem die Sängerin gegen aufdringliche Gäste beschützt hat – sodass nun auch Bagatelle seine Gefühle erwidern kann.

Das geistreiche Libretto von Hector Crémieux und Ernest Blum schafft es, mit einfachen Mitteln die Welt des Café-concerts zu evozieren, in der die Karriere der Hauptdarstellerin Anna Judic ihren Anfang genommen hat. Offenbach hat, so der Rezensent der *Revue et Gazette musicale de Paris,* »eine charmante Musik geschrieben. Kaum oder auch keine Buffonnerien, dafür viel Eleganz und Anmut. Die Musik ist weder langatmig, noch anmaßend, sie folgt viel eher munteren Schrittes jeder Bewegung im Stück.«[368]

Als Offenbach im Juni zur Kur nach Aix-les-Bains aufbricht, hat er ein Libretto für die kommende Saison an den Bouffes-Parisiens im Gepäck, *Madame l'Archiduc*. Es stammt vom Journalisten Albert Millaud, dem Liebhaber von Anna Judic, der der Leiter des Hauses, Charles Comte, nichts verweigern kann, und von Ludovic Halévy, den Offenbach als Mitarbeiter noch durchsetzen konnte. Des weiteren Weiteren arbeitet der Komponist hier in Aix-les-Bains – das erst 1860, im Zuge der italienischen Befreiungskriege sowie der damit zusammenhängenden Annexion Savoyens durch das Kaiserreich französisch geworden ist – an einem Stück, für das er eine Anfrage aus London erhalten hat, das spätere *Whittington*. Die letzten Jahre und Monate haben sichtlich an der Gesundheit und an der Kraft des Komponisten gezehrt. Aus einem Brief an Vizentini, den Kapellmeister an der Gaîté, und an Etienne Tréfeu, den Geschäftsführer der Gaîté, spricht viel Resignation, er fühlt sich durch »all diesen Ärger und all diese schäbigen Eifersüchteleien«,[369] mit denen er als Theaterleiter zu tun hat, von seiner eigentlichen Arbeit des Komponierens abgehalten. Außerdem lasten die Sorgen um die finanzielle Situation des Hauses, auch vor dem Hintergrund der beiden zu unterhaltenden Ensembles, mehr und mehr auf ihm. Gleichwohl wird er diesen Sommer nicht im Kreise seiner Familie in Étretat verbringen. Nach einem kurzen Abstecher nach Mailand, wo er an der Scala neue Tänzerinnen rekrutiert, und einem Zwischenstopp in Paris mietet sich der Komponist Anfang Juli im Hotel Pavillon Henri IV in Saint-Germain-en-Laye ein. Eine Zugstunde nordwestlich von Paris auf einer Anhöhe oberhalb der Seine gelegen, mit einem prächtigen Blick auf die Hauptstadt, blickt das Hotel auf eine bemerkenswerte Tradition zurück. Gebaut ist es in die letzten baulichen Reste des ehemaligen königlichen Schlosses von Saint-Germain-en-Laye hinein, in dem nicht nur Ludwig XIV. geboren wurde, sondern auch der prächtige Hof vor seinem Umzug nach Versailles residierte. Vor allem aber hat das Haus seit der Julimonarchie immer wieder berühmte Gäste empfangen, neben Jacques Offenbach auch die Schriftsteller Alexandre Dumas und Victor Hugo, die Politiker Auguste de Morny und Adolphe Thiers oder den Musiker Franz Liszt. Während der deutschen Belagerung von Paris 1870 observierte das deutsche Hauptquartier unter der Führung des Feldmarschalls Moltke von hier aus die militärischen Fortschritte. Hier wird Offenbach in den letzten Lebensjahren immer wieder gerne herkommen, hier werden auch *Les Contes d'Hoffmann* entstehen.

Die am 31. Oktober 1874 an den Bouffes-Parisiens uraufgeführte *Madame l'Archiduc* beschert dem Komponisten noch einmal einen außerordentlich großen Erfolg – bis in die Mitte des 20. Jahrhunderts gehört diese Opéra bouffe zu den beliebtesten Werken Offenbachs im deutschen Sprachraum, nicht zuletzt auch aufgrund der besonderen Vorliebe, die der Wiener Schriftsteller und Protagonist der »Offenbach-Renaissance« der 1920er-Jahre, Karl Kraus, für das Stück hat.

Erster Akt. Herzogtum Parma um 1820. Frisch vermählt wollen die in der Herberge angestellten Giletti und Marietta eigentlich zu ihrer Hochzeitsnacht aufbrechen, als der Graf und die Gräfin Castelardo hereinkommen. Beide befinden sich seit 15 Jahren im Exil und wollen nun mit den Verschwörern den Erzherzog Ernest absetzen. Doch die erzherzoglichen Dragoner unter der Leitung des gewieften kleinen Hauptmanns Fortunato haben bereits die Verschwörer aufgespürt. Die jungen Eheleute werden von den Verschwörern gezwungen, sich als Graf und Gräfin auszugeben – und werden tatsächlich von Fortunato abgeführt.

Zweiter Akt. Giletti und Marietta werden auf dem erzherzoglichen Schloss gefangen gehalten. Auftritt des sehr originellen und gewitzten Erzherzogs Ernest, der eigentlich über den vermeintlichen Grafen und seine Gräfin Gericht halten soll – tatsächlich aber dem Charme Mariettas erliegt. Diese bringt ihn sogar dazu, voller Begeisterung sein Amt niederzulegen und sie selbst zur Herrscherin an seiner statt zu machen. Sofort vollzieht Marietta ihre ersten Amtshandlungen: Fortunatos Gehalt wird verdoppelt, die anderen Verschwörer werden zu Ministern und Giletti zu ihrem Prinzgemahl.

Dritter Akt. Eine Woche später ist Giletti auf diplomatischer Mission in Neapel. Fortunato soll mit seinen Truppen die Erzherzogin in ihrem Gartenpavillon bewachen, kann aber nicht verhindern, dass der als Soldat verkleidete Erzherzog liebestoll zu ihr durchdringt. Marietta hat offensichtlich allen Männern um sie herum den Kopf verdreht, nicht nur dem Erzherzog, sondern eben auch Fortunato. Nun wird der Erzherzog selbst gemeinsam mit dem tatsächlichen Grafen Castelardo zum Verschwörer. Schließlich fliegen alle auf: Ernest wird wieder Erzherzog, er verzeiht dem Grafen Castelardo und Marietta und Giletti kaufen mit den 10.000 Écus, die ihnen Ernest gewährt hat, ihre Herberge, in der sie nun endlich ihre Hochzeitsnacht verbringen können.

Wie unschwer zu erkennen ist, weist *Madame l'Archiduc* eine ganze Reihe von dramaturgischen Verbindungen nicht nur zu *La Grande-Duchesse de Gérolstein,* sondern auch zu *La Périchole* oder zu *Les Brigands* auf. In der Tat ist einiges im Stück »von unvergleichlicher Komik und Heiterkeit und paart sich zudem wieder mit schneidender Satire«.[370] Gleichzeitig ist aber auch der Erzherzog Ernest tatsächlich nur »eine ziemlich fade Kopie« der Großherzogin von Gerolstein und Marietta mit ihrem scheinbar so gesunden Menschenverstand letztlich durchaus banal gezeichnet – wären da nicht immer wieder die hübschen kleinen Anzüglichkeiten, auf die sich die Hauptdarstellerin Anna Judic so gut versteht.[371] Nach der Uraufführung hält Ludovic Halévy in seinem Tagebuch fest:

> Sehr, sehr großer Erfolg des ersten Aktes. Halber Erfolg des zweiten und dritten Aktes. Die Damen Judic und Grivot charmant. Eine sehr hübsche kleine Partitur von Offenbach. Das ist das Ergebnis des ersten Abends. Danach… Ich weiß nicht recht.[372]

Tatsächlich füllt *Madame l'Archiduc* in den nächsten Wochen die Kassen, das Stück erlebt 107 Aufführungen in Folge. Offenbach hat mit seinem Stück dazu beigetragen, ausgerechnet die Bouffes-Parisiens wieder auf die Erfolgsspur zu bringen. Gleichzeitig kommt dieser Erfolg mit einem seltsam bitteren Beigeschmack daher. Denn am Théâtre de la Renaissance, das ja mit Offenbach überhaupt erst zur Operette gekommen ist, triumphiert seit einigen Wochen sein Konkurrent Charles Lecocq mit *Giroflé-Girofla*. Auch die Sorgen um die eigene Bühne, die Gaîté, sind zwischenzeitlich nicht kleiner geworden. Im Übrigen nehmen die gesundheitlichen Probleme einen immer größeren Raum ein. Die nächsten Monate werden schwierig werden.

* * *

Offenbachs zweite Saison als Leiter des Théâtre de la Gaîté beginnt so, wie seine erste geendet hat: mit *Orphée aux Enfers*. Bis zum 16. November 1874 steht das Stück auf dem Spielplan – seit 1858 sind dies insgesamt 854 Aufführungen nur in Paris. Endlich kommt dann am 3. Dezember 1874 Victorien Sardous neues Werk heraus, das Drama in fünf Akten *La Haine*.

Zwei verfeindete Familien im mittelalterlichen Siena zerfleischen sich gegenseitig. Nach einem offenen Kampf der beiden Familien vor der Kathedrale, den nur ein Machtwort des Bischofs beenden kann, wird die schöne Cordelia aus der Ghibellinenfamilie Saraceni, von Orso, dem Sohn der Guelfenfamilie Savagnano, vergewaltigt. Cordelia rächt sich an ihrem Peiniger und sticht ihn aus Rache nieder – dann aber überkommt sie das Mitleid mit ihm, sie pflegt ihn und verliebt sich gar in ihn. Aus den beiden wird heimlich ein Paar. Cordelias Bruder jedoch kann nicht verzeihen – er vergiftet seine Schwester. Man hält sie für todkrank und sperrt sie mit Orso in der Kathedrale ein. Dort sterben die beiden schließlich Arm in Arm.

Sardous Drama lebt augenscheinlich von großen Emotionen und opulenten Bildern – die Zuschauer sind überwältigt von der schier unglaublichen Pracht der Bühnenbilder und Kostüme sowie von den wahren Heerscharen an Schauspielern und Statisten, die perfekt abgestimmt auf der Bühne agieren. Trotzdem aber springt der Funke nicht wirklich über – das Stück will letztlich zu viel gleichzeitig. Für den Kritiker Henri Moréno sind die Macher von *La Haine* nicht konsequent gewesen. Denn tatsächlich schreibt Offenbach grandiose Schauspielmusik zu dem Werk – die aber angesichts des überdimensionierten Stücks tatsächlich kaum wahrgenommen wird. Entweder, so Moréno, hätte man aus dem Stück tatsächlich eine große Oper machen – oder aber die Musik gänzlich daraus verbannen sollen.[373]

Offenbach allerdings glaubt an das Werk und will trotz der offensichtlichen Schwierigkeiten, das Stück dem Publikum näherzubringen, noch nicht aufgeben. Sardou hingegen – er ist tief in seinem Stolz getroffen von diesem Misserfolg – bittet Offenbach schließlich in einem Brief vom 26. Dezember 1874, sein Stück abzusetzen. Der Komponist fügt sich und leitet Sardous Brief an Villemessant, den Direktor des *Figaro,* mit einem beigefügten Kommentar weiter:

> Mit tiefstem Bedauern werde ich das Drama *La Haine,* das ich mit so viel Herzblut und all meiner künstlerischen Sorgfalt und Eingebungskraft auf die Bühne gebracht habe, vom Spielplan verschwinden sehen. Leider gehört die Gaîté nicht mir allein und als guter Sachwalter der mir anvertrauten Interessen kehre ich zur Feerie zurück – um nicht

> mehr aus ihr herauszukommen. Das Publikum schätzt die Kunst, das ist offensichtlich, aber es schätzt mehr die heitere [hervorgehoben] Kunst. Wir werden sie ihm geben.[374]

Nach nur 28 Aufführungen muss sich Offenbach den – vor allem auch finanziellen – Realitäten stellen. *La Haine* hat schlicht übermäßige Kosten verursacht, die erlittenen Verluste sind enorm und, wenn nicht sofort gegengesteuert wird, droht seiner Theatergesellschaft der Bankrott. Am 31. Dezember wird *Orphée aux Enfers* wiederaufgenommen.

Nur zwei Tage später wird am Londoner Royal Alhambra Theatre – der bestgelegenen und mit einem 3500 Zuschauer fassenden Saal größten Bühne der britischen Hauptstadt – *Whittington* uraufgeführt. Offenbach hatte den Auftrag zu dieser »Grand Opera Bouffe Feerie in Three Acts and Eight Tableaux« bereits im Sommer 1874 vom großen englischen Musikverlagshaus Cramer aus der Regents Street in London erhalten. Trotz anfänglicher Bedenken hatte er angesichts der stolzen Summe von 75.000 Francs, die ihm dafür geboten worden sind, damals zugesagt. Schon am 10. November 1874 hatte der Komponist die fertige Partitur nach London geschickt. Das dazugehörige Libretto von Nuitter und Tréfeu basiert auf einer Vorlage des schottischen Journalisten und Librettisten Henry Brougham Farnie, der schon mehrere Stücke Offenbachs für die englischen Bühnen bearbeitet hat. Farnies Vorlage wiederum greift die in England beliebte und bekannte Gestalt des sagenhaften Sir Richard »Dick« Whittington auf. Historisch greifbar wird dieser tatsächlich als Kaufmann und Londoner Bürgermeister um 1400. Bald nach seinem Tod bildeten sich Legenden um Whittington und seine Katze, die ihn immer begleitet haben und ihm seine Fortune ermöglicht haben soll. Diese Legenden fanden große Verbreitung in England in Liedern, Erzählungen und Schauspielen.

Erster Akt. Der Lehrling Dick Whittington liebt Alice, die Tochter seines Meisters, des Londoner Bürgermeisters Fitzwarren. Als er mit diesem in Streit gerät, muss er den Laden verlassen, begleitet nur von seinem Kater Thomas. Auf seinen Wanderungen durch die Stadt durchlebt er nun allerlei burleske Situationen, bevor er schließlich auf der ausgerechnet Fitzwarren gehörenden Galeone »Z.10« anheuert. Mit dieser schließlich sticht er in See.

Zweiter Akt. Die stolze Galeone ist an den Ufern des Landes Bambouli gestrandet. Die Besatzung wird von den Einheimischen freundlich aufgenommen und, da die Tochter des Königs ein Auge auf ihn geworfen hat, wird Whittington schnell zu einem ranghohen Berater am Hofe des Königs. Er kommt dort, trotz einer Intrige gegen ihn, zu Wohlstand und es gelingt ihm sogar, mithilfe seines Katers die das Land schon lange beschäftigende Rattenplage zu beenden.

Dritter Akt. Zurück in England, ist es Whttingtons Kater Thomas, der Alice wieder aufspürt. Seitdem Fitzwarren durch den Verlust seines Schiffes sein Vermögen verloren hatte, lebt sie in einer bescheidenen Dachwohnung. Nunmehr wohlhabend, bittet Whittington Alice um ihre Hand und die beiden heiraten. Die Oper endet mit der Ernennung Whittingtons zum Lord Mayor von London.

Whittington dürfte zu den unbekanntesten Werken Offenbachs gehören. In Frankreich wird es erst 1893 in einer holprigen Rückübersetzung aus dem Englischen und einer offensichtlich noch holprigeren musikalischen Bearbeitung als *Le Chat du Diable* gespielt werden, ohne hier allerdings jemals wirklich heimisch zu werden. In Deutschland scheint es nie gespielt worden zu sein. Gedruckt wird das Stück damals lediglich in England, sodass es – bis heute – kaum Beachtung auf dem Kontinent erfährt. Dabei kann sich das Stück sehr gut mit den übrigen Werken Offenbachs messen. Die Ausstattungspracht scheint mit der an der Gaîté durchaus vergleichbar zu sein und die musikalische Leitung liegt in den erfahrenen Händen des Kapellmeisters Georges Jacobi, der nicht nur zuvor an den Bouffes-Parisiens tätig war, sondern Offenbach auch als Assistent bei der Uraufführung von *La Princesse de Trébizonde* im Sommer 1869 in Baden-Baden begleitet hat. Uraufgeführt am 26. Dezember 1874, also am englischen Feiertag des Boxing Day, wird *Whittington* nicht nur an diesem Abend frenetisch gefeiert, das Stück wird auch zu dem großen Erfolg des kommenden Winters und Frühlings. Bis zum 8. Mai 1875 wird es insgesamt 111-mal gespielt – in einem Saal, der, zur Erinnerung, allabendlich 3500 Personen einen Platz bietet.

Da der Direktor des Royal Alhambra Theatre ohnehin überlegt, die Leitung seines Hauses abzugeben, schlägt er Offenbach begeistert vor, seine Nachfolge anzutreten: »Sie sollten die Leitung des Alhambra übernehmen und dort die Stücke spielen, die Sie in Paris an der Gaîté gegeben haben. Ich glaube, das wäre herrlich!!!«[375] Soweit wir wissen, hat Offenbach diesen – scheinbar ernst gemeinten – Vorschlag zu keinem Zeitpunkt in die Überlegungen einbezogen, die ihn Anfang 1875 umgetrieben haben müssen. Als am 5. Januar 1875 die neue Pariser Oper eingeweiht wird – in großem Pomp, aber auch im dichten Nebel des damals noch nicht mit Straßenlaternen ausgestatteten Place de l'Opéra –, steht die Gaîté finanziell am Abgrund. Angesichts seiner ständig sich verschlechternden Gesundheit muss sich Offenbach wohl auch bitteren letzten Wahrheiten stellen. Am 13. Februar setzt er in seinem Büro in der Gaîté sein Testament auf, es besteht aus 21 dürren Zeilen. Für den Fall seines Todes vermacht er alles seiner Frau.

Nach *Orphée aux Enfers* setzt Offenbach am 25. Februar 1875 *Geneviève de Brabant* auf den Spielplan. Er hat das Stück, entsprechend den an der Gaîté vorhandenen Möglichkeiten, zu einer Opéra féerie in fünf Akten umgearbeitet und einige Nummern neu komponiert, insbesondere für die Chansonsängerin Thérésa, die in der neuen Rolle der flämischen Amme Biscotte für Aufsehen sorgt. Nichtsdestoweniger ist das Gesamtergebnis nicht wirklich überzeugend, es vermag kaum, die schon 1859 vorhandenen Ungereimtheiten des Textbuches zu verbessern, ja es fügt diesen zum Teil gar neue hinzu. Auch aus musikalischer Sicht hat Offenbach schon eine glücklichere Hand bewiesen, so hat er manch gute Nummer aus der bereits 1867 überarbeiteten Fassung ersatzlos gestrichen. Die üppige Ausstattung allerdings sorgt zumindest für einen Achtungserfolg beim Publikum. Nach einem sehr guten Start im März fallen die Einnahmen im April, bevor im Mai das Publikum geradezu wegbleibt, sodass *Geneviève* am 5. Juni wieder abgesetzt werden muss. Als ob das nicht genug wäre, muss Offenbach eine geplante Reise nach London – dort wird für den 26. April die hundertste Aufführung von *Whittington* gefeiert – aufgrund eines schweren Gichtanfalls absagen, die noch durch einen Wundbrand an seiner Hand verschlimmert wird. Er muss sich einer Operation unterziehen, die ihn wochenlang am Arbeiten hindert – und das mitten in diesen schwierigen Wochen für sein Unternehmen. Sein Mitarbeiterstab an der Gaîté, allen voran sein Verwalter Etienne Tréfeu, erweist sich leider auch als wenig kompetent.

Am 15. Mai schließlich zieht Offenbach die schon lange fällige Konsequenz. Bei der Gesellschaftervertretung des Théâtre de la Gaîté kann er zwar krankheitsbedingt nicht anwesend sein, er lässt sich aber durch seinen Schwiegersohn Charles Comte vertreten. Dieser schlägt in seinem Auftrag die Auflösung des Theaterunternehmens vor und die Einsetzung des Komponisten als kommissarischen Geschäftsführer, was einstimmig angenommen wird. Einige Wochen später, am 25. Juni, schließen Offenbach und sein langjähriger Mitarbeiter Albert Vizentini in Saint-Germain-en-Laye einen Vertrag, mit dem der Komponist seinem bisherigen Kapellmeister die Leitung des Hauses überträgt und im Gegenzug 80.000 Francs erhält. Des Weiteren bestimmt ein zweiter Vertrag, dass Offenbach sich verpflichtet, für die nächsten fünf Jahre der Gaîté ein Stück pro Saison zu überlassen, Vizentini seinerseits garantiert jährlich mindestens 100 Aufführungen zu je mindestens 100 Francs pro Abend für den Komponisten. Bevor die Presse am 27. Juni von diesem Verkauf berichtet, lässt Offenbach seinen bisherigen Mitarbeitern an der Gaîté einen Abschiedsbrief zukommen:

> Mein Gesundheitszustand erlaubt es mir nicht, zu Euch zu kommen. Er zwingt mich zu meinem sehr großen Leidwesen sogar, dieses bedeutende Unternehmen zu beenden, dem ich zwei mühevolle Jahre gewidmet habe, in denen Ihr mich alle so wunderbar mit Eurem Talent und Eurer Hingabe unterstützt habt. Ich danke Euch allen, groß und

klein, von tiefstem Herzen. Und wenn der »Direktor« Euch »Lebe wohl!« sagt, so sagt Euch der »Komponist«: »Auf Wiedersehen!«[376]

* * *

Wenige Tage nach diesen Zeilen verlässt Offenbach Paris in Richtung Aix-les-Bains, wo er sich erholen will. Er verbringt dort wohl recht angenehme Tage – zumal er dort offensichtlich zufällig auf Zulma Bouffar trifft, mit der er, auf Drängen des Publikums, auch spontan bei einem Kurkonzert auftritt. Diese wohl tatsächlich unbeabsichtigte Begegnung gibt den beiden die Gelegenheit, sich zu versöhnen. Einstmals ein – heimliches – Liebespaar, ist das Tischtuch zwischen dem Komponisten und der Sängerin spätestens zerschnitten, seitdem Bouffar die französischen Erstaufführungen der Werke von Johann Strauß gesungen hat. Diese Versöhnung hat auch künstlerische Konsequenzen: Mitte Juli verkündet die Presse, dass Zulma Bouffar in Offenbachs neuem Stück für das Théâtre de la Gaîté die weibliche Hauptrolle singen werde. Denn Offenbach steckt auch in Aix-les-Bains mitten in einem Berg an kompositorischen Vorhaben – es sind insgesamt drei Stücke, die er für die kommende Saison vorbereitet: Neben *Le Voyage dans la Lune* für die Gaîté sind dies *La Créole* für die Bouffes-Parisiens und vor allem *La boulangère a des écus* für die Variétés. Für letzteres Stück ist es ihm zwar gelungen, Meilhac und Halévy zur Zusammenarbeit zu bewegen, doch eben diese kommt nur sehr schleppend und offensichtlich mit wenig Elan seitens der Librettisten voran. Die ebenfalls zunächst für das neue Stück gewonnene Hortense Schneider könnte das Tableau vervollständigen – wären da nicht ihre unerträglichen Starallüren, die dazu führen, dass der Theaterdirektor Bertrand sie regelrecht vor die Tür setzt. Nach einem sehr harten September, in dem Offenbach alle drei neuen Stücke gleichzeitig probt und so ständig von einer Bühne zur nächsten hetzt, wird schließlich am 19. Oktober 1875 die Opéra bouffe in drei Akten *La boulangère a des écus* uraufgeführt.

Erster Akt. Das Stück spielt in Paris im Jahr 1718, während der Regentschaft von Philippe d'Orléans. Auf einem Platz mitten in Paris werden die Pagen des französischen Regenten von Dieben beraubt. Gleichzeitig sucht Bernadille Unterschlupf bei seiner Freundin Toinon, als Verschwörer gegen den Regenten ist er auf der Flucht vor der Polizei. Auftritt von Toinins Freundin Margot, die durch Spekulation reich gewordene Bäckerin, in einer prächtigen Sänfte. Indem sich ihr – heimlich in sie verliebter – Diener Criquebert als Bernadille ausgibt, kann dieser sich, seinerseits in der Rolle Criqueberts, bei Margot verstecken und damit vor der Polizei in Sicherheit bringen.

Zweiter Akt. Eine Woche später hält sich Bernadille in der Bäckerei versteckt. Er ist gelangweilt, obwohl er mittlerweile der Liebhaber von Margot geworden ist. Da erscheinen die

Polizisten mit Criquebert, sie verlangen von ihm, ihnen den echten Bernadille auszuliefern – doch Criquebert weigert sich. Als aber Toinon mit ihren Freundinnen in die Bäckerei hereinplatzt und wütend ihren Liebhaber stellt, kehrt Bernadille reumütig zu Toinon zurück – was Margot nun dazu bringt, ihn gegenüber den Polizisten zu verraten. Margot bereut dies zwar sofort, aber Bernadille wird schon abgeführt.

Dritter Akt. Bernadille, in einem Kerker der Polizeistation eingesperrt, versucht mit allen Mitteln zu entkommen. Toinon ist mithilfe der turbulenten Pagen dabei, den Regenten um Gnade für ihren Geliebten zu bitten. Margot und Criquebert ihrerseits können verkleidet die wachhabenden Soldaten betrunken machen und Bernadille befreien. In diesem Augenblick kommt auch Toinon mit dem vom Regenten ausgestellten Entlassungsschein für ihren Geliebten zurück. Bernadille kann nun Toinon heiraten, während Margot endlich auf Criqueberts Werben eingeht.

Meilhac und Halévy haben routiniert ein ansprechendes, zuweilen witziges, insgesamt aber doch für ihre Verhältnisse zu unspektakuläres Libretto verfasst. Offenbachs Musik kann zwar punkten, aber auch ihr mangelt es ohne die entsprechende textliche Grundlage letztlich an Einfallsreichtum und Spritzigkeit. Selbst die Sängerinnen und Sänger können nicht recht überzeugen – allen voran Mademoiselle Aimée, die statt Hortense Schneider die weibliche Hauptrolle singt. Nach gerade einmal 47 Aufführungen wird das Stück Anfang Dezember 1875 vom Spielplan genommen. Ludovic Halévy vertraut skeptisch und resigniert seinem Tagebuch an:

> Offenbach, Meilhac und ich – wir sind am Ende, das ist die Wahrheit. Wir haben uns verausgabt. Es fällt uns nichts mehr ein, weder Chöre, noch Auftritte oder Abgänge, noch Um- und Auszugsszenen, weder Couplets der Ehrendamen noch Rondeaus der Pagen... Und wir sind keine zwanzig Jahre alt, nicht einmal vierzig. Mit der Jugend schwinden auch Kühnheit und Fantasie, und dies ist ein Genre, das mehr als andere Kühnheit und Fantasie erfordert. Wir kennen nun, glaube ich, sehr gut unser Metier. Und das hat durchaus auch Nachteile. Es schüchtert uns ein und macht uns vorsichtig. Wir haben nicht mehr den Wagemut der Unerfahrenen [...] Und dann wagen wir es und machen *La Boulangère* – ein billiges und banales Stück, das weder erfolgreich noch erfolglos sein konnte. Genau das ist eingetreten.[377]

Nur sieben Tage nach diesem bestenfalls halben Erfolg kommt es, diesmal an der Gaîté, zur zweiten Uraufführung eines Werkes Offenbachs in dieser Saison: *Le Voyage dans la Lune* auf ein Libretto von Albert Vanloo, Eugène Leterrier und Arnold Mortier. Das Sujet zu dieser Opéra féerie in vier Akten beruht auf Motiven der Erfolgsromane von Jules Verne. Sowohl *De la Terre à la Lune* als auch *Le Tour du monde en quatre-vingt jours* sind auch bereits für verschiedene Bühnen bearbeitet worden – Letzteres gar von Verne selbst. Offenbach ist als Theaterdirektor vor dem zwangsläufig mit diesem Stoff verbundenen enormen Ausstattungsaufwand zurückgeschreckt – nun, nur noch Komponist, greift er das Angebot Vizentinis gerne auf.

Erster Akt. Zurück von einer Bildungsreise, will König Vlan seinem Sohn, Prinz Caprice, die Krone übertragen. Doch dieser will nur seine Freiheit – und er will zum Mond reisen. Dieser willigt ein und beauftragt den Wissenschaftler Microscope, die Reise vorzubereiten. Dieser schaltet seine Kollegen der Sternwarte ein – die sich als unfähig erweisen. Schließlich bringen die Schmiede des Königreiches die Lösung: Mithilfe einer von ihnen entworfenen Kanone werden Vlan, Caprice und Microscope zum Mond geschossen.

Zweiter Akt. Die drei Mondreisenden landen mit einem enormen Knall auf dem scheinbar wüsten Mond. Schließlich erscheinen die Mondbewohner und ihr König Cosmos. Die Tochter des Königs, Prinzessin Fantasia, überzeugt ihren Vater, den netten Gästen den Palast des Königs besuchen dürfen. Offensichtlich ist so ziemlich alles anders auf dem Mond, von der Tatsache, dass keiner König werden will, bis zu den Kindern, die bei spezialisierten Händlern gekauft werden. Caprice hat unterdessen Gefallen gefunden an Fantasia – die aber angesichts der auf dem Mond nicht vorhandenen Gefühle seine Liebe nicht erwidern kann. Als sie aber in einen von der Erde mitgebrachten Apfel isst, verliebt sie sich in Caprice.

Dritter Akt. Da auf dem Mond die Liebe als Krankheit angesehen wird, muss sich Fantasia von Ärzten untersuchen lassen – vor denen sie alsbald wieder zu Caprice flieht. Cosmos beschließt unterdessen, seine Tochter zu verkaufen – wie hier üblich, sobald eine Frau nicht mehr gefällt. Caprice beauftragt Microscope, Fantasia auf dem Frauenmarkt zu erwerben. Der Kauf misslingt, da der Prinz Quipasseparla gegen Caprice intrigiert und die Prinzessin kauft. Cosmos seinerseits erhält von den als Scharlatan verkleideten Vlan und Caprice einen »Zaubertrunk« – tatsächlich wird er mit dem auf dem Mond nicht bekannten Alkohol betrunken gemacht. Jetzt gerät alles auf den Fugen: Nun ist auch Cosmos verliebt – und selbst Popotte, allerdings in Microscope… Als Caprice Fantasia in einer Herberge wiedertrifft, flieht er mit ihr. Sehr schnell aber werden die beiden von den Schergen von Quipasseparla gefangen genommen.

Vierter Akt. Die Mondfrauen entdecken die Liebe – zum Unmut von Cosmos, der Vlan, Caprice und Microscope vor Gericht stellt und in einen Vulkan einsperren lässt. Aus Verärgerung darüber, dass ihr Mann ihren Liebsten einsperren lässt, sorgt Königin Popotte dafür, dass auch Cosmos am Boden des Vulkans sterben muss. Da erscheint Fantasia, die sich versteckt hatte, um mit Caprice ihr Leben beenden zu können. Verzweifelt verspricht Cosmos allen die Freiheit, wenn sie einen Weg nach draußen fänden – was ihnen tatsächlich gelingt, als der Vulkan anfängt auszubrechen. Die Oper endet mit einem romantischen »clair de terre«.

Das neue Stück lebt, wie jede Feerie, von allerlei spektakulären Bühneneffekten – etwa auf dem Boden zerstreutem Tabak, der sofort eine Tabakpflanze emporwachsen lässt, die obendrein Zigarren als Blumen hervorbringt. Zugleich aber kommen Wissenschaft und Technik zu Ehren, wie bei Verne durchaus üblich. Allerdings haben die zuständigen Theaterleute es versäumt, den Autor dieser fantastischen Erzählungen um sein Einverständnis zu bitten, sodass Verne kurzzeitig überlegt, gegen die Gaîté zu prozessieren. Letztlich lässt er es bleiben – und die Feerie kann mit ihren herrlichen Bildern ebenso die Zuschauer verzaubern wie mit der gelungen geführten Handlung und, vor allem, mit Offenbachs Musik, die die Presse einhellig lobt:

> Die Muse des Komponisten hat von einem Jungbrunnen getrunken, nun ist sie wieder munter und spritzig wie in ihren besten Zeiten, sie eilt und schlängelt sich durch die Handlung des Stücks, lässt nirgendwo nach, überrollt nichts, kommt gerade rechtzeitig, um eine Szene wiederaufzufrischen, um den Erfolg herbeizuzwingen.[378]

Auch die Rollen der Sängerinnen und Sänger sind offensichtlich sehr gut besetzt, allen voran mit Zulma Bouffar. Das Werk ist so erfolgreich, dass sich die Einnahmen der Gaîté in zwei Monaten tatsächlich verdreifachen. Das dritte Stück, das Offenbach nun angehen kann, ist *La Créole* an den Bouffes-Parisiens. Die Uraufführung der Opéra comique in drei Akten auf einen Text von Albert Millaud sowie, im Hintergrund, Meilhac und Halévy, findet am 3. November 1875 statt.

Erster Akt. Kurz vor einer neuerlichen Reise nach Guadeloupe will der Kapitän Adhémar de Feuillemorte die Hochzeit seiner Pflegetochter Antoinette mit seinem Neffen René ausrichten. Antoinette liebt allerdings Frontignac. René seinerseits sehnt sich nach einem kreolischen Mädchen, das er auf Guadeloupe kennengelernt hat. Sobald Adhémar allerdings gefahren ist, heiratet Antoinette – mit Renés Zustimmung – ihren Geliebten Frontignac.

Zweiter Akt. Sechs Monate nach diesen Ereignissen kehrt Adhémar mit einer neuen Pflegetochter zurück, die er für Frontignac bestimmt – es ist Dora, das kreolische Mädchen, in das René verliebt ist. Antoinette und René geben vor, verheiratet zu sein, und Frontignac macht pflichtgemäß der hübschen Kreolin den Hof. Inmitten des verwirrenden Hin und

Her und vermeintlicher Liebschaften kommt ein Befehl an Adhémar: Er muss sofort in See stechen – und er nimmt alle mit.

Dritter Akt. An Bord seines Schiffes befindet sich Adhémar im Besitz eines offiziellen Briefes, den er erst bei 45,18° nördlich und 5,27° westlich öffnen darf. Tatsächlich ist der Brief nur ein Scherz der Admiralität, aber als Adhémar einnickt, entwendet ihn Dora – und kann so ihren Pflegevater zwingen, ihr schließlich doch René zum Mann zu geben.

Unter den drei Stücken, die Offenbach in dieser Saison herausbringt, ist *La Créole* in jeder Hinsicht das schwächste. Es kann im Übrigen auch die wenigsten Zuschauer anlocken und wird kurz nach dem Jahreswechsel, am 4. Januar 1876, wieder abgesetzt. Offenbachs Musik findet zwar einen gewissen Gefallen, der Komponist hat sich vom buffonesken Stil, wie er etwa in *Madame l'Archiduc* zu finden ist, wegorientiert, »stattdessen dominieren die anmutigen und eleganten Melodien, die feinen, gut gelungenen musikalischen Szenen«.[379] Doch vermag die Musik nicht die Schwächen des Librettos zu kompensieren. Insgesamt gerät *La Créole* somit zu einem relativ banalen, wenig ergiebigen Werk.

18 Offenbach in New York. Fotografie von José-Maria Mora, 1876.

1876–1878

Amerika

Als ihm im Frühjahr 1875 der Vorschlag gemacht wird, im kommenden Jahr eine Amerikatournee zu machen, winkt Offenbach zunächst ab. Doch angesichts der hohen Summe, die ihm geboten wird, unterschreibt er schließlich den Vertrag in der Hoffnung, dass aus dem Plan nichts werde. Als aber die Vorauszahlungen pünktlich auf seinem Konto eingehen, hat er keine andere Wahl als zu reisen. Begleitet von seinen Schwägern und einigen Freunden – unter ihnen Albert Wolff – reist er nach Le Havre, wo er am 21. April 1876 den Dampfer Canada besteigt. Nach einer kurzen Zwischenetappe in Plymouth geht es weiter über den Atlantik – wo schwere Stürme warten: »Ach! wie dachte ich an Euch alle, die ich dort zurückgelassen hatte! Und, kein Scherz, ich dachte ernsthaft, dass ich Euch nie wieder sehen würde ... !«[380]

Auf der Grundlage seiner Briefe an die Familie und an Freunde fasst Offenbach später seine Eindrücke in einem Buch zusammen, das nach seiner Amerikareise im Januar 1877 erscheinen wird, *Offenbach en Amérique. Notes d'un Musicien en Voyage*. Es ist kein anspruchsvolles Werk, aber es zeigt Offenbach als guten Beobachter, indem er auf manches Widersprüchliche im amerikanischen Leben hinweist, z. B. den Anspruch auf Freiheit einerseits und die Rassentrennung, Diskriminierung der Juden sowie das strenge Alkoholverbot an Sonntagen andererseits. In einem sehr feuilletonistischen Stil und bestimmt auch als schiere Werbemaßnahme für sich selbst geschrieben, gehört es doch zu den wenigen Texten aus Offenbachs eigener Feder und damit zu den wenigen Dokumenten, die uns etwas Einblick in seine Gedankengänge liefern.

Am 5. Mai wird Offenbach triumphal in New York empfangen. Auf prächtig geschmückten Schiffen erwarten ihn bereits bei der Hafeneinfahrt Musiker, die für ihn – trotz ihrer Seekrankheit – aufspielen, sowie Journalisten, denen er bereitwillig ein Interview nach dem anderen gibt. Noch am gleichen Abend versammelt sich eine Menschenmenge vor seinem Hotel auf der Fifth Avenue:

> Abends bei der Rückkehr vom Theater – bisher habe ich zwei Theater besucht – sah ich eine Menschenansammlung vor meinem Hotel. Bei dem überall strahlenden elektrischen Licht glaubte man sich in den hellen Tag zurückversetzt. Über meinem Hotelbalkon stand in großen Buchstaben geschrieben:
>
> WELCOME OFFENBACH!
>
> Eine Kapelle von einigen sechzig Musikern brachte mir ein Ständchen. Man spielte *Orphée* und *La Grande-Duchesse*. Ich wage nicht, diesen Beifall, diese »Hoch-Offenbach«-Rufe zu schildern. Ich musste auf dem Balkon erscheinen, ganz wie Gambetta, und habe dann ein lautes »Thank you Sir« (eine höfliche Redensart) gerufen, um nicht als Sonderling zu gelten.[381]

Offenbachs Vertrag sieht vor, dass er mehrere Wochen Konzerte im Gilmore Garden, einer 8000 bis 9000 Personen fassenden überdachten Gartenanlage, geben soll. Dafür ist ein Orchester von 110 Musikern engagiert worden. Es tut dem Komponisten offenbar gut, hier in einer Weise umjubelt zu werden, wie er es in Paris wohl seit dem Krieg nicht mehr hat erleben können. Das erste Konzert im New Yorker Gilmore Garden findet am 11. Mai 1876 statt, mit ausschließlich konzertanten Ausschnitten aus *Vert-Vert, La Belle Hélène, Robinson Crusoé, Orphée aux Enfers, L'Île de Tulipatan, La Grande-Duchesse de Gerolstein, La Jolie Parfumeuse* und *Le Roi Carotte* sowie *Offenbachiana,* einem eigens für dieses Konzert arrangierten Potpourri. Auch wenn scheinbar eine Reihe von Zuschauern enttäuscht ist über die fehlenden Gesangsdarbietungen, wird das Konzertformat doch zu einem gewaltigen Erfolg, der an den folgenden Abenden wiederholt wird. Zu Ehren seiner Gäste komponiert der französische Komponist diverse Stücke, darunter *Les belles Americaines* und *American Eagle Waltz,* der alsbald auch *Offenbach Waltz* genannt wird.

Offenbach bezieht für die Dauer seines Aufenthaltes eine Wohnung am Madison Square und verkehrt in den besten Kreisen der New Yorker Gesellschaft. Obwohl er kein Englisch spricht, ist er ein feiner Beobachter. Er beschreibt die

Widersprüchlichkeiten der amerikanischen Gesellschaft wenige Jahre nach dem Sezessionskrieg: die offene, Freiheit atmende Atmosphäre in New York, den modernen Komfort von Pullman-Schlafwagen und die neuesten Minstrel-Shows am Broadway, aber auch die puritanische Sittenstrenge, die allmächtige Gegenwart von Geld und Werbung sowie die ausdrücklichen Schattenseiten des American Way of Life: den Rassismus und den Antisemitismus. Nichts entgeht seinem Blick, auch nicht der Chic der Amerikanerinnen:

> Meine Mitarbeiter, Meilhac und Halévy, sagen in *La Vie parisienne,* daß nur die Pariserinnen richtig zu Fuß zu gehen verstanden. Meine Textdichter haben die Amerikanerinnen nicht gesehen – wie sie gehen, kommen, trippeln, den Wagen ausweichen, die Kleider mit koketter Bewegung anheben und ihre ausgezeichneten Beine mit ganz besonderer Kunstfertigkeit zur Schau stellen.
>
> Ich muss gestehen, daß es wohl kaum bezauberndere Frauen geben kann als die Amerikanerinnen. Erstens sind sie von einer so ebenmäßigen Schönheit, wie man sie in Paris nicht kennt. Auf hundert Frauen, die an einem vorübergehen, sind neunzig ganz entzückend. Dazu verstehen sie es, sich anzuziehen. Sie tragen Toiletten von erlesenem Geschmack. Toiletten voller Anmut und vollendeter Eleganz. […]
>
> Alle Amerikanerinnen, denen man begegnet, tragen ihr Portemonnaie vorsichtig in der Hand, damit die Taschendiebe, die es in New York mindestens ebenso zahlreich gibt wie in Paris, nicht in die unschickliche Versuchung geraten, den Damen in den Taschen herumzuwühlen. Von Mittag an sieht man, wie die jungen Mädchen allein in die elegantesten Restaurants gehen und wortlos ihr Essen einnehmen, mit der Ruhe eines europäischen Junggesellen. Andere erwarten an der Ecke der Fifth Avenue oder anderswo ihre Kutschen, mit denen sie eine Verabredung getroffen haben, um im Central Park eine Spazierfahrt zu unternehmen. Eine befremdende Tatsache für den verderbten Pariser, der gern den Frauen nachläuft: niemand würde es sich in New York oder in irgendeiner anderen Stadt der Vereinigten Staaten erlauben, in nicht mißzuverstehender Weise einer jungen Dame zu folgen, und noch weniger, sie gar anzusprechen und ihr seinen Schirm anzubieten. Um ihr diesen Gegenstand mehr oder minder herzlich offerieren zu dürfen, dazu muß man bereits vorgestellt oder »eingeführt« sein, wie man dort sagt. Ihr braucht jedoch nicht zu denken, daß diese Formalitäten der »Einführung« sehr peinlich oder gar schwer, erfüllbar wären. In Ermangelung eines gemeinsamen Bekannten oder einer geeigneten Beziehung genügt eine Anzeige im »Herald«.[382]

Ende Mai verlässt Offenbach New York in Richtung Philadelphia – wobei er sich zuvor noch einen touristischen Abstecher zu den Niagarafällen gönnt. In Philadelphia ist am 10. Mai 1876 die Weltausstellung eröffnet worden, 100 Jahre nach der eben hier proklamierten amerikanischen Unabhängigkeit. Sie ist überhaupt der eigentliche Anlass für Offenbach gewesen, nach Amerika zu reisen. Nach relativ schwierigen ersten Wochen wird die Schau in den Monaten bis November von etwa zehn Millionen Gästen besucht werden. Es finden sich hier allerlei bemerkenswerte Ausstellungsstücke – auf eine »Ausstellung« von Indianern hat man jedoch verzichtet, nachdem die Sioux im Juni, bei Little Big Horn, der amerikanischen Armee eine der größten militärischen Niederlagen beigebracht haben.

An einem Samstagabend in Philadelphia angekommen, zeigt sich die Stadt dem Komponisten am Sonntag von ihrer zugeknöpften Seite. Die Ausstellung, die er sogleich besuchen will, ist am Tag des Kirchgangs geschlossen, desgleichen die Restaurants, Theater und alles, was mit Vergnügen und Unterhaltung zu tun hat. Die wenigen Leute, denen Offenbach begegnet, erscheinen ihm nicht gerade in heiterer Stimmung. Ungeachtet dieses furchtbar puritanischen ersten Eindrucks werden Offenbachs Auftritte in den nächsten Tagen – in einem aus gegebenem Anlass sogenannten »Offenbach Garden« – zu einem gewaltigen Medienereignis. Er dirigiert das Orchester, das ihn bereits in New York begleitet hat, wenn auch in etwas kleinerer Besetzung. Pro Auftritt verdient Offenbach die enorme Summe von 1000 Dollar, gleichwohl sind die Auftritte sehr anstrengend und Offenbach kann auch der Weltausstellung selbst wenig abgewinnen. Einigermaßen geschmacklos erscheint ihm offensichtlich der deutsche Beitrag zur Weltausstellung, insbesondere die Bilder über den Deutsch-Französischen Krieg 1870, die das Deutsche Reich im Pavillon der Schönen Künste hat aufhängen lassen. Als der Eigentümer vom »Offenbach Garden« auch am Sonntag ein Konzert mit Werken Offenbachs geben will, stellt der Komponist ein vermeintlich geistliches Programm unter dem Titel »Grand sacred concert« zusammen, in dem neben dem *Ave Maria* von Gounod und dem von Schubert auch das Liebeslied aus *La Grande-Duchesse de Gérolstein* als »Gebet« und der Gesang an Venus aus *La Belle Hélène* als »Litanei« deklariert sind. Das Konzert wird seitens der Behörden genehmigt, die Plakate werden gedruckt und aufgehängt – als die Erlaubnis kurzfristig doch noch zurückgezogen wird. Irgendwie muss dem Amt zu Ohren gekommen sein, dass es vielleicht doch nicht so gut um das geistliche Werk Jacques Offenbachs bestellt ist.

Ende Juni kehrt Offenbach nach New York zurück. Dort erhält er noch bei einem Dîner von den Musikern des hiesigen Orchesters einen prächtigen Dirigentenstab geschenkt: An den beiden Enden des Stabes prangen jeweils in Gold gefasste Juwelen, in der Mitte des Holzes ist eine goldene Lyra eingraviert mit dem Monogramm »J. O.«. Am 8. Juni schließlich sticht Offenbach in See zurück in Richtung Europa.

* * *

Am 20. Juli 1876, nach zwölf eher ruhigen Tagen auf See, landet die Canada in Le Havre. Die gesamte Familie Offenbach ist angereist, um den Vater bei seiner Rückkehr zu begrüßen – und ihn sofort weiter nach Étretat zu begleiten, wo sich der Komponist in den nächsten Wochen von den Strapazen der Reise erholen wird. Offenbach scheint die Ruhe im Kreise seiner Lieben zu genießen – und er nimmt seinen 32. Hochzeitstag zum Anlass, ein großes Dîner samt anschließendem Ball in der Ville Orphée zu veranstalten. Die Botschaft scheint zu sein: Offenbach ist zurück.

Allen Mühen, Anstrengungen und gesundheitlichen Schwierigkeiten zum Trotz hat sich die Reise gelohnt, Offenbach kann seine Schulden aus dem Bankrott der Gaîté begleichen. Auch hat es ihm sicher gutgetan, in einem ihm bis dahin vollkommen fremden Land so freundlich empfangen, ja gefeiert zu werden. Die ruhige Heimreise hat er für die Arbeit an zwei Stücken genutzt, die noch im Herbst 1876 in den Bouffes-Parisiens aufgeführt werden. Der Einakter *Pierette et Jacquot* besticht wohl kaum durch sein geradezu banales Libretto: Ähnlich wie in *Pomme d'api* steht auch hier ein älterer Ziehvater, Cyrille Durand, den beiden jungen Liebenden, Pierrette und Jacquot, im Weg, bevor sie durch List und Glück schließlich doch noch zueinander finden dürfen. Musikalisch aber schält sich eine »Ronde savoyarde« als Erfolgsnummer heraus, sodass das kleine Stück – trotz auch wenig überzeugender sängerischer und schauspielerischer Leistungen der Hauptdarsteller – immerhin 55-mal gespielt wird. Das zweite Stück, das Offenbach während seiner Überfahrt komponiert hat, ist eine Opéra bouffe in vier Akten, *La Boîte au lait*. Das Libretto dazu ist weitgehend übernommen aus einem bereits 1862 an den Variétés gespielten Vaudeville von Jules Noriac und Eugène Grangé: Auch hier geht es um zwei junge Liebende, Francine und Sosthène, die sich gegen den Souchard, den Patenonkel des jungen Mädchens, durchsetzen müssen. Der Clou des Stückes ist allerdings die dramaturgische Grundidee, die vier Akte in vier unterschiedlichen Stockwerken spielen zu lassen – und damit vier unterschiedliche soziale Milieus beschreiben zu können. Sowohl das Libretto als auch die Musik zeigen, dass die Autoren erfahren und routiniert gearbeitet haben. Seitens verschiedener Kritiker wird jedoch moniert, sowohl die Librettisten als auch der Komponist hätten ihr Werk zu hastig und dilettantisch zusammengestellt:

> Herr Offenbach hat [...] eine leichte Musik dahingeworfen, die zwar nicht häufig originell, dafür aber stets effektvoll und zuweilen gar geistreich und angenehm ist. Ich sage bewusst »dahingeworfen«, denn Herr Offenbach hat keine Zeit mehr für sorgfältiges Arbeiten: Er produziert zuviel.[383]

Schon ab Februar 1876 hat die Presse von Plänen Offenbachs berichtet, den von Jules Verne geschaffenen *Doktor Ox* zu vertonen. Mitte November beginnen die Proben für das neue Stück am Théâtre des Variétés und sie gestalten sich – angesichts des technischen Aufwands, den der Stoff erfordert – nicht gerade einfach. Am 26. Januar 1877 schließlich erfolgt die Uraufführung von *Doktor Ox*, der Text dazu stammt offiziell von Arnold Mortier und Philippe Gille, wobei im Hintergrund Jules Verne ausdrücklich beteiligt ist.

Erster Akt. Die flämische Stadt Quiquendonne ist fest in der Hand spießbürgerlichen Phlegmas, einzig das südländische Dienstmädchen Lotsche fällt durch ihre neckische Art auf. Da das Phlegma den städtischen Geschäftsgang lähmt, hat Bürgermeister Van Tricasse einen dänischen Wissenschaftler, den berühmten Dr. Ox, um Hilfe gebeten. Sein lebensspendendes Gas Oxygen soll die Geschäftswelt beleben. Als eine Gauklerbande mit dem Verwandlungskünstler Shavoura und der schönen Prascovia an ihrer Spitze in die Stadt kommt, bemerkt Ox die Gefahr: Die hübsche Tänzerin will sich an Ox rächen, da er ihr die Ehe versprochen und sie unglücklich versetzt hat. Ox kann ihr aber auch dieses Mal gerade noch entwischen.

Zweiter Akt. Es ist Jahrmarkt – und hier nun beginnt Ox' Großversuch, der allerdings in ein großes Verwechslungsspiel ausartet. Prascovia und die Zigeuner haben sich als Marktleute verkleidet. Sie wollen Dr. Ox entführen, da sie vom falschen Spiel des Doktors wissen. Dr. Ox wird von seinem Diener Ygen über diesen Plan informiert und kann in seine Fabrik fliehen. Dort thront er von nun an auf einer hoch gelegenen Plattform, damit er nicht vom allgemeinen Taumel erfasst wird, den sein Oxygen unter den Bewohnern der Stadt ausgelöst hat.

Dritte Akt. Ox' Gas zeigt seine enorme Wirkung: Nicht nur regiert in Quiquendonne mittlerweile hemmungslose Lebensfreude, sondern die einstmals so behäbigen Spießbürger rüsten sich auch eifrig zum Krieg gegen die eigentlich harmlose Nachbarstadt. Prascovia ihrerseits will mit einer List nicht nur Ox von seiner Plattform locken, sondern auch noch gleich dessen gesamte Fabrik in die Luft sprengen. Das erledigen schließlich die aufgebrachten Bürger von Quiquendonne – und mit einem Schlag findet auch der hemmungslose Aktivismus in der Stadt ein Ende. Dass Prascovia sein Lebenswerk nicht zerstören konnte, sieht Dr. Ox als ein Zeichen aufrichtiger Liebe. Er heiratet sie, und Diener Ygen bekommt die hübsche Lotsche.

Die Kritik ist sehr angetan, sowohl was den Text als auch die Musik betrifft. Insbesondere die Leistung der weiblichen Hauptdarstellerin, Anna Judic als »Prascovia«, wird besonders hervorgehoben – und auch Offenbach selbst ist von ihr begeistert, wie sein offener Brief, publiziert am 30. Januar im *Figaro,* deutlich macht:

> Ich kann diesen Tag nicht verstreichen lassen, ohne Ihnen zu sagen, wie wunderbar Sie gestern abend waren. Welch herrlicher Ausdruck! Welch wunderbarer Gesang! Wie das Publikum auch, bin ich noch ganz verzaubert. Um Sie also für all diese Freuden zu bestrafen, die Sie mir zugefügt haben, und um mich bei Ihnen zu bedanken, bitte ich Sie, mir zu erlauben, Ihren Namen mit großen Buchstaben auf die Partitur des *Doktor Ox* schreiben zu dürfen. Ich widme sie Ihnen. Selber schuld![384]

Dass das Stück so einhellig als ein Meisterwerk begrüßt wird, liegt aber nicht an Anna Judic allein, ihr zur Seite stehen so hervorragende Sänger wie etwa Dupuis und Léonce. Nicht zuletzt hat auch das großartige Dekor seinen Teil zu diesem Erfolg beigetragen. Trotzdem und trotz der offensichtlich guten Einnahmen wird das Stück nur 39-mal aufgeführt werden – was wohl an dem seit einiger Zeit schlechten Verhältnis zwischen Offenbach und dem Direktor des Théâtre des Variétés, Eugène Bertrand, liegt. *Doktor Ox* wird Offenbachs letztes Stück für dieses für sein Schaffen so unvergleichlich wichtige Theater sein.

Mit *La Foire Saint-Laurent* schließlich schreibt Offenbach zum ersten Mal ein Stück für das Théâtre des Folies-Dramatiques – eine Bühne, an der in den letzten Jahren seine beiden größten Konkurrenten ihre größten Erfolg gefeiert haben: Hervé etwa mit *L'Œil crevé, Chilpéric* oder *Le Petit Faust* und Charles Lecocq mit dem sensationellen *La Fille de Madame Angot* – dieses erlebt dort bis 1880 immerhin über 700 Aufführungen. Die Opéra bouffe in drei Akten, für die Hector Crémieux und Ernest Blum sowie ein Journalist des *Figaro,* Albert de Saint-Albin, das Libretto beisteuern, beschwört in drei langatmigen Akten die Welt der Straßenspektakel des 18. Jahrhunderts, aus denen die Opéra comique – in Offenbachs Worten das »genre primitif et vrai« – einstmals hervorgegangen ist. Vor dem Hintergrund des titelgebenden Jahrmarktes im Jahr 1780 entfaltet sich eine recht banale und zuweilen auch wenig glaubwürdig gestrickte Handlung. Ein junges Liebespaar – Nicolas, dessen Onkel ein Wachsfigurenkabinett betreibt, und Carlinette, die Tochter eines Harlekins – muss seine Liebe gegen allerlei Widerstände, nicht zuletzt gegen die zum Teil recht inkohärenten Verwechslungen des Librettos selbst durchsetzen. Ohne Offenbachs Musik wäre das Stück kaum haltbar – so aber wird es, nach einer recht glänzenden Uraufführung am 10. Februar 1877, immerhin zu einem Achtungserfolg und bis Ende März gespielt werden.

* * *

Die Veröffentlichung seines Amerikabuches Mitte Januar 1877 führt zu einer der zeitlebens unangenehmsten Kontroversen für Offenbach – einer Kontroverse, die erst vor dem Hintergrund der politischen Entwicklungen in Frankreich in diesen Jahren verständlich wird. Seit März 1876 haben die republikanischen Linken unter der Führung des charismatischen Léon Gambetta die Mehrheit in der Nationalversammlung. Ihnen steht der autoritäre – um nicht zu sagen: monarchistische – Präsident Patrice de Mac-Mahon gegenüber. Angesichts der Unversöhnlichkeit der politischen Lager können die wechselnden Regierungen kaum etwas bewegen und Frankreich gerät mehr und mehr in eine politische Krise – aus der scheinbar nun ausgerechnet die Bonapartisten an den Wahlurnen mehr und mehr Profit schlagen können.

Am 11. Februar 1877 erscheint in der republikanischen und antiklerikalen Zeitung *Le Siècle* eine anonyme Rezension zu Offenbachs Amerikabuch.[385] Darin wird dem Komponisten mit drastischen Worten vorgeworfen, mit seiner Reise in die Vereinigten Staaten versucht zu haben, seinen in Frankreich sinkenden Stern irgendwie noch zu retten. Er sei damit kläglich gescheitert – wie überhaupt auch die Operette nur »bitteres musikalisches Sauerkraut« sei, »gewürzt mit fettem, speckigem Geklimper«. Offenbachs Zeit sei vorbei – es sei auch unerklärlich, wie man in Paris habe glauben können, »dass ein deutscher Jude für die alte französische Heiterkeit stehen könnte«. Im Übrigen sei »der Musiker des Kaiserreiches« nichts anderes als »ein vollständig deutsch gebliebener Deutscher«, dessen Einbürgerung nichts wert sei, da er »seinem heimatlichen Sauerkraut treu geblieben« sei:

> Sie müssten mal den Herrn Offenbach im Ausland hören, wie er sich über Frankreich und die Republik auslässt. Dass er die Republik angreift, wäre ja noch verständlich – weiß er doch viel zu gut, dass die Operette und die Parodie unter diesem Regime nicht lange überleben werden […] Aber unser armes Frankreich, was hat es ihm denn getan, dass er es selbst noch am Tisch des Ozeandampfers verhöhnt, der ihn aus Amerika zurückbringt? Dass er den Kapitän und die Passagiere des Dampfers, gleich welcher Nationalität, derart brüskiert? Dass ein uns befreundeter republikanischer Senator, der die Überfahrt mit Herrn Offenbach unternahm, gezwungen war, ihn harsch daran zu erinnern, den Orden, den er trägt, und die Einbürgerungsurkunde, um die er gebeten hatte, zu respektieren?

Offenbach selbst erwähnt diese Szene in seinem Buch nur am Rande, er misst ihr offensichtlich keine größere Bedeutung bei. Angesichts dieses Artikels aber und solcher Unterstellungen muss er reagieren. Am 14. Februar kündigt er im *Figaro* eine Verleumdungsklage gegen die Zeitung *Le Siècle* an – auch, um andere Zeitungen davon abzuhalten, die Meldung weiterzutragen. Doch schon am 19. Februar legt *Le Siècle* nach und veröffentlicht einen Brief des republikanischen Politikers Lucien Arbel, in dem dieser nicht nur behauptet, der erwähnte Senator zu sein, der Offenbach zur Ordnung gerufen habe, sondern auch bestätigt, alle im Artikel genannten Einzelheiten entsprächen der Wahrheit. Im Übrigen sei »Herr Offenbach« – hier verwendet Arbel ausdrücklich die deutsche Anrede und nicht das französische »Monsieur« – beim Verlassen des Schiffes ausgepfiffen worden. Als Antwort hierauf erscheint am 22. Februar im *Figaro* ein Brief des ebenfalls republikanischen Abgeordneten Théophile Roussel, der sich ebenfalls als Passagier an Bord des Dampfers befand. Roussel nimmt Offenbach ausdrücklich in Schutz und stellt klar, dass Arbel einen ansonsten von allen an Offenbachs Tisch goutierten Scherz offensichtlich nicht verstanden habe oder nicht habe verstehen wollen.

Trotzdem zieht dieser offen ausgetragene Streit allmählich weitere mediale Aufmerksamkeit auf sich. Während eine weitere republikanische Zeitung, *Le Bien public,* schon am 20. Februar angefangen hat, Offenbach massiv anzugreifen, bleiben andere Zeitungen bei einer annähernd objektiven Berichterstattung zum in der Presse ausgetragenen Disput. Ein Lagebericht der Pariser Polizeipräfektur vom 22. Februar sieht keinerlei Beweise für die in der Presse erhobenen Anschuldigungen gegen Offenbach. Das hindert *Le Siècle* nicht daran, am 23. Februar einen weiteren Brief Arbels zu veröffentlichen, in dem dieser seine Vorwürfe erneuert – während der *Figaro* einen Bericht des für die Sicherheit an Bord zuständigen Beamten abdruckt, der Offenbach vollständig entlastet. Allmählich dreht sich scheinbar auch der Wind, nun wird nicht nur auch Arbel angegriffen – sondern gar die Operette verteidigt, denn »noch nie« habe sie »so geblüht wie seit dem Zeitpunkt, dass wir uns in einer Republik befinden«.[386] Offenbach erhält am 25. Februar die Möglichkeit zur Stellungnahme in *Le Siècle* – und er gibt seine Version der Geschichte:

> Tatsächlich aber geht es mir um meine Kunst und mitnichten um Politik. Ich gestehe allerdings, relativ energisch auf die ungebetene Einmischung von Herrn Arbel in das freundschaftliche Gespräch zwischen dem Abgeordneten Herrn Roussell und mir geantwortet zu haben. Ich gebe auch zu, die nur bedingt parlamentarischen Sitten entsprechenden Beschimpfungen, mit denen Herr Arbel diesbezüglich meinte, mich überziehen zu müssen, nicht ohne Antwort gelassen zu haben. Jedoch scheint mir Herr Arbel weder seine eigene Person mit der Republik verwechseln zu dürfen, noch glauben zu dürfen, dass man Frankreich beleidige, wenn man ihn scharf zurechtweist.[387]

Auch hätten, so Offenbach, die Pfiffe in Le Havre nicht ihm gegolten, sondern eben Arbel, der sich geweigert habe, Trinkgelder zu geben. Der Komponist schlägt in dieser Situation nun ein freiwilliges Ehrengericht vor, das die Zeugen hören solle; der Unterlegene solle dann 25.000 Francs für gemeinnützige Zwecke zahlen. Arbels Antwort darauf ist nur noch knapp und abweisend: Ehrengerichte seien nur für ehrlose Leute sinnvoll. *Le Siècle* dankt ihm, dass er »nicht zulasse, dass die Kasper dieses Landes sich über ihn lustig mach[t]en«.[388] Weitere republikanische Zeitungen ergreifen nun auch Partei gegen Offenbach. *Le Ralliement* spricht etwa den Wunsch aus, dass Offenbach von Librettisten, Theaterdirektoren und Publikum boykottiert würde. *Le Rappell* holt weit aus:

> Was auch immer während der Überfahrt gesagt worden ist, Herr Offenbach wird mit seinen Worten Frankreich niemals so viel Schaden zufügen können, wie er es bereits getan hat mit seinem musikalischen Gespött, mit dem er Frankreich längst prussianisiert hat.[389]

Angesichts von Arbels Weigerung, sich einem Ehrengericht zu stellen, sieht der *Figaro* am 26. Februar den öffentlichen Streit an ein Ende gelangt – auch wenn *Le Siècle* weiter auf »den Gerolsteiner« schimpfen wird.

Einen gesamten Monat lang haben die gegen Offenbach erhobenen Anschuldigungen ein gewaltiges mediales Feuer entfacht – obgleich sie eigentlich doch recht schnell entkräftet waren. Jean-Claude Yon deutet die Pressekampagne vor allem als ein Zeichen der innenpolitisch aufgeheizten Stimmung, in der sich Frankreich angesichts des Konflikts zwischen republikanischer Nationalversammlung und monarchistischem Präsidenten befindet. In den dargestellten Artikeln wird Offenbach wahllos als Preuße, Monarchist, Bonapartist oder eben als Jude diffamiert. Anders als bei den medial ausgetragenen Debatten um *Barkouf* 1862 und *Fantasio* 1872 ging es dieses Mal, 1877, nicht um Offenbachs Werk, sondern ausdrücklich um Offenbachs Person.

Die gegen Offenbach vorgebrachte Polemik lässt aber auch Muster erkennen, die noch nachwirken und heute einen unvoreingenommenen Zugang zum Werk erschweren. Denn spätestens seit dieser Polemik wird deutlich, wie sehr Offenbachs Werk und Offenbachs Person zusammenfallen. Mit dem Untergang des Zweiten Kaiserreiches verschmelzen beide zu ein und derselben Angriffsfläche, auch wenn der in Köln geborene Offenbach sich 1871 unmissverständlich und klar zu seiner neuen Heimat bekannt hat, auch wenn die Operette im Frankreich der 1870er-Jahre in ihrer vollen Blüte steht, auch wenn Offenbach 1876 erfolgreich wie kein anderer Frankreich auf der Weltausstellung im fernen Amerika repräsentiert.

Nach der Rückkehr aus Amerika ist Offenbach in der Saison 1876/77 – vielleicht mehr noch als mit den Uraufführungen von *Pierrette et Jacquot, La Boîte au lait, Le Docteur Ox* oder *La Foire Saint-Laurent* – vor allem mit großen Wiederaufnahmen auf den Bühnen der französischen Hauptstadt präsent. Den Anfang machen die Variétés, zum einen mit *La boulangère a des écus* mit der Chansonsängerin Thérésa in der Hauptrolle, zum anderen mit *La Belle Hélène*. Zum ersten Mal nach der Uraufführung durch Hortense Schneider wagt sich mit Anna Judic eine neue Sängerin an diese große Rolle. Die Kritik ist begeistert, die neue Helena übertrifft nach Meinung mancher Kommentatoren ihre berühmte Vorgängerin: »Schneider war brillanter, Judic ist charmanter. Die eine war die Schöpferin, aber die andere verschmäht den vorgezeichneten Weg der Tradition und bahnt sich selbst ihren Weg. Wahrlich eine Künstlerin!«[390] An den Bouffes-Parisiens sorgt parallel hierzu eine Wiederaufnahme von *La Princesse de Trébizonde* wochenlang für ein volles Haus. Außerdem werden hier seit dem Herbst 1876 in sonntäglichen Matineevorstellungen Offenbachs bewährte Einakter gegeben: *Les Deux Aveugles, La Chanson de Fortunio, Le Mariage aux lanternes, Croquefer, Monsieur Choufleuri* u. a. – »Nun haben ausgerechnet die Bouffes-Parisiens auch ein klassisches Repertoire gefunden, wie auch ihre Nachbarn, das Théâtre-Italien und die Opéra-Comique«, stellt der *Le Ménestrel* fest. Zum Saisonende im Mai 1877 wird an den Bouffes-Parisiens schließlich hastig eine Wiederaufnahme von *Madame l'Archiduc* anberaumt – letztlich wohl nur, um zu verhindern, dass das Théâtre des Variétés diese mit Anna Judic in der Hauptrolle spielen kann. Es fällt denn auch kaum ins Gewicht, dass die Wiederaufnahme einigermaßen sang- und klanglos untergeht – die Leitung der Bouffes-Parisiens hat trotzdem ihr Ziel erreicht.

Offenbach selbst tritt in all diesem Hin und Her erstaunlicherweise kaum in Erscheinung. Das Jahr 1877 ist auch das erste seit dem Deutsch-Französischen Krieg, in dem mehr als ein gesamtes Jahr lang keine Uraufführung eines Werkes von Offenbach stattfindet. Fast könnte man meinen, dass der Komponist keine Lust mehr am Komponieren verspürt. Zusätzlich zu den Schwierigkeiten, die Offenbach nach seiner Rückkehr aus Amerika erdulden muss, und zusätzlich zu den wenig ergiebigen, eher gar enttäuschenden Uraufführungen der letzten Monate gibt es – abgesehen von den nach wie vor lästigen, ja zermürbenden gesundheitlichen Sorgen – nun auch noch ein weiteres Moment, das den Komponisten getroffen haben muss. Anfang 1877 kommt der Wiener Walzerkönig Johann Strauß nach Paris, um im prächtigen neuen Opernhaus in unmittelbarer Nähe zu Offenbachs Wohnung mehrere umjubelte Bälle zu dirigieren. Bereits zwei Jahre zuvor, in der Saison 1875, war mit *La Reine Indigo* zum ersten Mal eines seiner Stücke in Frankreich gespielt worden – mit großem Erfolg und ausgerechnet mit Zulma Bouffar in der Hauptrolle.[391] Strauß zu Ehren nimmt das Théâtre de la Renaissance nun am 12. Januar ebendieses Stück wieder auf. Mit der Pariser Erstaufführung der französischen Version der *Fledermaus* von Johann Strauß am Théâtre de la Renaissance beginnt am 31. Oktober dieses für Offenbach wenig produktiven Jahres 1877 die Erfolgsgeschichte der Wiener Operette in Frankreich. Nun schreibt Johann Strauß also Operetten und ist mit diesen in Paris erfolgreich – ausgerechnet mit dem Genre also, das Jacques Offenbach geschaffen hatte und das er nach Wien gebracht hatte! Freilich hat die Wiener Operette in ihren Anfängen ihren französischen Vorbildern viel zu verdanken. Zu allem Übel für Offenbach fußt *Die Fledermaus,* die heute als erster Höhepunkt der »Goldenen« Wiener Operette gilt, auf einem Vaudeville von Meilhac und Halévy, dem 1872 uraufgeführten *Le Réveillon.* Deshalb wird auch – um nicht in Konkurrenz zur eigenen Vorlage treten zu müssen – das Textbuch der französischen Fassung von Strauß' Operette gründlich umgeschrieben, was deren etwas seltsamen Titel *La Tsigane* erklärt. Offenbachs eigene Werke – insbesondere *Margot, die reiche Bäckerin* und *Der Jahrmarkt von Saint-Laurent* – können sich zeitgleich in Wien kaum mehr durchsetzen und verschwinden auch bald wieder von den Spielplänen. In diesem Herbst 1877 sind die Pariser hingerissen von Strauß' Werken – die Wiener dagegen verschmähen Offenbachs Werke.

Frankreich befindet sich in diesem scheinbar wenig ersprießlichen Jahr angesichts des nicht enden wollenden Streites zwischen konservativen Monarchisten um den Herzog von Broglie und den Präsidenten Mac-Mahon herum einerseits und den die Nationalversammlung beherrschenden Republikanern andererseits mitten in einer handfesten politischen Krise. Vor den für Oktober anberaumten Parlamentswahlen sind unterhaltsame Uraufführungen zum Scheitern verurteilt, das weiß auch Offenbach. Er schmiedet den Sommer über neue, langfristige Pläne vor allem im Hinblick auf die für 1878 wieder in Paris geplante Weltausstellung. Es waren schließlich die französischen Weltausstellungen von 1855 und 1867, die ihm seine größten Erfolge beschert hatten – und was läge da näher, als das Erfolgstrio von Offenbach, Meilhac und Halévy wieder zusammenzustellen? Der Komponist schreibt demzufolge seine beiden Kollegen an, die allerdings eher verhalten reagieren. Im Herbst wird in der Presse die Nachricht von einer geplanten Zusammenarbeit von Meilhac und Halévy ausgerechnet mit Charles Lecocq verbreitet – Offenbach zeigt sich sehr verschnupft und verfasst einen Brief an Ludovic Halévy, nach dem zunächst einmal an keine weitere Zusammenarbeit mehr zu denken sein scheint:

> Diesen Sommer hatte ich Dir mehrfach von Étretat aus geschrieben und Dir gesagt, wie sehr ich mir ein von uns drei gezeichnetes Stück für die Weltausstellung wünschte. Du,

> und ich dachte auch Meilhac, warst damit einverstanden. Ich bin mit der Idee einer kleinen Feerie an Euch herangetreten, für die Meilhac prompt einen sehr hübschen Titel gefunden hat. [...] Dass Ihr für den Meyerbeer der Renaissance [d. i. Charles Lecocq] arbeitet, ist noch kein Grund, einen Mitarbeiter beiseite zu schieben, mit dem Ihr fast nur Erfolge gefeiert habt. Nun habt Ihr es getan, das ist Eure Sache, aber mir scheint, es hätte sich einfach gehört, mir Bescheid zu geben, dass Ihr keine Lust mehr hättet, mit mir zusammenzuarbeiten, weder diesen Winter, noch den folgenden. Seid Euch schon im Voraus sicher, dass ich Euch nie mehr den Kummer machen werde, mir Eure Mitarbeit zu verweigern.[392]

Angesichts auch anderer Schwierigkeiten – eine Zusammenarbeit mit Albert Vizentinis Opéra-National-Lyrique, der einstmaligen Gaîté, zerschlägt sich etwa wegen fehlender Subventionen – kündigt sich nun die Saison 1877/78 sehr mager an. Lediglich die Bouffes-Parisiens unter der Leitung von Offenbachs Schwiegersohn Charles Comte halten dem Komponisten scheinbar noch die Treue. Die Wochen um Weihnachten und Neujahr verbringt Offenbach in Nizza mit der Arbeit an einem für diese Bühne bestimmten Stück, zu dem er obendrein auch selbst ein ziemlich gelungenes Libretto geschrieben hat: *Maître Péronilla,* Opéra bouffe in drei Akten, uraufgeführt am 13. März 1878.

Erster Akt. Im Garten von Péronilla, dem besten Chocolatier von ganz Madrid, bereitet sich die Tochter des Hauses, Manoëla, auf ihre Hochzeit mit dem alten Don Guardona vor – sehr zum Leidwesen vom Soldaten Ripardos und vom Notargehilfen Frimouskino. Die Hochzeit wurde von der Tante der Braut, Léona, eingefädelt, um so das junge Mädchen vom hübschen Musiker Alvarès zu entfernen. Doch dieser kommt einfach zu Péronilla zurück – und in der abendlichen Dunkelheit im Garten gelingt es Ripardos und Frimouskino, den Bräutigam bei der Zeremonie unbemerkt auszutauschen und Alvarès nun zu Manoëlas kirchlich angetrautem Ehemann zu machen. Da der Ehevertrag aber bereits unterschrieben ist, hat Péronillas Tochter nun plötzlich zwei Ehemänner!

Zweiter Akt. Im Schloss von Don Henrique de Rio Grande feiern alle die Hochzeit – und unter den Gästen des Brautpaares Manoëla und Alvarès taucht nun auch Don Guardona, der zweite Ehemann, auf. Die Situation ist so verfahren, insbesondere für den unglücklichen Brautvater Péronilla, dass man beschließt, nun erst einmal schlafen zu gehen und die Sache morgen dann abschließend zu klären. Dies erlaubt Ripardos und Frimouskino, dem jungen Brautpaar Manoëla und Alvarès zur Flucht zu verhelfen – die allerdings auch schnell wieder endet, denn alsbald werden die jungen Leute von Polizisten aufgegriffen. Manoëla muss ins Kloster, bis alles geregelt ist.

Dritter Akt. Die Gerichtsverhandlung um diesen vertrackten Fall zieht Unmengen an Publikum an. Alle möglichen Zeugen sagen aus, während Péronilla zu seinem ersten Beruf zurückkehrt – er war einst Anwalt – und den jungen Alvarès verteidigt. Als der Richter schließlich den Ehevertrag sehen will, stellt sich heraus, dass Frimouskino ihn bereits heimlich auf den Namen von Léona ausgestellt hatte – die überhaupt nichts dagegen hat, den reichen Don Guardona zu ehelichen. Und so sind Alvarès und Manoëla zuletzt nun doch rechtmäßig angetraute Eheleute.

Wenige Wochen vor der Uraufführung haben spanische Studenten aus Salamanca am Pariser Karneval teilgenommen und für einiges Aufsehen gesorgt – nicht ohne Hintergedanken wird Frimouskino auch genau in deren Tracht auftreten. Überhaupt ist spanisches Lokalkolorit in Tänzen und Gesängen allgegenwärtig, wie der sehr eingängigen »Malagueña«, über die der *Le Ménestrel* schreibt:

> Welch köstlicher Einfall, welche Perle! Die Herren Studenten von Salamanca mögen alle Schlupfwinkel ihres an Boleros so reichen Landes durchforschen, sie werden nichts Derartiges finden. Es ist mehr Spanien im Kopfe Offenbachs als in Spanien selber.[393]

Die Bouffes-Parisiens haben hier nun scheinbar den Erfolg, den sie gebraucht haben, um in diesem Weltausstellungssommer, wie die Presse Anfang April verkündet, keine Spielpause einlegen zu müssen und stattdessen »die großen Stücke des offenbachschen Repertoires Revue passieren zu lassen«.[394] Allerdings kommt die Freude verfrüht, denn *Maître Péronilla* muss angesichts sinkender Einnahmen kurz vor der Eröffnung der Weltausstellung Anfang Mai vom Spielplan genommen werden. Und aus Comtes Plan, die Bouffes-Parisiens den Sommer über mit Offenbach zu bespielen, wird auch nichts – sodass er sogar seine Bühne den Juli über an einen Rivalen vermietet, der zur Weltausstellung ausgerechnet Stücke von Johann Strauß spielen lässt, die obendrein von Zulma Bouffar gesungen werden. Am 5. August jedoch kommt es doch noch zu einem kleinen Trost: Die neue Leitung des Théâtre de la Gaîté nimmt *Orphée aux Enfers* ins Programm – mit Offenbachs Komponistenkollegen Hervé als Jupiter! Bei der Premiere dirigiert Offenbach vor einem begeisterten Publikum und unter Beifallsstürmen den zweiten Akt. Es bleibt aber dabei: Offenbach und das von ihm gegründete Theater sind ausgerechnet bei der Weltausstellung in Paris so gut wie nicht präsent, was verschiedene Kommentatoren zu teils bitterbösen Bemerkungen bewegt, Émile Zola etwa:

> Herr Offenbach war einst ein König. Vor nicht einmal zehn Jahren beherrschte er die Theater; die Theaterdirektoren knieten vor ihm nieder, um ihm Prämien auf dem Silbertablett anzubieten; jeden Morgen flocht die Presse ihm Kronen. Man konnte keine

> Zeitung aufschlagen, ohne auf Indiskretionen bezüglich der Werke zu stoßen, die er vorbereitete, bezüglich dessen, was er zu Mittag gegessen hatte und was er zu Abend essen würde. [...] Das ist zehn Jahre her! – Mein Gott, wie haben sich die Zeiten gewandelt! Man muss daran erinnern, dass er es war, der den Cancan der Weltausstellung 1867 anführte. Auf allen Bühnen spielte man seine Musik. Fürsten und Könige kamen herausgeputzt in sein Lokal. [...] Und heute nun liegt der Gott am Boden. Wir haben noch einmal eine Weltausstellung, aber andere Amüseure haben das Sagen. Eine ganze neue Fuhre liebenswerter Meister haben die Theater übernommen, so dass der Ahnherr, der Gott des Tanzes, in seiner Hütte bleiben musste, einsam, bitter über die Undankbarkeit der Menschen sinnierend.[395]

Auch *Madame Favart* sollte bereits Ende 1877 am Théâtre des Folies-Dramatiques uraufgeführt werden, doch die Leitung hat das Stück – mitten in den bereits laufenden Proben – angesichts des großen Erfolges von *Les Cloches de Corneville* von Robert Planquette eigenmächtig auf die darauffolgende Saison verschoben. Erst zum Jahreswechsel 1878/79 wird schließlich die Opéra comique in drei Akten uraufgeführt werden. Das Textbuch um den Theaterautor Charles-Simon Favart und dessen legendäre Ehefrau, die Schauspielerin Justine Favart, stammt von Henri Chivot und Alfred Duru.

Erster Akt. In einer Gastwirtschaft im nordfranzösischen Arras. Hector de Boispréau möchte Suzanne heiraten. Der Gastwirt des Hauses, Biscotin, hält in seinem Keller den Schriftsteller Favart versteckt: Weil dessen Ehefrau die Avancen von Moritz von Sachsen – die historische Figur des unter Ludwig XV. in französischen Diensten stehenden »Maréchal de Saxe« – zurückgewiesen hat, sind weder sie selbst noch ihr Ehemann sicher vor dessen Truppen. Trotzdem gelingt es Madame Favart an diesem Abend, verkleidet als unauffällige Bäuerin nicht nur Hector vom Gouverneur, dem Marquis de Pontsablé, zum Leutnant ernennen zu lassen, sondern auch noch, ihren Mann in seinem Versteck aufzusuchen – und sogar mit ihm sowie mit Hector und Suzanne nach Douai an die belgische Grenze zu entkommen.

Zweiter Akt. Bei einem Fest, das der frisch verheiratete, neue Leutnant Hector in seinem neuen Zuhause in Douai ausrichtet, umwirbt der Marquis de Pontsablé heftig Madame Favart – im Glauben, es handele sich um Hectors Ehefrau. Nach einem einigermaßen verwirrenden Hin und Her und etlichen Verkleidungen und Verwechslungen lässt er schließlich Suzanne, die er für Madame Favart hält, festnehmen. Mit dem ebenfalls festgenommenen Favart wird sie in das Heerlager des Maréchal de Saxe gebracht.

Dritter Akt. Angesichts der allgemein bekannten Schwärmerei des Maréchal de Saxe für die hübsche Madame Favart will der Marquis de Pontsablé ebendiese nun vor dem Feldherrn auftreten lassen. Tatsächlich aber hat er ja Suzanne festgenommen – die sich nun in der misslichen Situation befindet, ohne jede Vorbereitung auftreten zu müssen. Allerdings hat sich auch die echte Madame Favart in das Lager hineingeschlichen – und sie springt ein. Der anwesende König ist hellauf begeistert – und entlässt ihr zuliebe dem Marquis de Pontsablé als Gouverneur. Favart seinerseits wird zum Leiter der neuen Opéra Comique ernannt, Madame Favart wird dort ihre großen Erfolge feiern.

Wie schon viele frühere Werke Offenbachs bedient auch dieses Libretto die Nostalgie nach der Musik des vorrevolutionären Frankreichs, es thematisiert im Übrigen ja eine der prägendsten Gestalten der frühen Opéra Comique. Und tatsächlich kommt die Musik in *Madame Favart* »in roten Stöckelschuhen daher, Walzer wandeln sich zu Menuetten, alles duftet nach Perückenpuder«.[396] Das 18. Jahrhundert, so die *Revue et Gazette musicale de Paris,* ist definitiv »›en vogue‹ mit seinen Ballerinen und seinen Sängerinnen, seinen Adeligen und seinen Abbés«.[397] Angesichts der Nähe des Textbuches zu einigen anderen kürzlich uraufgeführten Werken – insbesondere zu Charles Lecocqs *La Camargo* – zeigen sich manche Kritiker dem neuen Stück Offenbachs gegenüber zunächst skeptisch. Gleichwohl bleibt Offenbachs Musik ein Garant für gelungene Unterhaltung: »Die Herren Chivot und Duru [die Librettisten von *Madame Favart*] wussten genau, was sie taten, als sie sich an Herrn Offenbach gewandt haben. Es ist, als ob sie bei der Heiterkeit selbst angeklopft hätten.« Das Publikum sieht das offensichtlich ähnlich. Die monatlichen Einnahmen der Folies-Dramatiques verdoppeln sich, kaum dass Offenbachs neues Stück dort herausgekommen ist.

Mit *Madame Favart* an den Folies-Dramatiques, *Les Brigands* am Théâtre de la Gaîté und *La Grande-Duchesse de Gérolstein* an den Bouffes-Parisiens stehen Ende 1878 – wie dies in den 1860er-Jahren häufig vorkam – an drei großen Bühnen der französischen Hauptstadt Offenbachs Werke gleichzeitig auf dem Spielplan. Fast scheint es so, als ob der Komponist wieder an seine grandiosen früheren Erfolge anknüpfen könnte. Und so sind die Erwartungen an das neue Stück für die Bouffes-Parisiens groß, als *La Marocaine* am 13. Januar 1879 uraufgeführt wird.

Erster Akt. Selim, der Neffe des Paschas Soliman, und Attalide, die Tochter des Großwesirs Ottokar, müssen ihre Liebe zueinander verheimlichen – vor allem vor Attalides Bruder Achmed, der die Ehre seiner Schwester gefährdet sieht. Als der Großwesir siegreich aus dem Krieg zurückkehrt und die schöne Fatime als Gefangene mitgebracht hat, beglückwünscht ihn der Pascha und beschließt, nun Attalide zu heiraten.

Zweiter Akt. Fatime hat, vom Pascha unbemerkt, sich als Attalide ausgegeben. Soliman ist seiner vielen Frauen überdrüssig und schenkt sie dem jungen Selim. Auch mit seiner neuen Frau hat er offensichtlich Schwierigkeiten – bis die zu Besuch im Palast weilenden marrokanischen Gesandten die vermeintliche Attalide als Fatime erkennen.

Dritter Akt. Soliman steht zu seiner neuen Frau – egal ob sie nun Attalide oder Fatime heißt. Allerdings muss er aufgrund einer Palastintrige von Janitscharen den Thron an Selim abgeben. Obendrein stellt sich nun heraus, dass der Großwesir in Wahrheit den Krieg gegen die Marrokaner verloren hatte. Schließlich heiratet der neue Pascha Selim seine Attalide, Fatime kommt zu dem von ihr geliebten Achmed – und der einstige Pascha Soliman zieht sich zurück ... nach Paris.

Es geht mit diesem neuen Werk nicht zuletzt auch um die wirtschaftliche Zukunft des Théâtre des Bouffes-Parisiens, denn sein Eigentümer Charles Comte, Offenbachs Schwiegersohn, musste in den letzten Monaten einige Rückschläge einstecken. Umso schwerer wiegt es, dass das Stück tatsächlich durchfällt:

> Herr Comte hat das Stück mit viel Sorgfalt auf die Bühne gebracht; die Bühnenbilder sind hübsch und einige Kostüme sehr elegant und sehr prachtvoll. Leider ist das Libretto von Herrn Paul Ferrier weder witzig, noch so geistreich, wie es nötig wäre, und die Musik von Herrn Offenbach gehört nicht zu den besten, die er geschrieben hat.

Nach gerade einmal zwölf Aufführungen wird *La Marocaine* abgesetzt, am 25. Januar wird in aller Not und Eile *La Grande-Duchesse de Gérolstein* wiederaufgenommen. Charles Comte muss die Leitung der Bouffes-Parisiens abgeben, sie werden übernommen von Cantin, dem Leiter der Folies-Nouvelles. Offenbach wird zeitlebens nie mehr an dem von ihm 1855 gegründeten Haus gespielt werden.

* * *

An eben diesen Folies-Dramatiques, die die Bouffes-Parisiens nach dem Fiasko vom *La Marocaine* übernehmen, wird Offenbach am 13. Dezember 1879 eines seiner letzten großen Werke uraufführen lassen: *La Fille du Tambour-major*, Opéra comique in drei Akten und vier Bildern, Text von Henri Chivot und Alfred Duru.

Erster Akt. Oberitalien, im Garten des Klosters Biella, um 1800. Im Zuge des Italienfeldzuges der französischen Revolutionstruppen wird auch das Kloster Biella von einer kleinen Gruppe von Soldaten besetzt – unter ihnen ihr Anführer Leutnant Robert, aber auch der Schneider Griolet, der alte Tambourmajor Monthabor und die Marketenderin Claudine. Die Nonnen und ihre Schülerinnen haben das Kloster fluchtartig verlassen – bis auf die turbulente Stella, die schnell Sympathie für die Franzosen empfindet. Trotzdem holt ihr

19 Frontispiz der Quadrille von *La Fille du Tambour-major*, für Klavier vierhändig bearbeitet von Olivier Métra – abgebildet darauf eine der markantesten Szenen des Werkes, der Einzug der französischen Truppen in Mailand. Musikdruck, 1878.

Vater, der lächerlich wirkende Herzog della Volta, sie ab, um sie zu sich nach Novara zu bringen. Stella fällt der Abschied schwer, zumal vom hübschen Leutnant Robert.

Zweiter Akt. Am Hofe des Herzogs in Novara weigert sich Stella standhaft, die von ihrem Vater arrangierte Hochzeit einzugehen. Da sollen ausgerechnet Robert, Monthabor und Griolet im herzoglichen Palast einquartiert werden. Der Fürst hat eigentlich andere Sorgen, soll doch in Kürze der Ball aus Anlass der Unterzeichnung des Ehevertrags seiner Tochter stattfinden. Schließlich stellt sich erstaunlicherweise heraus, dass die Herzogin die Exfrau von Monthabor ist und Stella somit dessen Tochter. Stella freut sich über die unverhoffte Nachricht und, statt den Ehevertrag zu unterschreiben, schließt sie sich den französischen Soldaten an und verlässt gekleidet als Marketenderin Hals über Kopf den herzoglichen Hof.

Dritter Akt. Auf ihrer Flucht steigen Robert und Claudine sowie Griolet, Monthabor und Stella in Mailand im Gasthof »Hôtellerie du Lion d'Or« ab. Allen Vorkehrungen zum Trotz gelingt es dem Herzog, Robert verhaften zu lassen. Nun soll die vermeintliche Stella – tatsächlich hatte sich Claudine flugs als Tochter des Herzogs verkleidet – gerade auf dem Platz vor dem Gasthof verheiratet werden, als just die französische Armee zum Klang des revolutionären *Chant du Départ* in Mailand einmarschiert. Mit unzähligen, bislang versteckten Trikoloren heißen die Mailänder freudig die französischen Truppen willkommen und unter lautem Jubel defilieren die Soldaten durch die Stadt. Der Herzog muss nunmehr Stella und Robert heiraten lassen, während Claudine, die einst in Robert verliebt war, in die Ehe mit Griolet einwilligt.

Ob es für Offenbach einen konkreten Anlass gibt, ausgerechnet einen militärischen, patriotischen, ja republikanischen Stoff für dieses dritte Stück an den Folies-Dramatiques zu vertonen, ist nicht bekannt. Tatsache aber ist, dass der Komponist mit *La Fille du Tambour-major* nun punktgenau den Nerv der Zeit trifft. Nach der Katastrophe von 1871 ist das geistige Leben in Frankreich über Jahre hinweg gelähmt – zum einen vom erlittenen Kriegstrauma, zum anderen aber auch von der gesellschaftlichen und politischen Unsicherheit, in der sich das Land befindet. Einflussreiche Kreise, nicht zuletzt um den Staatspräsidenten Patrice de Mac-Mahon, sprechen sich klar für eine monarchistische Restauration im Sinne einer geistig-moralischen Wende, ja geradezu einer Buße für die Fehler von 1789 und 1871 aus. Weithin sichtbares Zeichen dieses »Ordre moral« – so der politische Kampfbegriff der Monarchisten – soll die Wallfahrtskirche des Sacré-Cœur werden, die von der monarchistisch dominierten Nationalversammlung Mitte 1873 beschlossen und finanziert und dann genau dort gebaut wird, von wo aus 1870 die preußischen Kanonen die französische Hauptstadt beschossen haben. Allerdings gelingt es den zerstrittenen Monarchisten nicht, sich politisch zu verständigen – sodass die Unsicherheit über die politische Zukunft Frankreichs bis mindestens 1876 erhalten bleibt. Erst als in diesem Jahr die republikanischen Kräfte die Wahlen gewinnen, zeichnet sich allmählich eine grundsätzliche Entscheidung gegen die Monarchie und für die Republik ab, die dann mit der Abdankung Mac-Mahons Anfang 1879 effektiv wird.

Nun ist der Weg frei für ein neues Nationalbewusstsein, das neben der monarchistischen und bonapartistischen Vergangenheit auch das Erbe der französischen Revolution integriert. Am 14. Februar 1879 wird die *Marseillaise* offiziell zur Nationalhymne erklärt. Als bei der Uraufführung im Finale des dritten Aktes Étienne-Nicolas Méhuls *Chant du Départ* – das vielleicht neben der *Marseillaise* bekannteste revolutionäre Kriegslied – erklingt, erheben sich gar die Zuschauer und jubeln dem Komponisten zu. Mit diesem trikolorengeschwängerten, mitreißenden Bild legt Offenbach nicht nur »ein Bekenntnis zu seinem Adoptivvaterlande«[398] ab, wie Henseler schreibt. Indem er ein Frankreich beschwört, das weder monarchistisch noch bonapartistisch ist, sich aber gleichwohl heroisch stolz präsentieren darf, legt er vor allem ein Bekenntnis zur Republik und zu dem mit ihr verbundenen politischen und kulturellen Erbe ab. Es verwundert also nicht, dass *La Fille du Tambour-major* im deutschen Sprachraum, insbesondere im habsburgischen Österreich, das sich erst vor wenigen Jahren aus Norditalien zurückziehen musste, wenig Beliebtheit erfährt. In Frankreich dagegen wird das Stück zu einem der größten Erfolge des Komponisten – bis heute ist es äußerst populär, bis heute verkörpert es wie kaum ein anderes die Republik.

* * *

Im Februar 1879 reist Offenbach nach Wien, um dort die Schlussproben zu *Madame Favart* zu leiten. Es wird sein letzter Besuch in der österreichischen Hauptstadt sein – in der Stadt, die neben Paris seine künstlerische Heimat geworden ist. Der Wiener Kritiker Eduard Hanslick beschreibt in drastischen Worten den gesundheitlichen Zustand seines Freundes Offenbach:

> Da glich er einer zerbröckelnden Ruine, die über Nacht lautlos in sich zerfallen kann. Mit Bestürzung bemerkten die Freunde den hippokratischen Zug in dem todmüden Gesichte des sonst so heiteren Mannes und ahnten Abschied nehmend, es sei diesmal für immer. Diese letzte Fahrt des kranken Offenbach nach seinem zärtlich geliebten Wien war einer der zahlreichen Beweise seiner erstaunlichen, alle körperlichen Leiden bezwingenden Willensstärke und Arbeitslust.[399]

Zurückgekehrt nach Paris arbeitet der Komponist an *Les Contes d'Hoffmann*. Ungeachtet seines 1871 formulierten Vorsatzes, nie mehr deutschen Boden zu betreten, unternimmt Offenbach im Sommer ein letztes Mal eine Reise nach Deutschland. Er verbringt einige Wochen zur Kur in Wildbad im Schwarzwald, wo er sich, sobald er sein Zimmer verlassen will, im Rollstuhl fahren lassen muss. Er ist zwar nach wie vor sehr charmant, gleichwohl aber auch augenscheinlich schwer von seiner Gicht gezeichnet:

> Das Vogelgesicht auf der schmächtigen Gestalt war noch spitzer geworden. Die scharfen Züge schienen mit allen Ecken und Kanten schärfer herausgearbeitet. […] Die spitze gebogene Nase drohte einem wie ein Witz entgegen, das kleine funkelnde Augenpaar allein spähte und glänzte noch […] Und wenn er so, umgeben von einem Kreis schöner Frauen, aufhorchender Männer sprach, im Lehnstuhl oder Rollwägelchen zurückgelehnt, im Hochsommer mit Pelz bedeckt, das sprudelte es mit gallischer Verve von seinen schmalen Lippen.[400]

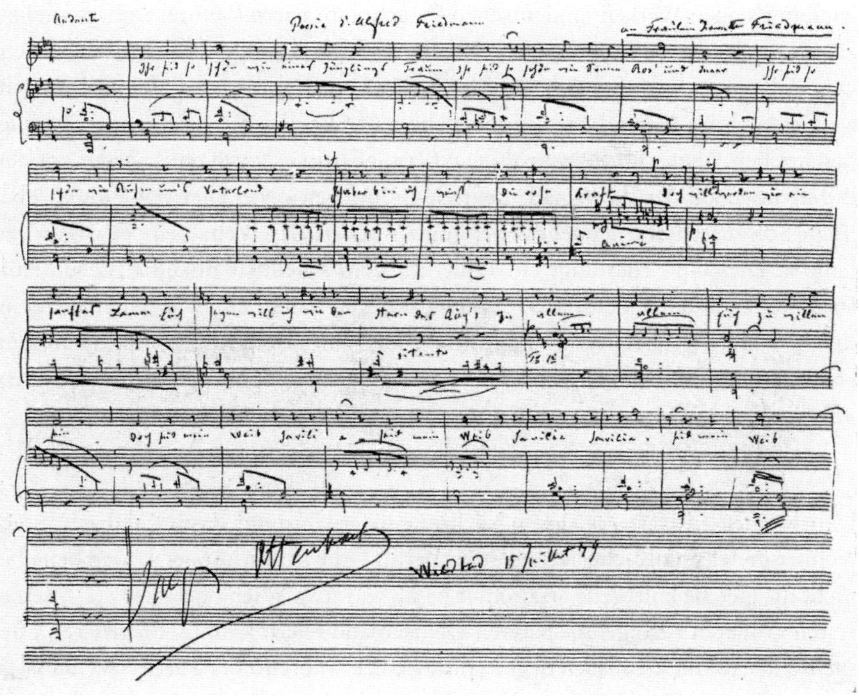

20 Autographes Notenblatt von Jacques Offenbach, »Ihr seid so schön wie eines Jünglings Traum«, Text von Alfred Friedmann. Wildbad, 15. Juli 1879.

Anschließend reist er weiter in seine Heimatstadt Köln – er will auf dem Deutzer Judenfriedhof am Grab seiner Eltern beten –, wo ihn seine Schwester Netta empfängt und ihn bekocht. Nettas Enkelinnen Anna und Rosa Grünewald werden sich noch Jahrzehnte später an diesen Sommer erinnern, in dem Offenbach

> kurz vor seinem Tode mit Frau und den beiden jüngsten Töchtern in Köln bei unseren Großeltern zu Besuch gewesen ist und unsere Großmutter ihm zum letzten Mal seine Lieblingsspeisen aus der Jugendzeit damals selbst gekocht hat. Wir sind beide mit bei dem Familienessen gewesen, und Offenbach hat sich mit uns Kindern unterhalten und gescherzt, obwohl er schwer krank gewesen ist. Wir sehen ihn noch in Pelz gehüllt auf dem großelterlichen roten Plüschsofa sitzen.[401]

Diese letzte Reise nach Deutschland scheint tatsächlich einen rein privaten Charakter gehabt zu haben – anders als die meisten vorherigen Reisen »outre-Rhin« des Komponisten, bei denen doch zumeist geschäftliche Anlässe den Ausschlag gaben. Und diese waren auch zahlreich angesichts der großen Erfolge, die Offenbach mit seinen Werken im deutschen Sprachraum feiern konnte. Unbestrittenes Zentrum der deutschsprachigen Offenbach-Begeisterung war natürlich Wien, wo der Komponist regelmäßig zu Erstaufführungen, ja sogar zu Uraufführungen weilte. Auch im Kurbad Ems an der Lahn war Offenbach, wie an anderer Stelle beschrieben, häufig und regelmäßig zu Gast, allerdings wurde hier weder auf der Bühne noch auf der Promenade deutsch gesprochen – viel eher war Ems als idyllische Sommerfrische der gehobenen französischen Gesellschaft ein »Paris an der Lahn«. Dies fand allerdings ein Ende mit dem scheinbar unaufhaltsamen Aufstieg Preußens in den deutschen Einigungskriegen – mit dem Deutschen Krieg, in dem das Herzogtum Nassau seine Autonomie verlor, und insbesondere mit dem Deutsch-Französischen Krieg, der ja seinen Ausgang in der berühmt-berüchtigten »Emser Depesche« nahm.

* * *

Umso bemerkenswerter wiegt im Nachhinein der Umstand, dass Offenbach ausgerechnet in der preußischen Hauptstadt Berlin – die in den 1860er-Jahren beileibe nicht die gleiche kulturelle Strahlkraft besaß wie etwa Wien oder gar Paris – seine ersten größeren Erfolge im späteren Deutschland feiern konnte. Bereits 1855 besuchte der Berliner Musikverleger Gustav Bock während der Pariser Weltausstellung die Bouffes-Parisiens – und alsbald erwarb er, als Musikverlag Bote & Bock, die Aufführungsrechte aller Werke Offenbachs im deutschen Sprachraum. Bis heute führt der Musikverlag Bote & Bock bzw. seine Nachfolgeinstitution Boosey & Hawkes das vermutlich größte und umfangreichste Offenbach-Repertoire weltweit in seinem Verlagsprogramm. Bereits 1858 – im Jahr der Uraufführung von *Orphée aux Enfers* – gastierte das Ensemble von Offenbachs Bouffes-Parisiens zum ersten Mal an der Spree. Ein Jahr später bereits nahm der Leiter des Friedrich-Wilhelmstädtischen Theaters, Friedrich-Wilhelm Deichmann, das offenbachsche Repertoire in seinen Spielplan auf – und konnte trotz anfänglicher Schwierigkeiten bald die Operette in Berlin etablieren. Als 1860 dann *Orpheus in der Hölle* – so der damalige Titel – in Berlin gespielt wurde, wurde der eigens dafür angereiste Schöpfer des Werkes enthusiastisch gefeiert. In den folgenden Jahren wurden hier immer wieder Werke von Offenbach ins Programm genommen – mit offensichtlich großem Erfolg: »Die Operette als neues Genre hatte in Berlin begeisterte Aufnahme gefunden. Dadurch wurde Berlin nach Wien zu einer der wichtigsten Metropolen für Offenbach.«[402]

Ungeachtet ihres großen Erfolges sah sich die offenbachsche Operette schon sehr früh in Deutschland mit dem Vorwurf der Unanständigkeit, ja der Unsittlichkeit konfrontiert. Manuela Jahrmärker hat am Münchner Beispiel dargestellt, wie sehr Offenbach als »Sittenverderber« im Kreuzfeuer der Kritik stand. Grundsätzlich, so Jahrmärker, steht um 1870

> ein geschlossener Kreis von ablehnenden Urteilen zur Verfügung, dem kaum ein Werk [Offenbachs] und kaum eine Aufführung zu entrinnen vermag, wobei entweder die Moral Anlaß zu Tadel gibt – und auch der Musik läßt sich eine unmoralische Haltung vorwerfen – oder aber Handlung, musikalische Erfindung und Darbietung gerügt werden. Gründe für die Ablehnung der Werke sind auf Seiten der Moral die Zote; im Bereich der Handlung das Triviale und Dumme, von musikalischer Seite mangelnde Originalität, sei es weil Offenbach sich selbst wiederhole, sei es daß er andere persifliere; und von der Ausführung her das Fehlen von Witz und Leichtigkeit, die über die Inhaltslosigkeit der Musik hinwegtragen müßten. Jedes der Offenbach-Werke verfällt einem dieser Verdikte.[403]

Der Hintergrund solcher Urteile dürfte in Deutschland mehr noch als andernorts in den spezifischen sozialen Bedingungen zu suchen sein, die im 19. Jahrhundert die häufig eher kleinstädtisch geprägte deutsche Theaterlandschaft von der großstädtisch geprägten in Paris oder Wien unterscheiden. Solange die Operette ihre Heimat auf den Bühnen der Vorstädte findet und dort als Volkstheater wahrgenommen werden kann, wird sie geduldet. Hier ist Offenbachs Musiktheater »nicht von der Moral des klassischen Repertoires aus zu messen, sondern steht neben durchaus derben Volksstücken und Staberliaden«.[404] Auf den vielen kleineren offiziellen oder halboffiziellen Bühnen konservativ deutscher Duodezfürstentümer jedoch muss sich das großstädtisch geprägte Musiktheater Offenbachs notgedrungen schwertun. Einen bemerkenswerten Hinweis auf die komplexe Rezeption der offenbachschen Operette in Deutschland bietet im Übrigen eine Bildergeschichte aus der Feder eines der vielleicht beliebtesten deutschen humoristischen Dichter des 19. Jahrhunderts: Wilhelm Buschs 1872 erschienene *Fromme Helene*. Die Titelfigur dieser Satire auf religiöse Heuchelei und zwielichtige Bürgermoral trägt keineswegs zufällig – das dürfte Buschs Lesern sehr bewusst gewesen sein – einen Namen, der sehr stark an *Die Schöne Helena* erinnert.

* * *

Exkurs: Offenbach und Wagner

Offenbachs »art difficile de faire court et mélodieux« und Wagners »unendliche Melodie«, Offenbachs Prestissimo-Galoppaden und Wagners in feierlichem Grave einherschreitender Ernst, Offenbachs parodistische Verhöhnung alter Sagenstoffe und ihre

> philosophische Durchdringung bei Wagner, das sind nicht nur Gegensätze der Gestaltung, sondern auch der geistigen Haltung, wie sie als äußerste Pole die Möglichkeiten und den Reichtum der Musik nach 1850 umspannen.[405]

Nicht nur die Zeitgenossen der Komponisten sehen Offenbach und Wagner als Antipoden des Musiklebens, auch sie selbst empfinden dies offensichtlich so. Vor allem Richard Wagner hat immer wieder erkennen lassen, welch tiefe Abneigung er dem Schaffen seines komponierenden Kollegen gegenüber hegt. Bei einem Spaziergang in einem Dresdner Park im Jahr 1873 fühlt er sich durch ein Militärmusikkorps gestört, das Musik von Offenbach spielt. Als ihn 1875 ein Theaterausstatter fragt, ob im *Tannhäuser* das Kostüm der Venus »à la Offenbach« – also freizügig – sein solle, lässt er seinem Ärger freien Lauf. Und 1879 verbringt er eine schlaflose Nacht in Bayreuth, in der ihn das Gegacker im Hühnerhof an *Orphée aux Enfers* erinnert, das er 20 Jahre zuvor in Mainz besucht hat.[406]

> Wagner befasste sich ein Leben lang mit dem Kölner Kantorensohn und Wahlpariser, der die nie überbotene heiter-satirische, hochintelligente und im Grunde moderne Form musikalischen Unterhaltungstheaters erfunden hatte, die »Offenbachiade«, aus der die Wiener Operette hervorging. In Wagners Briefen und in Cosimas [Wagners Ehefrau] Tagebüchern kann man nachlesen, wie genau Wagner Offenbachs zunehmende Erfolge verfolgte und sie auch gegenüber Cosima immer wieder zum Gesprächsthema gemacht hat.[407]

Offenbach seinerseits hat sich allem Anschein nach wahrlich nicht so intensiv mit Wagners Schaffen auseinandergesetzt, er scheint ihn viel eher – wie viele in Frankreich – lange Zeit geradezu ignoriert zu haben. Erst als Wagner sich um 1859 bemüht, in Paris einen entscheidenden Durchbruch auf der Opernbühne zu erzielen, wird der spottende Satiriker Offenbach auf den hehren künstlerischen Anspruch des »musicien de l'avenir«, des »Zukunftsmusikers«, aufmerksam. Tatsächlich ist, als Wagner im September 1859 nach Paris kommt, seine Musik dort noch kaum bekannt. Im Januar 1860 veranstaltet der Komponist drei Konzerte im Théâtre des Italiens, bei denen unter anderem Ausschnitte aus *Tannhäuser* und *Tristan und Isolde* vorgestellt werden. Es ist aber vor allem Hector Berlioz, der mit seinen Kritiken ebendieser Konzerte ungewollt das wenig schmeichelhafte Bild des Komponisten dann noch festigt: Wagner erhebe den geradezu absoluten Anspruch, eine »Musik der Zukunft« zu schaffen. Solch eine Steilvorlage kann der stets zu Spott und Scherzen aufgelegte Offenbach nicht unkommentiert lassen – zumal sich seine Bouffes-Parisiens ja obendrein in unmittelbarer Nachbarschaft zum Théâtre des Italiens befinden, in dem Wagner seine Konzerte gegeben hatte.

Es ist also Offenbach, der im Januar 1860 den Anfang macht in diesem erstaunlichen Dialog der beiden Musiker – und zwar mit einer karnevalistisch-parodistischen Szene *Le Musicien de l'avenir,* wie sie auf den kleineren Bühnen der französischen Hauptstadt damals gang und gäbe sind, ja für den Betroffenen gar schon eine Auszeichnung – im Sinne medialer und künstlerischer Aufmerksamkeit – darstellen könnten. Dass bei *Le Musicien de l'Avenir* allerdings wohl kaum allein Wagner als Ziel des musikalischen Spotts gedacht sein kann, wird in der Musik deutlich:

> Während Offenbach im allgemeinen den Stil der parodierten Vorlage schlagend zu treffen versteht, zeigen seine Wagnerparodien von 1860 noch eine geringe Vertrautheit mit dem Wagnerschen Stil. Von einer Stilkarikatur kann kaum die Rede sein. Die kakophonische Programmsymphonie könnte weit eher als eine Parodie auf Berlioz, die Tyrolienne als eine Verulkung zeitgenössischer Salonkompositionen aufgefaßt werden.[408]

1861 schließlich münden Wagners Bemühungen, an der Pariser Oper künstlerische Anerkennung zu finden, im berühmten *Tannhäuser*-Skandal, der Komponist verlässt Paris. Offenbach seinerseits erwägt zwar 1864 eine *Tannhäuser*-Parodie innerhalb von *La Belle Hélène,* gibt diesen Plan aber – vielleicht angesichts der musikalisch eher misslungenen Wagnerparodie einige Jahre zuvor – recht schnell wieder auf. 1864 schließlich kommt es zu einer indirekten Begegnung der beiden Komponisten, als die Wiener Hofoper die bereits geplante Einstudierung von *Tristan und Isolde* aufgibt und stattdessen Offenbachs *Rheinnixen* auf den Spielplan setzt.

Einen bizarren Höhepunkt schafft schließlich im November 1870 Richard Wagner, als er unter dem Eindruck der militärischen Siege im Deutsch-Französischen Krieg *Eine Kapitulation* schreibt, ein »Lustspiel in antiker Manier«, in dem er »rücksichtslos beleidigend und sarkastisch gegenüber dem Gegner«[409] seinem Franzosenhass freien Lauf lässt. Die Handlung des Stücks selbst ist kaum sinnvoll nachzuerzählen – in ihrem Mittelpunkt steht jedoch erstaunlicherweise eben »eine Kapitulation« der deutschen Truppen vor Paris. Die Republik wird zunächst gerettet von den versammelten europäischen Armeen, die herangeeilt sind, um ihre frivolen Vergnügungen auf den Bühnen der französischen Hauptstadt durch einen Sieg der Deutschen nicht gefährdet zu sehen.

> »Ganz Europa hat interveniert und drängt freudig zu uns heran! – Da seh' ich England, Lords und Gemeine! – Da Russland, Polen und Kosaken! – Dort Spanier, Portugiesen und Juden!«
> »Und die Deutschen?«
> »Friedlich sitzen sie mitten darunter: Sie haben kapituliert, und sind selig, wieder in unsre Theater gehen zu können!«[410]

Als dann aber Ratten aus der Tiefe der Erde auftauchen und abermals die republikanische Ordnung gefährden – Wagner spielt hier eindeutig auf die Commune an –, »hört man aus dem Souffleurkasten auf einer Klapptrompete eine Offenbach'sche Melodie blasen. [...] Offenbach, immer auf der Trompete blasend, steigt mit halbem Leibe herauf«.[411] Nun wird es Offenbach sein, der Frankreich rettet. Der republikanische Politiker Jules Ferry erläutert, wie dies vor sich geht:

> Nichts kapituliert! Wir bringen euch das internationalste Individuum der Welt, das uns die Intervention von ganz Europa zusichert! Wer ihn in seinen Mauern hat, ist ewig unbesieglich und hat die ganze Welt zum Freund! – Erkennt ihr ihn, den Wundermann, den Orpheus aus der Unterwelt, den ehrwürdigen Rattenfänger von Hameln?

Nun setzt der Chor ein:

> Krak! Krak! Krakerakrak!
> Das ist ja der Jack von Offenback!
> Da draußen im Fort nicht mehr kanoniert,
> dass man nichts von der Melodie vertliert!
> O wie süß und angenehm,
> Und dabei für die Füße so recht bequem!
> Krak! Krak! Krakerakrak!
> O herrlicher Jack von Offenback![412]

Durch Offenbachs Musik verwandeln sich sodann die Ratten »in Damen vom Ballett im leichtesten Opernkostüme« – im Französischen werden die Ballettschülerinnen an der Oper nach wie vor »les rats« genannt. Wagners *Eine Kapitulation* endet schließlich in einem großen Finale, in dem der ehrwürdige Victor Hugo vor einem entfesselt tanzenden Chor seine philosophischen Verse rezitiert. »Während Offenbach dem Orchester das Zeichen gibt, teils mit der Trompete dirigiert, teils die Hauptstellen in grellen Variationen selbst bläst«, singt der Chor:

> Dansons! Chantons!
> Mirliton! ton! ton!
> C'est le génie de la France
> Qui veut qu'on chante et qu'on danse![413]

In Wagners Polemik vermischen sich augenscheinlich die Ebenen. Offenbach wird für Wagner angreifbar als frivoler Franzose, als abtrünniger Deutscher und als das

»internationalste Individuum«. Als solches ist Offenbach der geradezu typische Vertreter des »Französischen«, der Vertreter

> einer Kultur, die, ohne jede nationale Ursprünglichkeit, Fremdes in sich aufsauge und als original verkläre, was ihr schließlich, in Wagners halsbrecherischer Dialektik, zu jener Attraktivität verhelfe, die eben die anderen Kulturen wieder anziehe.[414]

* * *

Als »internationalstes Individuum« wird Offenbach nicht nur als Franzose, sondern auch als Jude, als der er ja 1819 in Köln geboren wurde, getroffen. In dem Jahr, in dem *Les Brigands* einerseits und *Die Meistersinger von Nürnberg* andererseits uraufgeführt werden – im Jahr 1869 –, veröffentlicht Wagner eine Neuauflage seines bereits 1850 erschienenen antisemitischen Aufsatzes *Das Judenthum in der Musik*. Darin greift dieser den Topos des heimat- und vaterlandslosen Judentums auf:

> Der Jude spricht die Sprache der Nation, unter welcher er von Geschlecht zu Geschlecht lebt, aber er spricht sie immer als Ausländer. [...] Unsre ganze europäische Zivilisation und Kunst ist aber für den Juden eine fremde Sprache geblieben; denn, wie an der Ausbildung dieser, hat er auch an der Entwicklung jener nicht teilgenommen, sondern kalt, ja feindselig hat der Unglückliche, Heimatlose ihr höchstens nur zugesehen. In dieser Sprache, dieser Kunst kann der Jude nur nachsprechen, nachkünsteln, nicht wirklich redend dichten oder Kunstwerke schaffen.[415]

Darüber hinaus kommt der in Paris zu Ruhm gekommene Kantorensohn aus Köln nun in Wagners Essay zur zweifelhaften Ehre, als Beispiel für »jede neue Kalamität« genannt zu werden, die »à la Offenbach über das deutsche Kunstwesen« hereinbreche[416]. Offenbach muss diese Art der Argumentation bekannt sein, hat er sie doch in Frankreich von verschiedenen Seiten immer wieder erleben dürfen, nur eben unter umgekehrten nationalen Vorzeichen. Allerdings – darauf weist der amerikanische Theaterhistoriker Laurence Senelick hin – findet sich doch ein großer Unterschied in der öffentlichen Darstellung Offenbachs dies- und jenseits des Rheins, wenn man die unzähligen Offenbach-Karikaturen in die Analyse einbezieht:

> Französische Karikaturen sparen Offenbachs Nussknacker-Profil und seine schlaksige Gestalt keineswegs aus, zeigen ihn aber stets triumphierend, bekrönt, mit Orden behängt, von körperlosen Händen beklatscht (»die begeisterte Öffentliche Meinung«). Deutsche Karikaturen betonen seine »semitischen Eigenschaften« und nehmen keinerlei Bezug auf sein Talent.[417]

Ein besonders markantes Beispiel für eine solche Karikatur erscheint 1876 in der Leipziger Zeitschrift *Puck.* Auf einem Ast sitzend ist Offenbach als Affe dargestellt. Der beigefügte Text erläutert:

> Der semitisch-musikalische-akrobatische Gorilla (Simia Affenbach), welcher auf dem Vorhang des Friedrich-Wilhelmstädtischen Theaters das Publicum lange angrinste, war seiner Zeit die Freude aller Operettenthiergärten, in denen er durch seine oft drolligen Töne alle musikalischen Kinder ergötzte. Er ging zwar auf alle musikalischen Vieren, hatte aber doch auch, wenn man ihn bei der Laterne von »Fortunios Lied« betrachtete, musikmenschähnliche Momente. Obgleich in Köln geboren, ist er doch in Paris gezüchtet, woselbst ihn die »schönen Helenen, Genoveven und Weiber von Georgien« an seinem »Blaubart« krabbeln. Gegenwärtig ist er, da sich die Welt inzwischen viele andere Affen gekauft hat, etwas außer Mode gekommen.[418]

* * *

Einige Jahre hiernach wird sich Offenbach, wenige Monate vor seinem Tod, mit einem schlicht *Wagner* betitelten Artikel zu Wort melden. Als es im November 1879 in der spanischen Provinz Murcia zu verheerenden Überschwemmungen kommt, nutzen eine Reihe großer französischer Tageszeitungen den Anlass, ihr ansonsten eher konservatives, auf jeden Fall aber wenig sozial orientiertes Image aufzubessern. Sie veröffentlichen im Dezember eine gemeinsame Sondernummer ihrer jeweiligen Zeitungen, *Paris-Murcie,* zu der »le Tout-Paris« – also alles, was in Paris damals Rang und Namen hat – unentgeltlich kleinere Artikel beisteuert. Der so erwirtschaftete Gewinn soll den Opfern der Überschwemmungen im fernen Spanien zugutekommen.

Auch Offenbach gehört neben Victor Hugo, Alexandre Dumas, Sarah Bernhardt oder Émile Zola zum erlesenen Kreis dieser Prominenten. Den Artikel, den er auf diese Art und Weise ein Dreivierteljahr vor seinem Tod verfasst, kann man heute durchaus als eine Art Vermächtnis lesen. Über 20 Jahre nach dem Operettenwettbewerb von 1856, als er schon einmal ein ästhetisches Credo formuliert hat, »zieht Offenbach [noch einmal] engagiert für sein Ideal zu Felde: die melodiegesättigte, angeblich ›kleine‹ Musik«.[419] Offenbach hat immer eine große Sympathie für junge Komponisten gehegt – er weiß nur allzu gut um deren Schwierigkeiten, sich einen Namen zu machen. Schon deshalb, so macht er deutlich, werde er sich »hüten, in irgendeiner Weise unsere jungen Meister zu kritisieren«.[420] Allerdings, so stellt er nunmehr im Lichte seiner Erfahrungen fest, würden sie heute alle »von diesem Medusenkopf paralysiert, der ihnen als Zielpunkt dient: dem von Richard Wagner«.

Offenbach zollt dem Kollegen den angebrachten handwerklichen Respekt, er weiß um Wagners Qualitäten als Komponist. Woran er sich dagegen stößt, ist der geradezu messianische Anspruch, den Wagner als vermeintlicher Neuerer erhebt:

> Dieser Neuerer steckt in einem absolut klassischen Schlamm. Er kennt von Grund auf die Altmeister, die fruchtbaren Meister: Händel, Bach und vor allem Gluck. Ich beglückwünsche ihn dazu. Ohne ihnen etwas zu entnehmen, hat er sich mit ihnen vollgesaugt.

Vor allem aber stößt sich Offenbach auch an der kunstreligiösen Heilserwartung, die viele gerade junge französische Künstler Wagner gegenüber haben. Schon 1860 hat der Schriftsteller Charles Baudelaire in einem stark rezipierten Artikel die Musik des Komponisten als »ein spirituelles Ereignis, eine Offenbarung« beschrieben und nach 1876 unternehmen viele junge Franzosen – ungeachtet der politischen Verwerfungen mit dem Deutsch Reich – regelrechte »Wallfahrten« nach Bayreuth.

Es ist vor allem dieser um sich greifende »wagnérisme«, der Offenbach suspekt ist. Er kritisiert, die jungen Musiker hielten »diese mächtige Persönlichkeit für das Haupt einer musikalischen Denkschule«, genau dies sei Wagner aber eben nicht:

> Wagner und seine Adepten vertreten, so sagt man uns, die »Zukunftsmusik«. Welche Dauer geben sie dieser Zukunft? Jetzt ist es bald fünfunddreißig Jahre her, dass *Tannhäuser* und *Lohengrin* ihren rechtmäßigen Erfolg gehabt haben. Wo ist ihre Nachkommenschaft? Was haben sie erzeugt? Wäre Wagner das Haupt einer Denkschule, dann würde seine Schule in voller Blüte stehen. Ich kenne eine Anzahl von Komponisten, die er verwirrt hat, keinen, den er inspirierte. Nein, Wagner ist nicht das Haupt einer Schule.

21 Enthüllung von Jacques Offenbachs Büste im Théâtre des Variétés. Stich von Édouard Detaille für das Programmheft zur Gedenkfeier am 18. November 1880.

1880

»On est grand par l'amour, et plus grand par les pleurs«
(Les Contes d'Hoffmann, Finale)

Offenbachs Pläne zu einer Oper auf den Stoff von *Les Contes d'Hoffmann* werden zum ersten Mal öffentlich im Jahr 1873, als er ein entsprechendes Werk für das gerade neu unter seiner Leitung stehende Théâtre de la Gaîté in der Presse ankündigen lässt. Die romantisch-bizarre Geschichte um den Dichter, der sich in seinen eigenen Erzählungen verfängt, findet somit in Offenbachs Gesamtschaffen zunächst ihren Platz im Zusammenhang mit den Feerien, die der Komponist für besagtes Theater schreibt. Als er aber eben hier als Theaterdirektor scheitert, gibt er sein kompositorisches Vorhaben offensichtlich nicht auf, sondern versucht, die Opéra Comique für den hoffmannesken Stoff zu gewinnen. In den nächsten Jahren wird das Projekt immer wieder von Offenbach aufgegriffen, der Stoff scheint mehr und mehr an Bedeutung zu gewinnen. Dafür spricht nicht zuletzt, dass Offenbach die Arbeit konsequent weiterverfolgt, obwohl er über weite Strecken nicht weiß, ob oder wo ein solches Werk gespielt würde, und obwohl er bei seiner Arbeit mehr und mehr von Gichtanfällen heimgesucht wird. Aus dem für 1878 geplanten Vorhaben, das Stück an der nunmehr als »Théâtre-National-Lyrique« firmierenden Gaîté auf die Bühne zu bringen, wird nichts. Der Kapellmeister und Theaterdirektor Albert Vizentini – dem Offenbach ja nur wenige Jahre zuvor in einer vergleichbaren Situation die Leitung ebendieses Hauses übergeben hatte – befindet sich in so großen finanziellen Schwierigkeiten, dass er am 11. Februar 1879 seinen Bankrott erklären muss. Kurz darauf allerdings keimt wieder Hoffnung, als anlässlich der deutschsprachigen Erstaufführung von *Madame Favart* in Wien im Februar 1879 der Direktor des dortigen Hoftheaters, Franz Jauner, eine Aufführung von *Les Contes d'Hoffmann* an seinem Haus zusagt. Geplagt von der Gicht zieht sich Offenbach im Frühjahr 1879 in das Hotel Pavillon Henri IV in Saint-Germain-en-Laye vor den Toren der französischen Hauptstadt zurück, um dort das Werk voranzubringen. Zu den gesundheitlichen Schwierigkeiten kommen auch menschliche hinzu, die deutlich in Offenbachs Briefen an seine Frau Herminie anklingenn:

> Es ist acht Uhr abends. Ich bin allein. Mutterseelenallein. Halévy diniert heute in Paris. Ich habe den ganzen Tag an meinen *Erzählungen* gearbeitet. Barbier ist für ein paar Stunden herausgekommen, um mit mir zusammen einiges zu überarbeiten. Ich habe ihm verschieden Sachen aus meiner Partitur zu Gehör gebracht. Ihm kamen dabei die Tränen, und er hat mich vor Entzücken umarmt. Und – ich bin sehr zufrieden mit dem Geleisteten. Ich werde nachher gleich an Roques von den Bouffes schreiben, damit ich auch Dir am Freitag vor dem Essen drei oder vier fertige Stücke vorführen kann. Diejenigen Mitglieder *der Familie,* die der kleinen Darbietung beiwohnen wollen, brauchen nur ein bisschen früher zu erscheinen. Du kannst sie verständigen. Ich glaube, Du wirst sehr zufrieden mit mir sein, und ich hoffe, dass meine Arbeit auch den Beifall meines Sohnes finden wird.[421]

Um das Verhältnis Offenbachs zu seinen Töchtern steht es zu diesem Zeitpunkt, dem Brief nach zu urteilen, eher schlecht. Scheinbar unbeeindruckt davon komponiert Offenbach weiter – und so findet am Sonntag, dem 18. Mai 1879, eine bemerkenswerte Soiree in Offenbachs edler Wohnung am Boulevard des Capucines statt. Knapp 300 (!) ausgewählte Gäste begrüßt Herminie Offenbach zu einem Abend, an dem von Sängerinnen und Sängern der Opéra Comique ausschließlich Ausschnitte aus Offenbachs in Arbeit befindlichem neuem Werk gegeben werden:

N° 1. – Chœur des Esprits invisibles; Scène de la Muse (acte I).
N° 2. – Scène et duo du reflèt: Giulietta, Hoffmann (acte IV).
N° 3. – Trio des yeux: Hoffmann, Nicklause [sic!], Coppélius (acte II).
N° 4. – Rêveries: Antonia (acte III).
N° 5. – a) Chœur des étudiants.
b) Entrée d'Hoffmann et Klein-Zach.
c) Légende de Klein-Zach.
d) Vision du passé.

Hoffmann, Nicklause, Lindorf, Luther, Nathaniel, Wolfgang (acte I).
N° 6. – Barcarolle à deux voix: Giulietta, Nicklause (acte IV).
N° 7. – Chant et mort d'Antonia: Antonia, Voix de la tombe, docteur Miracle. – (Finale de l'acte III.)
N° 8. – Couplets à boire: Dapertutoo (acte IV).
N° 9. – Apothéose, quatuor et chœur: Hoffmann, Lindorf, Giulietta, la Muse.[422]

Anwesend sind nicht nur Journalisten und Freunde des Komponisten, sondern alles, was in Paris Rang und Namen besitzt. Vor allem aber befindet sich unter den Gästen auch der Leiter der Opéra Comique, Léon Carvalho. Erklärtes Ziel des Abends ist es, eben diesen davon zu überzeugen, Offenbachs neues Stück zu spielen – was auch gelingt, Carvalho sagt wenige Tage nach diesem bemerkenswerten Abend eine entsprechende Aufführung zu. Die private Vorstellung wird in der Presse ausführlich besprochen, die Musik wird in den höchsten Tönen gelobt. Zwar ereilt den Komponisten am Abend nach den Mühen der Vorstellung ein neuerlicher Gichtanfall, aber das Wichtigste ist doch erreicht: Offenbach hat eine feste Zusage der Leitung der Opéra Comique für die Übernahme seines neuen Stückes erhalten, die Öffentlichkeit ist mehr denn je neugierig auf *Les Contes d'Hoffmann,* zumal die Kritiken jetzt schon einen gewaltigen Erfolg prophezeien.

* * *

Im Jahr 1810 erschien Madame de Staëls *De l'Allemagne*.[423] Die Schriftstellerin und Salonière, Tochter des unglücklichen letzten Finanzministers Ludwigs XVI., war aufgrund antinapoleonischer Umtriebe vom Kaiser aus Paris verbannt worden und hatte daraufhin mehrmonatige Reisen durch das winterliche Deutschland unternommen. Obgleich ihr Werk zunächst nur außerhalb von Frankreich, in London, erscheinen konnte, wurde ihr Buch zu einem der einflussreichsten Werke der französischen Literatur des 19. Jahrhunderts. Es war Madame de Staël, die über ihr Werk die Franzosen mit Goethe, Schiller, Wieland, Schelling, Kant, Hegel oder Humboldt bekannt machte – und sie prägte die französische Sicht auf die östlichen Nachbarn für die nächsten Jahrzehnte entscheidend. Wälder, Berge, Städtchen und Dörfer, die unverständliche Sprache, die schwerfällige Trägheit, die schrullige Ungeschicktheit, »eine eigentümliche Stille und Verschlossenheit« – dem ersten Anschein nach haben Land und Leute jenseits des Rheins wenig zu bieten. Abgeschirmt von der ach so fremden Außenwelt und eingehüllt in die geliebte Einsamkeit – die Leute, so Madame de Staël, säßen am liebsten am Ofen in »einer schweren, warmen Atmosphäre« aus Bierdunst und Tabaksqualm und trauten sich nicht nach draußen – würde hier eine Innerlichkeit gepflegt, die das Land jenseits des Rheins zur »Heimat des Denkens« habe werden lassen. Und, nicht zu vergessen: »Beinahe alle verstehen sich auf Musik.« Wenn Madame de Staëls Werk so wirkungsmächtig wurde, dann vielleicht auch, weil es die deutsche Wirklichkeit der ersten Hälfte des 19. Jahrhunderts so gut zu beschreiben schien: rauschende Höhenflüge hier, heimelige Gemütlichkeit dort. Ausgerechnet aus dieser biedermeierlich kleingeistigen Enge des Vormärz kamen nun Goethes Faust, Beethovens Neunte oder auch Hoffmanns Erzählungen nach Frankreich.

E. T. A. Hoffmanns fantastische Erzählungen erschienen seit 1828 in französischen Übersetzungen – und sie fügten sich genau in das romantische Bild ein, das man von Land und Leuten jenseits des Rheins in Frankreich haben musste. Hoffmanns Erzählungen spielen zumeist in nachtschwarzen Dörfern oder Städtchen, in denen kauzige Sonderlinge unermüdlich und beständig ihren bizarren Neigungen und Studien nachgehen – wie etwa der Geigen zerschneidende Rat Krespel oder Professor Spalanzani, der jahrzehntelang die singende und tanzende Olympia konstruiert und sich schließlich von ihr in den Wahnsinn treiben lässt. Überall verschwimmen die Grenzen zwischen den Welten, zumal wenn, wie beim exzentrischen Kapellmeister Johannes Kreisler, die romantischste aller Künste, die Musik, im Spiel ist. Auch Hoffmann selbst schien geradezu der Welt seiner Bücher zu entspringen. Als übermütiger Kapellmeister im beschaulichen Bamberg scheiterte er an seinem künstlerischen Ego. Als wenig pflichtbewusster preußischer Beamter zechte er allabendlich in seiner Stammkneipe, um der fantasielosen Welt der Akten zu entkommen. Und als bereits todkranker Mann wurde ihm vom preußischen Polizeiministerium noch der Prozess gemacht.

Es war also nur folgerichtig, dass er recht bald selbst zur literarischen Figur erhoben wurde. So verfasst im Jahr 1849 Alexandre Dumas père eine lange fantastische Erzählung, *La femme au collier de velours (Die Frau mit dem Samthalsband),* in der neben dem Protagonisten Hoffmann weitere Gestalten aus dessen literarischem Universum auftauchen: Antonia, die im ausdrücklichen Gegensatz zur gleichnamigen Tochter des Rats Krespel sich als Sängerin behauptet, und ihr Vater, der Theaterkapellmeister Gottlieb Murr, der wohl nicht zufällig den Namen von Hoffmanns Kater trägt. Vor allem aber machen kurz nach dem Erscheinen von Dumas' Roman die Theaterautoren Jules Barbier und Michel Carré 1851 mit ihrem »drame fantastique« *Les Contes d'Hoffmann* den deutschen Schriftsteller endgültig zur literarischen Figur. Auf der Bühne des Théâtre de l'Odéon ist es Hoffmann selbst, der aus seinem gelebten Leben Theater macht und aus seiner gescheiterten Liebe zu Stella drei Frauenfiguren – Olympia, Antonia, Giulietta – erwachsen lässt. Alle seit Madame de Staël wirksamen Bilder werden bedient: Hoffmann verkehrt in einer urdeutschen Gastwirtschaft; der Wirt mit Namen Luther verweist nicht nur auf den deutschesten aller Deutschen, sondern auch auf Hoffmanns tatsächliche Stammkneipe in Berlin, Lutter und Wegner. Vor einem gewaltigen Weinfass mit der erstaunlichen Aufschrift »Zum Nürnberger Faß« und vor einem ebenso gewaltigen Ofen breiten sich Bierdunst und Tabaksqualm aus Pfeifen aus. Hoffmann zecht und erzählt die drei Geschichten seiner gescheiterten Liebe. Wem genau er diese erzählt, bleibt allerdings unklar, denn Hoffmann bleibt in seinen Erinnerungen gefangen. Kommunikation misslingt, mehr als den Menschen gilt seine Liebe einem Automaten, Olympia. Schließlich lassen ihn am Schluss seine Zuhörer auf der Bühne allein zurück. Es ist diese selbstgenügsame Einsamkeit – aus französischer Sicht die bereits bei Madame de Staël beschriebene deutsche Innerlichkeit –, die Hoffmann letztlich zur tragischen Figur werden lässt.[424]

Der Musikwissenschaftler Sieghart Döring bemerkt zu Recht, dass Offenbachs Vorlage, das Schauspiel von 1851, pariserisch gedacht werden muss:

> Barbier und Carrés Hoffmann ist trotz deutschem Ambiente der Typ des zeitgenössischen Pariser Außenseiter-Intellektuellen: »échappé de Bohème« nennt ihn der Bourgeois Lindorf verächtlich, also einen Vertreter jenes bizarren Randbereichs der Kunstszene, der sich gerade in diesen Jahrzehnte herauszubilden begann und dem das Phänomen bis heute seinen Namen verdankt.[425]

Und so schließt sich vielleicht auch für Offenbach ein Kreis, als er am Ende seines Lebens in der Figur des Hoffmann eben nicht nur den deutschen Künstler, sondern auch den französischen Bohemien auf die Bühne bringt. Beides sind Figuren, die Offenbach gut kennt – man denke nur an Offenbachs erste Wohnung in der Rue des Martyrs, in der der deutsche Musiker mit seinen Freunden ein Bohemeleben führte. Und beide sind Außenseiter – eine Rolle, mit der Offenbach zeitlebens klarkommen musste.

Nach dem Deutsch-Französischen Krieg, dem Aufstand der Commune und vor allem der Annexion von Elsass-Lothringen durch das neu entstandene deutsche Kaiserreich verändert sich das Verhältnis des traumatisierten Frankreich zu Deutschland radikal. Das ›gute‹ Deutschland, das Land der Dichter und Denker, der Weinfässer und Butzenscheiben, hat sich für viele in ein ›böses‹ Deutschland verwandelt, ein autoritäres Reich mit Bismarcks Pickelhaubes und Krupps Kanonen. Als sich Offenbachs Pläne für die Opernversion der *Contes d'Hoffmann* konkretisierten, ist das Bild der tiefsinnigen Deutschen, die sich am liebsten mit Philosophie, Literatur und Instrumentalmusik beschäftigen, eigentlich endgültig überholt. Trotzdem – oder jetzt erst recht? – bedienen Barbier und Offenbach in den *Contes d'Hoffmann* genau nicht das »böse« Deutschland, das so tatkräftig die europäische Landkarte verändert hat, sondern das »gute« Deutschland, das »tatenarm und gedankenvoll« (Friedrich Hölderlins Gedicht *An die Deutschen*) ist.

Erster Akt. In Lutters Weinstube preist die Muse singend den Rausch, den die Geister des Weins und des Bieres schenken – anschließend verwandelt sie sich in Nicklausse, um dem Dichter Hoffmann bei seinen Liebesabenteuern zu Hilfe eilen zu können. Dieser zecht in der Weinstube mit Studenten, um seinen Kummer über die furchtbaren Launen der von ihm verehrten Sängerin Stella im Alkohol zu ertränken; Stella tritt zu diesem Zeitpunkt im benachbarten Theater in Mozarts *Don Giovanni* auf. Hoffmanns Rivale, der diabolische Lindorf, ist fest entschlossen, die Liebe des Dichters und der Sängerin zu zerstören. Als Hoffmann das Lied von Kleinzack singt, verliert er sich immer mehr in die Traumwelt seiner unglücklichen Liebschaften. Schließlich beginnt er zu erzählen.

Zweiter Akt: Olympia. Der Physiker Spalanzanis bereitet ein großes Fest zu Ehren seiner Tochter Olympia vor – tatsächlich eine lebensgroße, wunderschöne mechanische Puppe, die Spalanzano selbst geschaffen hat. Hoffmann kommt dazu, er will die berühmte Olympia kennenlernen. Er trifft auf den dubiosen Coppelius, der einst Spalanzani Augen für Olympia verkauft hatte und von dem Hoffmann nun eine Brille erwirbt, die alles, was er sieht, ins Ideale verklärt. Dank dieser Brille und trotz Nicklausses Warnungen verliebt sich Hoffmann in Olympia. Als Olympia den skurrilen Gästen nun ein Lied vorsingen soll, stockt sie gleich zweimal, da ihre Mechanik neu aufgezogen werden muss. Doch Hoffmann bemerkt nichts und gesteht ihr mit einer leidenschaftlichen Romanze und in einem berauschenden Walzer seine Liebe. Mittlerweile hat Coppelius bemerkt, dass Spalanzani ihn bei der Bezahlung für Olympias Augen betrogen hat – wutentbrannt zerstört Coppelius die Puppe Olympia. Hoffmann steht vor den Scherben seiner Leidenschaft.

Dritter Akt: Antonia. Die Tochter des Rates Crespel, Antonia, hat eine wunderschöne Stimme. Allerdings ist ihre Mutter verstorben, weil sie an einer seltenen Krankheit litt, die durch das Singen ausgelöst wurde. Hoffmann und Antonia sind glücklich verliebt – was der gespenstische Doktor Mirakel, der schon Antonias Mutter zu Tode kuriert hatte, mit Missfallen sieht. Er lässt Antonia glauben, ihre Mutter würde aus dem Jenseits zu ihr sprechen und sie zum Singen auffordern. Als die Tochter tatsächlich zu singen anfängt, stirbt sie – während der diabolische Doktor mit seiner Geige im Erdboden verschwindet. Hoffmann ist verzweifelt.

Vierter Akt: Giulietta. Während Nicklausse und Giulietta im nächtlichen romantischen Venedig mit einer Barkarole die Liebe besingen, feiert Hoffmann dagegen in einem Trinklied den Genuss des Weins. Als Schlemihl, der Mann ohne Schatten, auftritt, überredet Giulietta alle Anwesenden zum Kartenspiel. Da erscheint der diabolische Dapertutto, der mit einem zauberhaft funkelnden Diamanten sofort Giulietta fasziniert. Diesen dürfe sie haben, wenn sie ihm Hoffmanns Spiegelbild bringe, wie sie ihm ja bereits Schlemihls Schatten besorgt habe. Inzwischen kommt es beim Kartenspiel zum erbitterten Streit zwischen

Schlemihl und Hoffmann, den Giulietta durch ihren zauberhaften Gesang noch dazu anstachelt. Schließlich tötet Hoffmann seinen vermeintlichen Rivalen im Duell um die Gunst Giuliettas. Nach wie vor von seiner bedingungslosen Liebe geblendet, überlässt Hoffmann der hübschen Venezianerin schließlich sein Spiegelbild. Kaum hat sie dieses erhalten, verspottet Giulietta jedoch den Dichter. In seiner Verzweiflung ersticht Hoffmann Giuliettas Narren Pitichinaccio – den einzigen Mann, den die Kurtisane jemals geliebt hat.

Fünfter Akt. Wieder in Lutters Weinstube singen die Studenten ein trauriges Lied über die Liebe, während Hoffmann betrunken die Erzählung von Kleinzach zu Ende bringt. Als Stella nach der Vorstellung des *Don Giovanni* erscheint, weist Hoffmann sie ab. Die Muse – mittlerweile wieder in ihrer Ursprungsgestalt – triumphiert: »On est grand par l'amour et plus grand par les pleurs!«

Offenbachs letztes großes Bühnenwerk ist von seiner Entstehung an von schaurig dunklen Legenden begleitet – aber vor allem auch »von Umständlichkeiten, Hindernissen und Unglücken beeinträchtigt, von Inkompetenzen und Eitelkeiten, Todesfällen und Katastrophen«.[426] Dies mag gewissermaßen auch, ganz im romantischen Sinne, zur Bekanntheit und Beliebtheit des Werkes auf den großen Bühnen der Welt beigetragen haben, hier

> kommen die romantische Affinität zum Unvollendeten (des Werkes), der ehrfürchtige Schauder vor der persönlichen Tragik (des Komponisten) und die reizvolle Spannung detektivischer Dokumentensuche (der aufgeregten Nachwelt) zusammen und schaffen dem Bühnendrama ein Gegenstück in der Realität. Und der interessierte Betrachter kann, wenn er will, an beiden teilnehmen – E. T. A. Hoffmann hätte es nicht besser erfinden können![427]

Wie es sich für solch eine zutiefst romantische Erscheinung wie *Les Contes d'Hoffmann* gehört, ranken sich unzählige Legenden um das Werk, angefangen bei der nach wie vor wohl meistverbreiteten, *Les Contes d'Hoffmann* – oder *Hoffmanns Erzählungen* – sei Offenbachs einzige Oper. Mit dieser scheinbaren »Einzigartigkeit« korreliert auch das geradezu sentimentale Märchen, Offenbach habe erst am Ende seines Lebens, im Angesicht des Todes, den Mut aufgebracht, der billigen Frivolität seiner Operetten die künstlerische Authentizität eines »ernsten« Werkes entgegenzusetzen, was sich dann auch in der kompositorischen Qualität zeige. Wer Offenbachs Œuvre kennt, braucht diesen nach wie vor in Programmheften und Schulbüchern herumgeisternden Unfug wahrlich nicht weiter zu kommentieren.

Ein bisschen seriöser wirken da schon die Erzählungen, die mit den komplizierten Entstehungsumständen des Werks zu tun haben. So wird etwa kolportiert,

Offenbach habe lediglich einen mit Instrumentationsangaben versehenen Klavierauszug zu *Les Contes d'Hoffmann* hinterlassen. Tatsächlich liegt keine autographe Reinschrift aus Offenbachs Feder vor – was allerdings nichts Ungewöhnliches bei Offenbach ist. Notierte er doch üblicherweise seine kompositorischen Ideen auf großformatigen Notenblättern mit der Gesangsstimme ganz oben und einer knapp skizzierten Klavierbegleitung ganz unten auf der Seite und instrumentierte erst in einem weiteren Arbeitsschritt, und zwar dann gleich in der Reinschrift durch Kopisten. Vor dem Hintergrund dieser Arbeitsweise wird die Frage, ob und, wenn ja, in welchem Ausmaß Offenbach persönlich noch *Les Contes d'Hoffmann* orchestriert hat, vermutlich nie vollständig zu klären sein. Ähnlich kompliziert verhält es sich mit zwei weiteren, einander geradezu widersprechenden Legenden. Einerseits heißt es, Offenbach habe sehr wohl *Les Contes d'Hoffmann* bis zum letzten Takt zu Ende komponiert, andererseits wird immer wieder behauptet, er habe sie als Torso hinterlassen.

> Beide Legenden sind, jede für sich genommen, falsch. Denn wahr ist einerseits, dass Offenbach alle notwendigen Musiknummern, die er für die Uraufführung an der Opéra-Comique brauchte, fertiggestellt hatte. Insofern war die Oper vollendet. Wahr ist aber auch, dass ca. ⅔ der Rezitative, die für die Bühnen in Deutschland und Italien gebraucht wurden, in den Akten II–V noch fehlten – an der Opéra-Comique wurden traditionell gesprochene Dialoge benutzt. Wahr ist außerdem, dass Offenbach seine Werke immer erst unter den Bedingungen der eigentlichen Probenarbeit fertigstellte, manchmal gar erst nach den Erfahrungen der Premiere. Diese Art der Fertigstellung des Werkes war in vollem Gange, als er starb. Insofern war die Oper bei seinem Tode unvollendet.[428]

Festzuhalten bleibt mit Blick auf die Entstehungsgeschichte von *Les Contes d'Hoffmann,* dass die für die Uraufführung angedachten Bühnen mehrfach wechselten und damit auch die jeweilige Konzeption der Oper im Hinblick etwa auf Stimmfächer oder die Frage der Verwendung von Rezitativen: Aus der großen fünfaktigen Feerie mit Rezitativen für das Théâtre de la Gaîté bzw. das Théâtre-National-Lyrique wurde 1875 zunächst eine Opéra Comique mit gesprochenen Dialogen, wobei zunächst die Titelrolle beide Male einem Bariton zugedacht war. Als im Februar 1879 eine Uraufführung an der Wiener Hofoper wahrscheinlich wurde, mussten doch wieder Rezitative dazukomponiert werden, denn die Hofoper spielte ausschließlich durchkomponierte Werke. Schließlich, nach dem Hauskonzert in Offenbachs Wohnung im Mai 1879 und Carvalhos Zusage, das Werk an der Opéra Comique uraufzuführen, ging es nicht nur zurück zu gesprochenen Dialogen – vor allem mussten die Titelrolle für einen Tenor und die vier Frauenrollen für eine einzige Sopranistin umgeschrieben werden. Doch, nicht genug der Irrungen und Wirrungen: Trotz – oder wegen? – dieser an sich schon chaotischen Vielfalt an Konzeptionen und Fassungen veröffentlichte Offenbachs Verleger Choudens zwischen 1881 und 1910 nicht weniger als sieben Klavierauszüge, fünf Textbücher und zwei Partituren samt anhängigem Orchestermaterial, »die sich allesamt untereinander widersprachen, aber eine Gemeinsamkeit hatten: nämlich mehr oder weniger weit von Offenbachs Intentionen entfernt zu sein«.[429]

Sehr bald nach der Uraufführung – sie fand erst nach Offenbachs Tod statt, am 10. Februar 1881 in der Opéra Comique – bildete sich so ein Mythos um *Les Contes d'Hoffmann,* der sich auf eine geradezu hoffmannesk schaurige Weise vom Werk löste und ein Eigenleben entwickelte. Es schien sich ein Fluch nun gegen den »Jettatore« Offenbach und gegen sein letztes, »einzig« ernstes Werk zu wenden. War die deutschsprachige Erstaufführung von *Hoffmanns Erzählungen* am 7. Dezember 1881 am Wiener Ringtheater noch ein grandioser Erfolg, so endete die zweite Aufführung tags darauf in einer der tragischsten Katastrophen der Theatergeschichte. Noch bevor der Vorhang sich heben konnte, geriet aus den Leuchten hinter der Bühne ausströmendes Gas in Brand, das Feuer breitete sich rasend schnell auf Bühne und Zuschauerraum aus. Das Theater brannte bis auf die Grundmauern aus, am Schluss waren mindestens 384 Tote zu beklagen:

> Nun ist die glänzende Première vom 7. Dezember 1881 zum grauenvollen Requiem des Ringtheaters geworden und die »lange Reihe von Wiederholungen«, die man ihr prophezeite, hat sich in eine lange Reihe von Leichenwagen verwandelt.[430]

* * *

Den Sommer 1880 verbringt Offenbach in Saint-Germain-en-Laye, wo er sich, umgeben von seinen Freunden Meilhac, Halévy und Albert Wolff, im Hotel Pavillon Henri IV eingemietet hat und an *Les Contes d'Hoffmann* weiterarbeitet. Ab und zu, am Wochenende, erhält er Besuch von seiner Tochter Mimi und von seinem Sohn Auguste. Zu einer Reise zu seiner Familie nach Étretat ist er gesundheitlich offensichtlich nicht in der Lage. Anfang August schreibt er an seine Tochter Pépita:

> Ich werde mich also in aller Ruhe im Boulevard-des-Capucines-House [sic!] einrichten, das wird günstiger sein. Es tut mir leid, aber ich darf nicht nach Étretat kommen; weder Deine Mutter noch ich wären ruhig in den wenigen Tagen, die ich dort verbrächte. Ich habe mit Lamarre [Offenbachs Arzt] darüber gesprochen, er sagte, ich wäre sehr schlecht beraten, ans Meer zu fahren. Ich sehe es ja selbst. Nachdem ich einen Tag nach Paris gefahren bin, hatte ich wieder Schmerzen und gestern und vorgestern hatte ich Fieber von 4 Uhr bis 7 Uhr. Heute morgen geht es mir besser, aber ich esse nichts. Wenn

ich unglücklicherweise nun krank werden sollte, wäre es ernsthaft eine Katastrophe. Es bereitet mir wirklich Kummer, am 13. August [dem Hochzeitstag von Herminie und Jacques Offenbach] nicht bei Deiner Mutter und bei Euch sein zu können, aber es wäre ein Wahnwitz, solch eine Reise zu wagen.

Die Sprungfeder der kleinen Gliederpuppe springt nun bei der kleinsten Bewegung heraus. Mir bleibt nur ein Monat, um den dritten Akt von *Belle Lurette* zu schreiben, die drei Akte zu instrumentieren, das Finale und den gesamten fünften Akt von *Les Contes d'Hoffmann* zu schreiben (von der Orchestrierung rede ich mal gar nicht, sie wird später kommen) und den Akt für das Théâtre des Variétés zu machen. Schaffe ich das? ... Hoffen wir's. In Paris werde ich genauso gut wie hier arbeiten; in unserer großen Wohnung ist es bei geschlossenen Fenstern nicht zu warm und, da ich nicht, oder kaum, herausgehen werde, wird es mir dort sehr gut gehen. Gestern hat Mimi mit mir zu Abend gegessen.[431]

Trotz dieser Ankündigung bleibt Offenbach aber offensichtlich den gesamten Sommer über in Saint-Germain-en-Laye. Von seiner Suite im Erdgeschoss des Pavillon Henri IV muss er zwar in das nur wenige Schritte entfernte hoteleigene Restaurant getragen werden – aber täglich um 16 Uhr kommen Wolff und Meilhac zum Kartenspiel vorbei. Beide befürchten zwar täglich, die Nachricht des Todes ihres Freundes zu erhalten, umso mehr freuen sie sich, wenn sie den Komponisten morgens am Klavier hören. Glaubt man Albert Wolff, so kündigt sich das Ende aber immer deutlicher an, selbst der Arzt sei bestürzt gewesen: »Es ist entsetzlich, in diesem vor Erschöpfung dahingerafften Körper ist ja gar nichts mehr!«[432] Lediglich wenn es um Musik geht, etwa wenn er mit seinem Sohn Auguste seine neuesten kompositorischen Entwürfe durchgeht oder wenn er Wolff Ausschnitte aus den in Arbeit befindlichen *Contes d'Hoffmann* vorspielt, kämen wieder die Lebensgeister wie ehedem zurück.

Getrieben vom nahenden Tod schöpft Offenbach offensichtlich Kraft aus dem Ehrgeiz, sein Werk zu beenden und die Uraufführung zu erleben. Als die Theater nach dem Sommer wiedereröffnen, wird Offenbachs *Belle Lurette* am Théâtre de la Renaissance angekündigt. Vor allem aber werden *Les Contes d'Hoffmann* an der Opéra Comique geprobt. Schon am 29. Juni hat Barbier den Sängerinnen und Sängern der für November geplanten Uraufführung die Handlung in einer Leseprobe vorgetragen. Am 11. September ist es Offenbach selbst, der den für die Uraufführung vorgesehenen Künstlerinnen und Künstlern im Foyer des Hauses sein Stück vorstellt – und damit den Startschuss für die Probenarbeit gibt. Zu einer weiteren Probe zwei Tage später muss der Komponist getragen werden, zu sehr hat ihn die Krankheit im Griff. Scheinbar täglich verschlechtert sich seine Situation.

Ab 25. September kann er angesichts neuerlicher Gicht- und Hustenanfälle die Wohnung nicht mehr verlassen, was ihn aber nicht daran hindert, in seinem Bett weiterzuarbeiten. Bald ist er jedoch in einem solchen Erschöpfungszustand, dass er nicht einmal mehr zu husten vermag, er ernährt sich nur noch von warmem, hochprozentigem Grog. Noch am 4. Oktober finden Leseproben statt zu einem neuen Stück, das Offenbach für das Théâtre des Variétés schreiben soll. Doch dazu wird es nicht kommen. Morgens geht es Offenbach zwar besser, er kann etwas Zeitung lesen, noch einmal die Partitur zu *Les Contes d'Hoffmann* durchsehen und sogar ein wenig essen, dann aber kommt es nachmittags zu heftigen Hustenanfällen und Schmerzen in der Brustregion. Offenbar ist er sich seines nun kommenden Endes sehr bewusst und sagt: »Ich glaube, heute Nacht wird es das Ende sein!«[433] Abends schließlich ruft die Familie mehrere Ärzte, die aber nichts mehr tun können – woraufhin die Familie einen Geistlichen kommen lässt, der Offenbach die letzte Ölung spendet. Am 5. Oktober 1880 schließlich stirbt Jacques Offenbach nach einem mehrstündigen Todeskampf gegen 3.30 Uhr in Gegenwart seiner Frau und seiner fünf Kinder.

Die Nachricht von Offenbachs Tod verbreitet sich am Morgen danach wie ein Lauffeuer. Den gesamten 5. und 6. Oktober über drängen sich Trauergäste am Boulevard des Capucines, einige dürfen in das Sterbezimmer gehen, um am Leichnam des Komponisten zu beten. Offenbach liegt auf seinem Bett, mit hageren, aber offensichtlich entspannten Gesichtszügen. In seinen gefalteten Händen hält er ein Kruzifix, zwei brennende Kerzen und zwei weiße Kränze schmücken den Kamin, ein Priester ist die gesamte Zeit im Raum. Herminie hat sich dazu entschlossen, die Trauerfeier und die Bestattung ihres Ehemannes so schnell wie möglich zu vollziehen. Zwei Tage nach dem Tod des Komponisten wird er schließlich am 7. Oktober 1880 beerdigt.

Ab neun Uhr morgens finden sich zahlreiche Freunde in Offenbach Wohnhaus ein, davor, auf dem Boulevard des Capucines, haben sich etwa 3000 Trauergäste versammelt. Am Leichenwagen befinden sich prächtige Kränze, gestiftet von den großen Bühnen Europas: neben der Opéra, der Opéra Comique, den Folies-Dramatiques, den Variétés und natürlich den Bouffes-Parisiens finden sich auch Kränze des Londoner Alhambra Theatres, von den vereinigten Brüsseler Bühnen sowie von den vereinigten Wiener Bühnen, die obendrein durch eine Abordnung vertreten sind. Dazu kommen Unmengen an Blumen und Sträußen von unzähligen befreundeten Musikern und Künstlern. Kurz vor zehn Uhr setzt sich der Leichenwagen in Bewegung. Der Trauerzug wird angeführt von Offenbachs Sohn Auguste, Charles Comte und Achille Tournal, den Schwiegersöhnen des Verstorbenen, sowie von Robert und Gaston Mitchell, seinen Schwägern. Wenige Minuten später ist die Madeleine-Kirche erreicht.

Dort kommt es zu unschönen Szenen. Zwar sind Vorkehrungen getroffen worden, um eine Überfüllung der Kirche zu verhindern – so muss man eine offizielle Trauerkarte vorweisen können, um eingelassen zu werden. Doch sowohl der Chor als auch alle Kirchenschiffe sind bereits mit Schaulustigen und Touristen gefüllt, als der Leichenzug eintrifft, gut erkennbar an ihren Städtereiseführern unterm Arm und ihrem Opernglas in der Hand. Allem Anschein nach haben nicht wenige Pariser Reiseagenturen seit zwei Tagen in großen Hotels Werbung gemacht für die Veranstaltung. Etwa eine halbe Stunde lang herrscht rege Unruhe, bevor gerade einmal um die 100 Trauergäste überhaupt noch in die Kirche gelangen können. Unter ihnen finden sich zunächst die direkten Angehörigen: der Sohn des Verstorbenen, Auguste Offenbach, dann seine Töchter und seine Schwiegersöhne mit ihren jeweiligen Familien – Herminie Offenbach wird in der Presse dagegen nicht genannt, sie scheint der Trauerzeremonie ferngeblieben zu sein. Unter den übrigen Trauergästen in der Kirche befinden sich Freunde und Kollegen wie etwa die Musiker Edmond Audran, Léo Delibes, Hervé, Charles Lecocq, Jules Massenet, Ambroise Thomas oder Jules Pasdeloup sowie Schriftsteller und Theaterleute wie Jules Barbier, Léon Carvalho, Victorien Sardou oder Jules Verne.

Das übrige »Tout-Paris« muss aufgrund der Überfüllung der Kirche in der Vorhalle, auf den Treppenstufen oder vor der Kirche stehen. Die Liste der in oder vor der Kirche dem Trauergottesdienst folgenden Gäste, die der *Figaro* vom 8. Oktober 1880 gibt, umfasst Hunderte von Namen, das »Tout-Paris«, alles, was Rang und Namen hat in der Hauptstadt: »Es war ein gewiss sehr interessantes Schauspiel, diese Menge zu betrachten, in der sich gewissermaßen hinter jedem Gesicht eine in Paris bekannte und berühmte Persönlichkeit verbarg.«[434] Zu den bereits Genannten kommen etwa Eugène Bertrand, Ernest Blum, William Busnach, Hector Crémieux, Choudens Vater und Sohn, Detaille, Gustave Doré, Draner, Philippe Gille, Ludovic Halévy, Heugel Vater und Sohn, Victor Koning, Ernest L'Épine, Henri Meilhac, Albert Millaud, Arnold Mortier, Olivier Métra, Charles Nuitter, Albert Vanloo, Mme Vizentini und Albert Wolff hinzu. Als Schauspieler sind vertreten die Herren Berthelier, Brasseur, Dupuis, Daubray, Hyacinthe, Léonce, Lassouche und Pradeau und die Damen Zulma Bouffar, Granier, Grivot, Heilbron, Judic, Schneider, Simon-Girard, Théo sowie Thérésa.

> Auf dem Place de la Madeleine waren alle Fenster mit Schaulustigen besetzt. Fahrende Händler boten in der Menge kleine Blumensträuße aus gelben und schwarzen Strohblumen an. Auf einer Terrasse im fünften Stock eines Hauses in der Rue Royale positionierte sich ein Photograph und nahm ein Bild des gesamten Platzes auf, mit dem Trauerwagen, der Kirche und der Menge. Nach einiger Zeit waren einige Gäste des unnützen Wartens auf den Stufen der Kirche überdrüssig und nutzten die Zeit der Messe für ein Mittagessen.[435]

Nach der eigentlichen, von Chören gesungenen Messe erklingen auch Ausschnitte von Werken von Offenbach, so etwa »das *Dies Iræ* und das *Agnus Dei,* die mit Fragmenten aus *Les Contes d'Hoffmann* verwoben wurden«, sowie bei der Gabenbereitung ein Orgelstück, das der Organist »über Motive aus *La Chanson de Fortunio* komponiert hat und das einen sehr starken Eindruck hinterließ«.[436] Als um kurz nach 11.30 Uhr die Messe beendet ist, wartet bereits eine Hochzeitsgesellschaft in der Sakristei. Kaum ist der Sarg durch das Kirchenportal gelangt, da stellen bereits die Kirchendiener Leitern auf, um den Trauerbehang abzuhängen.

Kurz vor zwölf Uhr schließlich setzt sich der Trauerzug wieder in Bewegung, diesmal nun zur letzten Reise. Auf dem langen Weg entlang der Boulevards – bewusst wurde ein Umweg gewählt, der an einigen Wirkungsstätten Offenbachs vorbeiführt – und schließlich hoch zum Friedhof Montmartre verkleinert sich der Trauerzug immer mehr. Am Grab selbst sind schließlich nur noch sehr wenige Gäste anwesend, unter ihnen Victorien Sardou und Albert Wolff, aber auch Hortense Schneider, die dem Trauerzug zu Fuß bis zum Friedhof gefolgt ist.

* * *

Auch wenn Offenbachs Krankheit bekannt war, so kommt die Nachricht vom Tod des Komponisten doch für viele sehr plötzlich. In den auf die Beerdigung folgenden Tagen erscheinen etliche Artikel in der Presse, die Offenbachs außergewöhnliche Popularität und Beliebtheit unterstreichen. Eine Reihe von Artikeln geht erneut auf die vergeblichen Versuche des Komponisten ein, die offiziellen Bühnen für sich zu gewinnen.

Bei der Nachricht von Offenbachs Tod werden am 5. Oktober die Proben im Théâtre de la Renaissance, wo Offenbach neues Stück *Belle Lurette* geprobt wird, unterbrochen. Nun übernimmt Léo Delibes die noch fehlende Orchestrierung der Stücke, sodass am 30. Oktober 1880 diese Opéra comique in drei Akten, Libretto von Blum, Blau und Toché, uraufgeführt werden kann.

Erster Akt. Um das Erbe seiner Tante erlangen zu können, muss der Herzog von Marly heiraten. Auf der Suche nach einer Angetrauten trifft sein Adjutant auf die junge hübsche Wäscherin Belle Lurette. Dieser schlägt ihr vor, seinen Herrn zu heiraten – sie ist davon angetan und willigt ein.

Zweiter Akt. Während der Feier auf dem herzoglichen Schloss werden Belle Lurette allmählich die tatsächlichen Beweggründe des Herzogs für die Hochzeit deutlich. Entsetzt flieht sie – mit dem nach wie vor festen Vorsatz, tatsächlich Herzogin zu werden.

Dritter Akt. Bei einem Ball der Wäscherinnen auf dem Land, an den Ufern der Seine, tritt Belle Lurette als Tänzerin auf – was den zufällig anwesenden Herzog erzürnt. Durch ihren Charme allerdings gelingt es ihr letztlich, seine Liebe zu erlangen.

Das Libretto hat Schwächen, aber angesichts der Entstehungs- und Aufführungumstände hält sich die Kritik mit allzu harten Urteilen zurück. Auch die Musik wird zwar gelobt, kann jedoch nur bedingt überzeugen. Beide leiden darunter, ein »Gemisch von Qualität und Banalität«[437] zu sein. Der Journalist Léon Kerst bringt es auf den Punkt:

> Es ist nicht schwer zu erraten: Es fehlt das wachende Auge des Meisters, dem man zwar nachsagte schlecht zu sehen, der jedoch für die Probearbeit in der Tat das beste von allen Augen hatte. Zu Lebzeiten hätte Offenbach manch ein Teil eines solch lockeren, mit zu heißer Nadel gestrickten Stückes bestimmt nicht bestehen lassen.[438]

Fünf Tage nach dem Tod seines Bruders stirbt auch Jules Offenbach am 10. Oktober 1880 – in dem Pflegeheim im Pariser Norden, in dem er seine letzten Lebensjahre verbrachte. Wenige Tage nach dem Tod der beiden einst aus Köln emigrierten Musiker, am 15. Oktober, wird in ihrer Geburtsstadt Köln nach 632 Jahren die Vollendung des Doms gefeiert. Im Mai 1881 schließlich wird auch Netta Falk, Jacques geliebte Schwester, in Köln sterben – und somit kein Mitglied der Familie Offenbach mehr in Köln leben. Scheinbar niemand kommt dort damals auf die Idee, den in Köln geborenen Komponisten zu würdigen. In Paris dagegen findet am 18. November 1880 eine große Feierstunde zu Ehren des verstorbenen Komponisten im Théâtre des Variétés statt, ausgerichtet von der Zeitung *Le Figaro*. Vor einem vollständig ausverkauften Saal treten auf einer von Blumen übersäten Bühne etliche Weggenossen des Komponisten auf – Zulma Bouffar, Anna Judic, Delphine Ugalde, Brasseur, Dupuis. Nach der Pause kann Hortense Schneider zwar, überwältigt von ihren Gefühlen, nicht wie geplant das »Air de la lettre« aus *Le Périchole* singen. Der Chor der Opéra Comique dagegen lässt – noch *vor* der Uraufführung – die Barkarole aus *Les Contes d'Hoffmann* erklingen, was großen Eindruck hinterlässt. Die Veranstaltung endet mit der Einweihung der heute noch im Théâtre des Variétés stehenden Büste des Komponisten, die Sängerinnen und Sänger versammeln sich um sie herum und Delaunay, ein Schauspieler von der Comédie-Française, deklamiert ein von Henri Meilhac verfasstes Gedicht:

> Il a tout fini: l'opérette
> Et l'opéra qu'il aimait tant.

On applaudit Belle-Lurette,
Aux Contes d'Hoffmann maintenant!...

C'était son oeuvre préférée,
Son rêve, son désir ardent,
et cette dernière soirée,
Ce dernier triomphe, on l'attend.

Ne parlons plus de funerailles;
Le nom reste, Offenbach est là,
Un nom peut gagner des batailles;
Si l'on en doute, on le verra.

Le succès restera fidèle,
O Maître, à ton dernier espoir; –
Et la victoire sera belle ...
Nous y serons, Jacques, au revoir![439]

Im Laufe des Dezembers beginnen die Bühnenproben zu *Les Contes d'Hoffmann* an der Opéra Comique. Während der Schlussproben im Januar 1881 kommt es zu den ersten verhängnisvollen, vieldiskutierten Eingriffen in die Partitur, am 1. Februar findet eine interne Vorstellung für die Familienmitglieder statt, nach der schließlich der gesamte Giulietta-Akt gestrichen wird. Die tatsächliche Generalprobe erfolgt am 7. Februar, die Uraufführung schließlich am 10. Februar 1881. Der Erfolg stellt sich sofort ein, es kommt zu Beifallsstürmen. Es wird bis heute Offenbachs vermutlich größter Triumph sein.

Nachwort

Als nach dem großen Erfolg von *Orphée aux Enfers* 1858 etliche Opernhäuser aus ganz Europa Offenbachs neues Stück spielen möchten, bekundet auch das Kölner Theater »ein ganz besonderes Interesse danach«[440]. Daraufhin schreibt der Komponist am 31. Juli 1860 seinem für die Aufführungsrechte in Deutschland zuständigen Verleger Gustav Bock nach Berlin:

> ... à propos, geben Sie nicht »Orphée« nach Cöln. Sie wissen, daß ich nicht bin sehr entiché in meine Geburtsstadt. Sie wissen auch, warum. Aus diesem Grunde wünsche ich, daß meine Opéras nicht werden gegeben de ce côté-là: Die Einwohner von Cologne haben für ihre Compatrioten, die sich erworben haben la gloire so wenig übrig, und es ist vorzuziehen, sie in Ruhe ihren Schoppen trinken zu lassen.[441]

Wie recht Offenbach haben sollte, zeigt sich noch 100 Jahre nach *Orphée aux Enfers*. Mitte 1957 soll der nach dem Zweiten Weltkrieg in Offenbachs Geburtsstadt Köln neu entstandene Platz vor den Städtischen Bühnen einen Namen erhalten. Nicht zuletzt, da sich der Platz unmittelbar dort befindet, wo die Synagoge stand, in der Isaac Offenbach als Kantor tätig war, und wo Jacques Offenbach aufwuchs, setzt der Hauptausschuss die Bezeichnung »Offenbachplatz« fest. Am 26. September 1957 schließlich wird die Angelegenheit im Rat der Stadt beraten und es kommt zu einer bemerkenswerten Aussprache. Sowohl die CDU wie auch die FDP plädieren dafür, dem neuen Platz lieber den neutralen Namen »Theaterplatz« zu geben:

> Wir hätten nichts dagegen einzuwenden gehabt, wenn der Name eines der ewigen Meister deutscher Musik oder der Name eines großen, allgemein anerkannten Dichters oder einer aus sonst einer anderen Sphäre der Kunst genannt worden wäre. Das ist nicht geschehen. Es ist dafür der Name von Jacques Offenbach genannt worden. Wir sind aber der Meinung, daß Straßen- und Platznamen ein Stück Geschichte der Stadt bedeuten, daß sie mitwirken an dem geistigen Gesicht der Stadt, und weil das unsere Überzeu-

gung ist, meinen wir, sollten solche Namen mit der allergrößten Sorgfalt ausgewählt werden.[442]

Das *gegen* die Benennung des Platzes nach Offenbach vorgebrachte Argument, »daß Straßen- und Platznamen ein Stück Geschichte der Stadt bedeuten, daß sie mitwirken an dem geistigen Gesicht der Stadt«, würde aus heutiger Sicht gerade eben *für* der Benennung des Platzes nach dem Kölner Komponisten sprechen – immerhin stand genau hier bis 1938 die Synagoge, in der Isaac Offenbach wirkte und neben der Jacques Offenbach aufwuchs. Andere Redner aus CDU und FDP geben zu bedenken, dass man Partei ergreife zugunsten eines Komponisten,

> der doch nicht ganz unbestritten ist, was die Qualität seiner Werke angeht, wobei man *Hoffmanns Erzählungen* ausnehmen muß. Ich könnte Ihnen aus international anerkannten Werken – ich habe es hier zusammengestellt – Kritiken über Offenbach vorlesen, die doch recht bedenklich stimmen.[443]

Der Redner der SPD hält dagegen:

> Was hat Offenbach denn falsch gemacht, daß er, als in Köln geborener, in der Welt auch heute noch bekannter und geachteter Musiker hier keinen Straßen- oder Platznamen verdient hätte? [...] Ich bin sicher nicht der Meinung, daß *Wunschkonzerte* ein Maß für das in der Bevölkerung Beliebte sind, und wenn immer Offenbach gewünscht wird, halte ich es für durchaus vernünftig, einen Sohn Kölns, der immerhin noch so beliebt ist, mit diesem Platznamen zu ehren.[444]

Bekanntlich wurde der Platz dann doch schließlich zum »Offenbachplatz«. Als solcher hat er in den letzten Jahren eine ungeahnte, vielleicht ja auch ungewollte Bekanntheit erfahren, angesichts der Dauerbaustelle der Oper Köln, eine ungeahnte Bekanntheit erfahren – auch wenn vielleicht nicht jedem Kölner bekannt sein sollte, dass der Platz nach dem Komponisten und nicht nach der gleichnamigen Stadt am Main benannt wurde. Er wird auch im Zentrum der großen Kölner Feierlichkeiten zum 200. Geburtstag des Komponisten im Jubiläumsjahr stehen.

* * *

Jenseits aller Provinzpossen zeigen die Ratsprotokolle aus dem Jahr 1957, wie komplex die Rezeption des Werks des Kölner Komponisten verlief – nicht nur in Köln, sondern auch in seiner Wahlheimat Paris. Im Übrigen findet sich zwar dort heute eine Rue Jacques Offenbach, es handelt sich dabei aber um eine kleine, unbedeutende Seitenstraße weit ab vom Zentrum, das der Komponist von *La Vie parisienne* doch so virtuos besungen hat. Dass in Étretat die Straße vor der Villa Orphée heute nach deren berühmtem Erbauer benannt ist, war auch nicht selbstverständlich. Als Offenbachs Schwiegersohn Prosper Brindejoint – er ist zwischen 1892 und 1898 Bürgermeister von Étretat – den Antrag stellt, die am Anwesen der Familie, der Villa Orphée, vorbeiführende Straße nach dem Komponisten zu benennen, wird sein Antrag vom örtlichen Gemeinderat abgelehnt:

> Offenbach sei die Personifikation des Zweiten Kaiserreiches gewesen, seine bonapartistischen Gefühle seien allgemein bekannt. Unter solchen Voraussetzungen könnten sie [die Ratsmitglieder] als treue Republikaner einem solchen Antrag, der ihren politischen Überzeugungen und Grundsätzen widerspräche, unmöglich ihre Zustimmung geben.[445]

Kurz darauf wird die Straße schließlich aufgrund von Herminies Wirken zum Wohle der Gemeinde nach Offenbachs Frau benannt – wann und wie genau sie dann zur Rue Jacques Offenbach wurde, die sie heute ist, ist nicht mehr in Erfahrung zu bringen.

* * *

Dabei handelt es sich bei Jacques Offenbach, geboren 1819 in Köln, gestorben 1880 in Paris, um einen der bedeutendsten europäischen Komponisten des 19. Jahrhunderts. Eine Kindheit als Sohn eines jüdischen Kantors, die Jugend im Rheinland, die musikalische Ausbildung in Frankreich, die Konvertierung zum Katholizismus, seine Heirat mit einer jungen Frau mit spanischen Wurzeln und englischer Verwandtschaft, musikalische Erfolge als reisender Violoncello-Virtuose, als Kapellmeister an der ehrwürdigsten französischen Theaterbühne und vor allem als »Erfinder« eines neuen Musiktheaters, als Komponist von in ganz Europa beliebten »Operetten« – Offenbachs Biographie ist eine zutiefst europäische.

Kompositorisch steht sein Werk in der großen Tradition der deutschen Klassik – die ihm interessanterweise durch die jüdische Perspektive seines Vaters, dem vielleicht größten Synagogenkantor in der ersten Hälfte des 19. Jahrhunderts, vermittelt wurde. Stofflich dagegen wurzeln seine Stücke tief im französischen kollektiven Bewusstsein. Offenbachs Werke, nicht nur *La Vie parisienne,* repräsentieren nach wie vor die französische Lebensart schlechthin – und zwar weltweit.

Offenbachs musikalische Triumphe in Paris finden sehr rasch ihre Fortsetzung in Wien, Brüssel, London und Berlin, aber auch in St. Petersburg, Budapest, Prag, Stockholm, Mailand, Madrid oder Lissabon.[446] Die offenbachsche Opéra bouffe dient nach 1870 ebenso der »goldenen« Wiener Operette als Vorbild wie der spanischen Zarzuela oder der englischen Savoy Opera. Außerhalb Europas werden Offenbachs Werke bereits ab 1858 in den Vereinigten Staaten gespielt, wo sie später mit an der Wiege des Musicals stehen. Und den wenigsten Amerikanern dürfte heute klar sein, dass sich hinter der *U. S. Marines Hymn* »From the Halls of Montezuma ...« doch eigentlich die herzerfrischend komischen »Couplets des deux hommes d'armes« aus *Geneviève de Brabant* verbergen – die es nicht fertig bringen, die arme Geneviève wie befohlen umzubringen: »In such a way did the ballad of a couple of corrupt and cowardly constables become the theme song of one of the toughest branches oft he U. S. armed forces.«[447]

Noch früher als in die Vereinigten Staaten werden Offenbachs Werke nach Lateinamerika exportiert, bereits 1856 werden in Brasilien *Les Deux Aveugles* aufgeführt – wie überhaupt Rio de Janeiro in der zweiten Hälfte des 19. Jahrhunderts nach *Orphée aux Enfers, La Belle Hélène* oder *La Grande-Duchesse de Gérolstein* geradezu zu dürsten scheint. Was Afrika betrifft, ist eine der nach wie vor unausrottbaren Legenden, dass Giuseppe Verdis *Aida* bei der Eröffnung des Suezkanals uraufgeführt wurde – tatsächlich wird dieser 1870 mit *La Belle Hélène* eingeweiht, dem Lieblingsstück des ägyptischen Khediven Ismail Pascha.[448] Und eine der ersten in Japan gespielten europäischen Opern wird 1873 Offenbachs *Barbe-Bleue* sein.[449]

* * *

Offenbach ist ein Kind seines Jahrhunderts: Geboren kurz nach dem Wiener Kongress im preußischen Köln entflieht der Musiker dem deutschen Vormärz in das liberale Paris der Julimonarchie, die »Hauptstadt des 19. Jahrhunderts«. Während der Revolutionen des Jahres 1848, die er zunächst in Frankreich, dann in Deutschland erlebt, schreibt er einen »chant patriotique« wie auch ein »Vaterlandslied« – für ihn schließt sich das nicht gegenseitig aus. Offenbachs Biographie spiegelt sowohl den wechselseitigen, produktiven und reichen kulturellen Einfluss zwischen Frankreich und Deutschland als auch die politischen Zerwürfnisse und Konkurrenzen im Europa des 19. Jahrhunderts wider.

Auf seine sehr eigene, spielerische und spöttische Art setzt sich Offenbach mit den Erinnerungsorten Europas auseinander: mit den antiken Wurzeln und Mythen in *Orphée aux Enfers* oder *La Belle Hélène,* mit dem vermeintlich finsteren Mittelalter in *Barbe-Bleue* oder mit den Abgründen der Romantik in *Les Contes d'Hoffmann*. Sowohl die Sehnsucht nach Einheit und Friede in den *Rheinnixen* oder der bissige Spott auf militärisches Machtgehabe in *La Grande-Duchesse de Gérolstein* – Offenbach scheut nicht die großen Themen seiner Zeit.

Die Konkurrenz der europäischen Großmächte führt zu Konflikten und Kriegen, sie gipfelt schließlich im Deutsch-Französischen Krieg 1870/71. Offenbach wird wahlweise als Spion Bismarcks (von französischer Seite) oder als Vaterlandsverräter (von deutschen Stimmen) angegriffen. Angesichts solcher Anwürfe und

Verleumdungen – zunehmend auch antisemitischen – steht sein Werk zwar nicht mehr so unangefochten da wie zuvor, aber mit seinem letzten großen Werk *Les Contes d'Hoffmann* gelingt ihm wie keinem anderen noch einmal die Synthese von deutschem Tiefsinn und französischer Leichtigkeit, von Geist und Esprit. Offenbach gelingt es, den Widersprüchen seiner Zeit künstlerisch ein Antlitz zu geben.

* * *

Nach Offenbachs Tod steht sein Werk immer wieder im Kreuzfeuer nationalistischer und totalitaristischer Kulturkritik, gleichzeitig erlebt es eine erstaunliche Renaissance, insbesondere nach dem Ersten Weltkrieg mit Theatermachern wie Max Reinhardt oder Schriftstellern wie Karl Kraus. Auch in dieser Ambivalenz zeigt sich – im Grunde genommen bis heute – die bemerkenswerte Aktualität und Modernität von Offenbachs Werk. Anstatt vergangene Welten zu verherrlichen, nimmt Offenbachs Musiktheater in seinen ökonomischen, politischen und letztlich auch ästhetischen Dimensionen das 20. Jahrhundert vorweg: Musikbetrieb und Massenunterhaltung, Macht und Verführung, Entfremdung und Entfesselung.

Auch und gerade in den dunkelsten Stunden des 20. Jahrhunderts ist es diese Ambivalenz, die Offenbachs Werk immer wieder Aktualität verleiht. Während 1937 Siegfried Kracauer im Pariser Exil seine »Gesellschaftsbiographie« zu Offenbach ausdrücklich als zeitkritische Parabel auf das »Dritte Reich« schreibt, entsteht 1935, wenige Wochen vor Verkündung der Nürnberger Gesetze, der Film *Barcarole* – unterlegt mit romantischer Musik des jüdisch geborenen Offenbach und mit Goebbels' Geliebter, Lida Baarova, in der Hauptrolle. Selbst in den nationalsozialistischen Konzentrationslagern wird Offenbach gespielt: nicht nur in Theresienstadt, wo das Lagerorchester noch kurz vor der Befreiung 1945 *Les Contes d'Hoffmann* aufführt, sondern auch in Ravensbrück, wo die internierten französischen Frauen um Germaine Tillon explizit auf Offenbach Bezug nehmen mit dem Titel ihrer im Geheimen zusammengefügten »Operette« *Le Verfügbar aux Enfers*.

Nach dem Zweiten Weltkrieg ist es weniger der romantische oder zeitkritische als eher der frivole Offenbach, der zu Ehren kommt. Mit *Gaîté parisienne,* der bereits 1938 in Monaco uraufgeführten und 1942 verfilmten Balletsuite auf offenbachsche Melodien, kommt Offenbach nach Hollywood. Das nun erstehende schiefe, schöne Bild wird durch die publikumswirksame Verquickung von Boulevard und Bohème in Filmen wie *French Cancan* 1955 gefestigt. Man muss ja auch heute immer wieder geduldig erklären, dass Offenbach zwar einen Höllengalopp, aber keinen French Cancan geschrieben hat, der im Übrigen auch weder »french«, noch »cancan« ist, sondern eine Marketingmaßnahme eines englischen Tanzunternehmers um 1870. Und bis heute wirkt dieses schiefe, schöne Bild fort – wie nicht nur der grandiose Film *Moulin Rouge* 2001, sondern auch etliche zweit- oder drittklassige Operettenproduktionen zeigen, die weder auf blau-weiß-rote Rüschenröcke noch auf den bekanntlich erst nach Offenbachs Tod erbauten Eiffelturm verzichten wollen.

* * *

Offenbachs Popularität, Modernität und Aktualität sind heute ungebrochen – erst recht in einem Europa des 21. Jahrhunderts, das in mancherlei Hinsicht dem Europa des 19. Jahrhunderts ähnelt. Nach wie vor gehören der Höllengalopp aus *Orphée aux Enfers* wie auch die Barkarole aus *Les Contes d'Hoffmann* zu den offensichtlich beliebtesten Melodien im kulturellen Gedächtnis. Offenbachs Musiktheater erweist sich auch im 21. Jahrhundert als totales Theater im modernsten Sinn, seine scheinbar so zeitkritische und zeitgebundene Dimension als nur eine unter vielen wieder zu entdeckenden. Offenbachs Werke entziehen sich – bewusst? – den zu seiner Zeit scheinbar eindeutig getrennten Räumen eines »jüdischen«, »deutschen« oder »französischen« kulturellen Gedächtnisses. Stattdessen schaffen sie heute, über alte Grenzen hinweg, neue Erinnerungsorte – womöglich ja europäische.

Anmerkungen

1 Zit. nach Kaufmann, *Isaac Offenbach*, S. 21.
2 Vgl. Kaufmann, *Isaac Offenbach*, S. 21.
3 Kaufmann, *Isaac Offenbach*, S. 11.
4 Grünewald, *Erinnerungen*, S. 108.
5 Kaufmann, *Isaac Offenbach*, S. 11.
6 Kaufmann, *Isaac Offenbach*, S. 26.
7 Kaufmann, *Isaac Offenbach*, S. 26.
8 Quellenmäßig belegbar ist dies nicht, jedoch geht Jacobo Kaufmann nachvollziehbar aufgrund eines 1813/14 von Isaac geschriebenen Weal Chataim davon aus, vgl. Kaufmann, *Isaac Offenbach*, S. 25.
9 Yon, *Offenbach*, S. 10.
10 Henseler, *Offenbach*, S. 21.
11 Joseph Rindskopf (1752–1826). Er war verheiratet mit der aus Frankfurt stammenden Ranetta geb. Flersheim.
12 Grünewald, *Erinnerungen*, S. 109 f.
13 Vgl. Becker-Jákli, *Das jüdische Köln*, S. 86–88.
14 Kaufmann, *Isaac Offenbach*, S. 33.
15 Unklar bleibt, ab wann genau Isaac Offenbach in eine Festanstellung kommt. Der bereits erwähnte Seligmann Ochs wohnt schon 1820 nicht mehr in der Amtswohnung in der Glockengasse, zugleich führt das Kölner Adressbuch noch 1831 Isaac Offenbach als Musiklehrer auf dem Großen Griechenmarkt an.
16 Henseler, *Offenbach*, S. 448. Das gesamte Gutachten ist dort abgedruckt.
17 Avenary, Art.: *Jüdische Musik*, Sp. 1552.
18 Avenary, Art. *Jüdische Musik*, Sp. 1553.
19 Henseler, *Offenbach*, S. 30.
20 Geburtsregister des Standesamtes Köln, 1819, Band II, Nr. 249; zit. nach Henseler, *Offenbach*, S. 451. Die Urkunde ist abgedruckt bei Kristeller, *Offenbach*, o. S.
21 Wolff, *Biographische Notiz*, S. 7 ff. Albert Wolff, einer der bekanntesten Pariser Boulevardjournalisten, war wie Jacques Offenbach Jude und stammte aus Köln.
22 Hawig, *Offenbach*, S. 13.
23 Grünewald, *Erinnerungen*, S. 110 f.
24 Henseler, *Offenbach*, S. 43.
25 Zu Alexander vgl. Henseler, *Offenbach*, S. 43–46.
26 Henseler, *Offenbach*, S. 46.

27 Das zumindest behauptet Martinet, *Offenbach,* S. 3.
28 University of Pennsylvania, Kislak Center for Special Collections, Rare Books and Manuscripts, MS. Coll. 13. Vgl. dazu auch Lamb, *Offenbach Family Album.*
29 Henseler, *Offenbach,* S. 48.
30 Kurz vor 1840 komponiert ein J. F. Marcks »Variationen für das Piano-Forte über das Thema Steh nur auf, du Schweizerbub«, die dasselbe Thema zur Grundlage haben und in Köln gedruckt werden.
31 Henseler, *Offenbach,* S. 50.
32 Henseler, *Offenbach,* S. 53.
33 Noch heute werden solche Divertissementchen alljährlich von der Bühnenspielgemeinschaft »Cäcilia Wolkenburg« dargebracht, eine sehr kölnische Angelegenheit.
34 Breuers Schwank wurde 2013 vom WDR-Rundfunkorchester in einer von Alain Gehring rekonstruierten Fassung aufgeführt und aufgenommen, vgl. Programmheft »Die Kölner in Paris«, 30.11.2013, WDR-Rundfunkorchester, Köln 2013.
35 Henseler, *Offenbach,* S. 67.
36 Grünewald, *Erinnerungen*, S. 111.
37 Heinrich Heine, *Französische Zustände,* Artikel 3, 10.2.1832, S. 133 f., zit. nach Stierle, *Paris,* S. 305.
38 Pasqué, *Lehrjahre,* S. 3 f.
39 Pasqué, *Lehrjahre,*, S. 4.
40 Kracauer, *Offenbach,* S. 33.
41 Grünewald, *Erinnerungen,* S. 112.
42 Yon, *Offenbach,* S. 23 f.
43 Vgl. Yon, *Offenbach,* S. 24.
44 Yon, *Offenbach,* S. 25.
45 Vgl. das Programm zu einer privaten Theateraufführung im Schlosstheater Digoine, bei dem Offenbach als »Duriveau, agent de change« in der Comédie-vaudeville *L'article 213 ou Le mari doit protection* auftritt (Bibliothèque-Musée de l'Opéra, Paris, Dossier d'artiste Offenbach).
46 Kohl, *Bal masqué in der Oper (1845),* S. 172–174.
47 Heine, *Lutetia,* S. 158.
48 Brief Felix Mendelssohn Bartholdys an Karl Leberecht Immermann in Düsseldorf. Paris, 11. Januar 1832, zit. nach Felix Mendelssohn Bartholdy: *Sämtliche Briefe,* herausgegeben und kommentiert von Anja Morgenstern und Uta Wald, Bd. 2: Juli 1830 bis Juli 1832, Kassel u. a. 2009, S. 455–459, hier S. 456.
49 Zit. nach Yon, *Offenbach,* S. 28.
50 Zit. nach Yon, *Offenbach,* S. 31.
51 Zit. nach Yon, *Offenbach,* S. 31.
52 Bibliothèque nationale, Paris, Département de musique, Signatur Mat. TH (116). Auch Jacques Offenbachs Bruder, der Geiger Jules Offenbach, war vermutlich gleichzeitig am Ambigu-Comique beschäftigt, wie eine Insektenkarikatur mit dem Namen »Offenbach« in einer Geigenstimme zum gleichen Stück vermuten lässt.
53 Martinet, *Offenbach,* S. 6.
54 Zit. nach Henseler, *Offenbach*, S. 454.
55 Zit. nach Hawig, *Offenbach*, S. 48.
56 Zit. nach Yon, *Offenbach,* S. 37 f.
57 Yon vermutet, Offenbachs Musik sei auch bei dem berühmten Opernball am Fastnachtsdienstag, 7. Februar 1837, gespielt worden, dessen sagenhafte Ausschweifungen dazu führten, dass Philippe

Musard kurzfristig seines Amtes als Musikalischer Leiter der Opernbälle enthoben wurde (Yon, *Offenbach*, S. 38).

58 Vgl. Yon, *Offenbach,* S. 39.

59 *Le Ménestrel,* Nr. 254, 14. Oktober 1838, »Chronique«, zit. nach Yon, *Offenbach,* S. 44.

60 Grünewald, *Erinnerungen,* S. 114.

61 Grünewald, *Erinnerungen,* S. 115.

62 Henseler, *Offenbach,* S. 90.

63 Henseler, *Offenbach,* S. 90.

64 Zit. nach Yon, *Offenbach,* S. 40.

65 Friedrich von Flotow's Leben. Von seiner Witwe. Leipzig 1892, S. 67–69, zit. nach Hawig, *Offenbach*, S. 51.

66 Vgl. Yon, *Offenbach,* S. 43.

67 Pasqué, *Lehrjahre,* S. 8.

68 Hawig, *Offenbach,* S. 35.

69 Hawig, *Offenbach,* S. 58.

70 Hawig, *Offenbach,* S. 44.

71 Zit. nach Hawig, *Offenbach,* S. 45.

72 Zit. nach Luez, *Offenbach,* S. 37.

73 Zit. nach Henseler, *Offenbach,* S. 103.

74 Zit. nach Henseler, *Offenbach,* S. 105.

75 Zit. nach Henseler, *Offenbach,* S. 107.

76 Hawig, *Offenbach,* S. 61.

77 Martinet, *Offenbach,* S. 256.

78 Henseler, *Offenbach*, S. 111.

79 Zit. nach Yon, *Offenbach,* S. 70.

80 Abgedruckt bei Yon, *Offenbach,* S. 71.

81 Zit. nach Yon, *Offenbach,* S. 72.

82 Zit. nach Henseler, *Offenbach,* S. 122.

83 *La France musicale* vom 15.8.1847, zit. nach Henseler, *Offenbach,* S. 125.

84 Yon, *Offenbach,* S. 79.

85 Zit. nach Yon, *Offenbach,* S. 84.

86 Henseler, *Offenbach,* S. 128.

87 Dorn, *Aus meinem Leben,* S. 85.

88 Zit. nach Henseler, *Offenbach,* S. 134–136.

89 Zit.nach Yon, *Offenbach,* S. 92.

90 Yon, *Offenbach,* S. 92.

91 Yon, *Offenbach,* S. 94 f.

92 Kaufmann, *Isaac Offenbach,* S. 87 f.

93 Im 19. Jahrhundert finden die Namen Comédie-Française und Théâtre-Français gleichbedeutend Verwendung, beide bezeichnen dieselbe, heute noch in einem Seitenflügel des Palais-Royal beheimatete Institution.

94 Yon, *Offenbach,* S. 99.

95 Zit. nach Yon, *Offenbach,* S. 101.

96 Das Pariser Theaterleben wird Anfang 1851 auch noch von einem anderen großen Erfolg geprägt, der für Offenbach viele Jahre später eine wohl noch ungeahnte Bedeutung erhalten würde: Am Théâtre de l'Odéon bringen Jules Barbier und Michel Carrée mit *Les Contes d'Hoffmann* das Leben und Schaffen des deutschen Dichters als fantastisches Drama auf die Sprechtheaterbühne.

97 Martinet, *Offenbach,* S. 13.
98 Zit. nach Yon, *Offenbach,* S. 115.
99 Wegener, *Offenbach,* S. 22.
100 Zit. nach Yon, *Offenbach,* S. 119.
101 Gemeint ist der Krimkrieg, in dem Frankreich an der Seite Großbritanniens und des Osmanischen Reiches gegen Russland kämpft. Angesichts der »industriellen« Kriegsführung und der bis dahin unbekannten Materialschlachten gilt er als der erste »moderne« Krieg der Neuzeit.
102 Während der europäischen Cholera-Pandemien der Jahre 1853 und 1854 starben bis zu 150.000 Menschen allein in Frankreich.
103 Zit. nach Henseler, *Offenbach,* S. 158 ff.
104 Vgl. hierzu Mauduit, *La fête impériale.*
105 Vgl. Milza, *Napoléon III,* S. 435.
106 Milza, *Napoléon III,* S. 439.
107 Vgl. Grandjean, *Parés, masqués, costumés.*
108 Milza, *Napoléon III,* S. 439.
109 Zit nach Yon, *Offenbach,* S. 155 f.
110 Vgl. Lacombe, *Opéra français,* passim.
111 Yon, *Offenbach,* S. 135.
112 Kracauer, *Offenbach,* S. 143 f.
113 Yon, *Offenbach,* S. 136.
114 Archives nationales, Paris, F21/1136, zit. nach Luez, *Offenbach,* S. 65.
115 Archives nationales, Paris, F21/1136, zit. nach Luez, *Offenbach,* S. 65.
116 De Villemessant, *Mémoires: À travers le »Figaro«,* S. 32.
117 De Villemessant, *Mémoires: Mes voyages et mes prisons,* S. 13.
118 Kracauer, *Offenbach,* S. 150.
119 Zit. nach Yon, *Offenbach,* S. 140. Halévy wird in seinen Anfängen als Librettist häufig mit dem Pseudonym Jules Servières zeichnen, um Konflikten mit seiner Tätigkeit im Staatsdienst auszuweichen.
120 Klügl, *Erfolgsnummern,* S. 66.
121 Klügl, *Erfolgsnummern,* S. 67.
122 Die folgenden Ausführungen nach Bonami, *Hortense Schneider,* passim.
123 Zit. nach Bonami, *Hortense Schneider,* S. 53.
124 Zit. nach Bonami, *Hortense Schneider,* S. 53.
125 Zit. nach Yon, *Offenbach,* S. 164.
126 Gier, *Poetik und Dramaturgie,* S. 345. Vgl. auch Hawig, *Offenbach,* S. 95: »Karikaturistische Überzeichnung und rauschhafte Lobpreisung treffen [in *Ba-ta-clan* wie überhaupt bei Offenbach] detailgenau das Paris und den Boulevard der fête impériale.«
127 Archives nationales, Paris, F21/1136, zit. nach Luez, *Offenbach,* S. 65.
128 Offenbach, *Concours,* S. 6.
129 Offenbach, *Concours,* S. 7.
130 Offenbach, *Concours,* S. 7 f.
131 Offenbach, *Concours,* S. 8.
132 Offenbach, *Concours,* S. 8.
133 Offenbach, *Concours,* S. 9.
134 Offenbach, *Concours,* S. 10.
135 Offenbach, *Concours,* S. 14 f.
136 Offenbach, *Concours,* S. 16 ff. Hervorhebungen im Original.

137 Henseler, *Offenbach,* S. 204.
138 Zit. nach Yon, *Offenbach,* S. 175.
139 Yon, *Offenbach,* S. 175.
140 Henseler, *Offenbach,* S. 207.
141 Henseler, *Offenbach,* S. 211.
142 Yon, *Offenbach,* S. 178.
143 Zit. nach Yon, *Offenbach,* S. 185.
144 Zit. nach Yon, *Offenbach,* S. 185.
145 Henseler, *Offenbach,* S. 215.
146 Zit. nach Yon, *Offenbach,* S. 196.
147 Zit. nach Yon, *Offenbach,* S. 187.
148 Zit. nach Yon, *Offenbach,* S. 201.
149 So etwa Henseler, *Offenbach,* S. 271–274. Vgl. neuerdings dazu auch Hawig, *Orpheus,* S. 36 f.
150 Henseler, *Offenbach,* S. 275.
151 Zit. nach Yon, *Offenbach,* S. 206.
152 Zit. nach Yon, *Offenbach,* S. 206 f.
153 De Lasalle, *Histoire des Bouffes-Parisiens,* o. S.
154 Driessen, *Humor, Lachen und die Feldforschung,* S. 169.
155 Klotz, *Bürgerliches Lachtheater,* S. 10.
156 Kant, *Kritik der Urteilskraft,* S. 332.
157 Hawig, *Orpheus,* S. 41.
158 Zit. nach Henseler, *Offenbach,* S. 288.
159 *Dokumente zur »Janin-Fehde«,* S. 121 f.
160 *Dokumente zur »Janin-Fehde«,* S. 126.
161 Obermaier, *Einfluß,* S. 147. Gleichwohl ist nicht bekannt, ob Offenbach tatsächlich von diesen Aufführungen auch materiell profitierte. Der Wiener Theaterhistoriker Walter Obermaier kann jedenfalls keinerlei Belege für tatsächlich bezahlte Tantiemen finden (Obermaier, *Einfluß,* S. 16).
162 Wegener, *Offenbach,* S. 164.
163 Yon, *Offenbach,* S. 216.
164 Yon, *Offenbach,* S. 216.
165 Yon, *Offenbach,* S. 216 f.
166 Yon, *Offenbach,* S. 219.
167 Vgl. Brindejoint-Offenbach, *Offenbach,* S. 132–204.
168 Zit. nach Yon, *Offenbach,* S. 220.
169 Henseler, *Offenbach,* S. 228.
170 Zit. nach Yon, *Offenbach,* S. 220.
171 Zit. nach Yon, *Offenbach,* S. 224.
172 Yon, *Offenbach,* S. 227
173 Zit. nach Yon, *Offenbach,* S. 230.
174 Zit. nach Yon, *Offenbach,* S. 230 f.
175 Zit. nach Yon, *Offenbach,* S. 237.
176 Zit. nach Yon, *Offenbach,* S. 238.
177 Zit. nach Yon, *Offenbach,* S. 239.
178 Zit. nach Yon, *Offenbach,* S. 242.
179 Hector Berlioz über *Barkouf, Journal des Débats,* 3.1.1861, zit nach Faris, *Offenbach,* S. 83.
180 Yon, *Offenbach,* S. 242.
181 Zit. nach Yon, *Offenbach,* S. 242.

182 Zit. nach Yon, *Offenbach,* S. 245 f.
183 Yon, *Offenbach,* S. 247.
184 Pourvoyeur, *Offenbach,* S. 103.
185 Yon, *Offenbach,* S. 247.
186 Zit. nach Henseler, *Offenbach,* S. 304 f.
187 Zit. nach Henseler, *Offenbach,* S. 232.
188 Zit. nach Yon, *Offenbach,* S. 266.
189 Zit. nach Yon, *Offenbach,* S. 205.
190 Wolff, *Elegie,* S. 7.
191 Zit. nach Martinet, *Offenbach,* S. 92 f.
192 Martinet, *Offenbach,* S. 87 f.
193 Brindejoint-Offenbach, *Offenbach,* S. 216.
194 »Aus Ems. 23. Juli«, in: *Süddeutsche Musik-Zeitung,* 14. Jg. Nr. 31 vom 31. Juli 1865, S. 123.
195 Obermaier, *Einfluß,* S. 133 f.
196 *Wiener Theaterzeitung,* 3.10.1854, S. 1854, zit. nach Obermaier, *Einfluß,* S. 135.
197 *Wiener Theaterzeitung,* 28.10.1851, S. 1002, zit. nach Obermaier, *Einfluß,* S. 137.
198 Obermaier, *Einfluß,* S. 141.
199 Vgl. zu Nestroys Bearbeitungen neuerdings Senelick, *Offenbach,* S. 84–91.
200 Obermaier, *Einfluß,* S. 151.
201 Obermaier, *Einfluß,* S. 152.
202 Brief Offenbachs an einen Freund vom 4.10.1864, Historisches Archiv der Stadt Köln 1136/241, vgl. Wegener, *Offenbach,* S. 155.
203 Vgl. Henseler, *Offenbach,* S. 474, Anm. 74.
204 Zit. nach Henseler, *Offenbach,* S. 361.
205 Lediglich eine weitere Aufführung zu Offenbachs Lebzeiten ist für das damals noch preußische Köln bekannt. In der *Leipziger Allgemeine[n] Theater-Chronik* No. 6 vom 4.2.1865 heißt es dazu in der Korrespondenz aus »Cöln«: »Dagegen hat Offenbachs Oper ›Die Rheinnixen‹ durchaus nicht angesprochen und der Volkswitz sagt: die Rheinnixen sind ›rein nix‹.« (S. 55) In Paris wurden die *Rheinnixen* bis heute nie gespielt.
206 Zit. in Henseler, *Offenbach,* S. 366.
207 Hawig, *Einladung nach Gerolstein,* S. 162.
208 Hawig, *Einladung nach Gerolstein,* S. 163.
209 Hawig, *Einladung nach Gerolstein,* S. 167.
210 Riemer, *Erinnerungsmotivik,* S. 397 ff.
211 Hawig, *Einladung nach Gerolstein,* S. 172 f.
212 Zit. nach Yon, *Offenbach,* S. 295.
213 Zit. nach Yon, *Offenbach,* S. 301.
214 Zit. nach Yon, *Offenbach,* S. 301.
215 Hier liegt ein Übersetzungsfehler in der deutschen Ausgabe von Brindejoint-Offenbach, *Offenbach* (1967), vor, in der es heißt, Offenbach sei »in der Oper« als Cellist tätig gewesen.
216 Auch hier liegt ein Übersetzungsfehler vor, die Angaben in Klammern fehlen in der deutschen Ausgabe von Brindejoint-Offenbach, *Offenbach* (1967).
217 Zit. nach Brindejoint-Offenbach, *Offenbach,* S. 209 f.
218 Yon, *Offenbach,* S. 403, Fn. 1.
219 Brindejoint-Offenbach, *Offenbach,* S. 239.
220 Henri Moreno 1869, zit. in Yon, *Offenbach,* S. 384.
221 Vgl. Yon, *Offenbach,* S. 407.

222 Historisches Archiv der Stadt Köln, Bestand 1136/298.
223 Brindejoint-Offenbach, *Offenbach,* S. 214 f.
224 Brindejoint-Offenbach, *Offenbach,* S. 159.
225 Brindejoint-Offenbach, *Offenbach,* S. 224.
226 Vgl. Yon, *Offenbach,* S. 317.
227 Zit. nach Yon, *Offenbach,* S. 409.
228 H. Weidmann, »Jules Offenbach«, in: *Neue Freie Presse* (Morgenblatt), Wien, 17.10.1880, S. 1–3, zit. nach: Ralph-Günther Patocka, »Im Schatten des Bruders: Jules Offenbach«, in: Bad Emser Jacques-Offenbach-Journal 15/Mai 2014, S. 1–26, hier S. 25.
229 Patocka, *Jules Offenbach,* S. 19.
230 Weidmann, *Jules Offenbach,* zit. nach Patocka, *Jules Offenbach,* S. 23.
231 Brindejoint-Offenbach, *Offenbach,* S. 239.
232 Brindejoint-Offenbach, *Offenbach,* S. 239.
233 Brindejoint-Offenbach, *Offenbach,* S. 256.
234 Brindejoint-Offenbach, *Offenbach,* S. 258 f.
235 Brindejoint-Offenbach, *Offenbach,* S. 264 f.
236 Brindejoint-Offenbach, *Offenbach,* S. 158.
237 Brindejoint-Offenbach, *Offenbach,* S. 209.
238 Zit. nach Yon, *Offenbach,* S. 413.
239 Zit. nach Yon, *Offenbach,* S. 413.
240 Brindejoint-Offenbach, *Offenbach,* S. 198.
241 Brindejoint-Offenbach, *Offenbach,* S. 214.
242 Brindejoint-Offenbach, *Offenbach*, S. 243.
243 Zit. nach Faris, *Offenbach,* S. 203.
244 Brindejoint-Offenbach, *Offenbach,* S. 211.
245 Brindejoint-Offenbach, *Offenbach,* S. 211.
246 Brindejoint-Offenbach, *Offenbach,* S. 243.
247 Zit. nach Yon, *Offenbach,* S. 417.
248 Rodenberg, *Das neue Paris (1867),* S. 241–243.
249 Rodenberg, *Das neue Paris (1867),* S. 241–243.
250 Rodenberg, *Das neue Paris (1867),* S. 241–243.
251 Zola, *Nana,* S. 5 ff.
252 Zit. nach Yon, *Offenbach,* S. 302.
253 Zit. nach Yon, *Offenbach,* S. 302 f.
254 Zit nach Yon, *Offenbach,* S. 370.
255 Carlo Dalbi, »Variétés«, in: *La Comédie,* Nr. 89, 25.12.1864, S. 4.
256 Zit. nach Yon, *Offenbach,* S. 314.
257 Henseler, *Offenbach,* S. 310.
258 Anna-Maria Wintermeier: *La Belle, la Noble et la Fidèle – Frauenbilder in den Operetten von Jacques Offenbach,* Magisterarbeit Goethe-Universität Frankfurt am Main 2018, S. 1.
259 Vgl. Authier, *La naissance de la star féminine,* S. 270 ff.
260 Seifert, *Emanzipation nach Noten,* S. 56.
261 Seifert, *Emanzipation nach Noten,* S. 57.
262 Klotz, *Operette,* S. 31.
263 Klotz, *Operette,* S. 33.
264 Klotz, *Operette,* S. 31.
265 Klotz, *Operette,* S. 31.

266 Klotz, *Operette,* S. 32.
267 Klotz, *Operette,* S. 31.
268 Luez, *Offenbach,* S. 191.
269 Zit nach Luez, *Offenbach,* S. 191.
270 Zit nach Luez, *Offenbach,* S. 195.
271 Kalisch, *Paris und London,* Bd. 1, S. 111. Kalisch sollte später eine bis heute bekannte deutsche Bearbeitung von Offenbachs *Orphée aux Enfers* vorlegen.
272 Vgl. für das Folgende Schwarz, *Vaudeville und Operette,* S. 15 ff.
273 Philippe Pittaud de Forges, Adolphe de Leuven und Eugène Roche, *L'Alcôve,* Vaudeville in einem Akt (Palais-Royal, 21. November 1833). Offenbach vertonte später dieses Vaudeville als Opéra comique, ohne allerdings Änderungen am Ursprungstext vorzunehmen: Jacques Offenbach, *L'Alcôve,* Opéra-comique in einem Akt, Text von Philippe Pittaud de Forges, Adolphe de Leuven und Eugène Roche (Salle Moreau-Sainti, 24. April 1847).
274 *L'Illustration,* 1150, 11.3.1865, zit. nach Yon, *Offenbach,* S. 333 f.
275 Für das Folgende vgl. Schwarz, *Vaudeville und Operette,* S. 146 ff.
276 Jacques Offenbach, *La Demoiselle de Nanterre,* Comédie-vaudeville in drei Akten, Text von Eugène Grangé und Lambert-Thiboust (Palais-Royal, 14. Januar 1862).
277 Jacques Offenbach, *Le Bresilien,* Vaudeville in einem Akt, Text von Henri Meilhac und Ludovic Halévy (Palais-Royal, 9. Mai 1863).
278 Jacques Offenbach, *La Succession Bonnet,* Comédie-vaudeville in einem Akt, Text von M. de Saint-Rémy (d. i. Charles Auguste de Morny, Corps législatif, 4. Juni 1864).
279 Zit. nach Keck, *Kritischer Bericht,* S. 19.
280 Yon, *Offenbach,* S. 325.
281 Yon, *Offenbach,* S. 336.
282 Keck, *Kritischer Bericht,* S. 33.
283 Halévy, *Carnets,* S. 131.
284 Keck, *Kritischer Bericht,* S. 20.
285 Martinet, *Offenbach,* S. 116.
286 Zit. nach Schwarz, *Vaudeville und Operette,* S. 296.
287 Yon, *Offenbach,* S. 338.
288 *Le Ménestrel,* Nr. 1049, 4.11.1866, zit. nach Yon, *Offenbach,* S. 337.
289 Yon, *Offenbach,* S. 349.
290 Brindejoint-Offenbach, *Offenbach,* S. 43.
291 Yon/Fraison, *Offenbach,* S. 33.
292 Ackermann, *Anmerkungen,* S. 15 f.
293 *Fremdenblatt,* 2. Februar 1869, zit. nach: Franke, *Chronologie,* S. 157.
294 Henseler, *Offenbach,* S. 218.
295 Zit. nach Luez, *Offenbach,* S. 168.
296 Yon, *Offenbach,* S. 355.
297 Friedrich, *Offenbach,* S. 125.
298 Zit. nach Luez, *Offenbach,* S. 199 f.
299 Friedrich, *Offenbach,* S. 157 f.
300 Friedrich, *Offenbach,* S. 158.
301 Friedrich, *Offenbach,* S. 196.
302 Friedrich, *Offenbach,* S. 195.
303 Vgl. zum Folgenden Fraison, *Périchole.*
304 Zit. nach Yon, *Offenbach,* S. 371.

305 Bertrand, Gustave: Semaine théâtrale, in: *Le Ménestrel* Nr. 1149, 4.10.1868, S. 356.
306 Luez, *Offenbach,* S. 215.
307 Pfau, *Der Kaiser am Vorabend des Bankrotts (1867/1895),* S. 249 f.
308 Zola, *Nana,* S. 24.
309 Zola, *Nana,* S. 40.
310 Allerdings kann die reißerische These der »Geburt der Operette aus dem Geist der Pornographie« (Clarke, *Geburt der Operette,* S. 19), wie sie zuletzt vorgetragen wurde, bei näherer Betrachtung der offenbachschen Opéras bouffes kaum aufrechterhalten werden. Es ist leicht zu widerlegen, »dass die Offenbach-Operetten, wie sie im Paris der 1860er Jahre gezeigt wurden, durch und durch pornographisch waren, was Inhalt und die Darstellung auf der Bühne anbelangt« (Clarke, *Geburt der Operette,* S. 28). Zum einen wird hier wenig trennscharf »Pornographie« mit Erotik, Sinnlichkeit, Sexualität u. v. m. vermengt, zum anderen bezieht sich der Autor der These, Kevin Clarke, nur auf einen zahlenmäßig kleinen Ausschnitt der »Offenbach-Operetten, wie sie im Paris der 1860er Jahre gezeigt wurden«. Nicht zuletzt zieht er als Beleg für seine Thesen ausgerechnet Zolas *Nana* heran – ohne je klarzustellen, dass der Autor der *Rougon-Macquart* ein durch und durch politisch argumentierender Intellektueller war und aus seiner Ablehnung des Zweiten Kaiserreiches und der seiner Meinung nach moralisch verwerflichen Operette nie einen Hehl machte: »Zola verbindet Offenbach und sein Schaffen mit einem Regime und einer Gesellschaft, die er verabscheut, eine Gesellschaft, für die Geld den einzigen Wert und Gier die einzige Tugend darstellt.« (Gengembre, *L'Empire de la chair,* S. 289).
311 Gier, *Poetik und Dramaturgie,* S. 207 f.
312 Hofer, *Offenbach,* Sp. 1327.
313 Dahlhaus, *Offenbachs Kunst,* S. 129.
314 Schon lange vor Dahlhaus hatte Dörffeldt 1954 in einer Reihe von bemerkenswert gründlichen Analysen gezeigt, »daß er [Offenbach] die herkömmlichen Mittel der Musikparodie in höchst eigenwilliger Weise seinen Zwecken dienstbar machte, ja daß er gleichsam wie in einem Brennspiegel alles, was der Musik an parodistischen Möglichkeiten innewohnt, in seinem Werk zusammenfaßte, und schließlich, daß er die Musikparodie in einen größeren musikdramatischen und satirischen Zusammenhang stellte und sie dadurch über die ihr sonst gegebenen Schranken weit hinaushob« (Dörffeldt, *Musikalische Parodie,* S. 41).
315 Dahlhaus, *Offenbachs Kunst,* S. 129.
316 Dahlhaus, *Offenbachs Kunst,* S. 129.
317 Dahlhaus, *Offenbachs Kunst,* S. 130.
318 Dahlhaus, *Offenbachs Kunst,* S. 134.
319 Dahlhaus, *Offenbachs Kunst,* S. 136.
320 Dahlhaus, *Offenbachs Kunst,* S. 138.
321 Hawig, *Einladung nach Gerolstein,* S. 169.
322 Zit. nach Henseler, *Offenbach,* S. 321–323.
323 Brindejoint-Offenbach, *Offenbach,* S. 27.
324 Klotz, *Operette,* S. 26.
325 Klotz, *Operette,* S. 26.
326 Klotz, *Operette,* S. 31.
327 Klotz, *Operette,* S. 33.
328 Hofer, *Offenbach,* Sp. 1327.
329 Hofer, *Offenbach,* Sp. 1328.
330 Hofer, *Offenbach,* Sp. 1328.
331 Dahlhaus, *Offenbachs Kunst,* S. 137.

332 Vgl. Yon, *Offenbach,* S. 397 f.
333 *Le Ménestrel* Nr. 2145, 21.8.1870, S. 303.
334 *Allgemeine Musikzeitung,* Neue Folge, 5. Jg., Nr. 37, 14.9.1870, S. 295. Vgl. Boresch, *Mit Kanonen auf Operetten,* S. 420.
335 Vgl. Yon, *Offenbach,* S. 399.
336 Yon, *Offenbach,* S. 399.
337 Zit nach Yon, *Offenbach,* S. 401, Hervorhebungen im Original.
338 Zit. nach Luez, *Offenbach,* S. 231.
339 Vgl. Yon, *Offenbach,* S. 431.
340 Vgl. Luez, *Offenbach,* S. 181.
341 Hawig, *Einladung nach Gerolstein,* S. 129.
342 Hawig, *Einladung nach Gerolstein,* S. 126.
343 Hawig, *Einladung nach Gerolstein*, S. 127.
344 Zit. nach Yon, *Offenbach,* S. 438.
345 Vgl. Yon, *Offenbach,* S. 443.
346 Vielen Dank an Alexander Grün für diese Angaben.
347 Yon, *Offenbach,* S. 441.
348 Yon, *Offenbach,* S. 445.
349 Yon, *Offenbach,* S. 446.
350 Yon, *Offenbach,* S. 446.
351 Hawig, *Offenbach,* S. 115.
352 Hawig, *Offenbach,* S. 115.
353 Yon, *Offenbach,* S. 451.
354 Pourvoyeur, *Offenbach,* S. 197 f.
355 Zit. nach Luez, *Offenbach,* S. 247.
356 Yon, *Offenbach,* S. 467.
357 Vgl. Luez, *Offenbach,* S. 249.
358 Henseler, *Offenbach,* S. 235.
359 Zit. nach Yon, *Offenbach,* S. 475 f.
360 Zit. nach Yon, *Offenbach,* S. 481.
361 Zit. nach Yon, *Offenbach,* S. 482.
362 Yon, *Offenbach,* S. 482.
363 Klügl, *Erfolgsnummern,* S. 105.
364 Klügl, *Erfolgsnummern,* S. 106.
365 Vgl. Keck, *Le Royaume de Neptune.*
366 Schon 1867 war bei einer Wiederaufnahme des Stücks am Théâtre des Galeries Saint-Hubert in Brüssel das Stück auf vier Akte gekürzt worden, vgl. Yon, *Offenbach,* S. 477.
367 Zit. nach Yon, *Offenbach,* S. 489.
368 Zit. nach Yon, *Offenbach,* S. 492.
369 Zit. nach Yon, *Offenbach,* S. 494.
370 Henseler, *Offenbach,* S. 396 f.
371 Yon, *Offenbach,* S. 499.
372 Zit. nach Yon, *Offenbach,* S. 500.
373 Vgl. Yon, *Offenbach,* S. 505.
374 Zit. nach Yon, *Offenbach,* S. 505 f.
375 Zit. nach Yon, *Offenbach,* S. 510.
376 Zit. nach Yon, *Offenbach,* S. 521.

377 Zit. nach Yon, *Offenbach,* S. 526.
378 Zit. nach Yon, *Offenbach,* S. 530.
379 Zit. nach Yon, *Offenbach,* S. 532.
380 Zit. nach Yon, *Offenbach,* S. 543.
381 *Offenbach in Amerika,* S. 30.
382 *Offenbach in Amerika,* S. 54–56.
383 Édouard Noël/Edmond Stoullig: *Les Annales du théâtre de de la musique,* Jg. 2, Paris 1876, S. 631 f., zit. nach Yon, *Offenbach,* S. 554.
384 Zit. nach Yon, *Offenbach,* S. 557.
385 Die folgenden Zitate alle nach Yon, *Offenbach,* S. 562.
386 Yon, *Offenbach,* S. 564.
387 Yon, *Offenbach,* S. 565.
388 Yon, *Offenbach,* S. 565.
389 Yon, *Offenbach,* S. 565.
390 Moréno, Henri: *Semaine théâtrale,* in: *Le Ménestrel* Nr. 2411, 8.10.1876, S. 356.
391 Vgl. Yon, *Offenbach,* S. 523.
392 Zit. nach Yon, *Offenbach,* S. 572 f.
393 Zit. nach Henseler, *Offenbach,* S. 392.
394 Zit. nach Yon, *Offenbach,* S. 578.
395 Zit. nach Yon, *Offenbach,* S. 582.
396 Zit. nach Yon, *Offenbach,* S. 587.
397 Zit. nach Yon, *Offenbach,* S. 587.
398 Henseler, *Offenbach,* S. 400.
399 Hanslick, *Offenbach,* S. 268.
400 *Frankfurter Nachrichten* 311, 21.6.1919, zit. nach Wegener, *Offenbach,* S. 106.
401 Nachlass Henseler, Stadtarchiv Bonn, zit. nach Wegener, *Offenbach,* S. 20.
402 Rosenthal, *Offenbachs Operetten,* S. 209.
403 Jahrmärker, *Sittenverderber,* S. 277.
404 Jahrmärker, *Sittenverderber,* S. 273.
405 Henseler, *Offenbach,* S. 261.
406 Diese Angaben nach Senelick, *Offenbach,* S. 63.
407 Scholz, *Wagners Antisemitismus,* S. 138 f.
408 Henseler, *Offenbach,* S. 260.
409 Ackermann, *Eine Kapitulation,* S. 144.
410 Wagner, *Eine Kapitulation,* S. 282.
411 Wagner, *Eine Kapitulation,* S. 289.
412 Wagner, *Eine Kapitulation,* S. 291.
413 Wagner, *Eine Kapitulation,* S. 293.
414 Ackermann, Eine *Kapitulation,* S. 147.
415 Wagner, *Das Judenthum in der Musik,* S. 149 f.
416 Wagner, *Das Judenthum in der Musik,* S. 188.
417 Senelick, *Offenbach,* S. 68 f.
418 Zit. nach Senelick, *Offenbach,* S. 69.
419 Peter Hawig im einleitenden Kommentar zu Offenbach, *Wagner,* S. 50.
420 Dieses und die folgenden Zitate nach Offenbach, *Wagner,* S. 51 ff..
421 Brindejoint-Offenbach, *Offenbach,* S. 334 f. Hervorhebung im französischen Original, in der deutschen Übersetzung nachträglich ergänzt.

422 Zit. nach Yon, *Offenbach,* S. 592.

423 Die folgenden Gedanken zu *Les Contes d'Hoffmann* verdanke ich den wertvollen Anregungen von Albert Gier, dem ich an dieser Stelle ausdrücklich dafür danke.

424 Auch ihr erfolgreichstes Libretto schreiben Barbier und Carré 1859 über einen deutschen Stoff: Faust für Charles Gounod. Und auch hier kommen die bei Hoffmann bewährten deutschen Bilder zum Tragen: eine Kleinstadt mit viel Fachwerk, fleißigen Bauern, bierseligen Festen und, natürlich, trinkfesten Studenten.

425 Döhring, *Dramaturgische Konzeption,* S. 306.

426 Hawig, *Einladung nach Gerolstein,* S. 231.

427 Hawig, *Einladung nach Gerolstein,* S. 231.

428 Hawig, *Einladung nach Gerolstein,* S. 235.

429 Hawig, *Einladung nach Gerolstein,* S. 240.

430 Hanslick, *Hoffmann's Erzählungen,* S. 81.

431 Zit. nach Yon, *Offenbach,* S. 605.

432 Zit. nach Yon, *Offenbach,* S. 606.

433 Zit. nach Yon, *Offenbach,* S. 608.

434 *Le Figaro,* Nr. 282, 8.10.1880, S. 1 f.

435 *Le Figaro,* Nr. 282, 8.10.1880, S. 1.

436 *Le Figaro,* Nr. 282, 8.10.1880, S. 1.

437 Yon, *Offenbach,* S. 617.

438 Léon Kerst, zit. nach Yon, *Offenbach,* S. 617.

439 Zit. nach Martinet, *Offenbach,* S. 279 f.

440 Brindejoint-Offenbach, *Offenbach,* S. 39.

441 Brindejoint-Offenbach, *Offenbach,* S. 39.

442 Fuhlrodt (FDP), in: *Verhandlungen des Rates der Stadt Köln,* S. 399.

443 Rehker (CDU), in: *Verhandlungen des Rates der Stadt Köln,* S. 400.

444 Michels (SPD) , in: *Verhandlungen des Rates der Stadt Köln,* S. 399.

445 Brindejoint-Offenbach, *Offenbach,* S. 203.

446 Vgl. Senelick, *Offenbach,* und Kaufmann, *Offenbach in Spain, Italy and Portugal.*

447 Senelick, *Offenbach,* S. 142.

448 Flores, *Offenbach in Arabien,* S. 133 f.

449 Senelick, *Offenbach,* S. 194.

Werkliste

Titel	Gattung	Akte	Autoren	Datum der Uraufführung	Ort der Uraufführung
Pascal et Chambord	comédie mêlée de chants	2	A. Anicet-Bourgeois und É. Brisebarre	2.3.1839	Paris, Théâtre du Palais-Royal
Le Moine bourru ou les deux poltrons	duo bouffe	–	E. Plouvier	2.4.1843	Paris, Salle Herz
Meuniere et Fermière	duo bouffe	–	E. Plouvier	24.4.1846	Paris, Salle Herz
L'Alcôve	opéra-comique	1	Ph. Pittaud de Forges, A. de Leuven und E. Roche	24.4.1847	Paris, Salle Moreau-Sainti
Blanche	opéra-comique	1	J.-H. Vernoy de Saint-Georges	ca. 1847, nie aufgeführt	-
La Duchesse d'Albe	opéra-comique	3	J.-H. Vernoy de Saint-Georges	ca. 1848, nie aufgeführt	-
Le Trésor à Mathurin	tableau villageois	1	L. Battu	7.5.1853	Paris, Salle Herz
Pépito	opéra-comique	1	L. Battu und J. Moinaux	28.10.1853	Paris, Théâtre des Variétés
Luc et Lucette	opéra-comique	1	Ph. Pittaud de Forges und E. Roche	2.5.1854	Paris, Salle Herz
Le Décaméron, ou La Grotte d'azur	légende napolitaine	1	J. Méry	April 1855	Paris, Salle Herz
Oyayaye, ou La Reine des îles	anthropophagie musicale	1	J. Moinaux	26.6.1855	Paris, Folies-Nouvelles
Entrez, Messieurs, Mesdames	prologue d'ouverture	1	J. Méry und L. Halévy	5.7.1855	Paris, Bouffes-Parisiens
Une Nuit blanche	opéra-comique	1	E. Plouvier	5.7.1855	Paris, Bouffes-Parisiens
Les Deux Aveugles	bouffonnerie musicale	1	J. Moinaux	5.7.1855	Paris, Bouffes-Parisiens

Titel	Gattung	Akte	Autoren	Datum der Uraufführung	Ort der Uraufführung
Arlequin barbier	ballet bouffon	1	C. Placet	5.7.1855	Paris, Bouffes-Parisiens
Le rêve d'une nuit d'été	saynète	1	E. Tréfeu	30.7.1855	Paris, Bouffes-Parisiens
Pierrot clown	pantomime	1	Jackson	30.7.1855	Paris, Bouffes-Parisiens
Le violoneux	légende bretonne	1	E. Mestépès und E. Chevalet	31.8.1855	Paris, Bouffes-Parisiens
Polichinelle dans le monde	pantomime	1	W. Busnach und L. Halévy	19.9.1855	Paris-Bouffes-Parisiens
Madame Papillon	opérette	1	J. Servières (L. Halévy)	3.10.1855	Paris, Bouffes-Parisiens
Paimpol et Périnette	saynète	1	Ph. Pittaud de Forges	29.10.1855	Paris, Bouffes-Parisiens
Ba-ta-clan	chinoiserie musicale	1	L. Halévy	29.12.1855	Paris, Bouffes-Parisiens
Trafalgar – Sur un volcan	comédie à ariettes	1	E. L'Épine und J. Méry	29.12.1855	Paris, Bouffes-Parisiens
Un Postillon en gage	opérette	1	J. Adenis	9.2.1856	Paris, Bouffes-Parisiens
Tromb-al-ca-zar, ou Les criminels dramatiques	bouffonnerie musicale	1	Ch. Dupeuty und E. Bourget	3.4.1856	Paris, Bouffes-Parisiens
La Rose de Saint-Flour	opérette	1	Michel Carré	12.6.1856	Paris, Bouffes-Parisiens
Les Dragées du baptême	pièce de circonstance	1	Ch. Dupeuty und E. Bourget	14.6.1856	Paris, Bouffes-Parisiens
Les Bergers de Watteau	Ballet	1	Mathieu	24.6.1856	Paris, Bouffes-Parisiens
Le 66	opérette	1	Ph. Pittaud de Forges und Laurencin	31.7.1856	Paris, Bouffes-Parisiens
Le financier et le savetier	opérette-bouffe	1	H. Crémieuxt	23.9.1856	Paris, Bouffes-Parisiens
La bonne d'enfant	opérette-bouffe	1	E. Bercioux	14.10.1856	Paris, Bouffes-Parisiens
Les Trois Baisers du Diable	opérette fantastique	1	E. Mestépès	15.1.1857	Paris, Bouffes-Parisiens
Croquefer, ou Le dernier des paladins	opéra-bouffe	1	A. Jaime und E. Tréfeu	12.2.1857	Paris, Bouffes-Parisiens
Dragonette	opéra-bouffe	1	E. Mestépès und A. Jaime	30.3.1857	Paris, Bouffes-Parisiens

Titel	Gattung	Akte	Autoren	Datum der Uraufführung	Ort der Uraufführung
Vent-du-Soir, ou L'horrible festin	opérette-bouffe	1	Ph. Gille	16.5.1857	Paris, Bouffes-Parisiens
Une Demoiselle en loterie	opérette	1	A. Jaime und H. Crémieux	27.5.1857	Paris, Bouffes-Parisiens
Le Mariage aux lanternes	opérette	1	M. Carré und L. Battu	10.10.1857	Paris, Bouffes-Parisiens
Les Deux Pêcheurs, ou Le Lever du soleil	bouffonnerie musicale	1	Ch. Dupeuty und E. Bourget	13.11.1857	Paris, Bouffes-Parisiens
Mesdames de la Halle	opérette-bouffe	1	A. Lapointe	3.3.1858	Paris, Bouffes-Parisiens
La chatte méta-morphosée en femme	opérette	1	E. Scribe und Mélesville	19.4.1858	Paris, Bouffes-Parisiens
Orphée aux Enfers	opéra-bouffon	2	H. Crémieux und L. Halévy	21.10.1858	Paris, Bouffes-Parisiens
Un mari à la porte	opérette	1	A. Delacour und L. Morand	22.6.1859	Paris, Bouffes-Parisiens
Les Vivandières de la Grande Armée	opérette	1	A. Jaime und Ph. Pittaud de Forges	6.7.1859	Paris, Bouffes-Parisiens
Geneviève de Brabant	opéra-bouffon	2	A. Jaime und E. Tréfeu	19.11.1859	Paris, Bouffes-Parisiens
Le carnaval des revues	revue de carnaval	1	E. Grangé, Ph. Gille und L. Halévy	10.2.1860	Paris, Bouffes-Parisiens
Daphnis et Chloé	opérette	1	Clairville und J. Cordier	27.3.1860	Paris, Bouffes-Parisiens
Le Papillon	ballet-panto-mime	2	M Taglioni und H. de Saint-Georges	26.11.1860	Paris, Opéra
Barkouf	opéra-bouffe	3	E. Scribe und H. Boisseaux	24.12.1860	Paris, Opéra Comique
La Chanson de Fortunio	opéra-comique	1	H. Crémieux und L. Halévy	5.1.1861	Paris, Bouffes-Parisiens
Le Pont des Soupirs	opéra-bouffon	2	H. Crémieux und L. Halévy	23.3.1861	Paris, Bouffes-Parisiens
M. Choufleuri restera chez lui le…	opérette bouffe	1	M. de Saint Rémy (Charles, Herzog von Morny), H. Crémieux und L. Halévy	31.5.1861	Paris, Présidence du Corps Législatif
Apothicaire et perruquier	opérette-bouffe	1	E. Frébault	17.10.1861	Paris, Bouffes-Parisiens

Titel	Gattung	Akte	Autoren	Datum der Uraufführung	Ort der Uraufführung
Le Roman comique	opéra-bouffon	3	H. Crémieux und L. Halévy	10.12.1861	Paris, Bouffes-Parisiens
Monsieur et Madame Denis	opéra-comique	1	Laurencin und M. Delaporte	11.1.1862	Paris, Bouffes-Parisiens
Le voyage de MM. Dunanan père et fils	opéra-bouffe	3	P. Siraudin und J. Moinaux	22.3.1862	Paris, Bouffes-Parisiens
Bavard et bavarde	opéra-comique	2	Ch. Nuitter	11.7.1862	Ems, Kursaal
Jacqueline	opérette	1	H. Crémieux und L. Halévy)	14.10.1862	Paris, Bouffes-Parisiens
La baguette (Fédia)	opéra-comique	2	H. Meilhac und L. Halévy	ca. 1862, nie aufgeführt	
Il signor Fagotto	opéra-comique	1	Ch. Nuitter und E. Tréfeu	11.7.1863	Ems, Kursaal
Lischen et Fritzchen	conversation alsacienne	1	P. Boisselot	21.7.1863	Ems, Kursaal
L'Amour chanteur	opérette	1	Ch. Nuitter und E. L'Épine	5.1.1864	Paris, Bouffes-Parisiens
Die Rheinnixen	romantische Oper	3	Ch. Nuitter und A. von Wolzogen	4.2.1864	Wien, Hofoper
Les Géorgiennes	opéra-bouffe	3	J. Moinaux	16.3.1864	Paris, Bouffes-Parisiens
Le Fifre enchanté, ou Le Soldat magicien	opéra-comique	1	Ch. Nuitter und E. Tréfeu	12.7.1864	Ems, Kursaal
Jeanne qui pleure et Jean qui rit	opérette	1	Ch. Nuitter und E. Tréfeu	19.7.1864	Ems, Kursaal
La Belle Hélène	opéra-bouffe	3	H. Meilhac und L. Halévy	17.12.1864	Paris, Théâtre des Variétés
Coscoletto, ou Le Lazzarone	opéra-comique	2	Ch. Nuitter und E. Tréfeu	11.7.1865	Ems, Kursaal
Les Refrains des Bouffes	fantaisie musicale	1t	unbekannt	21.9.1865	Paris, Bouffes-Parisiens
Les Bergers	opéra-comique	3	H. Crémieux und Ph. Gille	11.12.1865	Paris, Bouffes-Parisiens
Barbe-Bleue	opéra-bouffe	3	H. Meilhac und L. Halévy	5.7.1866	Paris, Théâtre des Variétés
La Vie parisienne	opéra-bouffe	5	H. Meilhac und L. Halévy	31.10.1866	Paris, Théâtre du Palais Royal
La Grande-Duchesse de Gérolstein	opéra-bouffe	3	H. Meilhac und L. Halévy	12.4.1867	Paris, Théâtre des Variétés

Titel	Gattung	Akte	Autoren	Datum der Uraufführung	Ort der Uraufführung
La Permission de dix heures	opéra-comique	1	Mélésville und P. Carmouche	9.7.1867	Ems, Kursaal
La Leçon de chant électromagné-tique	bouffonnerie musicale	1	E. Bourget	20.7.1867	Ems, Kursaal
Robinson Crusoé	opéra-comique	3	E. Cormon und H. Crémieux	23.11.1867	Paris, Opéra Comique
Geneviève de Bra-bant (überarbei-tete Fassung)	opéra-bouffe	3	H. Crémieux und E. Tréfeu	26.12.1867	Paris, Théâtre des Menus-Plaisirs
Le Château à Toto	opéra-bouffe	3	H. Meilhac und L. Halévy	6.5.1868	Paris, Théâtre du Palais Royal
Le Pont des Sou-pirs (überarbei-tete Fassung)	opéra-bouffe	4	H. Crémieux und L. Halévy	8.5.1868	Paris, Théâtre des Variétés
L'Île de Tulipatan	opéra-bouffe	1	H. Chivot und A. Duru	30.9.1868	Paris, Bouffes-Parisiens
La Périchole	opéra-bouffe	2	H. Meilhac und L. Halévy	6.10.1868	Paris, Théâtre des Variétés
Vert-Vert	opéra-comique	3	H. Meilhac und Ch. Nuitter	10.3.1869	Paris, Opéra Comique
La Diva	opéra-bouffe	3	H. Meilhac und L. Halévy	22.3.1869	Paris, Bouffes-Parisiens
La Princesse de Trébizonde	opéra-bouffe	2	Ch. Nuitter und E. Tréfeu	31.7.1869	Baden-Baden, Kurtheater
La Princesse de Trébizonde (zweite Fassung)	opéra-bouffe	3	Ch. Nuitter und E. Tréfeu	7.12.1869	Paris, Bouffes-Parisiens
Les Brigands	opéra-bouffe	3	H. Meilhac und L. Halévy	10.12.1869	Paris, Théâtre des Variétés
La Romance de la rose	opérette	1	E. Tréfeu, J. Prével und Ch. Nuitter	11.12.1869	Paris, Bouffes-Parisiens
Dorothea	komische Ope-rette	1	G. Ernst nach H. Cré-mieux, L. Halévy	12.9.1871	Wien, Strampfer-Theater
Boule de neige	opéra-bouffe	3	Ch. Nuitter und E. Tréfeu	14.12.1871	Paris, Bouffes-Parisiens
Le Roi Carotte	opéra-bouf-fe-féerie	4	V. Sardou	15.1.1872	Paris, Théâtre de la Gaîté
Fantasio	opéra-comique	3	P. de Musset, nach. A. de Musset	18.1.1872	Paris, Opéra Comique

Titel	Gattung	Akte	Autoren	Datum der Uraufführung	Ort der Uraufführung
Fleurette, oder Trompeter und Näherin	komische Operette	1	J. Hopp und F. Zell, nach Ph. Pittaud de Forges und Laurencin	12.3.1872	Wien, Carltheater
Der schwarze Corsar	komische Operette	3	R. Genée, nach J. Offenbach	21.9.1872	Wien, Theater an der Wien
Les Braconniers	opéra-bouffe	3	H. Chivot und A. Duru	29.1.1873	Paris, Théâtre des Variétés
Le Gascon	drame	5	Th. Barrière und L. Davyl	2.9.1873	Gaîté
Pomme d'api	opérette	1	L. Halévy und W. Busnach	4.9.1873	Paris, Théâtre de la Renaissance
La Permission de dix heures (zweite Fassung)	opéra-comique	1	P. Carmouche und Mélésville	4.9.1873	Paris, Théâtre de la Renaissance
La Vie parisienne (zweite Fassung)	opéra-bouffe	4	H. Meilhac und L. Halévy	25.9.1873	Paris, Théâtre des Variétés
La Jolie Parfumeuse	opéra-comique	3	H. Crémieux und E. Blum	29.11.1873	Paris, Théâtre de la Renaissance
Orphée aux Enfers (zweite Fassung)	opéra-féerie	4	H. Crémieux und L. Halévy	7.2.1874	Paris, Théâtre de la Gaîté
La Périchole (zweite Fassung)	opéra-bouffe	3	H. Meilhac und L. Halévy	25.4.1874	Paris, Théâtre des Variétés
Bagatelle	opéra-comique	1	H. Crémieux und E. Blum	21.5.1874	Paris, Bouffes-Parisiens
Madame l'Archiduc	opéra-bouffe	3	A. Millaud und L. Halévy	31.10.1874	Paris, Bouffes-Parisiens
La Haine	drame	5	V. Sardou	3.12.1874	Paris, Théâtre de la Gaîté
Whittington	grand opéra-bouffe-féerie	3	N. B. Farnie, nach Ch. Nuitter und E. Tréfeu	26.12.1874	London, Alhambra Theatre
Geneviève de Brabant (dritte Fassung)	opéra-féerie	5	H. Crémieux und E. Tréfeu	25.2.1875	Paris, Théâtre de la Gaîté
Les Hannetons	revue de printemps	3	E. Grangé und A. Millaud	22.4.1875	Paris, Bouffes-Parisiens
La boulangère a des écus	opéra-bouffe	3	H. Meilhac und L. Halévy	19.10.1875	Paris, Théâtre des Variétés
Le Voyage dans la Lune	opéra-féerie	4	E. Leterrier, A. Mortier und A. Vanloo	26.10.1875	Paris, Théâtre de la Gaîté

Titel	Gattung	Akte	Autoren	Datum der Uraufführung	Ort der Uraufführung
La Créole	opéra-comique	3	A. Millaud, H. Meilhac und L. Halévy	3.11.1875	Paris, Bouffes-Parisiens
Tarte à la crême	valse	1	A. Millaud, L. Halévy	14.12.1875	Paris, Bouffes-Parisiens
Pierrette et Jacquot	opérette	1	J. Noriac und Ph. Gille	13.10.1876	Paris, Bouffes-Parisiens
La Boîte au lait	opéra-bouffe	4	E. Grangé und J. Noriac	3.11.1876	Paris, Bouffes-Parisiens
Le Docteur Ox	opéra-bouffe	3	A. Mortier und Ph. Gille	26.1.1877	Paris, Théâtre des Variétés
La Foire Saint-Laurent	opéra-bouffe	3	H. Crémieux, und A. de Saint-Albin	10.2.1877	Paris, Théâtre des Folies-Dramatiques
Maître Péronilla	opéra-bouffe	3	Jacques Offenbach	13.3.1878	Paris, Bouffes-Parisiens
Les Brigands (zweite Fassung)	opéra-bouffe	3	H. Meilhac und L. Halévy	25.12.1878	Paris, Théâtre de la Gaîté
Madame Favart	opéra-comique	3	A. Duru und H. Chivot	28.12.1878	Paris, Théâtre des Folies-Dramatiques
La Marocaine	opéra-bouffe	3	P. Ferrier und L. Halévy	13.1.1879	Paris, Bouffes-Parisiens
La Fille du Tambour-major	opéra-comique	3	H. Chivot und A. Duru	13.12.1879	Paris, Théâtre des Folies-Dramatiques
Belle Lurette	opéra-comique	3	E. Blum, E. Blau und R. Toché	30.10.1880	Paris, Théâtre de la Renaissance
Les Contes d'Hoffmann	opéra fantastique	4	J. Barbier	10.2.1881	Paris, Opéra Comique
Mademoiselle Moucheron	opérette-bouffe	1	E. Leterrier und A. Vanloo	10.5.1881	Paris, Théâtre de la Renaissance

Quellen- und Literaturverzeichnis

Primärliteratur

Texte von Offenbach

Vorbemerkung: Die meisten Rezensionen, offenen Briefe, Reklamenotizen u. Ä. in *Le Figaro, L'Artiste* etc. sind noch nicht systematisch erfasst und ausgewertet. Auch der Großteil der Briefe Offenbachs ist nicht systematisch erfasst, geschweige denn angemessen ediert.

Concours pour une opérette en un acte, in: Le Ménestrel 23/35, 27.7.1856, S. 1–3 (dt.: Wettbewerb um eine einaktige Operette, in: Jacques Offenbach, Schriften und Selbstzeugnisse, herausgegeben von Peter Hawig, H. 1 (= Bad Emser Hefte 334.1/OFF 186), Bad Ems 2012, S. 5–18).

Notice autobiographique, in: L'Autographe 9, 1.4.1864, S. 75 (dt.: Autobiographische Notiz, in: Jacques Offenbach, Schriften und Selbstzeugnisse, herausgegeben von Peter Hawig, H. 1 (= Bad Emser Hefte 334.1/OFF 186), Bad Ems 2012, S. 24–26).

Ohne Titel (Nachruf auf Giacomo Meyerbeer), in: L'Autographe 12, 18.5.1864, S. 97–98.

Histoire d'une valse, Paris o. J. (ca. 1872–1878).

Lettres à Henri Meilhac et Ludovic Halévy, hg. von Philippe Goninet, Paris 1994.

Offenbach en Amérique. Notes d'un musicien en voyage. Précédées d'une notice biographique par Albert Wolff, Paris 1877 (Reprint 1979) (dt.: Offenbach in Amerika, übersetzt von Reinhold Scharnke, Berlin-Wunsiedel 1957; Reprint als: Jacques Offenbach, Schriften und Selbstzeugnisse, herausgegeben von Peter Hawig, H. 3–5 (= Bad Emser Hefte 334.3–5/OFF 188–190), Bad Ems 2012).

Préface, in: Les Soirées parisiennes, par un monsieur de l'orchestre (i. e. Arnold Mortier), Paris 1875, S. V–XI (dt.: Vorwort zu Arnold Mortiers »Soirées parisiennes« (1875), in: Jacques Offenbach, Schriften und Selbstzeugnisse, herausgegeben von Peter Hawig, H. 2 (= Bad Emser Hefte 334.2/OFF 187), Bad Ems 2012, S. 43–49).

Wagner, in: Paris – Murcie, Dezember 1879, S. 10 (dt.: Wagner, in: Jacques Offenbach, Schriften und Selbstzeugnisse, herausgegeben von Peter Hawig, H. 2 (= Bad Emser Hefte 334.2/OFF 187), Bad Ems 2012, S. 50–54).

Biographisches zu Jacques Offenbach

Argus (= Philippe Gille): Célébrités dramatiques. Jacques Offenbach. Biographie, Portrait et Autographe, Paris 1872.

Bekker, Paul: Jacques Offenbach (= Die Musik 31–32, hg. von Richard Strauss), Berlin 1909.

Bellaigue, Camille: Offenbach, in: ders., Etudes musicales 1, Paris 1898, S. 415–423 (dt.: Musikalische Silhouetten, übersetzt von Margarete Toussaint, Leipzig-Kattowitz 1903, S. 108–114).

Brancour, René: Offenbach. Biographie critique (Les Musiciens célèbres), Paris 1929.

Brindejoint-Offenbach, Jacques: Offenbach. Mon Grand-Père, Paris 1940 (dt.: Mein Großvater Offenbach, übersetzt von Horst Wolf, Berlin 1967).

Decaux, Alain: Offenbach. Roi du Second Empire, Paris 1958 u. ö. (dt.: Offenbach. König des Zweiten Kaiserreichs, übersetzt von Lilli Nevinny, München 1960 u. ö.).

D'Estienne d'Orves, Nicolas: Jacques Offenbach, Arles 2010.

Dorn, Heinrich: Jaques (sic!) Offenbach, in: ders., Ergebnisse aus Erlebnissen. Fuenfte Folge der Erinnerungen, Berlin 1877, S. 80–87.

Faris, Alexander: Jacques Offenbach, London-Boston 1980 (dt.: übersetzt von K. W. Bartlett, Zürich 1982).

Fischer, Ralph: Aus Jacques Offenbachs Kindertagen (= Bad Emser Hefte 160 [213]/OFF 20), Bad Ems 1997 [2000]/2001.

Fischer, Ralph: Der späte Offenbach (1870–1880), 2 Teile (= Bad Emser Hefte 171/200/OFF 27/108), Bad Ems 1997/2000.

Grünewald, Julie, Erinnerungen, in: Jacobo Kaufmann, Isaac Offenbach und sein Sohn Jacques oder »Es ist nicht alle Tage Purim«, (= Conditio Judaica 21), Tübingen 1998, S. 106–119.

Halévy, Ludovic: Carnets, hg. von Daniel Halévy (2 Bde.), Paris 1935; »Bd. 3« in der Revue des deux mondes: 15.01.1937, S. 296–323; 01.02.1937, S. 540–565; 15.02.1937, S. 817–843; 15.12.1937, S. 810–843; 01.01.1938, S. 95–126; 15.01.1938, S. 375–403; 01.02.1938, S. 589–613.

Halévy, Ludovic: Notes et souvenirs 1871–1872, Paris 1889.

Hanslick, Eduard: Hoffmann's Erzählungen. Phantastische Oper vnon Offenbach. (Erste Aufführung in Wien 1881), in: ders., Aus dem Opernleben der Gegenwart (= »Der modernen Oper« III. Teil). Neue Kritiken und Studien, Berlin 1885, S. 81–90.

Hanslick, Eduard: J. Offenbach († 1880), in: ders., Aus dem Opernleben der Gegenwart (= »Der modernen Oper« III. Teil). Neue Kritiken und Studien, Berlin 1885, S. 268–290.

Hawig, Peter: Jacques Offenbach. Facetten zu Leben und Werk (= Beiträge zur Offenbach-Forschung II), Köln 1999.

Henseler, Anton: Jakob Offenbach, Berlin 1930.

Jacob, P. Walter: Jacques Offenbach in Selbstzeugnissen und Bilddokumenten (= rowohlts monographien 155), Reinbek 1969 u. ö.

Kaufmann, Jacobo: Isaac Offenbach und sein Sohn Jacques oder »Es ist nicht alle Tage Purim« (= Conditio Judaica 21), Tübingen 1998.

Kracauer, Siegfried: Jacques Offenbach und das Paris seiner Zeit, Amsterdam 1937 (jetzt: Werke 8, hg. von Ingrid Belke, Frankfurt/M. 2005).

Kristeller, Hans: Der Aufstieg des Kölners Jacques Offenbach. Ein Musikerleben in Bildern, Berlin 1931.
Lamb, Andrew: An Offenbach Family Album, Croydon 1997.
Luez, Philippe: Jacques Offenbach (1819–1880). Musicien européen, Anglet 2001.
Martinet, André: Offenbach. Sa vie et son œuvre, Paris 1887.
Mirecourt, Eugène de: Les Contemporains. Auber – Offenbach, Paris 1869.
Pasqué, Ernst: Zwei Offenbachiaden: Offenbach's Geigenkasten. Erstes Abenteuer/Offenbach's Geigenkasten. Zweites Abenteuer, in: ders., Musikanten=Geschichten, Dresden-Leipzig 1888, S. 255–285.
Pasqué, Ernst: Aus Jacques Offenbach's Lehrjahren, in: ders., Musikantengeschichten rund um Jacques Offenbach aus der Feder eines Jugendfreundes, hg. von Peter Hawig, Bad Ems 2014, S. 3–15.
Pourvoyeur, Robert: Offenbach, Paris 1994.
Pourvoyeur, Robert: Offenbach. Idillio e parodia, Turin 1980.
Schneider, Louis: Offenbach (Les Maîtres de l'opérette française), Paris 1923.
Schneidereit, Otto: Jacques Offenbach, Leipzig 1966.
Silbermann, Alphons: Das imaginäre Tagebuch des Herrn Jacques Offenbach, Berlin-Wiesbaden 1960 ([2]München-Mainz 1991).
Villemessant, Hippolyte de: Mémoires d'un journaliste, troisième série: À travers le »Figaro«, Paris 1873.
Villemessant, Hippolyte de: Mémoires d'un journaliste, sixième série: Mes voyages et mes prisons, Paris 1878.
Wegener, Gertrud (Hrsg.): Jacques Offenbach. Schauplätze eines Musikerlebens. Ausstellung des Historischen Archivs der Stadt Köln, Köln 1980.
Wolff, Albert: Biographische Notiz über Jacques Offenbach, in Gestalt eines Vorwortes zu dessen Amerikabuch, übersetzt und herausgegeben von Peter Hawig (= Bad Emser Hefte 402/OFF 213), Bad Ems 2014.
Yon, Jean-Claude: Jacques Offenbach, Paris 2000.
Yon, Jean-Claude/Fraison, Laurent (Hrsg.), unter Mitarbeit von Dominique Ghesquière: Offenbach (= Les Dossiers du Musée d'Orsay 58), Paris 1996.

Biographisches um Jacques Offenbach herum

De Lasalle, Albert: Histoire des Bouffes-Parisiens, Paris 1860.
Dorn, Heinrich: Aus meinem Leben. Erinnerungen II, Berlin o. J. [1872].
Hanslick, Eduard: Aus meinem Leben 2, Berlin [2]1894.
Wolff, Albert: Elegie auf Bad Ems. Aus seinem Erinnerungsbuch »La Haute-Noce« von 1885, übersetzt und kommentiert von Peter Hawig, Bad Ems 2010.

Untersuchungen zum Werk

Ackermann, Peter: Anmerkungen zum musikalischen Dramaturgie, in: Peter Ackermann und Ralf-Olivier Schwarz (Hrsg.), Jacques Offenbachs opéra-bouffe Le Château à Toto. Materialien, Texte, Dokumente (= Bad Emser Hefte 253/OFF 135–136), Bad Ems 2005, S. 15–18.

Ackermann, Peter/Schwarz, Ralf-Olivier/Stern, Jens (Hrsg.): Jacques Offenbach und das Théâtre des Bouffes-Parisiens 1855. Bericht über das Symposion Bad Ems 2005 (= Jacques-Offenbach-Studien 1), Fernwald 2006.

Brandstetter, Gabriele (Hrsg.): Jacques Offenbachs Hoffmanns Erzählungen. Konzeption – Rezeption – Dokumentation (= Thurnauer Schriften zum Musiktheater 9), Laaber 1988.

Coscoletto. Deutsches Libretto in der Fassung von Günther Obst, Begleitband mit Texten und Dokumenten, hg. von Peter Hawig (= Bad Emser Hefte 187/OFF 101–103), Bad Ems 1998/1999.

Csampai, Attila/Holland, Dietmar (Hrsg.): Jacques Offenbach. Hoffmanns Erzählungen. Texte, Materialien, Kommentare, Reinbek 1984.

Cullmann, Heiko/Heinemann, Michael (Hrsg.): ›... was Musik bewirken kann.‹ Jacques Offenbach: Orpheus in der Unterwelt. Eine Werkmonographie in Texten und Dokumenten, Dresden 2016.

Dahlhaus, Carl: Offenbachs Kunst der musikalischen Pointe, in: Elisabeth Schmierer (Hrsg.), Jacques Offenbach und seine Zeit, Laaber 2009, S. 129–138.

Die Schwätzerin von Saragossa (Les Bavards). Deutsches Libretto von Karl Treumann, bearbeitet von Karl Kraus. hg. von Peter Hawig (= Bad Emser Hefte 180/OFF 31–32), Bad Ems 1999.

Döhring, Sieghart: Zur dramaturgischen Konzeption von Offenbachs *Les Contes d'Hoffmann,* in: Gabriele Brandstetter (Hrsg.), Jacques Offenbachs Hoffmanns Erzählungen. Konzeption – Rezeption – Dokumentation (= Thurnauer Schriften zum Musiktheater 9), Laaber 1988, S. 293–307.

Dörffeldt, Siegfried: Die musikalische Parodie bei Offenbach, Diss. (masch.) Frankfurt/M. 1954.

Dokumente zur »Janin-Fehde« um Orpheus in der Unterwelt, in: Heiko Cullmann und Michael Heinemann (Hrsg.): ›... was Musik bewirken kann.‹ Jacques Offenbach: Orpheus in der Unterwelt. Eine Werkmonographie in Texten und Dokumenten, Dresden 2016, S. 113–127.

Fischer, Ralph: Die Cousine der Grande-Duchesse: La boulangère a des écus, in: Bad Emser Jacques Offenbach-Journal 2/2004, S. 41–54.

Fischer, Ralph: La Princesse de Trébizonde. Opéra-bouffe in drei Akten von Jacques Offenbach. Einführung und Dokumentation (= Bad Emser Hefte 225/OFF 124), Bad Ems 1996/2002.

Flores, Alexander: Offenbach in Arabien, in: Die Welt des Islam 48 (2008), S. 131–169.

Fraison, Laurent: Génèse et analyse de la version primitive, in: L'Avant-Scène Opéra 66: La Périchole, Paris 1984, S. 80–85.

Franke, Rainer (Hrsg.): Jacques Offenbach und die Schauplätze seines Musiktheaters (Thurnauer Schriften zum Musiktheater 17), Laaber 1999.

Friedrich, Juri: Jacques Offenbach und die Opéra-Comique (= Musik – Kultur – Geschichte 3), Würzburg 2016 (zugl. Diss. Köln 2015).

Hawig, Peter (Hrsg.): Offenbachs Lischen et Fritzchen. Einführung in das Werk und Faksimile-ausgabe des deutschen Librettos (= Bad Emser Hefte167/OFF 24), Bad Ems 1994.

Hawig, Peter: Einladung nach Gerolstein. Untersuchungen und Deutungen zum Werk Jacques Offenbachs (= Jacques-Offenbach-Studien 3), Fernwald 2008.

Hawig, Peter: Drei Opern in einer: Les Bergers – Die Schäfer (1865) (= Bad Emser Hefte 445/OFF 242), Bad Ems 2015.

Hawig, Jacques Offenbachs »Orpheus in der Unterwelt«, in: Heiko Cullmann und Michael Heinemann (Hrsg.), »... was Musik bewirken kann.« Jacques Offenbach: Orpheus in der Unterwelt. Eine Werkmonographie in Texten und Dokumenten, Dresden 2016, S. 35–50.

Hawig, Peter/Riemer, Anatol: Musiktheater als Gesellschaftssatire. Die Offenbachiaden und ihr Kontext, Fernwald 2018.

Herr Blumenkohl gibt sich die Ehre (Monsieur Choufleuri restera chez lui le ...). Opérette-bouffe in 1 Aufzug (von Jacques Offenbach/Text von Saint-Rémy). Für deutsche Bühnen neu übersetzt vom Olaf Franke. Vorwort von Ralph Fischer (= Bad Emser Hefte 218/OFF 119), Bad Ems 2002.

Hofer, Hermann: Artikel »Offenbach, Jacques«, Abschnitt »Würdigung«, in: Ludwig Finscher (Hrsg.), Die Musik in Geschichte und Gegenwart, Personenteil, Bd. 12, Kassel u.a. 2004, Sp. 1326–1330.

Huber, Hans Rudolf: Geschwatzt wird immer und überall. Zum Werdegang von Offenbachs opéra-bouffe Les Bavards (= Bad Emser Hefte 254/OFF 138), Bad Ems 2005.

Jacobshagen, Arnold (Hrsg.): Les Contes d'Hoffmann. Dossier de presse parisienne (1881) (= Critiques de l'opéra français du XIXème siècle VII), o. O. [Heilbronn] 1995.

Jahrmärker, Manuela: Vom Sittenverderber zum ewig klassischen Komponisten. Die Offenbach-Rezeption im München der 1860er bis 1880er Jahre, in: Rainer Franke (Hrsg.), Jacques Offenbach und die Schauplätze seines Musiktheaters (Thurnauer Schriften zum Musiktheater 17), Laaber 1999, S. 267–302.

Keck, Jean-Christophe: Kritischer Bericht zu La Vie parisienne, CD-ROM Supplément zu La Vie parisienne, Berlin 2000.

Keck, Jean-Christophe: Le Royaume de Neptune. Zur Wiederentdeckung eines verschollenen Ballett-Aktes von »Orphée aux Enfers«, in: Heiko Cullmann und Michael Heinemann (Hrsg.), ›... was Musik bewirken kann.‹ Jacques Offenbach: Orpheus in der Unterwelt. Eine Werkmonographie in Texten und Dokumenten, Dresden 2016, S. 51–55.

Kirsch, Winfried/Dietrich, Ronny (Hrsg.): Jacques Offenbach – Komponist und Weltbürger. Ein Symposion in Offenbach am Main (= Beiträge zur mittelrheinischen Musikgeschichte 26), Mainz u. a. 1985.

L'Avant-Scène Opéra (No. 66: La Périchole, 1984; No. 125: La Belle Hélène, 1989; No. 185: Orphée aux Enfers, 1998; No. 206: La Vie parisienne, 2002; No. 235: Les Contes d'Hoffmann, 2006).

L'Avant-Scène Théâtre (No. 1012: La Vie parisienne, 1997).

Leibowitz, René: Jacques Offenbach oder die Verkleidungen der Großen Oper, in: Heinz-Klaus Metzger und Rainer Riehn (Hrsg.), Jacques Offenbach (= Musik-Konzepte 13), München 1980 S. 5–15.

Les Contes d'Hoffmann/Hoffmanns Erzählungen. Übersetzt und hg. von Josef Heinzelmann (= Reclams Universal-Bibliothek 18329), Stuttgart 2005 [mit ausführlichem und aufschlussreichem Nachwort des Herausgebers, S. 221–245].

Mittelberg, Ute: Daphnis et Chloé von Jacques Offenbach. Ein Beitrag zur Libretto-Forschung im 19. Jahrhundert (= Beiträge zur Offenbach-Forschung III, hg. von Christoph Dohr), Köln 2002.

Patocka, Ralph-Günther: Operette als Moraltheater. Jacques Offenbachs Libretti zwischen Sittenschule und Sittenverderbnis (= Theatron 39), Tübingen 2002.

Perdoni, L. A.: Jacques Offenbach's Whittington. London 1875 and 2005 (= Bad Emser Hefte 263/OFF 145En), Bad Ems 2006.

Pipers Enzyklopädie des Musiktheaters. Hgg. von Carl Dahlhaus und dem Forschungsinstitut für Musiktheater der Universität Bayreuth unter Leitung von Sieghart Döhring (7 Bde.), München-Zürich 1986–1997.

Rieger, Erwin: Offenbach und seine Wiener Schule, Wien-Berlin 1920.

Riemer, Anatol: Zur Erinnerungsmotivik in den Offenbachiaden und der Großen romantischen Oper »Die Rheinnixen«, in: Peter Hawig und Anatol Riemer, Musiktheater als Gesellschaftssatire. Die Offenbachiaden und ihr Kontext, Fernwald 2018, S. 337–442.

Rissin, David: Offenbach ou le rire en musique, Paris 1980.

Rosenthal, Miriam: Offenbachs Operetten in Berlin. Position und Wirkung im kulturellen Umfeld der Stadt, in: Rainer Franke (Hrsg.), Jacques Offenbach und die Schauplätze seines Musiktheaters (Thurnauer Schriften zum Musiktheater 17), Laaber 1999, S. 203–214.

Schmierer, Elisabeth (Hrsg.): Jacques Offenbach und seine Zeit, Laaber 2009.

Schwarz, Ralf-Olivier: Vaudeville und Operette. Jacques Offenbachs Werke für das Théâtre du Palais-Royal, Diss. Frankfurt/M. 2007 (= Jacques-Offenbach-Studien 2), Fernwald 2007 (zugl. Diss. Frankfurt am Main 2007).

Seifert, Ulrike: Emanzipation nach Noten. Das Frauenbild bei Jacques Offenbach (= Bad Emser Hefte 166/OFF 23), Bad Ems 1997.

Senelick, Laurence: Jacques Offenbach and the Making of Modern Culture, Cambridge und New York 2017.Schwarz, Ralf-Olivier: Untergehen und feiern. Jacques Offenbach, ›Les Brigands‹ und ihre Zeit, in: Neue Zürcher Zeitung vom 17.6.2010 (Sonderbeilage zu den Zürcher Festspielen), S. 7.

Spohr, Mathias: Häuptling Abendwind. Nestroys Entgegnung auf das kulturelle Umfeld der Pariser Operette, in: Nestroyana 9/1989, S. 17–21.

Wehmeyer, Grete: Höllengalopp und Götterdämmerung. Lachkultur bei Jacques Offenbach und Richard Wagner, Köln 1997.

Untersuchungen zu einzelnen Personen

Ackermann, Peter: Eine Kapitulation. Zum Verhältnis Offenbach-Wagner, in: Winfried Kirsch und Ronny Dietrich (Hrsg.), Jacques Offenbach- Komponist und Weltbürger. Bericht über das Jacques-Offenbach-Symposion der Stadt Offenbach am Main am 17./18. Oktober 1980, Mainz 1985, S. 135–148.

Bonami, Jean-Paul: Hortense Schneider. La Grande-Duchesse du Second Empire, Cholet 1995 (Paris [2]2002 unter dem Titel: La Diva d'Offenbach. Hortense Schneider 1833–1920).

Boresch, Hans-Werner: Mit Kanonen auf Operetten – Jacques Offenbach und der deutsch-französische Krieg 1870/71, in: Herbert Schneider (Hrsg.), Studien zu den deutsch-französischen Musikbeziehungen im 18. und 19. Jahrhundert. Bericht über die erste gemeinsame Jahrestagung der Gesellschaft für Musikforschung und der Société française de musicologie Saarbrücken 1999 (= Musikwissenschaftliche Publikationen 20), Hildesheim 2002, S. 409–421.

Bruyas, Florian: Histoire de l'opérette en France 1855–1965, Lyon 1974 (Reprint Paris 2004).

Cariven-Galharret, Renée/Ghesquière, Dominique: Hervé. Un musicien paradoxal (1825–1892), Paris 1992.

Friedrich von Flotow's Leben. Von seiner Witwe, Leipzig 1892, S. 66–72.

Ghesquière, Dominique: Der Herzog von Morny. Ein Mann der Inszenierungen zwischen Napoleon III. und Jacques Offenbach, übersetzt und herausgegeben von Peter Hawig (= Bad Emser Hefte 438/OFF 240), Bad Ems 2015.

Ghesquière, Dominique: Aimé-Isidore Briguiboul (1814–1890) et l'âge d'or de son casino (= Bad Emser Hefte 206F/OFF 355F), Bad Ems 2013 (dt.: Aimé-Isidore Briguiboul/1814–1890) und die große Zeit seines Casinos, übersetzt und herausgegeben von Peter Hawig, Bad Emser Hefte 206/OFF 355, Bad Ems 2013).

Ghesquière, Dominique: Les Maîtres de l'humour en musique: Hervé et Jacques Offenbach (= Bad Emser Hefte 210/OFF 116F), Bad Ems 2001 (dt.: Die Meister des Humors in der Musik: Hervé und Jacques Offenbach, übersetzt und herausgegeben von Hans Rudolf Huber, Bad Emser Hefte 214/OFF 116, Bad Ems 2001).

Hawig, Peter: Henri Meilhac (1831–1897). Texte zu einem wichtigen Librettisten Jacques Offenbachs (= Bad Emser Hefte 447/OFF 244), Bad Ems 2015.

Heinzelmann, Josef: Mélodie argent comptant. Offenbach und das Geld…, in: Stefan G. Harpner (Hrsg.), Über Musiktheater. Eine Festschrift (Arthur Scherle zum 65. Geburtstag), München 1992, S. 116–123.

Huber, Hans Rudolf: Die Offenbach-Interpretin Zulma Bouffar. Vom Bad Emser Debut zur Primadonna in Paris (= Bad Emser Hefte 211/OFF 117), Bad Ems 2001.

Loyrette, Henri (Hrsg.): Entre le théâtre et l'histoire. La famille Halévy (1760–1960), Paris 1996 (= Ausstellungskatalog des Musée d'Orsay 1996).

Patocka, Ralph-Günther: Im Schatten des Bruders: Jules Offenbach, in: Jacques-Offenbach-Journal 15/Mai 2014, S. 1–26.

Pourvoyeur, Robert: Jacques Offenbach und Jules Verne. Übersetzt von Hans Rudolf Huber (= Bad Emser Hefte193/OFF 104), Bad Ems 2001.

Rouchouse, Jacques: 50 ans de folies parisiennes. Hervé (1825–1892). Le Père de l'opérette, Paris 1994.

Schneider, Louis: Hervé/Charles Lecocq (Les Maîtres de l'opérette française), Paris ²1924.

Scholz, Dieter David: Wagners Antisemitismus. Jahrhundertgenie in Zwielicht, Berlin 2000/ erweiterte, aktualisierte Neuauflage Darmstadt 2013.

Musik- und Theatergeschichte

Adoumié, Vincent: Le Librettiste d'opéra au XIXᵉ siècle. De l'artiste au professionnel (= Bad Emser Hefte 212/OFF 26F), Bad Ems 2001 (dt.: Von der Kunst zur Industrie. Die Entwicklung des Librettistenstandes in Frankreich zur Zeit Offenbachs. Übersetzt von Peter Hawig [= Bad Emser Hefte 170/OFF 26], Bad Ems 1997).

Authier, Catherine: La naissance de la star féminine sous le Second Empire, in: Yon, Jean-Claude (Hrsg.): Les spectacles sous le Second Empire, Paris 2010, S. 270–281.

Avenary, Hanoch: Artikel »Jüdische Musik«, Abschnitt »Westliche Diaspora«, in: Ludwig Finscher (Hrsg.), Die Musik in Geschichte und Gegenwart, Sachteil, Bd. 4, Kassel u. a. 1996, Sp. 1552–1556.

Barrot, Olivier/Chirat, Raymond: Le Théâtre de Boulevard. Ciel mon mari!, (= Gallimard Découverte 359), Paris 1998.

Clarke, Kevin: Die Geburt der Operette aus dem Geist der Pornographie. Definitionsmerkmale einer modernen Musiktheatergattung, Marie-Theres Arnbom, Kevin Clarke und Thomas Trabitsch (Hrsg.), Welt der Operette. Glamour, Stars und Showbusiness, Wien 2011, S. 19–41.

Claudon, Francis (Hrsg.): Dictionnaire de l'opéra-comique français, Bern u. a. 1995.

Driessen, Henk: Humor, Lachen und die Feldforschung: Betrachtungen aus dem Blickwinkel der Ethnologie, in: Jan Bremmer und Herman Roodenburg (Hrsg.), Kulturgeschichte des Humors. Von der Antike bis heute, Darmstadt 1999, S. 167–183.

Duteurtre, Benoît: L'Opérette en France, Paris 1997.

Gengembre, Gérard: L'Empire de la chair, ou le théâtre du sexe dans le roman zolien, in: Yon, Jean-Claude (Hrsg.): Les spectacles sous le Second Empire, Paris 2010, S. 282–289.

Gerhard, Anselm: Die Verstädterung der Oper. Paris und das Musiktheater des 19. Jahrhunderts, Stuttgart-Weimar 1992.

Gier, Albert: »Wär' es auch nichts als ein Augenblick.« Poetik und Dramaturgie der komischen Operette, Bamberg 2014.

Gier, Albert: Das Libretto. Theorie und Geschichte einer musikoliterarischen Gattung, Darmstadt 1998.

Hawig, Peter: »Die Offenbach-Renaissance findet nicht statt.« Stationen der Autorinszenierung im Spätwerk von Karl Kraus (1926–1936) (Forum Musikwissenschaft 4), Fernwald 2014.

Klotz, Volker: Bürgerliches Lachtheater. Komödie-Posse-Schwank-Operette, München 1980 u. ö., aktualisiert und erweitert Heidelberg [4]2007.

Klotz, Volker: Operette. Porträt und Handbuch einer unerhörten Kunst, München-Zürich 1991 (Neuausgabe Kassel u. a. 2004).

Klügl, Michael: Erfolgsnummern. Modelle einer Dramaturgie der Operette (= Thurnauer Schriften zum Musiktheater 13), Laaber 1992.

Knepler, Georg: Karl Kraus liest Offenbach. Erinnerungen – Kommentare – Dokumentationen, Wien 1984.

Kraus, Karl: Theater der Dichtung. Offenbach (= Schriften 13, hg. von Christian Wagenknecht), Frankfurt/M. 1994.

Lacombe, Hervé: Les voies de l'opéra français au XIXe siècle, Paris 1997.

Legrand, Raphaëlle/Wild, Nicole: Regards sur l'opéra-comique. Trois siècles de vie théâtrale, Paris 2002.

Linhardt, Marion: Ausgangspunkt Wien. Operette als Gegenstand theaterwissenschaftlicher Auseinandersetzung, in: H.-P. Bayerdörfer (Hrsg.), Musiktheater als Herausforderung. In-

terdisziplinäre Facetten von Theater- und Musikwissenschaft (= Theatron 29), Tübingen 1999, S. 167–176.
Linhardt, Marion: Inszenierung der Frau – Frau in der Inszenierung. Operette in Wien zwischen 1865 und 1900 (= Publikationen des Instituts für Österreichische Musikdokumentation 19), Tutzing 1997.
Matthes, Lothar: Vaudeville. Untersuchungen zur Geschichte und literatursystematischem Ort einer Erfolgsgattung (= Studia Romanica 52), Heidelberg 1983.
Naugrette-Christophe, Catherine: Paris sous le Second Empire, le théâtre et la ville. Essai de topographie théâtrale, Paris 1998.
Obermaier, Walter: Der Einfluß des französischen Theaters auf den Spielplan der Wiener Vorstadtbühnen in den 50er Jahren des 19. Jahrhunderts, insbesondere die Offenbachrezeption Nestroys, in: Jean-Marie Valentin (Hrsg.), Das österreichische Volkstheater im europäischen Zusammenhang 1830–1880 (= Contacts 1 – Theatrica 5), Basel u. a. 1988, S. 133–153.
Reil, Harald: Siegfried Kracauers Jacques Offenbach. Biographie, Geschichte, Zeitgeschichte (Exil-Studien 5), New York 2003.
Rouchouse, Jacques: L'Opérette (Que sais-je? 1006; Neuausgabe), Paris 1999.
Schipperges, Thomas/Dohr, Christoph/Rüllke, Kerstin (Bearbb.): Bibliotheca Offenbachiana. Jacques Offenbach (1819–1880) eine systematisch-chronologische Bibliographie (= Beiträge zur Offenbach-Forschung I, hg. von Christoph Dohr), Köln 1998.
Wagner, Richard: Das Judentum in der Musik (1869, überarbeitete Version des Aufsatzes von 1850), in: Jens Malte Fischer, Richard Wagners ›Das Judentum in der Musik‹. Eine kritische Dokumentation als Beitrag zur Geschichte des Antisemitismus, Frankfurt am Main und Leipzig 2000, S. 139–196.
Wagner, Richard: Eine Kapitulation. Lustspiel in antiker Manier, in: ders., Neue Text-Ausgabe, Bd. IX: 1868 bis 1871, Frankfurt am Main 2013, S. 260–297.
Wild, Nicole: Dictionnaire des théâtres parisiennes au XIXe siècle. Le théâtre et la musique, Paris 1989.
Yon, Jean-Claude (Hrsg.): Les spectacles sous le Second Empire, Paris 2010.

Allgemeine Geschichte und Literatur

Anceau, Eric: La France de 1848 à 1870. Entre ordre et mouvement, Paris 2002.
Barjot, Dominique/Chaline, Jean-Pierre/Encrevé, André: La France au XIXe siècle 1814–1914, Paris 1998.
Becker-Jákli, Barbara: Das jüdische Köln. Geschichte und Gegenwart, Köln 2013.
Borchmeyer, Dieter: Was ist deutsch? Die Suche einer Nation nach sich selbst, Berlin 2017.
Gagneux, Yves: Le Carnaval à Paris, Paris 2011.
Gaillard, Marc: Paris sous le Second Empire. Au temps de Charles Baudelaire, Paris 2002.
Grandjean, Gilles: Parés, masqués, costumés, in: Guy Cogeval, Yves Badetz, Paul Perrin und Marie-Paule Vial (Hrsg.), Spectaculaire Second Empire, Paris 2016, S. 74–81.
Grondeux, Jérôme: La France entre en République 1870–1893, Paris 2000.
Jordan, David: Die Neuerschaffung von Paris. Baron Haussmann und seine Stadt, Frankfurt/M. 1996 (amerik. 1995).

Heine, Heinrich: Lutetia, in: ders., Historisch-kritische Gesamtausgabe der Werke, hrsg. von Manfred Windfuhr im Auftrag der Landeshauptstadt Düsseldorf, Bd. 13, Hamburg 1989.

Kant, Immanuel: Kritik der Urteilskraft, Werke in sechs Bänden: Bd. 5, Darmstadt 1983.

Kaiser, Gerhard R. (Hrsg.): Deutsche Berichte aus Paris 1789–1933. Zeiterfahrung in der Stadt der Städte, Göttingen 2017.

Kalisch, Ludwig: Paris und London, 2 Bände, Frankfurt/Main 1851

Kohl, Ida: Bal masqué in der Oper (1845), in: Gerhard R. Kaiser (Hrsg.), Deutsche Berichte aus Paris 1789–1933. Zeiterfahrung in der Stadt der Städte, Göttingen 2017, S. 172–174.

Mauduit, Xavier: La fête impériale et le pouvoir: Une histoire politique du Second Empire, in: Guy Cogeval, Yves Badetz, Paul Perrin und Marie-Paule Vial (Hrsg.), Spectaculaire Second Empire, Paris 2016, S. 36–51.

Pfau, Ludwig: Der Kaiser am Vorabend des Bankrotts (1867/1895), in: Gerhard R. Kaiser (Hrsg.), Deutsche Berichte aus Paris 1789–1933. Zeiterfahrung in der Stadt der Städte, Göttingen 2017, S. 249–250.

Rodenberg, Julius: Das neue Paris (1867), in: Gerhard R. Kaiser (Hrsg.), Deutsche Berichte aus Paris 1789–1933. Zeiterfahrung in der Stadt der Städte, Göttingen 2017, S. 241–243.

Stierle, Karlheinz: Der Mythos von Paris. Zeichen und Bewußtsein der Stadt, München 1998.

Tulard, Jean (Hrsg.): Dictionnaire du Second Empire, Paris 1995.

Verhandlungen des Rates der Stadt Köln vom Jahre 1957, Köln 1958.

Yon, Jean-Claude: Le Second Empire. Politique, Société, Culture, Paris 2004.

Zola, Émile: Nana, aus dem Französischen von Walter Widmer, München 2003 (orig. frz. Paris 1879).

Abbildungsnachweis

Privatbesitz: Abb. 1, 4, 8, 9, 11, 13, 14, 15, 20, 21, Einband
Staatsoperette Dresden: Abb. 14, 15, 19, Farbtafel 7
Sammlung Laurent Fraison: Abb. 3, 18
Musée d'Orsay, Paris: Abb. 7
Bibliothèque nationale, Paris: Abb. 5, 6, 10, 17, Farbtafel 2
Rheinisches Bildarchiv, Köln: Abb. 12, 16
Van Pelt Library, University of Pennsylvania, Philadelphia: Abb. 2
Kölnisches Stadtmuseum, Köln: Farbtafel 1
Theaterwissenschaftliche Sammlung der Universität zu Köln: Farbtafel 8
Library of Congress, Washington: Farbtafel 6
National Gallery, London: Farbtafel 4
Musée national du Second Empire, Compiègne: Farbtafel 5
Metropolitan Museum of Art, New York: Farbtafel 3

Register